핵심 경호경비 관련법

도서출판 윤성사 085
핵심 경호경비 관련법

초판 1쇄   2021년 3월 20일

지 은 이   김진환
펴 낸 이   정재훈

펴 낸 곳   도서출판 윤성사
주   소   서울특별시 서대문구 서소문로 27, 충정리시온 제지층 제비116호
전   화   대표번호_02)313-3814 / 영업부_02)313-3813 / 팩스_02)313-3812
전자우편   yspublish@daum.net
등   록   2017. 1. 23

ISBN 979-11-88836-93-2 (93360)
값   23,000원

ⓒ 김진환, 2021

저자와의 협의에 따라 인지를 생략합니다.

이 책의 전부 또는 일부 내용을 재사용하려면 반드시 사전에 저작권자와
도서출판 윤성사의 동의를 받아야 합니다.

잘못 만들어진 책은 구입하신 서점에서 교환 가능합니다.

핵심
경호경비

관련법

김진환

PREFACE

핵심 경호경비 관련법이 필요한 이유

　우리나라에서 경비업이 제도화된 지 벌써 43년이 지났다. 그동안 경비산업의 발전과 더불어 경비업법 법령도 27차례나 개정을 거듭했다. 그러나 경비산업은 매우 빠른 급성장을 한 것에 비해 보수제도, 승진, 복리후생, 사회의 인식 등의 불합리한 점이 적지 않은 것이 문제점으로 꼽힌다. 이로 인해 경비원의 사기가 낮고 이직이 높은 것이 현실이며, 경비 관련 산업종사자들의 경호·경비관계법에 대한 이론적·학문적 접근이 체계적으로 이뤄지지 않아 경영과 수요자들의 욕구를 충족시키기에는 현실적으로 많은 문제점이 대두되고 있다.

　이 책은 이러한 문제점에서 출발했다. 법학 전공 분야가 많이 내포되어 있어 어렵다고 생각할 수 있겠지만, 저자는 새로운 시각과 시야를 제공하려는 의도로 〈핵심 경호경비 관련법〉을 시도하였다.
　몇 해 전부터 경호학과 학생들에게 경비업법 강의를 할 때마다 실무적인 부분에서 경호·경비업무를 담당해야 할 학생들의 능력 배양을 위해서는 이론적 기초가 확고해야 한다는 것을 느꼈다. 특히 경호·경비 관련 과목 중 앞으로 대학을 졸업할 인재들이 민간경호·경비업계에서 근무하게 된다는 점에서 그 제도적 뒷받침이 되는 경호·경비 관련법의 숙지는 매우 중요한 사항이라고 본다.

　학생들에게 경호·경비 관련법을 습득하게 하고 실무를 적용하기 위해서는 기초적인 법학 지식이 필요할 뿐만 아니라 이러한 법학적 이론을 토대로 실무에서 그 효용성을 극대화할 수 있도록 대학 강의부터 초석이 되어야 한다.

이 책의 세부 구성을 살펴보면,

1부는 법학적 일반이론으로 법학 지식의 기본적 이해를 기반으로 경호·경비 관련법을 숙지할 수 있도록 기본 법적 용어를 구성하였으며,

2부는 본 책의 핵심이 되는 경비업법을 제시하였다. 특히, 경호·경비 관련법이 행정상 기술적인 법령들로 이루어져 있으므로 간략하게 서술하여 법령상의 내용을 파악하기 쉽게 하였으며, 법령에 관련된 부가적인 설명은 꼭 필요한 내용으로 서술하였다.

또한, 3부부터 7부까지는 청원경찰법, 대통령 등의 경호에 관한 법률, 전직대통령 예우에 관한 법률, 경찰관 직무집행법, 경찰법 등으로 구성되었다.

그 세부 내용은 법의제도와 목적, 법의 제·개정 연혁, 법의 3단 비교, 요약정리 및 기출문제 등으로 말할 수 있다. 특히, 각 법의 3단 비교는 법령과 시행령, 시행규칙을 서로 비교해볼 수 있도록 하여 학생들의 국가시험 기출문제 공부 시 정보의 편리함을 주도록 의도하였다.

이 책을 집필하면서 학생들에게 많은 내용과 관련된 이론적 배경을 소개하고 싶었으나, 본 저자의 전공에 대한 한계성으로 인하여 기대에 미치지 못한 것이 안타깝다. 더욱이 그 부족함을 집필을 끝낸 후 절실히 느끼게 되어 미안함이 크다.

하지만 앞으로의 충분한 연구와 고민을 통해 미진한 점을 보충하고, 독자들의 많은 관심과 지도편달을 기대하는 바, 그에 대한 부응으로 더 나은 교재 집필에 노력할 것을 다짐한다.

끝으로, 출판업계의 어려운 여건 속에서도 기꺼이 출판을 허락해주시고 적극적인 성원과 지원을 아끼지 않으신 윤성사 정재훈 대표와 관계 임직원에게 깊은 감사를 드리는 바이다.

2021년 3월

부아산 기슭 연구실에서
저자 김진환

핵심 경호경비 관련법

Contents

제1부 경호·경비법의 이해

1장 법의 이해 ·· 3
2장 민간경비와 경호의 개념적 이해 ································· 6
3장 경호·경비 관련 법적 이해 ··· 11

제2부 경비업법

1장 경비업법의 개념 ··· 19
2장 경비업법의 필요성 및 목적 ······································ 19
3장 경비업법의 구성 ··· 20
4장 경비업의 목적 및 제·개정 ·· 21
5장 경비업법 3단 비교표 ··· 31
6장 요약정리 및 기출문제 ·· 122

제3부 청원경찰법

1장 청원경찰 제도의 의의 ······················· 155
2장 청원경찰법의 목적 및 제·개정 ············· 156
3장 청원경찰법 3단 비교표 ······················· 164
4장 요약정리 및 기출문제 ······················· 193

제4부 대통령 등의 경호에 관한 법률

1장 대통령 등의 경호에 관한 법률 목적 및 정의 ····· 211
2장 대통령 등의 경호에 관한 법률 제·개정 ············ 212
3장 대통령 등의 경호에 관한 법률 2단 비교표 ········ 216
4장 요약정리 ··· 234

제5부 전직대통령 예우에 관한 법률

1장 전직대통령 예우에 관한 법률 목적 및 정의 ······· 239
2장 전직대통령 예우에 관한 법률 제·개정 ············· 239
3장 전직대통령 예우에 관한 법률 2단 비교표 ········· 242

제6부 경찰관 직무집행법

1장 경찰관 직무집행법의 목적 및 범위 ··············· 251
2장 경찰관 직무집행법의 제·개정 ····················· 252
3장 경찰관 직무집행법 2단 비교표 ···················· 257
4장 요약정리 ··· 281

핵심 경호경비 관련법

Contents

제7부 경찰법

1장 경찰법의 목적 및 임무 ·································· 285
2장 경찰법의 제·개정 ··· 286
3장 경찰법 2단 비교표 ······································· 292
4장 요약정리 ··· 307

부록

1장 경비업법 제·개정 ··· 311
2장 청원경찰법 제·개정 ······································ 322
3장 대통령 등의 경호에 관한 법률 제·개정 ············ 331
4장 전직대통령 예우에 관한 법률 제·개정 ············· 344
5장 경찰관 직무집행법 제·개정 ···························· 346
6장 경찰법 제·개정 ·· 358

참고문헌_371

제1부

경호·경비법의 이해

1장 법의 이해
2장 민간경비와 경호의 개념적 이해
3장 경호·경비 관련 법적 이해

제1부
경호·경비법의 이해

핵심 경호경비 관련법

1장 법의 이해[1]

법이 무엇인지에 대한 논의는 역사적으로, 법·철학적으로 계속되었다. 이러한 법을 개념적 측면으로 이해하기보다는 무엇이 정작 법으로 인식될 수 있는지에 초점을 맞춰 법을 구성하는 내용과 구조적인 측면을 고려하여 봄으로써 이해할 수밖에 없다.

"법은 인간사회를 규율한다."라는 말이 있다. 자연법칙과는 달리 그 당위성을 특징으로 하고 있으며, 이를 보장하기 위해 강제력을 보유하고 있기도 하다.

이러한 근거에 의한 법이란 사회·당위·강제규범으로 분류되고 있으며, 그 실효성을 보장하는 담당자와 법 집행자는 역사적으로 변화됐다. 하지만, 국가와 정치권력의 정점이 그 주체라는 것은 부인할 수가 없는 것이다.

1. 법의 내용

1) 사회규범

사회질서를 유지하면서, 사회생활을 바람직한 방향으로 이끄는 도덕, 종교, 관습, 법률 등의 규범을 사회규범이라고 한다. 사람은 사회를 떠나 존재할 수 없으며, 이러한 사회질서 틀 속에서 각자의 존재적 의미를 찾게 되는 것이다. 또한, 법은 사회 구성원들이 따라야 할 공동의 규칙이므로, 인간은 이러한 사회규범의 법을 통하여 공동생활의 통일성과 질서를 유지할 수 있게 된다.

---
*"이 저서는 2020년도 용인대학교 학술연구조성비 재원으로 수행된 연구임"
[1] 이상철, 김진환, 이민형(2006). 경호경비관계법, 한올출판사.

2) 당위규범

 법은 사회규범이며, 사회질서 유지를 위해서는 그 구성원들이 마땅히 지켜야만 하는 것이다. 그러므로 당위규범이란 방향성과 정당성을 가지고 타인으로 하여금 일정한 행위를 유도나 강제하도록 요구하는 속성을 지니고 있다. 또한, 설득도 필요하다. 설득을 위해서 합리적 논거를 제시하여 그 당위규범의 정당성을 역설해야 하고, 상대방의 반론이 타당하지 아니한 것을 증명해야 한다. 법은 단순히 자연 현상으로서의 존재적 법칙이 아닌 사람이 해야 할 것과 하지 말아야 할 것을 강제해야 하는 당위 규범을 그 내용으로 한다.

3) 강제규범

 법률에 의하여 범죄나 법적 위반 행위 등의 불법적인 일에 대하여 형벌이나 강제 집행 등의 효과를 지우는 규범을 강제규범이라고 한다. 법은 사회 구성원이 지켜야할 법이지만 그 실효성을 확보하기 위해서는 강제력이 동원되기도 한다. 이러한 강제력의 주체는 국가가 진행하며, 그러므로 법이란 국가조직에 의해 사회 구성원들이 마땅히 지켜야 할 사회적 강제규범이라 할 수 있다.

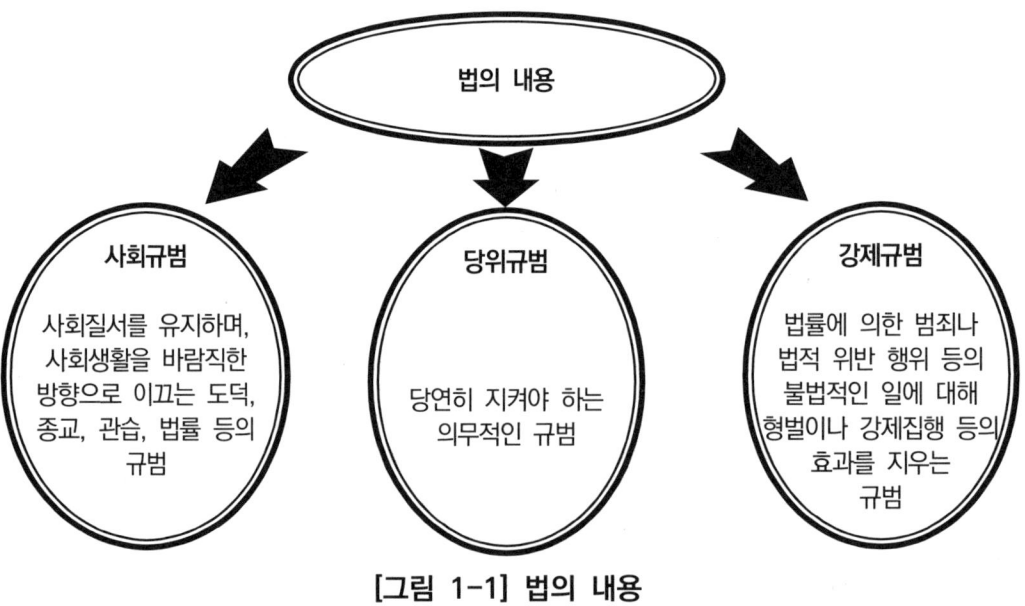

[그림 1-1] 법의 내용

2. 법의 구조

법은 어떠한 행위를 해야 할지 말아야 할지에 관한 기준이 된다. 즉, 법이란 행위규범, 재판규범, 조직규범의 통일체이며, 일반 국민들의 법 수범 의식을 심리적으로 강제하고, 제도적 뒷받침을 제공한다고 볼 수 있다.

1) 행위규범

행위규범은 사회생활을 하는 개인 행위를 직접적으로 통제하는 규범과 법규뿐만 아니라 도덕, 풍습까지 포함한다. 즉, 사회 구성원들이 일반적으로 지켜야 할 행위 준칙을 말하고 있으며, 이러한 법은 행위규범으로서 강제력을 행사하고 그 실효성을 확보한다.

2) 재판규범

재판규범은 법관이 재판할 때 지켜야 하는 규범이다. 이를 통해 법은 어떠한 행위를 해야 할지 말아야 할지에 관한 행위 준칙에 있어서는 그것을 판단하는 법적 근거가 있어야 하며, 그러한 근거를 제시하여 옳고 그름에 대한 판단 기준을 국가 강제력을 바탕으로 법관이 재판을 통해 확정하고 집행되어야 한다.

3) 조직규범

일정한 지위와 역할을 부여받은 사람이나 집단들이 특정한 목적달성을 하기 위하여 질서 있는 집단에서 마땅히 따라야 하거나 따를 만한 본보기를 조직규범이라고 한다. 즉, 법은 국가 기관을 조직하는 근거를 제시하며, 사법상의 법률 또한 그와 같다.

그러므로 법은 국가 기관 또는 사회 각 조직을 규율하는 조직규범으로서의 성격을 갖는다.

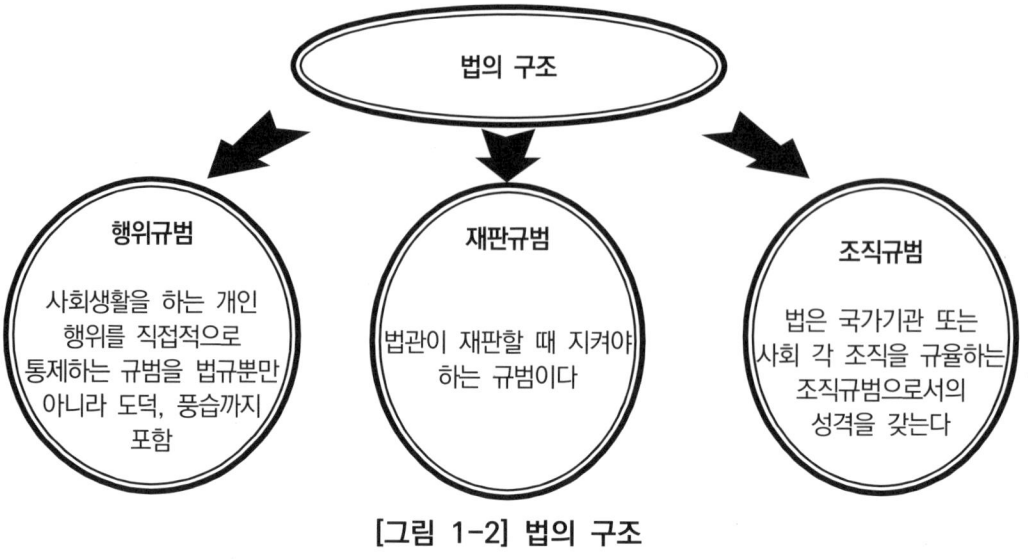

[그림 1-2] 법의 구조

2장 민간경비와 경호의 개념적 이해

1. 민간경비의 개념

최근 전공학자들이 민간경비에 대한 개념적 정의를 시도하고 있으나 아직 합의점을 찾지는 못하고 있다. 현재까지 민간경비에 대한 통일적 정의에 쉽게 도달하지 못하는 것은 민간경비가 포괄하는 범위가 사회적으로 팽창하고 있기 때문이다.

과거의 민간경비는 범죄로 인한 재산과 인명에 대한 보호업무영역에 한정되었지만, 현재의 민간경비는 자산보호, 출입통제, 보안서비스, 환경설계, 바이오 매트릭스 모니터링, 사이버보안 등으로 그 업무영역이 확대되고 있다.[2]

민간경비는 공적인 주체가 아닌 사적인 주체들에 의해 행위 되는 경비서비스업이라고 할 수 있으며, 여기에 재화가 투입되면서 민간경비 산업이 형성되는 것이다. 일반적인 차원에서 경비는 국가가 운영하는 공경비와 민간이 운영하는 민간경비로 구분하고 있는

---
[2] 김성언(2004). "민간경비의 성장과 함의(치안활동의 신자유주의적 재편과 계약적 통치의 등장)", 서울대학교 박사학위논문, 2004, p. 9.

데, 일반적 민간경비라는 것은 공경비의 대칭 되는 개념으로 위해로부터 개인의 이익이나 생명 및 재산을 보호하기 위하여 특정한 의뢰자로부터 받은 보수에 따른 민간경비를 행하는 개인 또는 단체인 영리기업을 말한다. 그러므로 민간경비 업무를 수행함으로써 범죄예방과 질서유지, 범죄감소 등의 국가 이익에도 이바지하고 있는 현실이다.

민간경비와 경찰의 관계에서는 민간경비의 개념을 공경비와 대칭되는 개념으로 해석하고 있으나 현재 민간경비 학계에서는 상호협력에 의한 공동화 관계에 대한 논의가 거론되고 있는 시점이다. 이런 시점에 민간경비를 공경비와 대칭되는 개념으로 해석하기보다는 상호협력관계의 동반자로 이해하는 것이 바람직할 것이다.

1) 민간경비의 분류: 형태에 따라

인력경비와 기계경비로 나눌 수 있다. 인력경비는 절도, 분실, 화재 등의 피해로부터 개인이나 기업의 인적, 물적 안전을 확보하기 위한 총체적 제반 활동이다.[3] 민간경비 직무 활동으로는 초소나 출입구에 경비원을 배치하여 출입자 감시 등의 경비를 하는 상주경비와 경비구역 내 일정 구간을 순찰하여 경비를 하는 순찰경비가 있고, 개인의 안전을 위한 신변보호, 혼잡한 지역이나 이벤트 행사장의 질서유지를 위한 혼잡경비 등이 있다.

또한, 기계경비는 인력경비에 반대되는 경비로서 전문 기계장치를 활용하여 기계와 사람이 합동으로 경비하는 형태[4]라고 할 수 있으며, 무인 기계경비와 인력과 기계의 혼합경비의 두 종류로 나눌 수 있다.

범인의 침입을 감지한 감지기가 작동하여 중앙관제시스템으로 감지신호를 보내어 주면 이를 무선으로 출동 차량으로 송신하고 현장에 25분 이내로 도착하여 현장에 출동한 대처 요원이 현장 상황에 따른 긴급조치를 취하게 되는데, 이것이 바로 혼합형태의 기계경비라고 할 수 있다.

2) 민간경비의 분류: 목적에 따라

민간경비는 보는 관점에 따라 그 범위가 달라질 수 있기 때문에 민간경비의 영역적

---

[3] Philip P. Purpura(1989). "Modern Security & Loss Prevention Management"(Mot Vale Avenue Stoneham, MA : Butterworth Publishers Inc). p. 275.
[4] 정태황(1996). 기계경비원론, 도서출판 쟁기. p. 13.

범위를 정하기란 매우 쉽지 않다.

Fischer and Green은 민간경비를 특별한 개인이나 조직단체의 보호를 하기 위해 서비스가 공급될 시, 민간경비 서비스는 일반적으로 민간경비의 영역에 속하게 된다고 말한다.5) 여기에서 민간경비 영역 서비스를 정확하게 규정짓지 않는다면 민간경비의 범위는 광대하게 확장될 수 있다.

즉, 유해한 해충 및 동물로부터 사람들을 보호하는 서비스를 제공하는 해충구제 서비스 회사도 민간경비의 영역에 포함해야 하고, 이러한 회사에서 사용되는 장비와 도구를 생산하는 생산업체도 민간경비에 포함해야 한다는 것이다. 이처럼 민간경비의 범위를 규정하기란 매우 쉽지 않기 때문에, 본 저서 "핵심 경호·경비 관련법"에서는 현행 경비업법을 근거로 하여 민간경비의 범위를 정하였다.

현재 경비업법에서는 민간경비업을 시설경비업무, 호송경비업무, 신변보호업무, 기계경비업무, 특수경비업무 다섯 가지로 구분하고 있다.

시설경비업무는 경비를 필요로 하는 시설 및 장소에서의 도난·화재 그 밖의 혼잡 등으로 인한 위험 발생을 방지하는 업무를 말하며, 호송경비업무는 운반하고 있는 현금·유가증권·귀금속·상품 그 밖의 물건에 대하여 도난·화재 등 위험 발생을 방지하는 업무를 말한다.

또한, 신변보호업무란 사람의 생명이나 신체에 대한 위해의 발생을 방지하고 그 신변을 보호하는 업무를 말하며, 기계경비업무란 경비대상시설에 설치한 기기에 의하여 감지·송신된 정보를 그 경비대상시설 외의 장소에 설치한 관제시설의 기기로 수신하여 도난·화재 등 위험 발생을 방지하는 업무를 말한다. 특수경비업무는 항공기를 포함한 공항 등 대통령령이 정하는 국가중요시설의 경비 및 도난·화재 그 밖의 위험 발생을 방지하는 업무를 말한다.6)

3) 민간경비의 개념적 분류7)

협의의 개념, 광의의 개념 그리고 형식적 개념, 실질적 개념으로 분류하고 있다. 협의의 개념은 국민의 생명과 신체, 그리고 재산보호, 질서유지를 위한 범죄예방 활동, 방범

---

5) 김성언(2004). "전게논문", 2004, p. 10.
6) 경비업법. 제2조(정의)
7) 서진석(2010). 경비지도사 민간경비론, 진영사, p. 15.

활동을 의미하며, 광의의 개념은 방범, 방재, 방화 등 모든 위험요소 제거 및 예방 활동을 포함한다.

또한, 실질적 개념은 민간경비는 국민의 생명과 신체 그리고 재산보호, 사회적 손실감소와 질서유지를 위한 모든 총체적 활동을 의미한다. 이와 같은 범위에서 경찰이 수행하는 경비 활동과 차이는 없는데, 주체적인 면에서는 국가와 민간이라는 차이만 있을 뿐이다.

마지막으로 형식적 개념은 경비업법에 규정하는 업무를 수행하고 경비업법 범위 내에서 인정된 법인에 의한 수행 활동을 말한다. 이때에는 경찰과 민간경비는 명확히 구별되며, 실질적인 의미의 민간경비 활동과 일치되지 않는 면도 있다.

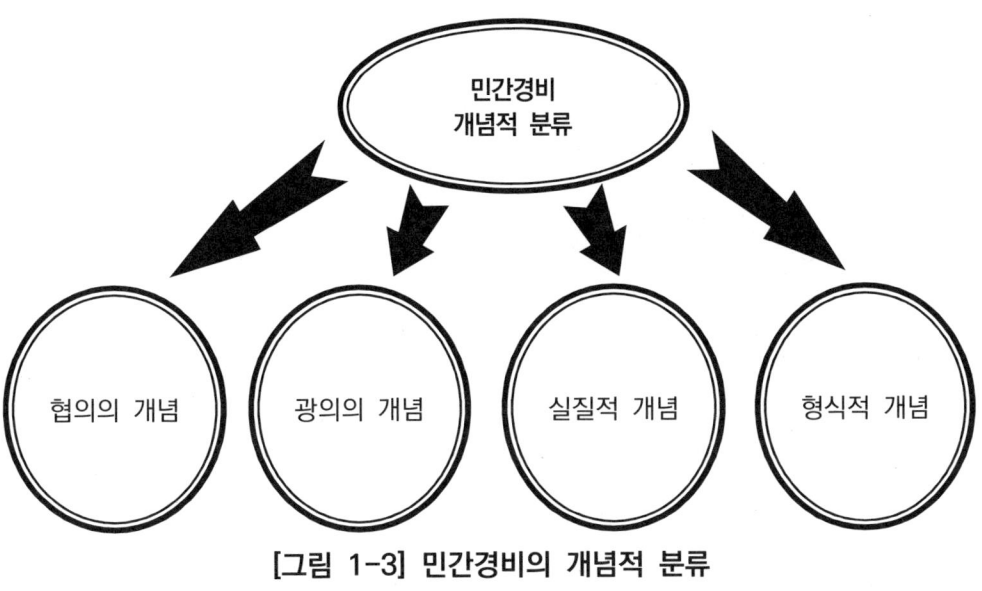

[그림 1-3] 민간경비의 개념적 분류

2. 경호의 개념

공 경호는 경호대상자의 생명과 신체 그리고 재산을 보호하기 위한 총체적 제반 활동이라 할 수 있다. 시간적인 개념으로는 위험 발생을 시점으로 한 사전 예방 활동과 사후 제거 활동이라고 설명할 수 있으며, 거리적 개념은 근접 호위 활동과 지역석 경비 활동을 모두 포함하는 개념으로 설명할 수 있다. 정부의 특정인에 대한 신변을 보호하는 측면에서 신변 보호는 개인의 생명과 신체에 대한 최근접 호위 활동이라고 할 수 있다. 또한, 인식적 측면에서 공 경호란 좁은 의미로서의 근접 호위 활동으로, 경호원들이 일정한 경호형 대형을 유지하여 위해자로부터 경호대상자를 보호하는 활동을 말한다.

넓은 의미로서 경호란 근접 호위 활동을 포함한 경계 지역을 순찰·방비하는 경비적 개념이 추가된다. 경호대상자인 특정인이 개인적 활동 및 업무상 활동을 할 때는 신변 보호 측면에서의 경호를 해야 하며, 휴식을 위한 취침 시에는 경비적 개념으로 순찰 방비하는 활동이다. 그러므로 실질적 의미의 경호는 경호의 근거에 의한 이론 정립으로 성립된 것이다.

즉, 경호는 정부 요인이나 국내에 체류 중인 외국 요인 등의 신변에 위해가 미치는 것이 국가 치안에 염려가 있는 자를 말하며, 이러한 경호대상자에 대해서 정치적인 행위, 돌발적인 폭력·불법행위 등 인위적인 위해, 화재, 건조물 손괴, 산사태 등의 자연발생적인 위해 등으로부터 그에 대한 신변을 지키고 안전을 확보하기 위한 작용이다. 이러한 절대적 신변 안전을 위하여 모든 사용 가능한 수단과 방법을 동원하여 위해 요인을 사전에 방지 및 제거하기 위한 총체적 제반 작용이라 할 수 있다.[8]

형식적 의미의 경호란 이러한 이론적 접근이 아닌 현실적 경호 기관을 기준으로 정립된 것으로 실정법상의 경호 작용을 말하고 있다. 이는 "대통령경호실법상"의 경호개념이며, 대통령경호실법에서 입법적 해석을 내리고 있다. 대통령경호실법 제2조에 따르면 경호란 "경호대상자의 생명과 재산을 보호하기 위하여 신체에 가하여지는 위해를 방지 또는 제거하고, 특정한 지역을 경계·순찰 및 방비하는 등의 모든 안전 활동"이라 하였다.

대통령경호실법에서의 경호는 크게 호위적 개념과 경비적 개념으로 나뉘어 있으며, 경찰관 직무집행법, 전직 대통령 예우에 관한 법률에서도 경호라는 용어가 많이 언급되어 있다.

미국과 일본 경호 기관에서의 경호는 차이가 좀 있다. 우선, 미국 비밀 경호국에서는 "실제적이고 주도면밀한 범행의 성공 기회를 최소화하는 것"이라 하였고, 일본 요인경호부대에서는 "신변에 위해가 있을 경우 국가 공공 안녕질서에 영향을 줄 우려가 있는 자에 대하여 그 신변의 안전을 확보하기 위한 경찰 활동"이라 하였다.

---

8) 김두현(2006). 경호학개론, 경호출판사(서울). pp. 26-27에서 요약 인용.

〈표 1-1〉 민간경비와 공경비 비교

민간경비	구분	공경비
사적법인	주체	국가
무	강제권	유
특정 고객	서비스 대상	일반 국민
고객	경비부담	국가
범죄예방	역할범위	범죄예방+법 집행 및 범인 체포

3장 경호·경비 관련 법적 이해

1. 민법상 무능력

민법상 무능력자란 미성년자, 미성년후견인, 피한정후견인, 피특정후견인을 말한다. 행위능력이 없는 자를 무능력자라고 말하며 민법상 무능력자에는 미성년자, 한정치산자, 금치산자의 세 가지가 있다.

행위 무능력자와 거래를 한 경우에는 그 행위는 무능력의 이유로 법률행위를 즉시 취소할 수 있으며, 그에 따른 무능력자의 이익을 즉시 보호할 수 있다. 즉, 의사능력이 없는 자를 의사 무능력자라 하고, 그의 행위는 무효로 하게 된다. 그러나 무능력자와 실제 거래에 의한 의사능력의 유, 무를 판단하기는 어렵고 상대방 거래자에게 있어서는 무효의 효과로 인한 손해를 입게 될 수 있다. 이에 따라 민법에서는 행위 무능력자와 행위 능력자로 규정을 하고 행위능력자와 거래를 한 경우는 거래자의 행위를 인정하고 보호하게 된다.

1) 미성년자

성년의 나이는 기존 20세에서 2013년 7월 1일부터 만 19세로 개정되었다(민법 제4조). 성년인가 미성년자인가를 판단하기 위해서는 보통 호적부의 기록을 자료로 삼는다. 그러나

미성년자가 혼인신고를 하면 성인이 되는 혼인 성년제를 두었다. (민법 제826조의2)

즉, 미성년자는 판단 능력이 불완전하지만 행위 무능력자인 미성년후견인(과거의 금치산자), 피한정후견인(과거의 한정치산자)과 구별되며 법률상 제한능력자로 인정되어 행위능력을 제한받는 것이다.

미성년자가 법률행위를 실행하기 위해서는 법정대리인의 동의를 얻어야 하며, 법정대리인 동의 없이 한 행위는 미성년자나 법정대리인이 취소할 수 있다(민법제5조). 미성년자의 법정대리인은 제1차로 친권자, 제2차로 후견인이며, 법정대리인은 친권자의 후견인이고 법률행위에 대한 동의권과 취소권, 대리권을 갖는다.

그러나 예외적으로 미성년자가 법정대리인의 동의 없이 단독으로 법률행위를 할 수 있는데, 그것은 다음과 같다.

① 단순히 권리만을 얻거나 의무만을 면하는 행위이다(제5조1항 단서). 권리만을 얻는 행위란 부담이 없는 증여를 받는 행위 등을 말하고, 의무만을 면하는 행위란 채무면제의 의사표시를 받는 경우 등을 말한다.
② 법정대리인이 범위를 정하여 처분을 허락한 재산의 처분행위이다(제6조). 그러한 재산은 미성년자가 임의로 처분할 수 있다.
③ 미성년자가 법정대리인으로부터 특정의 영업을 허락받은 경우는 그 영업에 관하여 성년자와 동일한 행위능력을 가지며 법정대리인의 대리권도 이 범위에서 소멸된다(제8조 1항). 대리행위(제117조), 유언행위(제1061조), 무한책임사원이 되는 자의 그 사원 자격에 기한 행위(상법 제7조), 임금청구(근로기준법 제66조), 무능력을 이유로 취소하는 행위(제140조), 미성년자는 민법상 19세 미만으로 아직 심신의 발육이 충분하지 않아 판단능력이 부족하므로 민법상 행위 무능력자로 하여 법정대리인을 둔다.

2) 피성년후견인

피성년후견인이란 질병, 장애, 노령 그 밖의 사유로 인한 정신적 제약문제로 사무적 처리를 할 능력이 결여된 사람이다. 일정한 자의 청구에 의하여 가정법원으로부터 성년후견 개시의 심판을 받은 자를 말한다. 법정후견인 제도가 없어지고 후견인을 지정하게 되는데 미성년후견인은 친권자 혹은 후견인으로 하고 있다. 원래는 미성년자의 직계혈족, 3촌 이내의 방계혈족 중에서 촌수가 가까운 사람, 연장자 순이었으나 이러한 부분을 악용하는 사례가 빈번해서 미성년자의 복리 및 존중을 위해 개정되었다.

미성년후견인의 권한으로는 미성년자의 재산상의 거래행위 감독 또는 대리 동의 없는 법률행위에 대한 취소 건 등이 있다.

3) 피한정후견인

피한정후견인이란, 질병, 장애, 노령 그 밖의 사유로 인하여 정신적 제약문제로 사무적 처리를 할 능력이 부족한 사람이다. 일정한 자의 청구에 의하여 가정법원으로부터 한정후견 개시의 심판을 받은 자를 말한다.

원칙적으로 행위능력은 상실하지 않는데, 한정후견인의 동의를 받아 법률행위의 범위 내에서만 행위능력의 제한을 받으며 그 외의 것은 자유롭다.

4) 피특정후견인

피특정후견인이란 질병, 장애, 노령 그 밖의 사유로 인하여 정신적 제약문제로 일시적 후원과 특정한 사무에 관한 후원이 필요한 사람을 일정한 자의 청구에 의하여 가정법원으로부터 특정후견의 심판을 받은 자를 말한다.

피특정후견인의 행위능력에는 아무런 능력을 미치지 않으며 피특정후견인은 완전한 행위능력을 가진다. 피특정후견인은 가정법원에서 특정후견인이 선임되고 법정 대리권을 부여받아 그 사무에 관하여 단독으로 법률행위를 할 수 있다.[9]

---

9) https://haengjeongsa.tistory.com/entry/제한능력자-미성년자-피성년후견인-피한정후견인-피특정후견인.

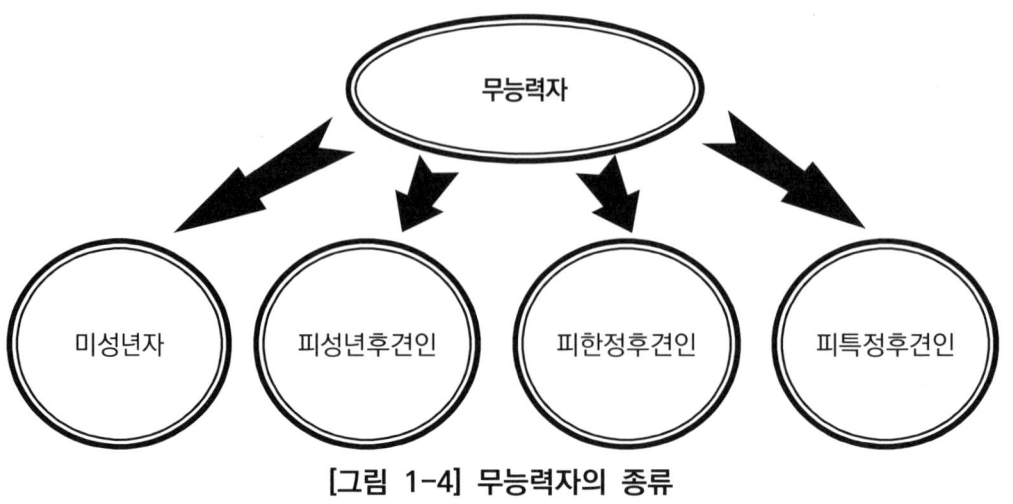

[그림 1-4] 무능력자의 종류

2. 위법성 조각사유[10]

위법성 조각사유는 형법에서 범죄로 규정한 행위에 대한 위법성에 관하여 규정한 요건이다. 그러므로 형법에서 규정한 범죄에 해당하는 요건을 갖춘 행위여야만 범죄가 성립된다.

구성요건 해당성은 성립하나 실질적으로 위법이 아니라고 인정할 특별한 사유를 말한다. 즉, 형식상 범죄가 성립되기 위해서는 일정한 행위가 구성요건에 해당하여야 하고 그 구성요건에 해당한 행위가 위법하여야 하며 그 행위자에게 그 책임이 있어야 한다.

위법성 조각 사유에 해당하는 경우에는 범죄의 성립요건 중 하나인 위법성이 성립된다. 형법의 규정 중에 형벌을 규정한 조문에 해당하는 행위는 일단 위법한 것으로 즉, 형식적 위법으로 판단된다. 그러므로 그 행위가 실질적 또는 사회적으로 인정될 때 그러한 위법성을 조각하게 되는 것이다.

위법성조각사유로는 정당행위(형법 20조), 정당방위(형법 21조), 긴급피난(형법 22조), 자구행위(형법 23조), 피해자의 승낙(형법 24조), 명예훼손의 행위(제310조)가 있으며 사실로서 오로지 공공의 이익에 관한 때 등이 형법상 위법성 조각 사유에 해당한다. 형법에 규정되어 있는 위법성 조각 사유 이외의 위법 조각 사유를 초법규적(超法規的) 위법 조각 사유라고 한다.[11]

---

10) 위키백과(2020). 위법성 조각사유, 정당방위, 긴급피난, 자구행위.
11) 이병태(2020). 법률용어사전, 법문북스.

1) 정당방위

정당방위는 자기 혹은 타인을 보호하기 위해 부득이하게 행한 가해행위를 말한다. 이러한 정당방위는 개인적 자기보호와 국가 권력의 공동상태를 보완하기 위한 법질서보호가 그 근본적인 취지이다. 즉, 정당방위란 "자기 또는 타인의 법익에 대한 현재의 위법한 침해를 방위하기 위한 상당한 이유 있는 행위"이다(형법 제21조 제1항). 많은 국가에서도 정당방위를 직면하고 있는 위험에 비례하여 사용할 수 있도록 하고 있다.

정당방위가 인정되면, 민사상 불법행위와 형사상 불법행위가 모두 무죄가 되며, 정당방위는 보통 개인의 정당방위를 말하며, 국가의 정당방위는 자위권이라고 부른다.

2) 긴급피난

긴급피난이란, 형법에서 도덕적 정당성이 위법성을 조각하는 경우 중 하나이다. 자기 또는 타인의 법익에 대한 현재의 위난을 피하기 위한 행위를 긴급피난이라고 한다(형법 제22조). 위난의 원인은 무제한이며 적법 위법을 불문한다. 이러한 긴급피난은 긴급상황에 빠진 법익을 보호하기 위해서는 다른 법익을 침해하지 않고는 즉, 범죄행위를 하지 않고는 피할 방법이 없을 시 인정되는 정당한 사유이다.

3) 자구행위

형법상 위법성조각사유로 인정되는 자구행위는 법정 절차에 의하여 청구권을 보전하기 불가능한 경우에 그 청구권의 실행 불능과 현저한 실행곤란을 피하기 위한 상당한 이유가 있는 행위이다(형법 제23조 제1항). 즉, 자구행위란 법정절차에 의하여 자기의 청구권을 보장하기 불능한 경우에 그 청구권의 실행불능 또는 현저한 실행곤란을 피하기 위한 행위로서 상당한 이유 있는 사후적 긴급행위이다. 이러한 자구행위가 성립되기 위해서는 법정절차에 의하여 청구권의 보전이 불가능 해야하고, 청구권의 실행불능 또는 현저한 실행곤란을 피하기 위한 행위여야 하고, 거기에 대한 상당한 이유가 있어야 한다.

4) 정당행위

일정한 행위가 형법상 구성요건에 해당되어도 그것이 법령 또는 업무에 의한 행위 기타 사회상규에 위배되지 않은 행위이면 위법성이 조각되어 벌하지 않는다. 즉, 정당행위는 형법 제20조의 규정에 따라 위법성이 조각되는 행위를 말하고 있다. 정당행위는 정당한 행위를 의미하고 제20조에서는 그러한 의미를 지닌 규정으로 해석되고 있다. 그러므로 정당방위, 피해자의 승낙, 긴급피난 등의 위법성 조각 사유는 이러한 의미의 정당행위로 해석되기도 한다.12) 민법에는 정당행위 규정은 없으나, 역시 같은 사유로 인정하고 있다.

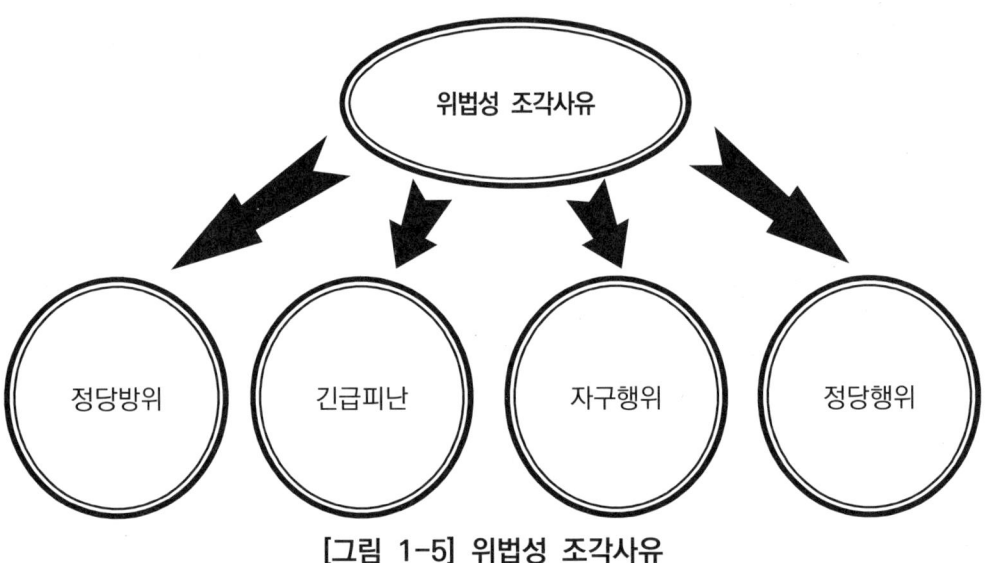

[그림 1-5] 위법성 조각사유

---

12) 이병태(2020). 법률용어사전, 법문북스.

제2부

경비업법

1장 경비업법의 개념
2장 경비업법의 필요성 및 목적
3장 경비업법의 구성
4장 경비업의 목적 및 제·개정
5장 경비업법 3단 비교표
6장 요약정리 및 기출문제

제2부

경비업법

핵심 경호경비 관련법

1장 경비업법의 개념

  법은 사회생활의 관계를 규율하는 것이며, 사회생활의 관계는 인간의 목적 활동에 의해 추진되고 발전되어 간다. 이러한 가운데 생명과 재산을 안전하게 보호하기 위한 경비업법도 인간의 안전활동을 원활하기 위하여 성립하며 운용된다.13) 경비업법의 개념을 법적근거 중심으로 살펴보면 형식적 의미의 법률로서 국민의 생명, 신체, 그리고 재산을 보호하고 각종 위난을 예방하는 민간 영역의 경비 활동과 그러한 업무의 실체법적 근거를 규정한 법이다.

2장 경비업법의 필요성 및 목적

  경비원의 업무는 사람의 생명과 신체에 대한 위해, 재산에 대한 침해 등을 예방하며 방지하는 업무이다. 그러므로 직무상 타인의 권리나 자유를 침해할 가능성이 매우 많다. 또한, 국민 생활에 밀접한 관련이 있는 업무의 특성상 그 활동에 대한 간섭과 위법 및 부당 행위를 동반할 우려가 있는 영업활동이다. 타인의 생명과 재산에 직접적인 영향을 주는 공적 성격을 내포하고 있기 때문에 이것을 담당하는 주체는 전문성이 필요하며,

---

13) 안황권, 안성조(2006). 신경호경비법론, 백산출판사, p. 62

이러한 전문성이 요구되는 기준에 미달될 경우 피해는 국민이 감수하여야 한다.
  부정적 요인을 제거하며, 사회적으로 필요한 경비산업으로 건전하게 발전시켜 나가는데 필요한 법적 규제와 행정상의 감독을 규정한 것이 바로 경비업법이다. 경비원과 경비업체가 업무상 지켜야 할 내용을 제시한 법이라고 할 수 있다.
  경비업법 제1조에서도 경비업법은 경비업의 육성 및 발전과 그 체계적 관리에 관하여 필요한 사항을 정함으로써 경비업의 건전한 운영에 이바지함을 목적으로 한다.[14]고 제시되어 있다.

3장 경비업법의 구성

  경비업법(2013.6.7. 법률 제 11872호)은 8장 31조로 구성되어 있으며, 경비업법 시행령(2014.6.3. 대통령령 제 25368호)은 35조, 경비업법 시행규칙(2014.6.8. 안전행정부령 제72호)은 29조로 구성되어 있다. 경비업법의 구성은 다음과 같다.

구분	내용
제1장 총칙 (제1조~제3조)	-경비업법의 목적 -정의 -법인 등 경비업법의 기본적인 내용을 규정함.
제2장 경비업의 허가 등 (제4조~제7조)	-경비업의 허가 -허가의 제한 -임원의 결격사유 -허가의 유효기간 등 -경비업자의 의무 -경비업무 도급인등의 의무를 규정함.
제3장 기계경비 업무 (제8조~제9조)	-대응체제 -오경보의 방지 등을 규정함.
제4장 경비지도사 또는 경비원 (제10조~18조)	-경비지도사 및 경비원의 결격사유 -경비지도사의 시험 등 -경비지도사의 선임 등 -경비원의 교육 등 -특수경비원의 직무 및 무기사용 등 -특수경비원의 의무 -경비원등의 의무-경비원의 복장 등 -경비원의 장비 등 -출동차량 등 -결격사유 확인을 위한 범죄 경력조회 등 -경비원의 명부와 배치허가 등을 규정함.

---

14) 경비업법 제1조

구분	내용
제5장 행정처분 등 (제19조~21조)	-경비업 허가의 취소 등 -경비지도사자격의 취소 등 -청문을 규정함.
제6장 경비협회 (제22조~23조)	-경비협회 -공제사업을 규정함.
제7장 보칙 (제22조~27조)	-감독, 보안지도·점검 등 -손해배상 등 -위임 및 위탁 -수수료을 규정함.
제8장 벌칙 (제28조~31조)	-벌칙 -형의가중처벌 -양벌규정 -과태료를 규정함.

4장 경비업의 목적 및 제·개정[15]

1. 목적 및 제·개정

경비업의 목적은 경비업의 육성 및 발전과 그 체계적 관리에 관하여 필요한 사항을 정함으로써 경비업의 건전한 운영에 이바지함을 목적으로 한다. 또한, 경비업의 제정이유는 산업시설·공공시설·사무소등 기타 경비를 요하는 시설물의 경비업을 할 수 있도록 용역경비업에 관한 사항을 정하여 용역경비업무의 실시에 적정을 기하려는 것이다. 경비업법은 용역경비업법이 제정(1976. 12. 31 법률 제2946호)된 후 현재까지 27차에 걸쳐 제·개정되었다.

---

15) 법제처: moleg.go.kr/main.html(2020). 재구성

2. 제·개정 연혁

용역경비업법[시행 1977. 4. 1.] [법률 제2946호, 1976. 12. 31. 제정]

산업시설·공공시설·사무소등 기타 경비를 요하는 시설물의 경비업을 할 수 있도록 용역경비업에 관한 사항을 정하여 용역경비업무의 실시에 적정을 기하려는 것임.

① 용역경비업은 법인만이 할 수 있도록 함.
② 용역경비업을 경영하고자 하는 자는 서울특별시장·부산시장 또는 도지사의 허가를 받도록 함.
③ 파산선고를 받고 복권되지 아니한 자와 금치산자 및 한정치산자, 금고이상의 형을 받은 자등은 용역경비업 법인의 임원이 될 수 없도록 함.
④ 경비원은 근무중 복장과 장구를 착용하도록 함.
⑤ 용역경비업의 건전한 발전을 위하여 용역경비협회를 설립하도록 함.

용역경비업법[시행 1981. 2. 14.] [법률 제3372호, 1981. 2. 14. 일부개정]

용역경비원이 될 수 있는 자의 연령상한을 50세에서 55세로 연장하여 경비원의 사기를 앙양하려는 것임.

용역경비업법[시행 1984. 1. 31.] [법률 제3678호, 1983. 12. 30. 일부개정]

용역경비업자의 불필요한 신고의무를 완화하고, 벌칙을 현실에 맞게 조정하려는 것임.

① 용역경비업자가 경비원을 채용 또는 해임할 때에 관할경찰서장에게 신고를 하도록 하던 것을 폐지함.
② 무허가영업행위에 대한 벌칙을 1년이하의 징역 또는 50만원이하의 벌금에서 1년이하의 징역 또는 100만원이하의 벌금으로 조정함.
③ 휴업신고의무위반등 경미한 위반행위에 대한 벌칙을 과태료로 완화함.

용역경비업법[시행 1990. 1. 28.] [법률 제4148호, 1989. 12. 27. 일부개정]

용역경비업을 건전하게 육성·발전시키기 위하여 경비원의 권익을 증진하고, 경비원의 자격연령을 연장하며, 용역경비업자의 손해배상보장제도를 개선하려는 것임.

① 용역경비원이 될 수 없는 연령제한을 18세 이하이거나 55세 이상에서 18세 미만이거나 59세 이상으로 완화함.
③ 용역경비협회는 용역경비업자의 손해배상책임을 보장하기 위하여 공제사업을 할 수 있도록 하고, 용역경비업자는 손해배상을 위해 현금 등을 공탁하거나 이행보증보험계약을 보험회사와 체결하는 대신에 공제에 가입할 수 있도록 함.

용역경비업법[시행 1991. 7. 31.] [법률 제4369호, 1991. 5. 31. 타법개정], 경찰법[1991.5.31, 법률제4369호]

[신규제정]

경찰의 민주적인 관리·운영과 효율적인 임무수행을 위하여 필요한 경찰의 기본조직과 직무범위를 정하려는 것으로, 분단국가로서 우리나라의 특수한 안보상황과 치안여건에 효율적으로 대처하기 위하여 국가경찰체제를 유지하면서 경찰의 기본조직을 중앙은 현재 보조기관으로 되어 있는 치안본부를 내무부장관소속하의 경찰청으로, 지방은 시·도지사 보조기관인 경찰국을 시·도지사 소속기관인 지방경찰청으로 개편함으로써 경찰행정의 책임성과 독자성을 보장함과 동시에 내무부에 각계의 덕망있는 인사로 구성되는 경찰위원회를 두어 경찰행정에 관한 주요제도 및 인권보호에 관한 사항을 심의·의결하게 함으로써 경찰운영의 민주성과 공정성의 확보를 기하며 경찰의 임무인 국민의 생명과 재산의 보호 및 공공의 안녕과 질서유지에 충실할 수 있도록 그 임무를 명확히 하고 직권을 남용하지 못하도록 하여 국민의 자유와 권리를 최대한 보장함으로써 경찰에 대한 국민의 신뢰를 회복하고 진정한 민주경찰로서의 발전을 도모하려는 것임.

용역경비업법[시행 1996. 7. 1.] [법률 제5124호, 1995. 12. 30. 일부개정]

사설경비업을 용역경비업의 한 분야로 흡수하고, 경비원의 자질향상을 도모하기 위하여 경비원의 지도·감독 및 교육을 전담하는 경비지도사제도를 신설하며, 용역경비업을 건전하게 육성하기 위하여 현행법에 나타난 일부 미비점을 보완하려는 것임.

① 개인의 신변을 보호하고 위해발생을 방지하는 신변보호업무를 용역경비업의 한 분야로 추가함.
② 용역경비업에 대한 경찰청장의 허가권한을 용역경비업을 하고자 하는 법인의 주사무소의 소재지를 관할하는 지방경찰청장에게 이양함.
③ 용역경비업체의 임·직원, 경비지도사 및 경비원은 직무상 알게 된 경비대상의 비밀을 누설하거나 부정한 목적으로 사용하지 못하도록 함.
④ 경비원에 대한 지도·감독 및 교육을 전담할 수 있도록 경비지도사 제도를 신설함.

용역경비업법[시행 1998. 1. 1.] [법률 제5453호, 1997. 12. 13. 타법개정]

행정절차법이 1998년 1월 1일부터 시행됨에 따라 행정절차법과 개별 법률에 중복규정되어 있는 행정절차관련규정을 삭제하고, 개별 법률의 다양한 의견청취유형을 행정절차법에 맞도록 정비하며, 일정한 원칙과 기준에 따라 청문을 실시하는 처분을 명확히 개별 법률에 규정함으로써 행정절차법 운영의 실효성을 확보하려는 것임.

① 개별 법률에 의견제출·청문의 대상으로 다양하게 규정되어 있는 불이익처분중 당사자의 재산권·자격 또는 지위를 직접 박탈하는 허가·인가·면허등의 취소처분과 법인·조합등의 설립인가 취소 또는 해산을 명하는 중대한 불이익처분의 경우에는 엄격한 처분절차인 청문을 실시하도록 함.
② 공사채등록법·관세법등과 같이 당사자에게 중대한 불이익을 주는 인가 및 특허등의 취소처분을 규정하고 있으나 청문에 관한 근거가 없는 경우에는 당해처분의 성질에 맞게 청문실시의 근거를 신설함.
③ 의견진술·공청등 행정절차법의 불이익처분절차에 맞지 아니하는 개별 법률상의 용어를 행정절차법에 적합하도록 정비하여 법 적용상의 혼란을 해소함.

경비업법[시행 1999. 10. 1.] [법률 제5940호, 1999. 3. 31. 일부개정]

행정규제기본법에 의한 규제정비계획에 따라 경비지도사의 자격 등과 관련된 규정을 합리적으로 조정하고, 설립과 가입이 강제되던 용역경비협회 관련 규정을 정비하는 등 용역경비업과 관련된 과도한 규제를 개선·완화하려는 것임.

경비업법[시행 2001. 7. 8.] [법률 제6467호, 2001. 4. 7. 전부개정]

국가중요시설에 대한 효율적인 경비체계의 구축을 위하여 경비업의 종류에 특수경비업무를 추가하고, 기계경비산업이 급속히 발전함에 따라 기계경비업무의 신고제를 허가제로 변경하는 한편, 기계경비업자의 신속대응조치 의무에 관한 사항 등을 규정하는 등 현행 제도의 운영상 나타난 일부 미비점을 개선·보완하려는 것임.

경비업법[시행 2003. 12. 19.] [법률 제6787호, 2002. 12. 18. 일부개정]

경비업자의 대부분이 경비업외에 다른 업무를 겸업하고 있는 경비업계의 현실정에 맞추어 이 법에 의한 경비업외의 영업을 할 수 없도록 하는 경비업자의 겸업금지의무를 특수경비업자로 한정함으로써 경비업자의 영업에 대한 규제를 완화하고 민간경비분야의 성장과 발전에 이바지하려는 것임.

경비업법[시행 2005. 5. 31.] [법률 제7544호, 2005. 5. 31. 일부개정]

법률의 위임근거 없이 시행령에 규정되어 있던 경비지도사 및 그 종류에 관한 사항과 경비업의 허가를 받거나 허가증을 재교부 받고자 하는 자가 납부하여야 하는 수수료에 관한 사항을 법률에 직접 규정하려는 것임.

경비업법[시행 2006. 2. 5.] [법률 제7671호, 2005. 8. 4. 일부개정]

경비원이 경비업무의 범위를 벗어난 행위를 하거나 이를 하게 한 자에 대하여 형사처벌을 할 수 있도록 하는 한편, 신변보호 또는 시설경비업무를 수행하는 일반경비원이나 특수경비원을 배치할 때에는 24시간 전까지 신고하도록 하고 이를 위반한 경우에는 배치폐지를 명할 수 있도록 하는 등 현행 제도의 운영과정에서 나타난 일부 미비점을 개선·보완하려는 것임.

경비업법[시행 2008. 2. 29.] [법률 제8852호, 2008. 2. 29. 타법개정]

국경 없는 무한경쟁 시대에 국민에게 희망을 주는 일류 정부를 건설하기 위하여, 우리의 미래에 관한 전략기획기능을 강화하고, 정부의 간섭과 개입을 최소화하는 작은 정부 구축을 통하여 민간과 지방의 창의와 활력을 북돋우는 한편, 꼭 해야 할 일은 확실히 하되 나라살림을 알뜰하게 운영하여 국민부담을 줄이며 칸막이 없이 유연하고 창의적으로 일하는 정부를 구축할 수 있도록 기획예산처와 재정경제부를 통합하여 기획재정부를 신설하는 등 정부기능을 효율적으로 재배치하려는 것임.

경비업법[시행 2008. 2. 29.] [법률 제8872호, 2008. 2. 29. 타법개정]

[대통령경호실법 일부개정법률]
국제적으로 테러가 증가하고 있고 국가 주요인사에 대한 위해의 우려가 증대하고 있는 현실에 비추어 「대통령경호실법」의 명칭을 「대통령 및 국가요인의 경호 등에 관한 법률」로 변경하여 대통령 및 국가요인에 대하여 체계적이고 전문적인 경호를 제공함으로써 국가의 안정적인 발전을 기하는 한편, 대통령 및 국가요인의 경호를 효율적으로 수행하도록 하기 위하여 대통령실장 소속으로 경호처를 설치하고, 처장은 정무직(차관급)으로, 차장은 1급(경호공무원 또는 고위공무원단에 속하는 별정직국가공무원)으로 보하도록 하려는 것임.

경비업법[시행 2008. 12. 26.] [법률 제9192호, 2008. 12. 26. 일부개정]

현행 양벌규정은 문언상 영업주가 종업원 등에 대한 관리·감독상 주의의무를 다하였는지 여부에 관계없이 영업주를 처벌하도록 하고 있어 책임주의 원칙에 위배될 소지가 있으므로, 영업주가 종업원 등에 대한 관리·감독상 주의의무를 다한 경우에는 처벌을 면하게 함으로써 양벌규정에도 책임주의 원칙이 관철되도록 함.

경비업법[시행 2009. 4. 1.] [법률 제9579호, 2009. 4. 1. 일부개정]

특수경비원이 국가 중요시설에 배치되며 유사시 무기를 휴대하는 자로서 무기의 적정 사용 및 피탈 방지 등을 위해 일정한 체력이 요구된다는 점을 고려한 것이지만, 한국인의 평균수명이 연장되고 있는 현실에서 특수경비원의 연령 상한을 58세로 한정하는 것은 적절하지 아니하므로 이를 60세로 연장하려는 것임.

경비업법[시행 2013. 3. 23.] [법률 제11690호, 2013. 3. 23. 타법개정]

[정부조직법 전부개정법률]

국가 성장동력의 양대 핵심 축인 과학기술과 정보통신기술을 창조경제의 원천으로 활용하여 경제부흥을 뒷받침할 수 있도록 정부 조직체계를 재설계하고, 국민생활 전반에 영향을 미치는 안전 관련 업무 기능을 강화하여 국민의 안전을 최우선으로 하는 정부를 구현하는 한편, 각 행정기관 고유의 전문성을 강화하여 행정환경의 변화에 능동적으로 대처할 수 있도록 하는 등 창조적이고 유능한 정부를 구현할 수 있도록 정부기능을 재배치하려는 것임.

경비업법[시행 2014. 6. 8.] [법률 제11872호, 2013. 6. 7. 일부개정]

1976년 「경비업법」이 제정된 이후 경비업은 단순 시설 경비에서부터 공항·항만원자력발전소 등 국가중요시설의 경비로 그 영역이 계속 확장되면서 현재 치안서비스의 상당부분을 보완하는 기능을 하고 있으나, 최근 집단민원현장에서 발생한 노조원과 경비원 간의 무력충돌이나 무자격의 경비원 동원으로 인한 폭력사태 등으로 국민생활에 불안감을 주고 있어 경비업자 및 경비원에 대한 규제를 강화하여야 한다는 사회적 요구가 커지고 있는바, 경비업체의 난립을 막기 위해 경비업의 허가요건을 강화하는 한편, 경비원의 폭력이 문제가 되는 노사분규·재개발 현장 등 집단민원현장을 법률에 명확히 규정하고, 집단민원현장에 경비원을 배치할 경우 배치 48시간 전까지 관할 경찰관서장의 배치허가를 받도록 하며, 경비업자와 경비원들의 경비업무를 벗어난 불법적 행위에 대한 규제 및 처벌을 강화하는 등 현행 제도의 운영상 나타난 일부 문제점을 개선·보완하려는 것임.

경비업법[시행 2014. 11. 19.] [법률 제12844호, 2014. 11. 19. 타법개정]

국가적 재난관리를 위한 재난안전 총괄부처로서 국무총리 소속으로 '국민안전처'를 신설하고, 현행 해양경찰청과 소방방재청의 업무를 조정·개편하여 국민안전처의 차관급 본부로 설치하며, 공직개혁 추진 및 공무원 전문역량 강화를 위하여 공무원 인사 전담조직인 인사혁신처를 국무총리 소속으로 설치하고, 교육·사회·문화 분야 정책결정의 효율성과 책임성을 제고하기 위하여 교육·사회·문화 부총리를 신설하려는 것임.

경비업법[시행 2014. 12. 30.] [법률 제12911호, 2014. 12. 30. 일부개정]

「민법」의 개정으로 2013년 7월 1일부터 금치산·한정치산 제도가 성년후견·한정후견 제도로 변경된 것을 반영하여 경비업체의 임원·경비지도사 및 경비원의 결격사유 중 금치산자와 한정치산자를 피성년후견인과 피한정후견인으로 대체하고, 「아동·청소년의 성보호에 관한 법률」의 취업제한 규정에 따라 성범죄 전력이 있는 경우 10년간 경비업 법인에서 경비업무에 종사할 수 없도록 규정하고 있어, 이를 반영하여 성범죄 결격자 배제 기간을 5년에서 10년으로 상향하는 한편, 경비지도사 자격정지 기간 중 경비지도사로 선임되어 활동하여도 이에 대한 취소규정이 없어 행정처분을 하지 못하는 불합리한 점을 시정하기 위하여 자격정지 기간 중 경비지도사로 선임되어 활동하였을 경우 이를 취소할 수 있는 규정을 신설하려는 것임.

경비업법[시행 2015. 10. 21.] [법률 제13397호, 2015. 7. 20. 일부개정]

경비협회의 입찰보증 등의 공제사업을 통해 중소 경비업체들이 저렴한 가격으로 보증보험업체 또는 금융기관 보증상품을 이용할 수 있도록 하되, 공제사업 운영주체의 전문성 부족 등에 따라 금융감독원의 검사 등의 통제장치를 마련함.
또한, 경찰의 감독 업무 강화 및 경비업의 건전한 운영을 제고하기 위하여 경비업무를 도급하려는 자가 경비업자의 경비원 채용시 무자격자·부적격자 등을 채용하도록 관여하거나 영향력을 행사할 수 없도록 하고, 경비업무장소가 집단민원현장으로 판단될 때에는 관할 경찰관서장은 경비원 배치허가를 받도록 48시간 이내에 경비업자에게 고지하도록 함.

경비업법[시행 2016. 1. 6.] [법률 제13718호, 2016. 1. 6. 타법개정]

그간 헌법재판소는 「특정범죄 가중처벌 등에 관한 법률」의 일부 가중처벌 규정에 대하여 「형법」과 같은 기본법과 동일한 구성요건을 규정하면서 법정형만 상향한 규정은 형벌체계상의 정당성과 균형을 잃어 헌법의 기본원리에 위배되고 평등의 원칙에 위반된다는 이유로 위헌결정을 내린 바 있음.
이러한 헌법재판소의 위헌결정 취지를 존중하여, 위헌결정 대상조항 및 이와 유사한 가중처벌 규정을 일괄하여 정비하려는 것임.

경비업법[시행 2016. 1. 6.] [법률 제13719호, 2016. 1. 6. 타법개정]

[형법 일부개정법률]

「형법」 및 「공직선거법」에 의하여 수형자 및 집행유예 중인 자의 선거권을 제한하는 것이 헌법상 과잉금지원칙에 위배된다는 헌법재판소의 헌법불합치 및 위헌 결정이 선고됨에 따라 「공직선거법」이 1년 미만의 징역 또는 금고의 집행을 선고받아 수형 중에 있는 사람과 형의 집행유예를 선고받고 유예기간 중에 있는 사람에 대하여 선거권을 부여하도록 개정되었고, 그로 인하여 징역 또는 금고의 집행이 종료하거나 면제될 때까지 선거권을 포함하는 자격 전반이 정지되도록 정하고 있는 「형법」 제43조제2항의 개정이 필요함. 또한, 징역형에 대해 인정되는 집행유예가 징역형보다 상대적으로 가벼운 형벌인 벌금형에는 인정되지 않아 합리적이지 않다는 비판이 제기되어 왔고, 벌금 납부능력이 부족한 서민의 경우 벌금형을 선고받아 벌금을 납부하지 못할 시 노역장 유치되는 것을 우려하여 징역형의 집행유예 판결을 구하는 예가 빈번히 나타나는 등 형벌의 부조화 현상을 방지하고 서민의 경제적 어려움을 덜어주기 위해 벌금형에 대한 집행유예를 도입할 필요가 있음. 다만, 고액 벌금형의 집행유예를 인정하는 것에 대한 비판적인 법감정이 있는 점 등을 고려하여 500만원 이하의 벌금형을 선고하는 경우에만 집행유예를 선고할 수 있도록 규정함. 아울러, 벌금형을 선고받은 사실을 일정한 결격 사유로 정하고 있는 법률이 다수 존재하고 벌금형의 집행유예가 도입됨에 따라 그러한 법률 역시도 정비가 필요한 점을 고려하여 공포 후 2년이 경과한 후에 시행하도록 함.

한편, 헌법재판소는 배우자 있는 자의 간통행위 및 그와의 상간행위를 2년 이하의 징역에 처하도록 규정한 「형법」 제241조가 성적 자기결정권 및 사생활의 비밀과 자유를 침해한다고 위헌결정을 하였는데 이를 반영하여 간통죄 처벌조항을 규정한 제241조를 삭제하려는 것임.

아울러, 헌법재판소는 「폭력행위 등 처벌에 관한 법률」중 특수폭행죄 가중처벌 등 일부 규정이 「형법」과 동일한 구성요건을 규정하면서 법정형만 상향하고 있어 헌법의 기본원리에 위배되고 평등의 원칙에 위반된다는 이유로 각각 위헌 결정을 하였음. 이에 「폭력행위등 처벌에 관한 법률」 일부 규정을 정비하고 동시에 일부 범죄를 「형법」에 편입하여 처벌의 공백을 방지하면서 형벌체계상의 정당성과 균형을 갖추도록 함.

경비업법[시행 2016. 1. 26.] [법률 제13814호, 2016. 1. 26. 일부개정]

현행법에 따르면 경비업자는 경비원으로 하여금 경비원 신임교육을 받게 하도록 하고 있으나, 누구든지 경비원으로 채용되기 전에도 개인적으로 일반경비원 신임교육을 받을 수 있도록 하고, 대통령령으로 정하는 바에 따라 일반경비원을 신임교육의 대상에서 제외할 수 있도록 하려는 것임.

경비업법[시행 2017. 7. 26.] [법률 제14839호, 2017. 7. 26. 타법개정]

[정부조직법 일부개정법률]
중소기업 육성과 과학기술 융합을 기반으로 미래 성장동력 확충과 일자리 창출 등 경제 활성화를 뒷받침할 수 있도록 정부 조직체계를 재설계하고, 안전·재난 분야의 유기적 연계와 현장 기관의 전문 역량을 강화하기 위하여 국가 안전관리 체계를 재조정하는 한편, 통상행정 분야를 효율화하고, 국가보훈 및 대통령 경호 시스템을 환경변화에 맞게 조정하는 등 국민들의 요구에 신속하게 반응하는 열린 민주 정부를 구현할 수 있도록 정부기능을 재배치하려는 것임.

경비업법[시행 2018. 4. 25.] [법률 제14909호, 2017. 10. 24. 일부개정]

국민의 경비지도사자격 취득 기회를 최대한 보장하기 위하여 경비지도사시험은 매년 1회 이상 시행하도록 규정하고, 1년 이내에 경비 도급실적이 없는 경비업자의 경우 매년 폐업 후 다시 허가를 받아야 하는 불편을 해소하기 위하여 경비 도급실적의 산정기간을 1년에서 2년으로 연장하며, 불법행위에 대하여 법률마다 행정형벌의 편차가 큰 것을 개선하기 위하여 특수경비원이 국가중요시설의 정상적인 운영을 해치는 장해를 일으킨 경우 7년 이하의 징역을 5년 이하의 징역으로 하향조정하려는 것임.

경비업법[시행 2019. 4. 16.] [법률 제16316호, 2019. 4. 16. 일부개정]

경비지도사의 시험 및 교육에 관한 업무를 위탁받은 기관 또는 단체의 임직원은 그 업무를 수행함에 있어 공무원과 유사한 정도의 공정성과 청렴성이 요구되므로 「형법」 제129조부터 제132조까지의 규정에 따른 벌칙을 적용할 때 공무원으로 의제하려는 것임.

5장 경비업법 3단 비교표(법률, 시행령, 시행규칙)[16]

1. 경비업과 경비업법

경비업법 시행 2014.6.8. 법률 제11187호	경비업법 시행령 시행 2014.6.8. 대통령령 제25366호	경비업법 시행규칙 시행 2014.6.8 안전행정부령 제72호
제1장 총칙		
제1조 목적 이 법은 경비업의 육성 및 발전과 그 체계적 관리에 관하여 필요한 사항을 정함으로써 경비업의 건전한 운영에 이바지함을 목적으로 한다.	제1조 목적 이 영은 경비업법에서 위임된 사항과 그 시행에 관하여 필요한 사항을 규정함을 목적으로 한다(시행령).	제1조 목적 이 규칙은 경비업법 및 동법시행령에서 위임된 사항과 그 시행에 관하여 필요한 사항을 규정함을 목적으로 한다.
제2조 정의 이 법에서 사용하는 용어의 정의는 다음과 같다. <개정 2005. 5. 31., 2013. 6. 7.> 1. "경비업"이라 함은 다음 각목의 1에 해당	제2조(국가중요시설) 경비업법(이하 "법"이라 한다) 제2조제1호마목에서 "대통령령이 정하는 국가중요시설"이라 함은 공항·항만, 원자력발전소 등의 시	제2조(호송경비의 통지) 경비업법(이하 "법"이라 한다) 제4조제1항의 규정에 의하여 경비업의 허가를 받은 법인(이하 "경비업자"라 한다)은 법 제2조제1호

16) 법제처: moleg.go.kr/main.html(2020). 재구성

경비업법 시행 2014.6.8. 법률 제11187호	경비업법 시행령 시행 2014.6.8. 대통령령 제25368호	경비업법 시행규칙 시행 2014.6.8 안전행정부령 제72호
하는 업무(이하 "경비업무"라 한다)의 전부 또는 일부를 도급받아 행하는 영업을 말한다. 가. 시설경비업무 : 경비를 필요로 하는 시설 및 장소(이하 "경비대상시설"이라 한다)에서의 도난·화재 그 밖의 혼잡 등으로 인한 위험발생을 방지하는 업무 나. 호송경비업무 : 운반중에 있는 현금·유가증권·귀금속·상품 그 밖의 물건에 대하여 도난·화재 등 위험발생을 방지하는 업무 다. 신변보호업무 : 사람의 생명이나 신체에 대한 위해의 발생을 방지하고 그 신변을 보호하는 업무 라. 기계경비업무 : 경비대상시설에 설치한 기기에 의하여 감지·송신된 정보를 그 경비대상시설외의 장소에 설치	설중 국가정보원장이 지정하는 국가보안목표시설과 「통합방위법」 제21조제4항의 규정에 의하여 국방부장관이 지정하는 국가중요시설을 말한다. 〈개정 2003. 11. 11., 2009. 11. 17.〉	나목의 규정에 의한 호송경비업무를 수행하기 위하여 관할경찰서의 협조를 얻고자 하는 때에는 호송 등의 운반을 위한 출발 전일까지 출발지의 경찰서장에게 별지 제1호서식의 호송경비통지서(전자문서로 된 통지서를 포함한다)를 제출하여야 한다. 〈개정 2004. 12. 10.〉

경비업법 시행 2014.6.8. 법률 제11187호	경비업법 시행령 시행 2014.6.8. 대통령령 제25366호	경비업법 시행규칙 시행 2014.6.8. 안전행정부령 제72호
한 관제시설의 기기로 신하여 도난·화재 등 위험발생을 방지하는 업무 마. 특수경비업무 : 공항(항공기를 포함한다) 등 대통령령이 정하는 국가중요시설(이하 "국가중요시설"이라 한다)의 경비 및 도난·화재 그 밖의 위험발생을 방지하는 업무. 2. "경비지도사"라 함은 경비원을 지도·감독 및 교육하는 자를 말하며 일반경비지도사와 기계경비지도사로 구분한다. 3. "경비원"이라 함은 제4조제1항의 규정에 의하여 경비업의 허가를 받은 법인(이하 "경비업자"라 한다)이 채용한 고용인으로서 다음 각목의 1에 해당하는 자를 말한다. 가. 일반경비원 : 제1호 가목 내지 라목의 경비업무를 수행하는 자 나. 특수경비원 : 제1호 마목의 경비업무를 수행하는 자		

경비업법 시행 2014.6.8. 법률 제1187호	경비업법 시행령 시행 2014.6.8. 대통령령 제253668호	경비업법 시행규칙 시행 2014.6.8. 안전행정부령 제72호
4. "무기"라 함은 인명 또는 신체에 위해를 가할 수 있도록 제작된 권총·소총 등을 말한다. 5. "집단민원현장"이란 다음 각 목의 장소를 말한다. 가. 「노동조합 및 노동관계조정법」에 따라 노동관계 당사자가 노동쟁의 조정신청을 한 사업장 또는 쟁의행위가 발생한 사업장 나. 「도시 및 주거환경정비법」에 따른 정비사업과 관련하여 이해대립이 있어 다툼이 있는 장소 다. 특정 시설물의 설치와 관련하여 민원이 있는 장소 라. 주주총회와 관련하여 이해대립이 있어 다툼이 있는 장소 마. 건물·토지 등 부동산 및 동산에 대한 소유권·운영권·관리권·점유권 등		

경비업법 시행 2014.6.8. 법률 제11187호	경비업법 시행령 시행 2014.6.8. 대통령령 제253668호	경비업법 시행규칙 시행 2014.6.8. 안전행정부령 제72호
법적 권리에 대한 이해대립이 있어 다툼이 있는 장소 바. 100명 이상의 사람이 모이는 국제·문화·예술·체육 행사장 사.「행정대집행법」에 따라 대집행을 하는 장소(경비업법). 제3조(법인) 경비업은 법인이 아니면 이를 영위할 수 없다.		

2. 경비업의 허가 등

경비업법	경비업법 시행령	경비업법 시행규칙
제2장 경비업의 허가등 제4조(경비업의 허가) ①경비업을 영위하고자 하는 법인은 도급받아 행하고자 하는 경비업무를 특정하여 그 법인의 주사무소의	제3조(허가신청 등) ①법 제4조제1항에 따라 경비업의 허가를 받으려는 경우에는 허가를 받으려는 경비업무를 특정하여, 경비업의 허가를 받은 법인(이	제3조(허가신청 등) ①법 제4조제1항 및 「경비업법 시행령」(이하 "영"이라 한다) 제3조제1항에 따라 경비업의 허가를 받으려는

경비업법	경비업법 시행령	경비업법 시행규칙
소재지를 관할하는 지방경찰청장의 허가를 받아야 한다. 도급받아 행하고자 하는 경비업무를 변경하는 경우에도 또한 같다. ② 제1항에 따른 허가를 받고자 하는 법인은 다음 각 호의 요건을 갖추어야 한다. <개정 2013. 6. 7.> 1. 대통령령으로 정하는 1억원 이상의 자본금의 보유 2. 다음 각 목의 경비인력 요건 가. 시설경비업무: 경비원 20명 이상 및 경비지도사 1명 이상 나. 시설경비업무 외의 경비업무: 대통령령으로 정하는 경비 인력 3. 제2호의 경비인력을 교육할 수 있는 교육장을 포함하여 대통령령으로 정하는 시설과 장비의 보유 4. 그 밖에 경비업무 수행을 위하여 대통령령으로 정하는 사항 ③ 제1항의 규정에 의하여 경비업의 허가를	하 "경비업자"라 한다)이 허가를 받은 경비업무를 변경하거나 새로운 경비업무를 추가하려는 경우에는 변경허가신청서에 행정안전부령으로 정하는 서류를 첨부하여 법인의 주사무소를 관할하는 지방경찰청장 또는 해당 지방경찰청 소속의 경찰서장에게 제출하여야 한다. 이 경우 신청서를 제출받은 경찰서장은 지체 없이 관할 지방경찰청장에게 보내야 한다. <개정 2011. 4. 4., 2013. 3. 23., 2014. 11. 19., 2017. 7. 26.> ② 제1항에 규정에 의하여 허가 또는 변경허가 신청서를 제출하는 법인은 별표 1의 규정에 의한 경비인력·자본금·시설 및 장비를 갖추어야 한다. 다만, 경비업의 허가 또는 변경허가를 신청하는 때에 경비업의 허가 또는 변경허가의 신청시 이를 갖출 수 없는 경우에는 다음 각 호의 어느 하나에 의한 시설 등(자본금을 제외한다)을 갖출 수 없는 경우에는 이 항에서 변경허가의 신청시 시설 등의 확보계획서를 제출한 후 허가 또는 변경허	경우 또는 경비업자가 허가를 받은 경비업무를 변경하거나 새로운 경비업무를 추가하려는 경우에는 별지 제2호서식의 경비업 허가신청서 또는 경비업 변경허가신청서(전자문서로 된 신청서를 포함한다)에 다음 각 호의 서류(전자문서를 포함한다)를 첨부하여 법인의 주사무소를 관할하는 지방경찰청장 또는 해당 지방경찰청 소속의 경찰서장에게 제출하여야 한다. 이 경우 신청서를 제출받은 경찰서장은 지체 없이 관할 지방경찰청장에게 보내야 한다. <개정 2004. 12. 10., 2006. 9. 7., 2011. 4. 4.> 1. 법인의 정관 1부 2. 법인 임원의 이력서 1부 3. 경비인력·시설 및 장비의 확보계획서 1부(경비업 허가의 신청시 이를 갖출 수 없는 경우에 한한다) ② 제1항에 따른 신청서를 제출받은 지방경찰청장은 「전자정부법」 제36조제1항에 따른

경비업법	경비업법 시행령	경비업법 시행규칙
받은 법인은 다음 각 호의 1에 해당하는 때에는 지방경찰청장에게 신고하여야 한다. 1. 영업을 폐업하거나 휴업한 때 2. 법인의 명칭이나 대표자·임원을 변경한 때 3. 법인의 주사무소나 출장소를 신설·이전 또는 폐지한 때 4. 기계경비업무의 수행을 위한 관제시설을 신설·이전 또는 폐지한 때 5. 특수경비업무를 개시하거나 종료한 때 6. 그 밖에 대통령령이 정하는 중요사항을 변경한 때 ④ 제1항 및 제3항의 규정에 의한 허가 또는 신고의 절차, 신고의 기한 등 허가 및 신고에 관하여 필요한 사항은 대통령령으로 정한다. **4조의2(허가의 제한)** ① 누구든지 제4조제1항에 따른 허가를 받은 경비업체와 동일한	가를 받은 날부터 1월 이내에 별표 1의 규정에 의한 시설 등을 갖추고 지방경찰청장의 확인을 받아야 한다. **제4조(허가절차 등)** ① 지방경찰청장은 제3조제1항의 규정에 의하여 허가 또는 변경허가	행정정보의 공동이용을 통하여 법인의 등기사항증명서를 확인하여야 한다. 〈신설 2006. 9. 7., 2008. 12. 5., 2010. 9. 10.〉 **제4조(허가증 등)** ①영 제4조제2항의 규정에 의한 허가증은 별지 제3호서식에 의한다. ②영 제4조제3항의 규정에 의한 허가증 재교부신청서는 별지 제4호서식에 의한다.

경비업법	경비업법 시행령	경비업법 시행규칙
명칭으로 경비업 허가를 받을 수 없다. ② 제19조제1항제2호 및 제7호의 사유로 경비업체의 허가가 취소된 경우 허가가 취소된 날부터 10년이 지나지 아니한 때에는 누구든지 허가가 취소된 경비업체와 동일한 명칭으로 제4조제1항에 따른 허가를 받을 수 없다. ③ 제19조제1항제2호 및 제7호의 사유로 허가가 취소된 법인은 법인명 또는 임원의 변경에도 불구하고 허가가 취소된 날부터 5년이 지나지 아니한 때에는 제4조제1항에 따른 허가를 받을 수 없다. [본조신설 2013. 6. 7.]	이 신청을 받은 때에는 경비업을 영위하고자 하는 법인의 임원증 법 제5조의 규정에 의한 결격사유에 해당하는 자가 있는지의 유무, 경비인력·시설 및 장비의 확보 또는 확보가능성의 여부, 자본금과 대표자·임원의 경력 및 신용 등을 검토하여 허가여부를 결정하여야 한다. ② 지방경찰청장은 제1항에 따른 검토를 한 후 경비업을 허가하거나 변경허가를 한 경우에는 해당 법인의 주사무소를 관할하는 경찰서장을 거쳐 신청인에게 허가증을 발급하여야 한다. <개정 2011. 4. 4.> ③ 경비업자는 경비업 허가증을 잃어버리거나 경비업 허가증이 못쓰게 된 경우에는 허가증 재교부신청서에 다음 각 호의 구분에 따른 서류를 첨부하여 법인의 주사무소를 관할하는 지방경찰청장 또는 해당 지방경찰청 소속의 경찰서장에게 재발급을 신청하여야 하고, 신청서를 제출받은 경찰서장은 지체	

경비업법	경비업법 시행령	경비업법 시행규칙
	없이 관할 지방경찰청장에게 보내야 한다. 〈개정 2011. 4. 4.〉 1. 허가증을 잃어버린 경우에는 그 사유서 2. 허가증이 못쓰게 된 경우에는 그 허가증 제5조(폐업 또는 휴업 등의 신고) ① 경비업자는 폐업을 한 경우에는 법 제4조제3항제1호에 따라 폐업을 한 날부터 7일 이내에 폐업신고서에 허가증을 첨부하여 법인의 주사무소를 관할하는 지방경찰청장 또는 해당 지방경찰청 소속의 경찰서장에게 제출하여야 한다. 이 경우 폐업신고서를 제출받은 경찰서장은 지체 없이 관할 지방경찰청장에게 보내야 한다. 〈개정 2011. 4. 4.〉 ② 경비업자는 휴업을 한 경우에는 법 제4조제3항제1호에 따라 휴업을 한 날부터 7일 이내에 휴업신고서를 법인의 주사무소를 관할하는 지방경찰청장 또는 해당 지방경찰청 소속의 경찰서장에게 제출하여야 하고, 휴업	제5조(폐업 또는 휴업 등의 신고) ①영 제5조제1항의 규정에 의한 폐업신고서와 동조제2항의 규정에 의한 휴업신고서 · 영업재개신고서 및 휴업기간연장신고서는 별지 제5호서식에 의한다. 〈개정 2003. 11. 17.〉 ②법 제4조제3항제2호에 따른 법인의 명칭 · 대표자 · 임원, 같은 항 제3호에 따른 주사무소 · 출장소나 영 제5조제4항에 따른 정관의 목적이 변경되어 법 제4조제3항에 따른 신고를 하는 경우에는 별지 제6호서식의 경비 허가사항 등의 변경신고서(전자문서로 된 신고서를 포함한다)에 다음 각 호의 서류(전자문서를 포함한다)를 첨부하여 법인의 주사무소를 관할하는 지방경찰청장 또는 해

경비업법	경비업법 시행령	경비업법 시행규칙
	신고서를 제출받은 경찰서장은 지체 없이 관할 지방경찰청장에게 보내야 한다. 이 경우 휴업신고를 한 경비업자가 신고한 휴업기간이 끝나기 전에 영업을 다시 시작하거나 신고한 휴업기간을 연장하려는 경우에는 영업을 다시 시작한 후 7일 이내에 또는 신고한 휴업기간이 끝난 후 7일 이내에 영업재개신고서 또는 휴업기간연장신고서를 제출하여야 한다. 〈개정 2011. 4. 4.〉 ③법 제4조제3항제3호의 규정에 의하여 신설·이전 또는 폐지한 때에 신고를 하여야 하는 출장소는 주사무소 외의 장소로서 일상적으로 일정 지역안의 경비업무를 지휘·총괄하는 영업거점인 지점·지사 또는 사업소 등의 장소로 한다. ④법 제4조제3항제6호에서 "그밖에 대통령령이 정하는 중요사항"이라 함은 정관의 목적을 말한다. 〈개정 2003. 11. 11.〉	당 지방경찰청 소속의 경찰서장에게 제출하여야 한다. 변경신고서를 제출받은 경찰서장은 이를 지체 없이 관할지방경찰청장에게 보내야 한다. 〈개정 2003. 11. 17., 2004. 12. 10., 2006. 2. 2., 2006. 9. 7., 2011. 4. 4.〉 1. 명칭 변경의 경우 : 허가증 원본 2. 대표자 변경의 경우 〈2006. 9. 7.〉 가. 삭제 나. 법인 대표자의 이력서 1부 다. 허가증 원본 3. 임원 변경의 경우 : 법인 임원의 이력서 1부 4. 주사무소 또는 출장소 변경의 경우 : 허가증 원본 5. 정관의 목적 변경의 경우 : 법인의 정관 1부 ③제2항에 따른 신고서를 제출받은 지방경찰

경비업법	경비업법 시행령	경비업법 시행규칙
	⑤ 법 제4조제3항제2호부터 제6호까지의 규정에 따른 신고는 그 사유가 발생한 날부터 30일 이내에 하여야 한다. 〈개정 2014. 12. 30.〉 [제목개정 2003. 11. 11.]	찰청장은 「전자정부법」 제36조제1항에 따른 행정정보의 공동이용을 통하여 법인의 등기사항증명서를 확인하여야 한다. 〈신설 2006. 9. 7., 2008. 12. 5., 2010. 9. 10.〉 ④ 법 제4조제3항제5호의 규정에 의한 특수경비업무의 개시 또는 종료의 신고는 별지 제7호서식에 의한다. 〈개정 2006. 9. 7.〉 [제목개정 2003. 11. 17.] 제6조(허가갱신) ① 법 제6조제2항에 따라 경비업의 갱신허가를 받으려는 자는 허가의 유효기간 만료일 30일 전까지 별지 제2호서식의 경비업 갱신허가신청서(전자문서로 된 신청서를 포함한다)에 허가증 원본 및 정관(변경사항이 있는 경우만 해당한다)을 첨부하여 법인의 주사무소를 관할하는 지방경찰청장 또는 해당 지방경찰청 소속의 경찰서장에게 제출하여야 한다. 경비업 갱신허가신청서를 제출받은 경찰서장은 이를 지체 없

경비업법	경비업법 시행령	경비업법 시행규칙
		이 관할지방경찰청장에게 보내야 한다. 〈개정 2011. 4. 4.〉 ②제1항에 따른 신청서를 제출받은 지방경찰청장은 「전자정부법」 제36조제1항에 따른 행정정보의 공동이용을 통하여 법인의 등기사항증명서를 확인하여야 한다. 〈신설 2006. 9. 7., 2008. 12. 5., 2010. 9. 10.〉 ③지방경찰청장은 법 제6조제2항의 규정에 의하여 갱신허가를 하는 때에는 유효기간이 만료되는 허가증을 회수한 후 별지 제3호서식의 허가증을 교부하여야 한다. 〈개정 2006. 9. 7.〉
제6조(특수경비업자의 업무개시전의 조치) ①법 제2조제1호마목의 규정에 의한 특수경비업무를 수행하는 경비업자(이하 "특수경비업자"라 한다)는 법 제4조제3항제5호의 규정에 의하여 첫 업무개시의 신고를 하기 전에 지방경찰청장의 비밀취급인가를 받아야		

경비업법	경비업법 시행령	경비업법 시행규칙
	한다. ②지방경찰청장은 제1항의 규정에 의하여 특수경비업자에게 비밀취급인가를 하고자 하는 때에는 법 제25조의 규정에 의하여 특수경비업자로 하여금 경찰청장을 거쳐 국가정보원장에게 보안측정을 요청하도록 하여야 한다. 제7조의2(특수경비업자가 할 수 있는 영업) ① 법 제7조제9항에서 "경비장비의 제조·설비·판매업, 네트워크를 활용한 정보산업, 시설물 유지관리업 및 경비원 교육업 등 대통령령이 정하는 경비관련업"이란 다음 각 호의 영업을 말한다. 1. 별표 1의2에 따른 영업 2. 제1호에 따른 영업에 부수되는 것으로서 경찰청장이 지정·고시하는 영업 ② 제1항에 따른 영업의 범위에 관하여는	

경비업법	경비업법 시행령	경비업법 시행규칙
	법 또는 이 영에 특별한 규정이 있는 경우를 제외하고는 「통계법」에 따라 통계청장이 고시하는 한국표준산업분류표에 따른다. [전문개정 2014. 6.3.]	
제5조(임원의 결격사유) 다음 각 호의 1에 해당하는 자는 경비업을 영위하는 법인(제4호에 해당하는 자의 경우에는 특수경비업무를 수행하는 법인을 말하고, 제5호에 해당하는 자의 경우에는 허가취소사유에 해당하는 경비업무와 동종의 경비업무를 수행하는 법인을 말한다)의 임원이 될 수 없다. 〈개정 2008. 2. 29., 2013. 6. 7., 2014. 12. 30.〉 1. 피성년후견인 또는 피한정후견인 2. 파산선고를 받고 복권되지 아니한 자 3. 금고 이상의 형의 선고를 받고 그 형이 실효되지 아니한 자 4. 이 법 또는 「대통령 등의 경호에 관한 법률」에 위반하여 벌금형의 선고를 받		

경비업법	경비업법 시행령	경비업법 시행규칙
고 3년이 지나지 아니한 자 5. 이 법(제19조제1항제2호 및 제7호는 제외한다) 또는 이 법에 의한 명령에 위반하여 허가가 취소된 법인의 허가 취소 당시의 임원이었던 자로서 그 취소 후 3년이 지나지 아니한 자 6. 제19조제1항제2호 및 제7호의 사유로 허가가 취소된 법인의 허가취소 당시 의 임원이었던 자로서 그 허가가 취소된 날부터 5년이 지나지 아니한 자 제6조(허가의 유효기간 등) ①제4조제1항의 규정에 의한 경비업 허가의 유효기간은 허가를 받은 날부터 5년으로 한다. ②제1항의 규정에 의한 유효기간이 만료된 후 계속하여 경비업을 하고자 하는 법인은 행정 안전부령으로 정하는 바에 따라 갱신허가를 받아야 한다. 〈개정 2008. 2. 29., 2013. 3. 23., 2014. 11. 19., 2017. 7. 26.〉		

경비업법	경비업법 시행령	경비업법 시행규칙
제7조(경비업자의 의무) ①경비업자는 경비대상시설의 소유자 또는 관리자(이하 "시설주"라 한다)의 관리권의 범위안에서 경비업무를 수행하여야 하며, 다른 사람의 자유와 권리를 침해하거나 그의 정당한 활동에 간섭하여서는 아니된다. ②경비업자는 경비업무를 성실하게 수행하여야 하고, 도급을 의뢰받은 경비업무가 위법 또는 부당한 것일 때에는 이를 거부하여야 한다. ③경비업자는 불공정한 계약으로 경비원의 권익을 침해하거나 경비업의 건전한 육성과 발전을 해치는 행위를 하여서는 아니된다. ④경비업자의 임·직원이거나 임·직원이었던 자는 다른 법률에 특별한 규정이 있는 경우를 제외하고는 그 직무상 알게 된 비밀을 누설하거나 다른 사람에게 제공하여 이용하도록 하는 등 부당한 목적을 위하여 사용하여서는 아니된다.	제7조의3(무자격자 및 부적격자 등의 범위) 법 제7조의2제3항에 따라 다음 각 호의 경비업무를 도급하려는 자는 법 제7조의2제3항에 따라 다음 각 호의 구분에 해당하는 사람을 그 경비업무를 수행하는 경비원으로 채용하도록 해서는 아니된다. 1. 시설경비업무, 신변보호업무(집단민원현장의 시설경비업무 또는 신변보호업무는 제외한다), 호송경비업무 또는 기계경비업무 가. 법 제10조제1항에 따라 경비지도사 또는 일반경비원이 될 수 없는 사람 나. 「아동·청소년의 성보호에 관한 법률」 제56조제1항제14호에 따른 비밀에 종사하여서는 안되는 사람 2. 특수경비업무 가. 법 제10조제2항에 따라 특수경비원이 될 수 없는 사람	제6조의2(집단민원현장에 선임·배치된 경비지도사의 직무) 법 제7조제6항에 따라 경비업자는 집단민원현장에 선임·배치된 경비지도사로 하여금 다음 각 호의 직무를 행하도록 하여야 한다. 1. 법 제15조의2에 따른 경비원 등의 의무 위반행위 예방 및 제지 2. 법 제16조에 따른 경비원의 복장 착용 등에 대한 지도·감독 3. 법 제16조의2에 따른 경비원의 장비 휴대 및 사용에 대한 지도·감독 4. 법 제18조제1항 단서에 따라 집단민원현장에 배치된 경비원 명부의 관리 [본조신설 2014. 6. 5.]

경비업법	경비업법 시행령	경비업법 시행규칙
⑤경비업자는 허가받은 경비업무외의 업무에 경비원을 종사하게 하여서는 아니된다. ⑥경비업자는 집단민원현장에 경비원을 배치하는 때에는 경비지도사를 선임하고 그 장소에 배치하여 행정안전부령으로 정하는 바에 따라 경비원을 지도·감독하게 하여야 한다. 〈신설 2013. 6. 7., 2014. 11. 19., 2017. 7. 26.〉 ⑦특수경비업무를 수행하는 경비업자(이하 "특수경비업자"라 한다)는 제4조제3항제5호의 규정에 의한 특수경비업무의 개시신고를 하는 때에는 국가중요시설에 대한 특수경비업무의 수행이 중단되는 경우 시설주의 동의를 얻어 다른 특수경비업자중에서 경비업무를 대행할 자(이하 "경비대행업자"라 한다)를 지정하여 허가관청에 신고하여야 한다. 경비대행업자의 지정을 변경하는 경우에도 또한 같다. 〈개정 2013. 6. 7.〉 ⑧특수경비업자는 국가중요시설에 대한 특	나. 「아동·청소년의 성보호에 관한 법률」 제56조제1항제14호에 따라 경비업무에 종사할 수 없는 사람 3. 집단민원현장의 시설경비업무 또는 신변보호업무 가. 법 제10조제1항에 따라 경비지도사 또는 일반경비원이 될 수 없는 사람 나. 법 제18조제6항에 따라 집단민원현장에 일반경비원으로 배치할 수 없는 사람 다. 「아동·청소년의 성보호에 관한 법률」 제56조제1항제14호에 따라 경비업무에 종사할 수 없는 사람 [본조신설 2015. 10. 20.]	

경비업법	경비업법 시행령	경비업법 시행규칙
수경비업무를 중단하게 되는 경우에는 미리 이를 제7항의 규정에 의한 경비대행업자에게 통보하여야 하며, 경비대행업자는 통보받은 즉시 그 경비업무를 인수하여야 한다. 이 경우 제7항의 규정은 경비대행업자에 대하여 이를 준용한다. 〈개정 2013. 6. 7., 2014. 12. 30.〉 ⑨특수경비업자는 이 법에 의한 경비업과 경비장비의 제조·설비·판매업, 네트워크를 활용한 정보산업, 시설물 유지관리업 및 경비원 교육업 등 대통령령이 정하는 경비관련업외의 영업을 하여서는 아니된다. 〈개정 2002. 12. 18., 2013. 6. 7.〉 [2002. 12. 18. 법률 제6787호에 의하여 2002. 4. 25. 헌법재판소에서 결정된 이 조를 개정함] 제7조의2(경비업무 도급인 등의 의무) ① 누구든지 제4조제1항에 따른 허가를 받지 아		

경비업법	경비업법 시행령	경비업법 시행규칙
니한 자에게 경비업무를 도급하여서는 아니 된다. ② 누구든지 집단민원현장에 경비인력을 20명 이상 배치하려고 할 때에는 그 경비인력을 직접 고용하여서는 아니 되고, 경비업자에게 경비업무를 도급하여야 한다. 다만, 시설주 등이 집단민원현장 발생 3개월 전까지 직접 고용하여 경비업무를 수행하는 피고용인의 경우에는 그러하지 아니하다. ③ 제1항 및 제2항에 따라 경비업무를 도급하는 자는 그 경비업무를 수급한 경비업자의 경비원 채용 시 무자격자나 부적격자 등을 채용하도록 관여하거나 영향력을 행사해서는 아니 된다. 〈신설 2015. 7. 20.〉 ④ 제3항에 따른 무자격자 및 부적격자의 구체적인 범위 등은 대통령령으로 정한다. 〈신설 2015. 7. 20.〉 [본조신설 2013. 6. 7.]		

3. 기계경비업무

경비업법	경비업법 시행령	경비업법 시행규칙
제3장 기계경비업무		
제8조(대응체제) 기계경비업무를 수행하는 경비업자(이하 "기계경비업자"라 한다)는 경비대상시설에 관한 경보를 수신한 때에는 신속하게 그 사실을 확인하는 등 필요한 대응조치를 취하여야 하며, 이를 위한 대응체제를 갖추어야 한다.	제7조(기계경비업자의 대응체제) 법 제2조제1호라목의 규정에 의한 기계경비업무를 수행하는 경비업자(이하 "기계경비업자"라 한다)는 법 제8조의 규정에 의하여 관제시설 등에서 경보를 수신한 때에는 경보를 수신한 때부터 늦어도 25분 이내에는 도착시킬 수 있는 대응체제를 갖추어야 한다.	
제9조(오경보의 방지 등) ①기계경비업자는 경비계약을 체결하는 때에는 오경보를 막기 위하여 계약상대방에게 기기사용요령 및 기계경비운영체계 등에 관하여 설명하여야 하며, 각종 기기가 오작동되지 아니하도록 관리하여야 한다. ②기계경비업자는 대응조치 등 업무의 원활한 운영과 개선을 위하여 대통령령이 정하	제8조(오경보의 방지를 위한 설명 등) ①법 제9조제1항의 규정에 의하여 기계경비업자가 계약상대방에게 하여야 하는 설명은 다음 각 호의 사항을 기재한 서면 또는 전자문서(이하 "서면등"이라 하며, 이 조에서 전자문서는 계약상대방이 원하는 경우에 한한다)를 교부하는 방법에 의한다. 1. 당해 기계경비업무와 관련된 관제시설	

경비업법	경비업법 시행령	경비업법 시행규칙
는 바에 따라 관련 서류를 작성·비치하여야 한다.	및 출장소(제5조제3항의 규정에 의한 출장소를 말한다. 이하 같다)의 명칭·소재지 2. 기계경비업자가 경비대상시설에서 발생한 경보를 수신한 경우에 취하는 조치 3. 기계경비업무용 기기의 설치장소 및 종류와 그밖의 기재장치의 개요 4. 오경보의 발생원인과 송신기기의 유지·관리방법 ②기계경비업자는 제1항 각호의 사항을 기재한 서면등과 함께 법 제26조의 규정에 의한 손해배상의 범위와 손해배상액에 관한 사항을 기재한 서면등을 계약상대방에게 교부하여야 한다. **제9조(기계경비업자의 관리 서류)** ①기계경비업자는 법 제9조제2항의 규정에 의하여 출장소별로 다음 각호의 사항을 기재한 서	

경비업법	경비업법 시행령	경비업법 시행규칙
	류를 갖추어 두어야 한다. 1. 경비대상시설의 명칭·소재지 및 경비계약기간 2. 기계경비지도사의 명단·배치일자·배치장소와 출동차량의 대수 3. 경보의 수신 및 현장도착 일시와 조치의 결과 4. 오경보인 경우 오경보가 발생한 경비대상시설 및 그 오경보에 대한 조치의 결과 ②제1항제3호 및 제4호의 규정에 의한 사항을 기재한 서류는 당해 경보를 수신한 날부터 1년간 이를 보관하여야 한다.	

4. 경비지도원 및 경비원

경비업법	경비업법 시행령	경비업법 시행규칙

제4장 경비지도사 및 경비원
 	
제10조(경비지도사 및 경비원의 결격사유) ①다음 각 호의 1에 해당하는 자는 경비지도사 또는 일반경비원이 될 수 없다. 〈개정 2013. 6. 7., 2014. 12. 30.〉
1. 만 18세 미만인 자, 피성년후견인, 피한정후견인
2. 파산선고를 받고 복권되지 아니한 자
3. 금고 이상의 실형의 선고를 받고 그 집행이 종료(집행이 종료된 것으로 보는 경우를 포함한다)되거나 집행이 면제된 날부터 5년이 지나지 아니한 자
4. 금고 이상의 형의 집행유예선고를 받고 그 유예기간중에 있는 자
5. 다음 각 목의 어느 하나에 해당하는 죄를 범하여 벌금형을 선고받은 날부터 10년이 지나지 아니하거나 금고
	제10조(경비지도사의 구분) 법 제10조 내지 제12조의 규정에 의한 경비지도사는 다음 각 호와 같이 구분한다.
	1. 일반경비지도사 : 다음 각 목의 경비업무에 종사하는 경비원을 지도·감독 및 교육하는 경비지도사
	  가. 시설경비업무
	  나. 호송경비업무
	  다. 신변보호업무
	  라. 특수경비업무
	2. 기계경비지도사 : 기계경비업무에 종사하는 경비원을 지도·감독 및 교육하는 경비지도사
		제7조(특수경비원의 신체조건) 법 제10조제2항제4호에서 "행정안전부령이 정하는 신체조건"이라 함은 팔과 다리가 완전하고 두 눈의 맨눈시력 각각 0.2 이상 또는 교정시력 각각 0.8 이상을 말한다. 〈개정 2008. 3. 6., 2013. 3. 23., 2014. 11. 19., 2017. 7. 26.〉
		[전문개정 2003. 11. 17.]

경비업법	경비업법 시행령	경비업법 시행규칙
이상의 형을 선고받고 그 집행이 종료된(종료된 것으로 보는 경우를 포함한다) 날 또는 집행이 유예·면제된 날부터 10년이 지나지 아니한 자 가. 「형법」 제114조의 죄 나. 「폭력행위 등 처벌에 관한 법률」 제4조의 죄 다. 「형법」 제297조, 제297조의2, 제298조부터 제301조까지, 제301조의2, 제302조, 제303조, 제305조, 제305조의2의 죄 라. 「성폭력범죄의 처벌 등에 관한 특례법」 제3조부터 제11조까지 및 제15조(제3조부터 제9조까지의 미수범만 해당한다)의 죄 마. 「아동·청소년의 성보호에 관한 법률」 제7조 및 제8조의 죄 바. 다목부터 마목까지의 죄로서 다른 법률에 따라 가중처벌되는 죄		

경비업법	경비업법 시행령	경비업법 시행규칙
6. 다음 각 목의 어느 하나에 해당하는 죄를 범하여 벌금형을 선고받은 날부터 5년이 지나지 아니하거나 금고 이상의 형을 선고받고 그 집행이 유예된 날부터 5년이 지나지 아니한 자 가. 「형법」 제329조부터 제331조까지, 제331조의2 및 제332조부터 제343조까지의 죄 나. 가목의 죄로서 다른 법률에 따라 가중처벌되는 죄 다. 삭제 〈2014. 12. 30.〉 라. 삭제 〈2014. 12. 30.〉 7. 제5호 다목부터 바목까지의 어느 하나에 해당하는 죄를 범하여 치료감호를 선고받고 그 집행이 종료된 날 또는 집행이 면제된 날부터 10년이 지나지 아니한 자 또는 제6호 각 목의 어느 하나에 해당하는 죄를 범하여 치료감호를 선고받고 그 집행이 면제된 날		

경비업법	경비업법 시행령	경비업법 시행규칙
터 5년이 지나지 아니한 자 8. 이 법이나 이 법에 따른 명령을 위반하여 벌금형을 선고받은 날부터 5년이 지나지 아니하거나 금고 이상의 형을 선고받고 그 집행이 유예된 날부터 5년이 지나지 아니한 자 ②다음 각 호의 어느 하나에 해당하는 자는 특수경비원이 될 수 없다. 〈개정 2008. 2. 29., 2009. 4. 1., 2013. 3. 23., 2013. 6. 7., 2014. 11. 19., 2014. 12. 30., 2017. 7. 26.〉 1. 만 18세 미만 또는 만 60세 이상인 자, 피성년후견인, 피한정후견인 2. 제1항제2호부터 제8호까지의 어느 하나에 해당하는 자 3. 금고 이상의 형의 선고유예를 받고 그 유예기간중에 있는 자 4. 행정안전부령으로 정하는 신체조건에 미달되는 자		

경비업법	경비업법 시행령	경비업법 시행규칙
③경비업자는 제1항 각 호 또는 제2항 각 호의 결격사유에 해당하는 자를 경비지도사 또는 경비원으로 채용 또는 근무하게 하여서는 아니된다.		
제11조(경비지도사의 시험 등) ①경비지도사는 제10조제1항 각 호의 1에 해당하지 아니하는 자로서 경찰청장이 시행하는 경비지도사시험에 합격하고 행정안전부령으로 정하는 교육을 받은 자이어야 한다. <개정 2008. 2. 29., 2013. 3. 23., 2014. 11. 19., 2017. 7. 26.> ②경찰청장은 제1항의 규정에 의한 교육을 받은 자에게 행정안전부령으로 정하는 바에 따라 경비지도사자격증을 교부하여야 한다. <개정 2008. 2. 29., 2013. 3. 23., 2014. 11. 19., 2017. 7. 26.> ③경비지도사시험은 매년 1회 이상 시행하며, 시험과목, 시험공고, 시험의 일부가 면	**제11조(경비지도사시험의 시행 및 공고)** ① 경찰청장은 법 제11조제1항에 따른 경비지도사시험(이하 "시험"이라 한다)의 실시계획을 매년 수립해야 한다. <개정 2019. 3. 12.> ②경찰청장은 제1항의 규정에 의한 시험의 실시계획에 따라 시험을 실시하고자 하는 때에는 응시자격·시험과목·시험일시·시험장소 및 선발예정인원 등을 시험시행일 90일 전까지 공고하여야 한다. <개정 2012. 5. 1.> ③제2항의 규정에 의한 공고는 관보게재와 각 지방경찰청 게시판 및 인터넷 홈페이지에 게시하는 방법에 의한다	**제8조(응시원서 등)** ① 법 제11조의 규정에 의한 경비지도사시험에 응시하고자 하는 자는 별지 제8호서식(전자문서로 된 원서를 포함한다)를 영 제31조제1항에 따라 경비지도사시험의 관리를 위탁받은 기관 또는 단체(이하 이 조에서 "시험관리기관"이라 한다)에 제출해야 한다. <개정 2004. 12. 10., 2019. 4. 23.> ② 영 제13조에 따라 경비지도사 제1차 시험을 면제받으려는 사람은 같은 조 호의 면제 사유를 증명할 수 있는 서류로서 제11조제2항에 따른 공고에서 정하는 서류를 시험관리기관에 제출해야 한다. <신설 2019. 4. 23.>

경비업법	경비업법 시행령	경비업법 시행규칙
제되는 자의 범위 그 밖에 경비지도사시험에 관하여 필요한 사항은 대통령령으로 정한다. 〈개정 2017. 10. 24.〉		③ 시험관리기관은 제2항에 따른 서류 중 재직증명서 또는 경력증명서를 제출받은 경우에는 「전자정부법」 제36조제1항에 따른 행정정보의 공동이용을 통하여 제출인의 국민연금가입자가입증명 또는 건강보험자격득실확인서를 확인해야 한다. 다만, 제출인이 확인에 동의하지 않는 경우에는 해당 서류를 제출하도록 해야 한다. 〈신설 2019. 4. 23.〉 [제목개정 2019. 4. 23.] 제9조(경비지도사에 대한 교육) ①법 제11조제1항에서 "행정안전부령이 정하는 교육"이라 함은 경비지도사에 대한 별표 1의 규정에 의한 과목 및 시간의 교육을 말한다. 〈개정 2008. 3. 6., 2013. 3. 23., 2014. 11. 19., 2017. 7. 26.〉

경비업법	경비업법 시행령	경비업법 시행규칙
		② 제1항의 규정에 의한 교육에 소요되는 비용은 경비지도사의 교육을 받는 자의 부담으로 한다.
	제12조(시험의 방법 및 과목 등) ① 시험은 필기시험의 방법에 의하되, 제1차시험과 제2차시험으로 구분하여 실시한다. 이 경우 경찰청장이 필요하다고 인정하는 때에는 제1차시험과 제2차시험을 병합하여 실시할 수 있다. ② 제1차시험 및 제2차시험은 각각 선택형으로 하되, 제2차시험에 있어서는 선택형 외에 단답형을 추가할 수 있다. ③ 제1차시험 및 제2차시험의 과목은 별표 2와 같다. ④ 제2차시험은 제1차시험에 합격한 자에 대하여 실시한다. 다만, 제1항 후단의 규정에 의하여 제1차시험과 제2차시험을 병합하여 실시하는 경우에는 그러하지 아니하다. ⑤ 제1항 후단의 규정에 의하여 제1차시험과	10조(경비지도사시험의 일부면제) 영 제13조제4호에서 "행정안전부령으로 정하는 교육과정을 이수한 사람"이란 다음 각 호의 어느 하나에 해당하는 사람을 말한다. 〈개정 2008. 3. 6., 2011. 4. 4., 2013. 3. 23., 2014. 11. 19., 2017. 7. 26.〉 1. 고등교육법에 의한 전문대학 이상의 교육기관(경비지도사의 시험과목 3과목 이상이 개설된 교육기관에 한한다)에서 1년 이상의 경비업무관련 과정을 마친 사람 2. 경찰청장이 지정하는 기관 또는 단체에서 실시하는 64시간 이상의 경비지도사 양성과정을 마치고 수료시험에 합격한 사람

경비업법	경비업법 시행령	경비업법 시행규칙
	제2차시험을 병합하여 실시하는 경우에는 제1차시험에 불합격한 자가 치른 제2차시험은 이를 무효로 한다. ⑥제1차시험에 합격한 자에 대하여는 다음 회의 시험에 한하여 제1차 시험을 면제한다. <신설 2003. 11. 11.> 제13조(시험의 일부면제) 법 제11조제3항에 따라 다음 각 호의 어느 하나에 해당하는 사람은 경비지도사 제1차 시험을 면제한다. <개정 2013. 3. 23., 2014. 11. 19., 2017. 7. 26.> 1. 「경찰공무원법」에 따른 경찰공무원으로 7년 이상 재직한 사람 2. 「대통령 등의 경호에 관한 법률」에 따른 경호공무원 또는 별정직공무원으로 7년 이상 재직한 사람 3. 「군인사법」에 따른 각 군 전투병과 또	제11조(경비지도사자격증의 교부) 경찰청장은 법 제11조의 규정에 의한 경비지도사시험에 합격하고 제9조의 규정에 의하여는 경비지도사 교육을 받은 자에 대하여는 별지 제9호서식의 경비지도사자격증 교부대장에 소정의 사항을 기재한 후, 별지 제10호서식의 경비지도사 자격증을 교부하여야 한다.

경비업법	경비업법 시행령	경비업법 시행규칙
	는 현역병과 부사관 이상 간부로 7년 이상 재직한 사람 4. 「경비업법」에 따른 경비업무에 7년 이상(특수경비업무의 경우에는 3년 이상) 종사하고 행정안전부령으로 정하는 교육과정을 이수한 사람 5. 「고등교육법」에 따른 대학 이상의 학교를 졸업한 사람으로서 제12조제3항에 따른 경비지도사 시험과목을 3과목 이상을 이수하고 졸업한 후 경비업무에 종사한 경력이 3년 이상인 사람 6. 「고등교육법」에 따른 전문대학을 졸업한 사람으로서 제12조제3항에 따른 경비지도사 시험과목을 3과목 이상을 이수하고 졸업한 후 경비업무에 종사한 경력이 5년 이상인 사람 7. 일반경비지도사의 자격을 취득한 후 기계경비지도사의 시험에 응시하는 사람 또는	

경비업법	경비업법 시행령	경비업법 시행규칙
	기계경비지도사의 자격을 취득한 후 일반경비지도사의 시험에 응시하는 사람 8. 「공무원임용령」에 따른 행정직군 교정직렬 공무원으로 7년 이상 재직한 사람 [전문개정 2011. 4. 4.] 제14조(시험합격자의 결정) ①제1차시험의 합격결정에 있어서는 매 과목 100점을 만점으로 하며, 매과목 40점 이상, 전과목 평균 60점 이상 득점한 자를 합격자로 결정한다. ②제2차시험의 합격결정에 있어서는 선발예정인원의 범위안에서 60점 이상을 득점한 자 중에서 고득점 순으로 합격자를 결정한다. 이 경우 동점자로 인하여 선발예정인원이 초과되는 때에는 동점자 모두를 합격자로 한다. ③경찰청장은 제2차시험에 합격한 자에 대하여 합격공고를 하고, 합격 및 교육소집 통지서를 교부하여야 한다.	

경비업법	경비업법 시행령	경비업법 시행규칙
	제15조(시험출제위원의 임명·위촉 등) ①경찰청장은 시험문제의 출제를 위하여 다음 각 호의 1에 해당하는 자중에서 시험출제위원을 임명 또는 위촉한다. 1. 고등교육법에 의한 전문대학 이상의 교육기관에서 경찰행정학과 등 경비업무 관련학과 및 법학과의 부교수(전문대학의 경우에는 교수) 이상으로 재직하고 있는 자 2. 석사 이상의 학위소지자로 경찰청장이 정하는 바에 의하여 경비업무에 관한 연구실적이나 전문경험이 인정되는 자 3. 방범·경비업무를 3년 이상 담당한 경감 이상 경찰공무원의 경력이 있는 자 ②제1항의 규정에 의한 시험출제위원의 수는 시험과목별로 2인 이상으로 한다. ③시험출제위원으로 임명 또는 위촉된 자는 경찰청장이 정하는 준수사항을 성실히 이행하	

경비업법	경비업법 시행령	경비업법 시행규칙
제12조(경비지도사의 선임 등) ①경비업자는 대통령령이 정하는 바에 따라 경비지도사를 선임하여야 한다. ②제1항의 규정에 의하여 선임된 경비지도사의 직무는 다음과 같다. 〈개정 2013. 6. 7.〉 1. 경비원의 지도·감독·교육에 관한 계획의 수립·실시 및 그 기록의 유지 2. 경비현장에 배치된 경비원에 대한 순회점검 및 감독 3. 경찰기관 및 소방기관의 연락방법에 대한 지도	하여야 한다. ④시험출제위원과 시험관리업무에 종사하는 자에 대하여는 예산의 범위안에서 수당과 여비를 지급할 수 있다. 다만, 공무원인 위원이 그 소관업무와 직접적으로 관련하여 시험관리업무에 종사하는 경우에는 그러하지 아니하다. 제16조(경비지도사의 선임·배치) ①경비업자는 별표 3의 기준에 따라 경비지도사를 선임·배치하여야 한다. ②경비업자는 제1항의 규정에 의하여 선임·배치된 경비지도사에 결원이 있거나 자격정지 등의 사유로 그 직무를 수행할 수 없는 때에는 15일 이내에 경비지도사를 새로이 충원하여야 한다.	

경비업법	경비업법 시행령	경비업법 시행규칙
4. 집단민원현장에 배치된 경비원에 대한 지도·감독 5. 그 밖에 대통령령이 정하는 직무 ③선임된 경비지도사는 제2항 각호의 규정에 의한 직무를 대통령령이 정하는 바에 따라 성실하게 수행하여야 한다	제17조(경비지도사의 직무 및 준수사항) ① 법 제12조제2항제5호에서 "대통령령이 정하는 직무"란 다음 각 호의 직무를 말한다. 〈개정 2014. 6. 3.〉 1. 기계경비업무를 위한 기계장치의 운용·감독(기계경비지도사의 경우에 한한다) 2. 오경보방지 등을 위한 기기관리의 감독(기계경비지도사의 경우에 한한다) ② 경비지도사는 법 제12조제3항에 따라 같은 조 제2항제1호·제2호의 직무 및 제1항 각 호의 직무를 월 1회 이상 수행하여야 한다. 〈개정 2011. 4. 4.〉	제11조의2(경비원 직무교육 실시대장) 영 제17조제3항에 따른 경비원 직무교육 실시대장은 별지 제10호의2서식에 따른다. [본조신설 2011. 4. 4.]

경비업법	경비업법 시행령	경비업법 시행규칙
	③ 경비지도사는 법 제12조제2항제1호에 따라 경비원에 대한 교육을 실시하고, 행정안전부령으로 정하는 경비원 직무교육 실시대장에 그 내용을 기록하여 2년간 보존하여야 한다. 〈신설 2011. 4. 4., 2013. 3. 23., 2014. 11. 19., 2017. 7. 26.〉	
제13조(경비원의 교육 등) ①경비업자는 경비업무를 적정하게 실시하기 위하여 경비원으로 하여금 대통령령으로 정하는 바에 따라 경비원 신임교육 및 직무교육을 받게 하여야 한다. 다만, 경비업자는 대통령령으로 정하는 경비원 자격을 갖춘 일반경비원을 신임교육 대상에서 제외할 수 있다. 〈개정 2013. 6. 7., 2016. 1. 26.〉 ② 경비원이 되려는 사람은 대통령령으로 정하는 교육기관에서 미리 일반경비원 신임교육을 받을 수 있다. 〈신설 2016. 1. 26.〉 ③ 특수경비업자는 대통령령으로 정하는 바에	제18조(일반경비원에 대한 교육) ① 경비업자는 일반경비원을 채용한 경우 법 제13조제1항 본문에 따라 해당 일반경비원에게 경비업자의 부담으로 다음 각 호의 기관 또는 단체에서 실시하는 일반경비원 신임교육을 받도록 하여야 한다. 〈개정 2016. 6. 28.〉 1. 법 제22조제1항에 따른 경비협회 2. 「경찰공무원 교육훈련규정」 제2조제3호에 따른 경찰교육기관 3. 경비업무 관련 학과가 개설된 대학 등 경비원에 대한 교육을 전문적으로 수행할 수 있는 인력과 시설을 갖춘 기관	제12조(일반경비원에 대한 신임교육의 실시 등) ① 영 제18조제1항에 따른 일반경비원 신임교육의 과목 및 시간은 별표 2와 같다. 〈개정 2019. 4. 23.〉 ② 경찰청장은 일반경비원에 대한 신임교육의 실시를 위하여 연도별 교육계획을 수립하고, 영 제18조제1항에 따른 일반경비원 신임교육 기관 또는 단체가 교육계획에 따라 교육을 실시하도록 하여야 한다. 〈개정 2006. 2. 2., 2014. 6. 5.〉 ③ 삭제 〈2014. 6. 5.〉 ④ 영 제18조제1항에 따른 일반경비원 신

경비업법	경비업법 시행령	경비업법 시행규칙
따라 특수경비원으로 하여금 특수경비원 신임교육과 정기적인 직무교육을 받게 하여야 하고, 특수경비원 신임교육을 받지 아니한 자를 특수경비원으로 종사하게 하여서는 아니 된다. 〈개정 2013. 6. 7., 2016. 1. 26.〉 ④제3항에 의한 특수경비원의 교육시 관할 경찰서 소속 경찰공무원이 교육기관에 임하여 대통령령이 정하는 바에 따라 지도·감독하여야 한다. 〈개정 2016. 1. 26.〉	또는 단체 중 경찰청장이 지정하여 고시하는 기관 또는 단체 ② 경비업자는 법 제13조제1항 단서에 따라 다음 각 호의 어느 하나에 해당하는 사람을 일반경비원으로 채용한 경우에는 해당 일반경비원을 일반경비원 신임교육 대상에서 제외할 수 있다. 〈개정 2016. 6. 28.〉 1. 법 제13조제1항 본문 및 같은 조 제3항에 따른 일반경비원 또는 특수경비원 신임교육을 받은 사람으로서 채용 전 3년 이내에 경비업무에 종사한 경력이 있는 사람 2. 「경찰공무원법」에 따른 경찰공무원으로 근무한 경력이 있는 사람 3. 「대통령 등의 경호에 관한 법률」에 따른 경호공무원 또는 별정직공무원으로 근무한 경력이 있는 사람 4. 「군인사법」에 따른 부사관 이상으로 근무한 경력이 있는 사람	임교육 기관 또는 단체의 장은 제1항에 따른 일반경비원 신임교육과정을 마친 사람에게 별지 제11호서식의 신임교육이수증을 교부하고 그 사실을 별지 제12호서식의 신임교육이수증 교부대장에 기록하여야 하며, 신임교육이수증을 교부한 사실을 일반경비원을 고용한 경비업자에게 통보하고, 교육기관, 교육일, 교육이수증 교부번호 등을 포함한 신임교육 이수자 현황을 경찰청장에게 통보하여야 한다. 〈개정 2014. 6. 5., 2019. 4. 23.〉 ⑤경비업자는 일반경비원의 제1항의 규정에 의한 신임교육을 받은 때에는 제23조제1항의 규정에 의한 경비원의 명부에 그 사실을 기재하여야 한다. ⑥ 지방경찰청장 또는 경찰서장은 제1항에 따른 일반경비원 신임교육을 받은 사람이 요청하는 경우에는 별지 제12호의2서식의 신임교육 이수 확인증을 발급할 수 있다. 〈신설 2019. 4. 23.〉

경비업법	경비업법 시행령	경비업법 시행규칙
	5. 경비지도사 자격이 있는 사람 6. 채용 당시 법 제13조제2항에 따른 일반경비원 신임교육을 받은 지 3년이 지나지 아니한 사람 ③ 경비업자는 법 제13조제1항에 따라 소속 일반경비원에게 법 제12조에 따라 선임한 경비지도사가 수립한 교육계획에 따라 매월 행정안전부령으로 정하는 시간 이상의 직무교육을 받도록 하여야 한다. 〈개정 2014. 11. 19., 2016. 6. 28., 2017. 7. 26.〉 ④ 법 제13조제2항에서 "대통령령으로 정하는 교육기관"이란 제18조제1항 각 호의 기관 또는 단체를 말한다. 〈신설 2016. 6. 28.〉 ⑤ 제1항에 따른 신임교육의 과목 및 시간, 제3항에 따른 직무교육의 과목 등 일반경비원의 교육 실시에 필요한 사항은 행정안전부령으로 정한다. 〈개정 2014. 11. 19., 2016. 6. 28., 2017. 7. 26.〉 [전문개정 2014. 6. 3.]	제13조(일반경비원에 대한 직무교육의 시간 등) ① 영 제18조제3항에서 "행정안전부령으로 정하는 시간"이란 4시간을 말한다. 〈개정 2014. 6. 5., 2014. 11. 19., 2017. 7. 26.〉 ② 영 제18조제3항에 따른 일반경비원에 대한 직무교육의 과목은 일반경비원의 직무 수행에 필요한 이론·실무과목, 그 밖에 정신교양 등으로 한다. 〈신설 2011. 1. 26., 2019. 4. 23.〉 [제목개정 2011. 1. 26.]

경비업법	경비업법 시행령	경비업법 시행규칙
	제19조(특수경비원에 대한 교육) ① 특수경비업자는 특수경비원을 채용한 경우 법 제13조제3항에 따라 해당 특수경비원에게 특수경비업자의 부담으로 다음 각 호의 기관 또는 단체에서 실시하는 특수경비원 신임교육을 받도록 하여야 한다. 〈개정 2014. 11. 19., 2016. 6. 28., 2017. 7. 26.〉 1. 「경찰공무원 교육훈련규정」 제2조제3호에 따른 경찰교육기관 2. 행정안전부령으로 정하는 기준에 적합한 기관 또는 단체 중 경찰청장이 지정하여 고시하는 기관 또는 단체 ② 제1항에도 불구하고 특수경비업자는 채용 전 3년 이내에 특수경비업무에 종사하였던 경력이 있는 사람을 특수경비원으로 채용한 경우에는 해당 특수경비원을 특수경비원 신임교육 대상에서 제외할 수 있다. ③ 특수경비업자는 법 제13조제3항에 따라	제14조(특수경비원 신임교육 기관 또는 단체의 지정 등) ①영 제19조제1항에 의한 특수경비원 신임교육과정을 개설하고자 하는 기관 또는 단체는 별표 3의 규정에 의한 시설 등을 갖추고 경찰청장에게 지정을 요청하여야 한다. ②경찰청장은 제1항의 규정에 의한 교육과정을 개설하고자 하는 기관 또는 단체가 동항의 규정에 의한 지정을 요청한 때에는 별표 3의 규정에 의한 기준에 적합한 지의 여부를 확인한 후 그 기준에 적합한 경우 이를 특수경비원 신임교육을 실시할 수 있는 기관 또는 단체로 지정할 수 있다. 〈개정 2006. 2. 2.〉 ③제2항의 규정에 의하여 지정을 받은 기관 또는 단체는 신임교육의 과정에서 필요한 경우에는 관할 경찰관서장에게 경찰관서 시설물의 이용이나 전문적인 소양을 갖춘 경

경비업법	경비업법 시행령	경비업법 시행규칙
	소속 특수경비원에게 별 제12조에 따라 신임한 경비지도사가 수립한 교육계획에 따라 매월 행정안전부령으로 정하는 시간 이상의 직무교육을 받도록 하여야 한다. 〈개정 2014. 11. 19., 2016. 6. 28., 2017. 7. 26.〉 ④ 제1항에 따른 신임교육의 과목 및 시간, 제3항에 따른 직무교육의 과목 등 특수경비원의 교육 실시에 필요한 사항은 행정안전부령으로 정한다. 〈개정 2014. 11. 19., 2017. 7. 26.〉 [전문개정 2014. 6. 3.]	장관의 파견을 요청할 수 있다. 〈개정 2006. 2. 2.〉 [제목개정 2019. 4. 23.] **제15조(특수경비원에 대한 신임교육의 실시 등)** ① 영 제19조제1항에 따른 특수경비원 신임교육의 과목 및 시간은 별표 4와 같다. 〈개정 2019. 4. 23.〉 ② 영 제19조제1항에 따른 특수경비원 신임교육 기관 또는 단체의 장은 제1항에 따른 특수경비원 신임교육과정을 마친 사람에게 별지 제11호서식의 신임교육이수증을 교부하고 그 사실을 별지 제12호서식의 신임교육이수증 교부대장에 기록해야 하며, 교육기관, 교육일, 교육이수증 교부번호 등을 포함한 신임교육 이수자 현황을 경찰청장에게 통보해야 한다. 〈개정 2014. 6. 5., 2019. 4. 23.〉

경비업법	경비업법 시행령	경비업법 시행규칙
		③경비업자는 특수경비원이 제1항의 규정에 의한 신임교육을 받은 때에는 제23조제1항의 규정에 의한 경비원의 명부에 그 사실을 기재하여야 한다. ④ 지방경찰청장 또는 경찰서장은 제1항에 따른 특수경비원 신임교육을 받은 사람이 요청하는 경우에는 별지 제12호의2서식의 신임교육 이수 확인증을 발급할 수 있다. 〈신설 2019. 4. 23.〉 [제목개정 2019. 4. 23.] 제16조(특수경비원에 대한 직무교육의 시간 등) ①영 제19조제3항에서 "행정안전부령으로 정하는 시간"이란 6시간을 말한다. 〈개정 2008. 3. 6., 2011. 1. 26., 2013. 3. 23., 2014. 6. 5., 2014. 11. 19., 2017. 7. 26.〉 ②관할경찰서장 및 공항경찰대장 등 국가중요시설의 경비책임자(이하 "관할경찰관서장"

경비업법	경비업법 시행령	경비업법 시행규칙
		이라 한다)는 필요하다고 인정하는 경우에는 특수경비원이 배치된 경비대상시설에 소속공무원을 파견하여 직무집행에 필요한 교육을 실시할 수 있다. ③ 영 제19조제3항에 따른 특수경비원에 대한 직무교육의 과목은 특수경비원의 직무수행에 필요한 이론·실무과목, 그 밖에 정신교양 등으로 한다. <개정 2011. 1. 26., 2019. 4. 23.>[제목개정 2011. 1. 26.]
제14조(특수경비원의 직무 및 무기사용 등) ①특수경비업자는 특수경비원으로 하여금 배치된 경비구역안에서 관할 경찰서장 및 공항경찰단장 등 국가중요시설의 경비책임자(이하 "관할 경찰관서장"이라 한다)와 국가중요시설의 시설주의 감독을 받아 시설을 경비하고 도난·화재 그 밖의 위험의 발생을 방지하는 업무를 수행하게 하여야 한다. ②특수경비원은 국가중요시설에 대한 경비	제20조(특수경비원 무기휴대의 절차 등) ① 시설주는 법 제14조제4항의 규정에 의하여 특수경비원이 휴대할 무기를 대여받고자 하는 때에는 무기대여신청서를 관할경찰서장 및 공항경찰단장 등 국가중요시설의 경비책임자(이하 "관할경찰관서장"이라 한다)를 거쳐 지방경찰청장에게 제출하여야 한다. ②시설주는 법 제14조제4항의 규정에 의하여 관할경찰관서장으로부터 무기를 대여받은 특	제17조(무기대여신청서) 영 제20조제1항의 규정에 의한 무기대여신청서는 별지 제13호서식에 의한다. 제18조(무기의 관리수칙 등) ①법 제14조제4항의 규정에 의하여 무기를 대여받은 국가중요시설의 시설주(이하 "시설주"라 한다) 또는 동조제7항의 규정에 의한 관리책임자(이하 "관리책임자"라 한다)는 다음 각호의

경비업법	경비업법 시행령	경비업법 시행규칙
무 수행중 국가중요시설의 정상적인 운영을 해지는 장해를 일으켜서는 아니된다. ③지방경찰청장은 국가중요시설에 대한 경비업무의 수행을 위하여 필요하다고 인정하는 때에는 시설주의 신청에 의하여 무기를 구입한다. 이 경우 시설주는 그 무기의 구입대금을 지불하고, 구입한 무기를 국가에 기부채납하여야 한다. ④지방경찰청장은 국가중요시설에 대한 경비업무의 수행을 위하여 필요하다고 인정하는 때에는 관할경찰청장으로 하여금 시설주의 신청에 의하여 시설주로부터 국가에 기부채납된 무기를 대여하게 하고, 시설주는 이를 특수경비원으로 하여금 휴대하게 할 수 있다. 이 경우 특수경비원은 정당한 사유없이 무기를 소지하고 배치된 경비구역을 벗어나서는 아니된다. ⑤시설주가 제4항의 규정에 의하여 대여받은 무기에 대하여 시설주 및 관할 경찰관서	수경비원에게 휴대하게 하는 경우에는 관할경찰서장의 승인을 얻어야 한다. ③지방경찰청장은 국가중요시설에 대한 경비업무의 수행을 위하여 필요하다고 인정하여 제9항의 규정에 의하여 관할경찰관서장이 시설주의 신청에 의한 무기구입의 필요성을 인정한 때에는 시설주로 하여금 국가에 필요한 무기의 품목·수량 등을 고려하여야 한다. ④시설주는 제3항의 규정에 의한 무기지급의 필요성이 해소되었다고 인정되는 때에는 특수경비원으로부터 즉시 무기를 회수하여야 한다. ⑤법 제14조제9항의 규정에 의하여 특수경비원이 휴대할 수 있는 무기종류는 권총 및 소총으로 한다. ⑥「총포·도검·화약류 등의 안전관리에 관한 법률 시행령」 제18조 및 별표 2의 규정은 법 제14조제9항의 규정에 의한 안전검사의 기준에 관	관리수칙에 따라 무기(탄약을 포함한다. 이하 같다)를 관리하여야 한다. 〈개정 2015. 9. 24.〉 1. 무기의 관리를 위한 책임자를 지정하고 관할경찰관서장에게 통보할 것 2. 무기고 및 탄약고는 단층에 설치하고 환기·방습·방화 및 총가 등의 시설을 할 것 3. 탄약고는 무기고와 사무실 등 많은 사람을 수용하거나 많은 사람이 오고 가는 시설과 떨어진 곳에 설치할 것 4. 무기고 및 탄약고에는 이중 잠금장치를 하여야 하며, 열쇠는 관리책임자가 보관하되, 근무시간 이후에는 열쇠를 당직책임자에게 인계하여 보관시킬 것 5. 관할경찰관서장이 정하는 바에 의하여 무기의 관리실태를 매월 파악하여 다음 달 3일까지 관할경찰관서장에게 통보할 것

경비업법	경비업법 시행령	경비업법 시행규칙
장은 무기의 관리책임을 지고, 관할 경찰관서장은 시설주 및 특수경비원의 무기관리상황을 대통령령이 정하는 바에 따라 지도·감독하여야 한다. 〈개정 2014. 12. 30.〉 ⑥관할 경찰관서장은 무기의 적정한 관리를 위하여 제4항의 규정에 의하여 무기를 지급받은 시설주에 대하여 필요한 명령을 발할 수 있다. 〈개정 2014. 12. 30.〉 ⑦시설주로부터 무기의 관리를 위하여 지정받은 책임자(이하 "관리책임자"라 한다)는 다음 각호에 의하여 이를 관리하여야 한다. 1. 무기출납부 및 무기장비운영카드를 비치·기록하여야 한다. 2. 무기는 관리책임자가 직접 지급·회수하여야 한다. ⑧특수경비원은 국가중요시설의 경비를 위하여 필요한 경우로서 시설주가 관할 경찰관서장의 승인을 얻어 무기를 사용하게 하는 경우와 필요하다고 인정되는 때에는 이 법 및 「총포·도검·화약류 등의 안전관리에 관한 법률」에 의하여 미리 지급된 무기를 사용할 수 있다. 다만, 다음 각	하여 이를 준용한다. 〈개정 2014. 11. 19.〉 ⑦시설주, 법 제14조제7항의 규정에 의한 관리책임자와 특수경비원은 행정안전부령이 정하는 무기관리수칙을 준수하여야 한다. 〈개정 2008. 2. 29., 2013. 3. 23., 2014. 11. 19., 2017. 7. 26.〉 **제21조(무기관리에 대한 지도·감독)** 관할경찰관서장은 법 제14조제5항의 규정에 의하여 시설주 및 특수경비원의 무기관리상황을 매월 1회 이상 점검하여야 한다.	6. 대여받은 무기를 빼앗기거나 대여받은 무기가 분실·도난 또는 훼손되는 등의 사고가 발생한 때에는 관할경찰관서장에게 지체없이 통보할 것 7. 대여받은 무기를 빼앗기거나 대여받은 무기가 분실·도난 또는 훼손된 때에는 경찰청장이 정하는 바에 의하여 그 전액을 배상할 것. 다만, 전시·사변, 천재·지변 그 밖의 불가항력의 사유가 있다고 지방경찰청장이 인정한 때에는 그러하지 아니하다. 8. 시설주는 자체계획을 수립하여 보관하고 있는 무기를 매주 1회 이상 손질할 수 있게 할 것 ②시설주 또는 관리책임자는 고의 또는 과실로 무기(부속품을 포함한다)를 빼앗기거나 무기가 분실·도난 또는 훼손되도록 한 특수경비원에 대하여 특수경비업자에게 교체

경비업법	경비업법 시행령	경비업법 시행규칙
호의 1에 해당하는 때를 제외하고는 사람에게 위해를 끼쳐서는 아니된다. 1. 무기 또는 폭발물을 소지하고 국가중요시설에 침입한 자가 특수경비원으로부터 3회 이상 투기(投棄) 또는 투항(投降)을 요구받고도 이에 불응하면서 계속 항거하는 경우 이를 억제하기 위하여 무기를 사용하지 아니하고는 다른 수단이 없다고 인정되는 때 2. 국가중요시설에 침입한 무장간첩이 특수경비원으로부터 투항(投降)을 요구받고도 이에 불응한 때 ⑨특수경비원의 무기휴대, 무기종류, 그 사용기준 및 안전검사의 기준 등에 관하여 필요한 사항은 대통령령으로 정한다.		또는 징계 등의 조치를 요청할 수 있다. 이 경우 특수경비업자는 특별한 사유가 없는 한 이에 응하여야 한다. ③법 제14조제4항의 규정에 의하여 무기를 대여받은 시설주 또는 관리책임자가 특수경비원에게 무기를 출납하고자 하는 때에는 다음 각호의 관리수칙에 따라 무기를 관리하여야 한다. 1. 관할경찰관서장이 무기를 회수하여 집중적으로 관리하도록 지시하는 경우 또는 출납하는 탄약의 수를 증감하거나 출납을 중지하도록 지시하는 경우에는 이에 따를 것 2. 탄약의 출납은 소총에 있어서는 1정당 15발 이내, 권총에 있어서는 1정당 7발 이내로 하되, 생산된 후 오래된 탄약을 우선적으로 출납할 것 3. 무기를 지급받은 특수경비원으로 하여금 무기를 매주 1회 이상 손질하게

경비업법	경비업법 시행령	경비업법 시행규칙
		할 것 4. 수리가 필요한 무기가 있는 때에는 그 목록과 무기장비운영카드를 첨부하여 관할경찰관서장에게 수리를 요청할 것 ④법 제14조제4항의 규정에 의하여 시설주로부터 무기를 지급받은 특수경비원은 다음 각호의 관리수칙에 따라 무기를 관리하여야 한다. 1. 무기를 지급받거나 반납하는 때 또는 무기의 인계 인수를 하는 때에는 반드시 "앞에 총"의 자세에서 "검사 총"을 할 것 2. 무기를 지급받은 때에는 별도의 지시가 없는 한 안전장치(방아쇠울에 설치되어 있는 것을 말한다)를 장착하여 휴대하여야 하며, 소총은 "우로 어깨걸어 총"의 자세를 유지하고, 권총은 "권총집에 넣어 총"의 자세를 유지할 것 3. 지급받은 무기를 다른 사람에게 보관

경비업법	경비업법 시행령	경비업법 시행규칙
		· 휴대 또는 손질시키기 아니할 것 4. 무기를 손질 또는 조작하는 때에는 총구를 반드시 공중으로 향하게 할 것 5. 무기를 반납하는 때에는 손질을 철저히 한 후 반납하도록 할 것 6. 근무시간 이후에는 무기를 시설주에게 반납하거나 교대근무자에게 인계할 것 ⑤시설주는 다음 각호의 1에 해당하는 특수경비원에 대하여 무기를 지급하여서는 아니되며, 지급된 무기가 있는 경우 이를 즉시 회수하여야 한다. 1. 형사사건으로 인하여 조사를 받고 있는 사람 2. 사의를 표명한 사람 3. 정신질환자 4. 그 밖에 무기를 지급하기에 부적합하다고 인정되는 사람 ⑥시설주는 무기를 수송하는 때에는 출발하기 전에 관할경찰서장에게 그 사실을 통보

경비업법	경비업법 시행령	경비업법 시행규칙
		하여야 하며, 통보를 받은 관할경찰서장은 1인 이상의 무장경찰관을 무기를 수송하는 자동차 등에 함께 타도록 하여야 한다.
제15조(특수경비원의 의무) ①특수경비원은 직무를 수행함에 있어 시설주·관할 경찰관서장 및 소속상사의 직무상 명령에 복종하여야 한다. ②특수경비원은 소속상사의 허가 또는 정당한 사유없이 경비구역을 벗어나서는 아니된다. ③특수경비원은 파업·태업 그 밖에 경비업무의 정상적인 운영을 저해하는 일체의 쟁의행위를 하여서는 아니된다. ④특수경비원이 무기를 휴대하고 경비업무를 수행하는 때에는 다음 각호의 1에 정하는 무기의 안전사용수칙을 지켜야 한다. 1. 특수경비원은 사람을 향하여 권총 또는 소총을 발사하고자 하는 때에는 미리 구두 또는 공포탄에 의한 사격으로 상		

경비업법	경비업법 시행령	경비업법 시행규칙
대방에게 경고하여야 한다. 다만, 다음 각목의 1에 해당하는 경우로서 부득이한 때에는 경고하지 아니할 수 있다. 가. 특수경비원을 급습하거나 타인의 생명·신체에 대한 중대한 위험을 야기하는 범행의 목전에 실행되고 있는 등 상황이 급박하여 경고할 시간적 여유가 없는 경우 나. 인질·간첩 또는 테러사건에 있어서 은밀히 작전을 수행하는 경우 2. 특수경비원은 무기를 사용하는 경우에 있어서 범죄와 무관한 다중의 생명·신체에 위해를 가할 우려가 있는 때에는 이를 사용하여서는 아니된다. 다만, 무기를 사용하지 아니하고는 타인 또는 특수경비원의 생명·신체에 대한 중대한 위협을 방지할 수 없다고 인정되는 때에는 필요한 최소한의 범위 안에서 이를 사용할 수 있다.		

경비업법	경비업법 시행령	경비업법 시행규칙
3. 특수경비원은 총기 또는 폭발물을 가지고 대항하는 경우를 제외하고는 14세 미만의 자 또는 임산부에 대하여는 권총 또는 소총을 발사하여서는 아니된다. 제15조의2(경비원 등의 의무) ①경비원은 직무를 수행함에 있어 타인에게 위력을 과시하거나 물리력을 행사하는 등 경비업무의 범위를 벗어난 행위를 하여서는 아니된다. ②누구든지 경비원으로 하여금 경비업무의 범위를 벗어난 행위를 하게 하여서는 아니된다. [본조신설 2005. 8. 4.] 제16조(경비원의 복장 등) ① 경비업자는 경찰공무원 또는 군인의 제복과 명확히 구별되는 소속 경비원의 복장을 정하고 이를 확인할 수 있는 사진을		제19조(경비원의 복장 등 신고 등) ① 법 제16조제1항에 따라 경비원의 복장 신고(변경신고를 포함한다)를 하려는 경비업자는 소속 경비원에게 복장을 착용하도록 하기

경비업법	경비업법 시행령	경비업법 시행규칙
정부하여 주된 사무소를 관할하는 지방경찰청장에게 행정안전부령으로 정하는 바에 따라 신고하여야 한다. 〈개정 2014. 11. 19., 2017. 7. 26.〉 ② 경비업자는 경비업무 수행 시 경비원에게 소속 경비업체를 표시한 이름표를 부착하도록 하고, 제1항에 따라 신고된 동일한 복장을 착용하게 하여야 하며, 복장에 소속 회사를 오인할 수 있는 표시를 하거나 다른 회사의 복장을 착용하게 하여서는 아니 된다. 다만, 집단민원현장이 아닌 곳에서 신변보호 업무를 수행하는 경우 또는 경비업무의 성격상 부득이한 사유가 있어 관할 경찰관서장이 허용하는 경우에는 그러하지 아니하다. ③ 지방경찰청장은 제1항에 따라 제출받은 사진을 검토한 후 경비업자에게 복장 변경 등에 대한 시정명령을 할 수 있다. ④ 제3항에 따라 시정명령을 받은 경비업자		전에 별지 제13호의2서식의 경비원 복장 등 신고서(전자문서로 된 신고서를 포함한다. 이하 같다)를 경비업자의 주된 사무소를 관할하는 지방경찰청장에게 제출하여야 한다. ② 법 제16조제4항에 따라 경비원 복장 시정명령에 대한 이행보고를 하려는 경비업자는 별지 제13호의3서식의 시정명령 이행보고서(전자문서로 된 보고서를 포함한다. 이하 같다)에 이행사실을 입증할 수 있는 사진 등의 서류를 첨부하여 시정명령을 한 지방경찰청장에게 제출하여야 한다. ③ 경비업자는 제1항에 따른 신고서 또는 제2항에 따른 이행보고서를 지방경찰청장의 주된 사무소를 관할하는 지방경찰청장 소속 경찰서장을 거쳐 제출할 수 있다. 이 경우 신고서 또는 이행보고서를 받은 경찰서장은 지체 없이 경비업자의 주된 사무소를 관할

경비업법	경비업법 시행령	경비업법 시행규칙
는 이를 이행하여야 하고, 지방경찰청장에게 행정안전부령으로 정하는 바에 따라 이행보고를 하여야 한다. 〈개정 2014. 11. 19., 2017. 7. 26.〉 ⑤ 그 밖에 경비원의 복장 등에 필요한 사항은 행정안전부령으로 정한다. 〈개정 2014. 11. 19., 2017. 7. 26.〉[전문개정 2013. 6. 7.] 제16조의2(경비원의 장비 등) ① 경비원이 휴대할 수 있는 장비의 종류는 경적·단봉·분사기 등 행정안전부령으로 정한다. 다만, 분사기는 「총포·도검·화약류 등 단속법」에 따라 미리 분사기의 소지허가를 받아야 한다. ② 경비업자가 경비원으로 하여금 분사기를 휴대하여 직무를 수행하게 하는 경우에는 「총포·도검·화약류 등 단속법」에 따라 미리 분사기의 소지허가를 받아야 한다. ③ 누구든지 제1항의 장비를 임의로 개조하		하는 지방경찰청장에게 해당 신고서 또는 이행보고서를 보내야 한다. ④ 경비원은 경비업무 수행 시 이름표를 경비원 복장의 상의 가슴 부위에 부착하여 경비원의 이름을 외부에서 알아볼 수 있도록 하여야 한다. [전문개정 2014. 6. 5.] 제20조(경비원의 휴대장비) ① 법 제16조의2제1항에 따라 경비원은 근무 중 경적, 단봉, 분사기, 안전방패, 무전기 및 그 밖에 경비 업무 수행에 필요한 것으로서 공격적인 용도로 제작되지 아니하는 장비를 휴대할 수 있으며, 안전모 및 방검복 등 안전장비를 착용할 수 있다. ② 제1항에 따른 경비원 장비의 구체적인 기준은 별표 5에 따른다. [전문개정 2014. 6. 5.]

경비업법	경비업법 시행령	경비업법 시행규칙
여 통상의 용법과 달리 사용함으로써 다른 사람의 생명·신체에 위해를 가하여서는 아니 된다. ④ 경비원은 경비업무를 위하여 필요하다고 인정되는 상당한 이유가 있을 때에는 필요한 최소한도에서 제1항의 장비를 사용할 수 있다. ⑤ 그 밖에 경비원의 장비 등에 관하여 필요한 사항은 행정안전부령으로 정한다. 〈개정 2014. 11. 19., 2017. 7. 26.〉[본조신설 2013. 6. 7.]		
제16조의3(출동차량 등) ① 경비업자는 출동차량 등의 도색 및 표지를 경찰차량 및 군차량과 명확히 구별될 수 있게 하여야 한다. ② 경비업자는 출동차량 등의 도색 및 표지를 정하고 이를 확인할 수 있는 사진을 첨부하여 주된 사무소를 관할하는 지방경찰청장에게 행정안전부령으로 정하는 바에 따라		제21조(출동차량 등의 신고 등) ① 법 제16조의3제2항에 따라 출동차량 등에 대한 신고(변경신고를 포함한다)를 하려는 경비업자는 출동차량 등을 운행하기 전에 별지 제13호의4서식의 출동차량등 신고서(전자문서로 된 신고서를 포함한다. 이하 같다)를 경비업자의 주된 사무소를 관할하는 지방경찰

경비업법	경비업법 시행령	경비업법 시행규칙
신고하여야 한다. 〈개정 2014. 11. 19., 2017. 7. 26.〉 ③ 지방경찰청장은 제2항에 따라 제출받은 사진을 검토한 후 경비업자에게 도색 및 표지 변경 등에 대한 시정명령을 할 수 있다. ④ 제3항에 따른 시정명령을 받은 경비업자는 이를 이행하여야 하고, 지방경찰청장에게 행정안전부령으로 정하는 바에 따라 이행보고를 하여야 한다. 〈개정 2014. 11. 19., 2017. 7. 26.〉 ⑤ 그 밖에 출동차량 등에 필요한 사항은 행정안전부령으로 정한다. 〈개정 2014. 11. 19., 2017. 7. 26.〉[본조신설 2013. 6. 7.]		청장에게 제출하여야 한다. ② 법 제16조의3제4항에 따라 출동차량 등의 시정명령에 대한 이행보고를 하려는 경비업자는 별지 제13호의3서식의 시정명령 이행보고서에 이행사실을 입증할 수 있는 사진 등의 서류를 첨부하여 시정명령을 한 지방경찰청장에게 제출하여야 한다. ③ 경비업자는 제1항에 따른 신고서 및 제2항에 따른 이행보고서를 경비업자의 주된 사무소를 관할하는 지방경찰청장 소속의 경찰서장을 거쳐 제출할 수 있다. 이 경우 신고서 또는 이행보고서를 받은 경찰서장은 지체 없이 경비업자의 주된 사무소를 관할하는 지방경찰청장에게 해당 신고서 또는 이행보고서를 보내야 한다.[전문개정 2014. 6. 5.]
제17조(결격사유 확인을 위한 범죄경력조회 등) ① 경찰청장, 지방경찰청장 또는 관할 경찰관서장은 직권으로 또는 제2항에 따른		제22조(결격사유 확인을 위한 범죄경력조회 요청) ① 법 제17조제2항에 따른 범죄경력조회 요청은 별지 제13호의5서식의 범죄경

경비업법	경비업법 시행령	경비업법 시행규칙
범죄경력조회 요청이 있는 경우에는 경비업 자의 임원, 경비지도사 또는 경비원이 제5조 제3호·제4호, 제10조제1항제3호부터 제8호까지 또는 같은 조 제2항제2호·제3호에 따른 결격사유에 해당하는지를 확인하기 위하여 「형의 실효 등에 관한 법률」제6조에 따른 범죄경력조회를 할 수 있다. ② 경비업자는 선출·선임·채용 또는 배치하려는 임원, 경비지도사 또는 경비원이 제5조제3호·제4호, 제10조제1항제3호부터 제8호까지 또는 같은 조 제2항제2호·제3호에 따른 결격사유에 해당하는지를 확인하기 위하여 주된 사무소, 출장소 또는 배치장소를 관할하는 지방경찰청장 또는 경찰관서장에게 「형의 실효 등에 관한 법률」제6조에 따른 범죄경력조회를 요청할 수 있다. ③ 제2항에 따른 범죄경력조회 요청을 받은 지방경찰청장 또는 관할 경찰관서장은 경비업자에게 그 결과를 통보할 때에는 경비업		력조회 신청서(전자문서로 된 신청서를 포함한다)에 따른다. ② 경비업자는 제1항에 따라 범죄경력조회를 요청하는 경우 다음 각 호의 서류를 첨부하여야 한다. 1. 경비업 허가증 사본 2. 별지 제13호의6서식의 취업자 또는 취업예정자 범죄경력조회 동의서 [전문개정 2014. 6. 5.]

경비업법	경비업법 시행령	경비업법 시행규칙
자의 임원, 경비지도사 또는 경비원이 제5조제3호·제4호, 제10조제1항제3호부터제8호까지 또는 같은 조 제2항제2호·제3호에 따른 결격사유에 해당하는지 여부만을 통보하여야 한다. ④ 지방경찰청장 또는 관할 경찰관서장은 경비업자의 임원, 경비지도사 또는 경비원이 제5조 각 호, 제10조제1항 각 호 또는 제2항 각 호의 결격사유에 해당하는 사실을 알게 되거나 이 법 또는 이 법에 따른 명령을 위반한 때에는 경비업자에게 그 사실을 통보하여야 한다. [전문개정 2013. 6. 7.] 제18조(경비원의 명부와 배치허가 등) ① 경비업자는 행정안전부령으로 정하는 바에 따라 경비원의 명부를 작성·비치하여야 한다. 다만, 집단민원현장에 배치되는 일반경비원의 명부는 그 경비원이 배치되는 장소에도	제22조(집단민원현장 배치 불허가 기준) 법 제18조제3항제2호에서 "대통령령으로 정하는 기준"이란 100분의 21을 말한다. [전문개정 2014. 6. 3.]	제23조(경비원의 명부) 경비업자는 법 제18조제1항에 따라 다음 각 호의 장소에 별지 제14호서식의 경비원 명부(제2호 및 제3호의 경우에는 해당 장소에 배치된 경비원의 명부를 말한다)를 작성·비치하여 두고, 이

경비업법	경비업법 시행령	경비업법 시행규칙
작성·비치하여야 한다. 〈개정 2008. 2. 29., 2013. 3. 23., 2013. 6. 7., 2014. 11. 19., 2017. 7. 26.〉 ②경비업자가 경비원을 배치하거나 배치를 폐지한 경우에는 행정안전부령으로 정하는 바에 따라 관할 경찰관서장에게 신고하여야 한다. 다만, 다음 제1호의 경우에는 경비원을 배치하기 48시간 전까지 행정안전부령으로 정하는 바에 따라 배치허가를 신청하고, 관할 경찰관서장의 배치허가를 받은 후에 경비원을 배치하여야 하며(제2호 및 제3호의 경우에는 경비원을 배치하기 전까지 신고하여야 한다), 이 경우 관할 경찰관서장은 배치허가를 함에 있어 필요한 조건을 붙일 수 있다. 〈개정 2005. 8. 4., 2008. 2. 29., 2013. 3. 23., 2013. 6. 7., 2014. 11. 19., 2017. 7. 26.〉 1. 제2조제1호가목에 따른 시설경비업무 또는 같은 호 다목에 따른 신변보호업		를 항상 정리하여야 한다. 1. 주된 사무소 2. 영 제5조제3항에 따른 출장소 3. 집단민원현장[전문개정 2014. 6. 5.] **제24조(경비원의 배치 및 배치폐지의 신고)** ① 경비업자는 법 제18조제2항에 따라 경비원을 배치하거나 그 기간을 연장하려는 때에는 경비원을 배치하기 위하여 20일 이상 경비업무를 수행하기 위하여 20일 이상 경비업무를 수행하거나 그 기간을 연장하려는 때에는 경비원을 배치한 후 7일 이내에 별지 제15호서식의 경비원 배치신고서(전자문서로 된 신고서를 포함한다)를 배치지를 관할하는 경찰관서장에게 제출하여야 한다. 다만, 법 제18조제2항제2호 및 제3호에 해당하는 경비원을 배치하는 경우에는 경비원을 배치하는 기간과 관계없이 경비원을 배치하기 전까지 제출하여야 한다. 〈개정 2014. 6. 5.〉 ②제1항의 규정에 의하여 경비원의 배치신

경비업법	경비업법 시행령	경비업법 시행규칙
무 등 집단민원현장에 배치된 일반경비원 2. 집단민원현장이 아닌 곳에서 제2조제1호의 나목의 규정에 의한 신변보호업무를 수행하는 일반경비원 3. 특수경비원 ③ 관할 경찰관서장은 제2항 각 호의 신청을 받은 경우 다음 각 호의 사유에 해당하는 때에는 배치허가를 하여서는 아니 된다. 이 경우 관할 경찰관서장은 다음 각 호의 사유를 확인하기 위하여 소속 경찰관으로 하여금 그 배치장소를 방문하여 조사하게 할 수 있다. 〈신설 2013. 6. 7.〉 1. 제15조의2제1항 및 제2항을 위반하여 경비업무의 범위를 벗어난 행위를 할 우려가 있는 경우 2. 경비원 중 제10조제1항 또는 제2항에 해당하는 결격자나 제13조에 따른 신		고를 한 경비업자가 경비원의 배치폐지를 한 때에는 배치폐지를 한 날부터 7일 이내에 별지 제15호서식의 경비원 배치폐지신고서(전자문서로 된 신고서를 포함한다)를 관할경찰관서장에게 제출하여야 한다. 다만, 경비원 배치신고시에 기재한 배치폐지 예정일에 경비원의 배치를 폐지한 경우에는 그러하지 아니하다. 〈개정 2004. 12. 10, 2009. 7. 1.〉 ③ 지방경찰청장 또는 경찰서장은 일반경비원 또는 특수경비원이나 일반경비원 또는 특수경비원으로 근무했던 사람이 요청하는 경우에는 별지 제12호의2서식의 배치폐지 확인증을 발급할 수 있다. 〈신설 2019. 4. 23.〉 제24조의2(집단민원현장에의 일반경비원 배치허가 신청 등) ① 법 제18조제2항 각 호 외의 부분 단서에 따라 집단민원현장에 일반경비원 배치허가를 신청하려는 경비업자

경비업법	경비업법 시행령	경비업법 시행규칙
임교육을 받지 아니한 사람이 대통령령으로 정하는 기준 이상으로 포함되어 있는 경우 3. 제24조에 따라 경비원의 복장·장비 등에 대하여 내려진 필요한 명령을 이행하지 아니하는 경우 ④ 제2항 각 호 외의 부분 단서에 따른 배치허가 신청을 받은 관할 경찰관서장은 배치허가를 함에 있어 필요한 조건을 붙일 수 있다. 〈개정 2013. 6. 7.〉 ⑤ 경비업자는 경비원을 배치하여 경비업무를 수행하게 하는 때에는 행정안전부령으로 정하는 바에 따라 배치된 경비원의 인적사항과 배치일시·배치장소 등 근무상황을 기록하여 보관하여야 한다. 〈개정 2013. 6. 7., 2014. 11. 19., 2017. 7. 26.〉 ⑥ 경비업자는 다음 각 호의 어느 하나에		는 별지 제15호의2서식의 집단민원현장 일반경비원 배치허가 신청서(전자문서에 의한 신청서를 포함하며, 이하 "배치허가 신청서"라 한다)에 집단민원현장에 배치될 일반경비원의 신임교육 이수증(영 제18조제2항에 따른 일반경비원 신임교육 면제 대상인 경우 신임교육 면제 대상에 해당함을 입증할 수 있는 서류를 말한다) 각 1부를 첨부하여 관할 경찰관서장에게 제출하여야 한다. ② 제1항에 따른 배치허가 신청서를 받은 관할 경찰관서장은 경비원 배치예정 일시 전까지 배치허가 여부를 결정하여 경비업자에게 통보하여야 한다. ③ 제2항에 따라 일반경비원 배치허가를 받은 경비업자가 경비원 배치기간을 연장하려는 경우에는 배치기간이 만료되기 48시간 전까지 배치허가 신청서를 관할 경찰관서장에게 제출하여 허가를 받아야 한다. ④ 제2항에 따라 일반경비원 배치허가를 받

경비업법	경비업법 시행령	경비업법 시행규칙
해당하는 죄를 범하여 벌금형을 선고받고 5년이 지나지 아니하거나 금고 이상의 형을 선고받고 그 집행이 유예된 날부터 5년이 지나지 아니한 자를 집단민원현장에 일반경비원으로 배치하여서는 아니 된다. 〈신설 2013. 6. 7., 2016. 1. 6.〉 1. 「형법」 제257조부터 제262조까지, 제264조, 제276조부터 제281조까지의 죄, 제284조의 죄, 제285조의 죄, 제320조의 죄, 제324조제2항의 죄, 제350조의2의 죄, 제351조의 죄(제350조, 제350조의2의 상습범으로 한정한다), 제369조제1항의 죄 2. 「폭력행위 등 처벌에 관한 법률」 제2조 또는 제3조의 죄 ⑦ 경비업자는 제1항에 따른 경비원 명부에 없는 자를 경비업무에 종사하게 하여서는 아니 되고, 제2항에 따라 경비원을 배치하는 경우에는 제13조에 따른 신임교육을 이수한		은 경비업자가 집단민원현장에 새로운 경비원을 배치하려는 경우에는 새로운 경비원을 배치하기 48시간 전까지 배치허가 신청서를 관할 경찰관서장에게 제출하여 허가를 받아야 한다. ⑤ 제2항에 따라 일반경비원 배치허가를 받은 경비업자가 경비원의 배치를 배치한 때에는 배치폐지를 한 날부터 48시간 이내에 별지 제15호의3서식의 집단민원현장 일반경비원 배치폐지 신고서(전자문서로 된 신고서를 포함한다)를 관할 경찰관서장에게 제출하여야 한다. ⑥ 제2항에 따라 일반경비원 배치허가를 받은 경비업자가 집단민원현장에 배치된 경비지도사를 변경한 경우에는 변경된 내용을 관할 경찰관서장에게 통보하여야 한다. [본조신설 2014. 6. 5.] 제24조의3(경비원 근무상황 기록부) ① 경

경비업법	경비업법 시행령	경비업법 시행규칙
자를 배치하여야 한다. 〈신설 2013. 6. 7.〉 ⑧ 관할 경찰관서장은 경비업자가 다음 각 호의 어느 하나에 해당하는 때에는 배치폐지를 명할 수 있다. 〈신설 2013. 6. 7.〉 1. 제2항 각 호 외의 부분 단서에 위반하여 배치허가를 받지 아니하고 경비원을 배치하거나 경비원 명단 및 배치일시·배치장소 등 배치허가 신청의 내용을 거짓으로 한 때 2. 제6항의 결격사유에 해당하는 자를 집단민원현장에 일반경비원으로 배치한 때 3. 제7항을 위반하여 신임교육을 이수하지 아니한 자를 제2항 각 호의 경비원으로 배치한 때 4. 경비업자 또는 경비원이 위력이나 흉기 또는 그 밖의 위험한 물건을 사용하여 집단적 폭력사태를 일으킨 때 5. 경비업자가 제2항 각 호 외의 부분 본		비임자는 법 제18조제5항에 따라 경비업무를 수행하는 경비원의 인적사항, 배치일시, 배치장소, 배치폐지일시 및 근무여부 등 근무상황을 기록한 근무상황기록부(전자문서로 된 근무상황기록부를 포함한다. 이하 같다)를 작성하여 주된 사무소 및 출장소에 갖추어 두어야 한다. ② 경비업자는 제1항에 따른 근무상황기록부를 1년 동안 보관하여야 한다. [본조신설 2014. 6. 5.]

경비업법	경비업법 시행령	경비업법 시행규칙
문을 위반하여 신고하지 아니하고 일반경비원을 배치한 때[제목개정 2013. 6. 7.]		제25조(경비전화의 가설) ①관할경찰관서장은 시설주의 신청에 의하여 특수경비원이 배치된 국가중요시설 등에 경비전화를 가설할 수 있다. ②제1항의 규정에 의하여 경비전화를 가설하는 경우의 소요경비는 시설주의 부담으로 한다. 제26조(갖추어 두어야 하는 장부 또는 서류) ①특수경비원을 배치한 시설주는 다음 각호의 장부 및 서류를 갖추어 두어야 한다. 1. 근무일지 2. 근무상황카드 3. 경비구역배치도 4. 순찰표철

경비업법	경비업법 시행령	경비업법 시행규칙
		5. 무기탄약출납부
6. 무기장비운영카드
② 특수경비업을 배치한 국가중요시설의 관할경찰관서장은 다음 각 호의 장부 및 서류를 갖추어 두어야 한다.
1. 감독순시부
2. 특수경비원 전·출입관계철
3. 특수경비원 교육훈련실시부
4. 무기·탄약대여대장
5. 그 밖에 특수경비원의 관리 등을 위하여 필요한 장부 또는 서류
③ 제1항 및 제2항의 규정에 의한 장부 또는 서류의 서식은 경찰관서에서 사용하는 서식을 준용한다.

제27조 삭제 〈2014. 6. 5.〉

제27조의2(규제의 재검토) 경찰청장은 제20 |

경비업법	경비업법 시행령	경비업법 시행규칙
		조에 따른 경비원이 휴대하는 장비 등에 대하여 2014년 6월 8일을 기준으로 3년마다(매 3년이 되는 해의 6월 8일 전까지를 말한다) 그 타당성을 검토하여 개선 등의 조치를 하여야 한다. 〈개정 2014. 6. 5.〉[본조신설 2014. 1. 8.]

5. 행정처분

경비업법	경비업법 시행령	경비업법 시행규칙
제5장 행정처분 등		
제19조(경비업 허가의 취소 등) ①허가관청은 경비업자가 다음 각 호의 어느 하나에 해당하는 때에는 그 허가를 취소하여야 한다. 〈개정 2002. 12. 18., 2013. 6. 7., 2017. 10. 24.〉 1. 허위 그 밖의 부정한 방법으로 허가를	**제23조(위반행위의 보고통보)** ①경비업자의 출장소 또는 경비대상시설을 관할하는 지방경찰청장 또는 경찰관서장은 출장소의 직원이나 경비원이 법 또는 법에 의한 명령에 위반한 사실을 안 때에는 지체없이 그 사실을 서면등으로 당해 경비업을 허가한 지방	

경비업법	경비업법 시행령	경비업법 시행규칙
받은 때 2. 제7조제5항의 규정에 위반하여 허가받은 경비업무외의 업무에 경비원을 종사하게 한 때 3. 제7조제9항의 규정에 위반하여 경비지도사를 선임한 때 4. 정당한 사유없이 허가를 받은 날부터 2년 이내에 경비 도급실적이 없거나 계속하여 1년 이상 휴업한 때 5. 정당한 사유없이 최종 도급계약 종료일의 다음 날부터 2년 이내에 경비 도급실적이 없을 때 6. 영업정지처분을 받고 계속하여 영업을 한 때 7. 제15조의2제2항을 위반하여 소속 경비원으로 하여금 경비업무의 범위를 벗어난 행위를 하게 한 때 8. 제18조제8항에 따른 관할 경찰관서장의 배치폐지 명령에 따르지 아니한 때	경찰청장에게 통보하거나 보고하여야 한다. ②제1항의 규정에 의하여 통보 또는 보고를 받은 지방경찰청장은 그 위반행위에 대하여 행정처분을 한 때에는 이를 해당 지방경찰청장 또는 경찰관서장에게 통보하여야 한다. **제24조(행정처분의 기준)** 법 제19조제2항에 따른 행정처분의 기준은 별표 4와 같다. 〈개정 2014. 6. 3.〉	

경비업법	경비업법 시행령	경비업법 시행규칙
② 허가관청은 경비업자가 다음 각 호의 어느 하나에 해당하는 때에는 대통령령으로 정하는 행정처분의 기준에 따라 그 허가를 취소하거나 6개월 이내의 기간을 정하여 영업의 전부 또는 일부에 대하여 영업정지를 명할 수 있다. 〈신설 2013. 6. 7.〉 1. 제4조제1항 후단을 위반하여 지방경찰청장의 허가 없이 경비업무를 변경한 때 2. 제7조제2항을 위반하여 도급을 의뢰받은 경비업무가 위법한 것임에도 이를 거부하지 아니한 때 3. 제7조제6항을 위반하여 경비지도사를 집단민원현장에 선임·배치하지 아니한 때 4. 제8조를 위반하여 경비대상 시설에 관한 경보 대응체제를 갖추지 아니한 때 5. 제9조제2항을 위반하여 관련 서류를 작성·비치하지 아니한 때 6. 제10조제3항을 위반하여 결격사유에		

경비업법	경비업법 시행령	경비업법 시행규칙
해당하는 경비원을 배치하거나 결격사유에 해당하는 경비지도사를 선임·배치한 때 7. 제12조제1항을 위반하여 경비지도사를 선임한 때 8. 제13조를 위반하여 경비원으로 하여금 교육을 받게 하지 아니한 때 9. 제16조에 따른 경비원의 복장 등에 관한 규정을 위반한 때 10. 제16조의2에 따른 경비원의 장비 등에 관한 규정을 위반한 때 11. 제16조의3에 따른 경비원의 출동차량 등에 관한 규정을 위반한 때 12. 제18조제1항 단서를 위반하여 집단민원현장에 일반경비원 명부를 작성·비치하지 아니한 때 13. 제18조제2항 각 호 외의 부분 단서를 위반하여 배치허가를 받지 아니하고 경비원을 배치하거나 경비원 명단		

경비업법	경비업법 시행령	경비업법 시행규칙
및 배치일시·배치장소 등 배치허가 신청의 내용을 거짓으로 한 때 14. 제18조제6항을 위반하여 결격사유에 해당하는 일반경비원을 집단민원현장에 배치한 때 15. 제24조에 따른 감독상 명령에 따르지 아니한 때 16. 제26조를 위반하여 손해를 배상하지 아니한 때 ③허가관청은 제1항 및 제2항에 의하여 허가취소 또는 영업정지처분을 하는 때에는 경비업자가 허가받은 경비업무중 허가취소 또는 영업정지사유에 해당되는 경비업무에 한하여 처분을 하여야 한다. 다만, 제1항제2호 및 제7호에 해당하여 허가취소를 하는 때에는 그러하지 아니하다. 〈개정 2013. 6. 7.〉 [2002. 12. 18. 법률 제6787호에 의하여 2002. 4. 25. 헌법재판소에서 위헌 결정된 이 조를 개정함.]		

경비업법	경비업법 시행령	경비업법 시행규칙
제20조(경비지도사자격의 취소 등) ①경찰청장은 경비지도사가 다음 각 호의 1에 해당하는 때에는 그 자격을 취소하여야 한다. 〈개정 2014. 12. 30.〉 1. 제10조제1항 각 호의 결격사유에 해당하게 된 때 2. 허위 그 밖의 부정한 방법으로 경비지도사자격증을 교부받은 때 3. 경비지도사자격증을 다른 사람에게 빌려주거나 양도한 때 4. 자격정지 기간 중에 경비지도사로 선임되어 활동한 때 ②경찰청장은 경비지도사가 다음 각 호의 1에 해당하는 때에는 대통령령이 정하는 바에 따라 1년의 범위 내에서 그 자격을 정지시킬 수 있다. 1. 제12조제3항의 규정에 위반하여 직무를 성실하게 수행하지 아니한 때	**제25조(경비지도사의 자격정지처분의 기준)** 법 제20조제2항의 규정에 의한 경비지도사에 대한 자격정지처분의 기준은 별표 5와 같다.	

경비업법	경비업법 시행령	경비업법 시행규칙
2. 제24조의 규정에 의한 경찰청장 또는 지방경찰청장의 명령을 위반한 때 ③경찰청장은 제1항의 규정에 의하여 경비지도사의 자격을 취소한 때에는 경비지도사자격증을 회수하여야 하고, 제2항의 규정에 의하여 경비지도사의 자격을 정지한 때에는 그 정지기간동안 경비지도사자격증을 회수하여 보관하여야 한다. **제21조(청문)** 경찰청장 또는 지방경찰청장은 다음 각호의 1에 해당하는 처분을 하고자 하는 경우에는 청문을 실시하여야 한다. 1. 제19조의 규정에 의한 경비업 허가의 취소 또는 영업정지 2. 제20조제1항 또는 제2항의 규정에 의한 경비지도사자격의 취소 또는 정지		

6. 경비협회

제6장 경비협회

경비업법	경비업법 시행령	경비업법 시행규칙
제22조(경비협회) ①경비업자는 경비업무의 건전한 발전과 경비원의 자질향상 및 교육훈련 등을 위하여 대통령령이 정하는 바에 따라 경비협회를 설립할 수 있다. ②경비협회는 법인으로 한다. ③경비협회의 업무는 다음과 같다. 1. 경비업무의 연구 2. 경비원 교육·훈련 및 그 연구 3. 경비원의 후생·복지에 관한 사항 4. 경비진단에 관한 사항 5. 그 밖에 경비업무의 건전한 운영과 육성에 관하여 필요한 사항 ④경비협회에 관하여 이 법에 특별한 규정이 있는 것을 제외하고는 민법중 사단법인에 관한 규정을 준용한다.	**제26조(경비협회)** ① 경비업자가 법 제22조제1항에 따라 경비협회(이하 "협회"라 한다)를 설립하려는 경우에는 정관을 작성하여야 한다. 〈개정 2014. 12. 30.〉 ② 협회는 정관이 정하는 바에 의하여 회원으로부터 회비를 징수할 수 있다	

경비업법	경비업법 시행령	경비업법 시행규칙
제23조(공제사업) ① 경비협회는 다음 각 호의 공제사업을 할 수 있다. 〈개정 2015. 7. 20.〉 1. 제26조에 따른 경비업자의 손해배상책임을 보장하기 위한 사업 2. 경비업자가 경비업을 운영할 때 필요한 입찰보증, 계약보증(이행보증을 포함한다), 하도급보증을 위한 사업 3. 경비원의 복지향상과 업무상 재해로 인한 손실을 보상하는 사업 4. 경비업무와 관련한 연구 및 경비원 교육·훈련에 관한 사업 ② 경비협회는 제1항의 규정에 의한 공제사업을 하고자 하는 때에는 공제규정을 제정하여야 한다. ③ 제2항의 공제규정에는 공제사업의 범위, 공제계약의 내용, 공제금, 공제료 및 공제금에 충당하기 위한 책임준비금 등 공제사업의 운영에 관하여 필요한 사항을 정하여야 한다.	**제27조(공제사업)** ① 협회는 법 제23조제1항의 규정에 의하여 공제사업을 하는 경우 공제사업의 회계는 다른 사업의 회계와 구분하여 경리하여야 한다. ② 삭제 〈2015. 10. 20.〉	

경비업법	경비업법 시행령	경비업법 시행규칙
④ 경찰청장은 제1항에 따른 공제사업의 건전한 육성과 가입자의 보호를 위하여 공제사업 감독에 관한 기준을 정할 수 있다. 〈신설 2015. 7. 20.〉 ⑤ 경찰청장은 제2항에 따른 공제규정을 승인하거나 제4항에 따라 공제사업의 감독에 관한 기준을 정하는 경우에는 미리 금융위원회와 협의하여야 한다. 〈신설 2015. 7. 20.〉 ⑥ 경찰청장은 제1항에 따른 공제사업에 대하여 「금융위원회의 설치 등에 관한 법률」에 따른 금융감독원의 원장에게 검사를 요청할 수 있다. 〈신설 2015. 7. 20.〉	**제28조(허가증 등의 수수료)** ①법에 의한 경비업의 허가를 받거나 허가증을 재교부받고자 하는 자는 다음 각호의 수수료를 납부하여야 한다. 1. 법 제4조제1항 및 법 제6조제2항의 규정에 의한 경비업의 허가(추가·변	

경비업법	경비업법 시행령	경비업법 시행규칙
	경·갱신허가를 포함한다)의 경우에는 1만원 2. 허가사항의 변경신고로 인한 허가증 재교부의 경우에는 2천원 ②제1항의 규정에 의한 수수료는 허가 등의 신청서에 수입인지를 첨부하여 납부한다. ③시험에 응시하고자 하는 자는 경찰청장이 정하여 고시하는 수수료를 납부하여야 한다. ④ 경찰청장은 다음 각 호의 어느 하나에 해당하는 경우에는 제3항에 따라 받은 응시수수료의 전부 또는 일부를 다음 각 호의 구분에 따라 반환하여야 한다. 〈개정 2014. 6. 3.〉 1. 응시수수료를 과오납한 경우: 과오납한 금액 전액 2. 시험시행기관의 귀책사유로 시험에 응시하지 못한 경우: 응시수수료 전액 3. 시험시행일 20일 전까지 접수를 취소하는 경우: 응시수수료 전액	

경비업법	경비업법 시행령	경비업법 시행규칙
	4. 시험시행일 10일 전까지 접수를 취소하는 경우: 응시수수료의 100분의 50 ⑤경찰청장 및 지방경찰청장은 제2항 및 제3항의 규정에 불구하고 정보통신망을 이용하여 전자화폐·전자결제 등의 방법으로 수수료를 납부하게 할 수 있다. 〈신설 2004. 3. 17., 2011. 4. 4.〉	

7. 보칙

경비업법	경비업법 시행령	경비업법 시행규칙
제7장 보칙		
제24조(감독) ①경찰청장 또는 지방경찰청장은 경비업무의 적정한 수행을 위하여 경비업자 및 경비지도사를 지도·감독하며 필요한 명령을 할 수 있다. ②지방경찰청장 또는 관할 경찰관서장은 소		

경비업법	경비업법 시행령	경비업법 시행규칙
속 경찰공무원으로 하여금 관할구역인에 있는 경비업자의 주사무소 및 출장소와 경비원 배치장소에 출입하여 근무상황 및 교육훈련상황 등을 감독하며 필요한 명령을 하게 할 수 있다. 이 경우 출입하는 경찰공무원은 그 권한을 표시하는 증표를 관계인에게 내보여야 한다. ③ 지방경찰청장 또는 관할 경찰관서장은 경비원이 또는 배치된 경비원이 이 법이나 이 법에 따른 명령, 「폭력행위 등 처벌에 관한 법률」을 위반하는 행위를 하는 경우 그 위반행위의 중지를 명할 수 있다. 〈신설 2013. 6. 7.〉 ④ 지방경찰청장 또는 관할 경찰관서장은 경비업무 장소가 집단민원현장으로 판단되는 경우에는 그 때부터 48시간 이내에 경비업자에게 경비원 배치 허가를 받을 것을 고지하여야 한다. 〈신설 2015. 7. 20.〉		

경비업법	경비업법 시행령	경비업법 시행규칙
제25조(보안지도·점검 등) 지방경찰청장은 대통령령이 정하는 바에 따라 특수경비업자에 대하여 보안지도·점검을 실시하여야 하고, 필요한 경우 관계기관에 보안측정을 요청하여야 한다. 제26조(손해배상 등) ①경비업자는 경비원이 업무수행중 고의 또는 과실로 경비대상에 손해가 발생하는 것을 방지하지 못한 때에는 그 손해를 배상하여야 한다. ②경비업자는 경비원이 업무수행중 고의 또는 과실로 제3자에게 손해를 입힌 경우에는 이를 배상하여야 한다. 제27조(위임 및 위탁) ①이 법에 의한 경찰청장의 권한은 대통령령이 정하는 바에 따라	제29조(보안지도점검) 지방경찰청장은 법 제25조의 규정에 의하여 특수경비업자에 대하여 연 2회 이상의 보안지도·점검을 실시하여야 한다. 제30조(경비가 필요한 시설 등에 대한 경비의 요청) 지방경찰청장은 행사장 그 밖에 많은 사람이 모이는 시설 또는 장소에서 혼잡 등으로 인한 위험의 발생을 방지하기 위하여 법 제2조제3호의 규정에 의한 경비원에 의한 경비가 필요하다고 인정되는 때에는 행사개최일 전에 당해 행사의 주최자에게 경비원에 의한 경비를 실시하거나 부득이한 사유로 그것을 실시할 수 없는 경우에는 행사개최 24시간 전까지 지방경찰청장에게 그 사실을 통지하여 줄 것을 요청할 수 있다. 제31조(권한의 위임 및 위탁) ①경찰청장은 법 제27조제1항의 규정에 의하여 다음 각호	

경비업법	경비업법 시행령	경비업법 시행규칙
그 일부를 지방경찰청장에게 위임할 수 있다. ②경찰청장은 제11조의 규정에 의한 경비지도사의 시험 및 교육에 관한 업무를 대통령령이 정하는 바에 따라 관계전문기관 또는 단체에 위탁할 수 있다.	이 권한을 지방경찰청장에게 위임한다. 1. 법 제20조의 규정에 의한 경비지도사의 자격의 취소 및 정지에 관한 권한 2. 법 제21조제2호의 규정에 의한 경비지도사자격의 취소 및 정지에 관한 청문의 권한 ②경찰청장 또는 경찰관서장은 법 제27조제2항의 규정에 의하여 법 제11조제1항의 규정에 의한 경비지도사시험의 관리와 경비지도사의 교육에 관한 업무를 경비업무에 관한 인력과 전문성을 갖춘 기관으로서 경찰청장이 지정하여 고시하는 기관 또는 단체에 위탁한다. 제31조의2(민감정보 및 고유식별정보의 처리) 경찰청장, 지방경찰청장, 경찰서장 및 경찰관서장(제31조에 따라 경찰청장 및 경찰관서장의 권한을 위임·위탁받은 자를 포함한다)는 다음 각 호의 사무를 수행하기 위하	

경비업법	경비업법 시행령	경비업법 시행규칙
	에 불가피한 경우 「개인정보 보호법 시행령」 제18조제2호에 따른 범죄경력자료에 해당하는 정보와 같은 영 제19조제1호 또는 제4호에 따른 주민등록번호 또는 외국인등록번호가 포함된 자료를 처리할 수 있다. 〈개정 2014. 6. 3.〉 1. 법 제4조 및 제6조에 따른 경비업의 허가 및 갱신허가 등에 관한 사무 2. 법 제11조에 따른 경비지도사 시험 등에 관한 사무 3. 법 제13조에 따른 경비원의 교육 등에 관한 사무 4. 법 제14조에 따른 특수경비원의 직무 및 무기사용 등에 관한 사무 5. 법 제17조에 따른 결격사유 확인을 위한 범죄경력조회 등에 관한 사무 6. 법 제18조에 따른 경비원 배치허가 등에 관한 사무 7. 법 제19조 및 제20조에 따른 행정처	

경비업법	경비업법 시행령	경비업법 시행규칙
	분에 관한 사무 8. 법 제24조에 따른 경비업자 및 경비지도사의 지도·감독에 관한 사무 9. 법 제25조에 따른 보안지도·점검 및 보안측정에 관한 사무 10. 제1호부터 제9호까지의 규정에 따른 사무를 수행하기 위하여 필요한 사무 [본조신설 2012. 1. 6.] 제31조의3(규제의 재검토) 경찰청장은 다음 각 호의 사항에 대하여 다음 각 호의 기준일을 기준으로 3년마다(매 3년이 되는 해의 기준일과 같은 날 전까지를 말한다) 그 타당성을 검토하여 개선 등의 조치를 하여야 한다. 1. 제3조제2항 및 별표 1에 따른 경비업의 시설 등의 기준: 2014년 6월 8일 2. 제22조에 따른 집단민원현장 배치 불허가 기준: 2014년 6월 8일 3. 제24조 및 별표 4에 따른 행정처분	

경비업법	경비업법 시행령	경비업법 시행규칙
	기준: 2014년 6월 8일 4. 제32조제1항 및 별표 6에 따른 과태료의 부과기준: 2014년 6월 8일 [본조신설 2014. 6. 3.]	
제27조의2(수수료) 이 법에 따른 경비업의 허가를 받거나 허가증을 재교부 받고자 하는 자는 대통령령이 정하는 바에 따라 수수료를 납부하여야 한다. [본조신설 2005. 5. 31. **제27조의3(벌칙 적용에서 공무원 의제)** 제27조제2항에 따라 위탁받은 업무에 종사하는 관계전문기관 또는 단체의 임직원은 「형법」 제129조부터 제132조까지의 규정을 적용할 때에는 공무원으로 본다. [본조신설 2019. 4. 16.]		

8. 벌칙

경비업법	경비업법 시행령	경비업법 시행규칙
제8장 벌칙 제28조(벌칙) ①제14조제2항의 규정에 위반하여 국가중요시설의 정상적인 운영을 해치는 장해를 일으킨 특수경비원은 5년 이하의 징역 또는 5천만원 이하의 벌금에 처한다. 〈개정 2017. 10. 24.〉 ②다음 각 호의 어느 하나에 해당하는 자는 3년 이하의 징역 또는 3천만원 이하의 벌금에 처한다. 〈개정 2005. 8. 4., 2013. 6. 7., 2015. 7. 20.〉 1. 제4조제1항의 규정에 의한 허가를 받지 아니하고 경비업을 영위한 자 2. 제7조제4항의 규정에 위반하여 직무상 알게 된 비밀을 누설하거나 부당한 목적을 위하여 사용한 자 3. 제7조제8항의 규정에 위반하여 경비업무의 중단을 통보하지 아니하거나 경		

경비업법	경비업법 시행령	경비업법 시행규칙
비암부를 즉시 인수하지 아니한 특수경비업자 또는 경비대행업자 4. 집단민원현장에 경비원을 배치하면서 제7조의2제1항을 위반하여 제4조제1항에 따른 허가를 받지 아니한 자에게 경비업무를 도급한 자 5. 제7조의2제2항을 위반하여 집단민원현장에 20명 이상의 경비인력을 배치하면서 그 경비인력을 직접 고용한 자 6. 제7조의2제3항을 위반하여 경비업자의 경비원 채용 시 무자격자나 부적격자 등을 채용하도록 관여하거나 영향력을 행사한 도급인 7. 과실로 인하여 제14조제2항의 규정에 위반하여 국가중요시설의 정상적인 운영을 해치는 장해를 일으킨 특수경비원 8. 특수경비원으로서 경비구역 안에서 시설물의 절도, 손괴, 위험물의 폭발 등의 사유로 인한 위급사태가 발생한 때		

경비업법	경비업법 시행령	경비업법 시행규칙
에 제15조제1항 또는 제2항의 규정에 위반한 자 9. 제15조의2제2항의 규정을 위반하여 경비원에게 경비업무의 범위를 벗어난 행위를 하게 한 자 ③제14조제4항 후단의 규정에 위반하여 정당한 사유없이 무기를 소지하고 배치된 경비구역을 벗어난 특수경비원은 2년 이하의 징역 또는 2천만원 이하의 벌금에 처한다. ④다음 각 호의 어느 하나에 해당하는 자는 1년 이하의 징역 또는 1천만원 이하의 벌금에 처한다. 〈개정 2005. 8. 4., 2013. 6. 7.〉 1. 제14조제7항의 규정에 위반한 관리책임자 2. 제15조제3항의 규정에 위반하여 쟁의행위를 한 특수경비원 3. 제15조의2제1항을 위반하여 경비업무의 범위를 벗어난 행위를 한 경비원		

경비업법	경비업법 시행령	경비업법 시행규칙
4. 제16조의2제1항에서 정한 장비 외에 흉기 또는 그 밖의 위험한 물건을 휴대하고 경비업무를 수행한 경비원 또는 경비원에게 이를 휴대하고 경비업무를 수행하게 한 자 5. 제18조제8항을 위반하여 경찰관서장의 배치폐지 명령을 따르지 아니한 자 6. 제24조제3항에 따른 경찰관서장 또는 관할 경찰관서장의 중지명령에 따르지 아니한 자 ⑤ 삭제 〈2013. 6. 7.〉 제29조(형의 가중처벌) ①특수경비원이 무기를 휴대하고 경비업무를 수행중에 제14조제8항의 규정 및 제15조제4항의 규정에 의한 무기의 안전수칙을 위반하여 「형법」 제258조의2제1항(제257조제1항의 죄로 한정한다)·제2항(제258조제1항·제2항의 죄로 한정		

경비업법	경비업법 시행령	경비업법 시행규칙
한다), 제259조제1항, 제260조제1항, 제262조, 제268조, 제276조제1항, 제277조제1항, 제281조제1항, 제283조제1항, 제324조제2항, 제350조의2 및 제366조의 죄를 범한 때에는 그 죄에 정한 형의 2분의 1까지 가중처벌한다. 〈개정 2013. 6. 7., 2016. 1. 6.〉 ② 경비원이 경비업무 수행 중에 제16조의2제1항에서 정한 장비 외에 흉기 또는 그 밖의 위험한 물건을 휴대하고 「형법」제258조의2제1항(제257조제1항의 죄로 한정한다)·제2항(제258조제1항·제2항의 죄로 한정한다), 제259조제1항, 제261조, 제262조, 제268조, 제276조제1항, 제277조제1항, 제281조제1항, 제283조제1항, 제324조제2항, 제350조의2 및 제366조의 죄를 범한 때에는 그 죄에 정한 형의 2분의 1까지 가중처벌한다. 〈신설 2013. 6. 7., 2016. 1. 6.〉		

경비업법	경비업법 시행령	경비업법 시행규칙
제30조(양벌규정) 법인의 대표자나 법인 또는 개인의 대리인, 사용인, 그 밖의 종업원이 그 법인 또는 개인의 업무에 관하여 제28조의 위반행위를 하면 그 행위자를 벌하는 외에 그 법인 또는 개인에게도 해당 조문의 벌금형을 과(科)한다. 다만, 법인 또는 개인이 그 위반행위를 방지하기 위하여 해당 업무에 관하여 상당한 주의와 감독을 게을리하지 아니한 경우에는 그러하지 아니하다. [전문개정 2008. 12. 26.]		
제31조(과태료) ① 다음 각 호의 어느 하나에 해당하는 경비업자에게는 3천만원 이하의 과태료를 부과한다. 〈신설 2013. 6. 7.〉 1. 제16조제1항을 위반하여 경비원의 복장에 관한 신고를 하지 아니하고 집단민원현장에 경비원을 배치한 자 2. 제16조제2항을 위반하여 이름표를 부착하게 하지 아니하거나, 신고된 동일	제32조(과태료의 부과기준 등) ① 법 제31조제1항 및 제2항에 따른 과태료의 부과기준은 별표 6과 같다. 〈개정 2014. 6. 3.〉 ② 지방경찰청장 또는 경찰관서장은 「질서위반행위규제법」 제14조 각 호의 사항을 고려하여 별표 6에 따른 금액의 100분의 50의 범위에서 경감하거나 가중할 수 있다. 다만, 가중하는 때에는 법 제31조제1항 및 제2항	제28조(과태료 부과 고지서 등) ① 법 제31조제1항 및 제2항에 따른 과태료 부과의 사전 통지는 별지 제16호서식의 과태료 부과 사전 통지서에 따른다. 〈개정 2014. 6. 5.〉 ② 법 제31조제1항 및 제2항에 따른 과태료의 부과는 별지 제17호서식의 과태료 부과 고지서에 따른다. 〈개정 2014. 6. 5.〉 [전문개정 2008. 12. 5.]

경비업법	경비업법 시행령	경비업법 시행규칙
복장을 착용하게 하지 아니하고 집단민원현장에 경비원을 배치한 자 3. 제18조제1항 단서를 위반하여 집단민원현장에 일반경비원을 배치하면서 경비원의 명부를 배치장소에 작성·비치하지 아니한 자 4. 제18조제2항 각 호 외의 부분 단서를 위반하여 배치허가를 받지 아니하고 경비원을 배치하거나 경비원 명단 및 배치일시·배치장소 등 배치허가 신청의 내용을 거짓으로 한 자 5. 제18조제7항을 위반하여 제13조에 따른 신임교육을 이수하지 아니한 자를 제18조제2항 각 호의 경비원으로 배치한 자 ② 다음 각 호의 어느 하나에 해당하는 경비업자 또는 시설주에게는 500만원 이하의 과태료를 부과한다. 〈개정 2013. 6. 7.〉	에 따른 과태료 금액의 상한을 초과할 수 없다. 〈개정 2014. 6. 3.〉 ③ 삭제 〈2014. 6. 3.〉 ④ 삭제 〈2014. 6. 3.〉 [전문개정 2008. 11. 26.]	

경비업법	경비업법 시행령	경비업법 시행규칙
1. 제4조제3항 또는 제18조제2항의 규정에 위반하여 신고를 하지 아니한 자
2. 제7조제7항의 규정에 위반하여 경비대행업자 지정신고를 하지 아니한 자
3. 제9조제1항의 규정에 위반하여 설명의무를 이행하지 아니한 자
4. 제12조제1항의 규정에 위반하여 경비지도사를 선임하지 아니한 자
5. 제14조제6항의 규정에 의한 감독상 필요한 명령을 정당한 이유없이 이행하지 아니한 자
6. 제10조제3항을 위반하여 결격사유에 해당하는 경비원을 배치하거나 결격사유에 해당하는 경비지도사를 선임·배치한 자
7. 제16조제1항의 복장 등에 관한 신고규정을 위반하여 신고를 하지 아니한 자
8. 제16조제2항을 위반하여 이름표를 부		

경비업법	경비업법 시행령	경비업법 시행규칙
착하게 하지 아니하거나, 신고된 복장을 착용하게 하지 아니하고 경비업무에 배치한 자 9. 제18조제1항 본문을 위반하여 명부를 작성·비치하지 아니한 자 10. 제18조제5항을 위반하여 경비원의 근무상황을 기록하여 보관하지 아니한 자 ③제1항 및 제2항의 규정에 의한 과태료는 대통령령이 정하는 바에 의하여 지방경찰청장 또는 경찰관서장이 부과·징수한다. 〈개정 2013. 6. 7.〉 ④ 삭제 〈2013. 6. 7.〉 ⑤ 삭제 〈2013. 6. 7.〉		
	부칙 〈대통령령 제25368호, 2014. 6. 3.〉 제1조(시행일) 이 영은 2014년 6월 8일부터 시행한다.	부칙 〈안전행정부령 제72호, 2014. 6. 5.〉 제1조(시행일) 이 규칙은 2014년 6월 8일부터 시행한다.

경비업법	경비업법 시행령	경비업법 시행규칙
	제2조(과태료에 관한 경과조치) 이 영 시행 전의 위반행위로 받은 과태료 부과처분은 별표 6의 개정규정에 따른 위반행위의 횟수 산정에 포함하지 아니한다.	제2조(경비지도사 자격증에 관한 경과조치) 이 규칙 시행 당시 종전의 규정에 의하여 발급된 경비지도사 자격증은 이 규칙에 의하여 발급된 것으로 본다.

6장 요약정리 및 기출문제

요약정리[17]

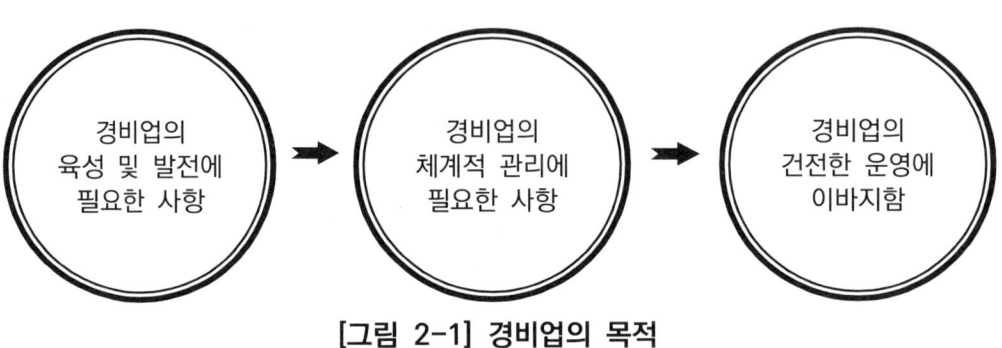

[그림 2-1] 경비업의 목적

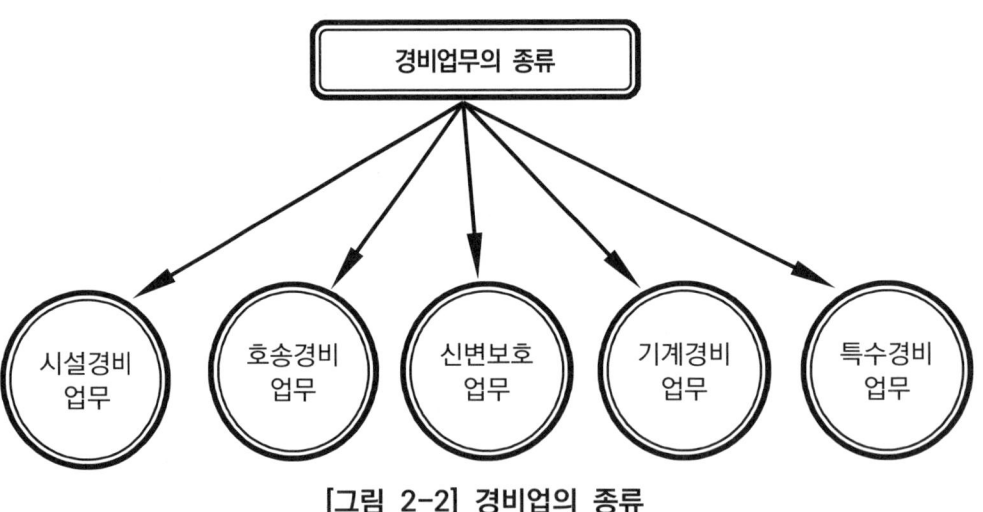

[그림 2-2] 경비업의 종류

---

17) 법제처: moleg.go.kr/main.html(2020). 재구성

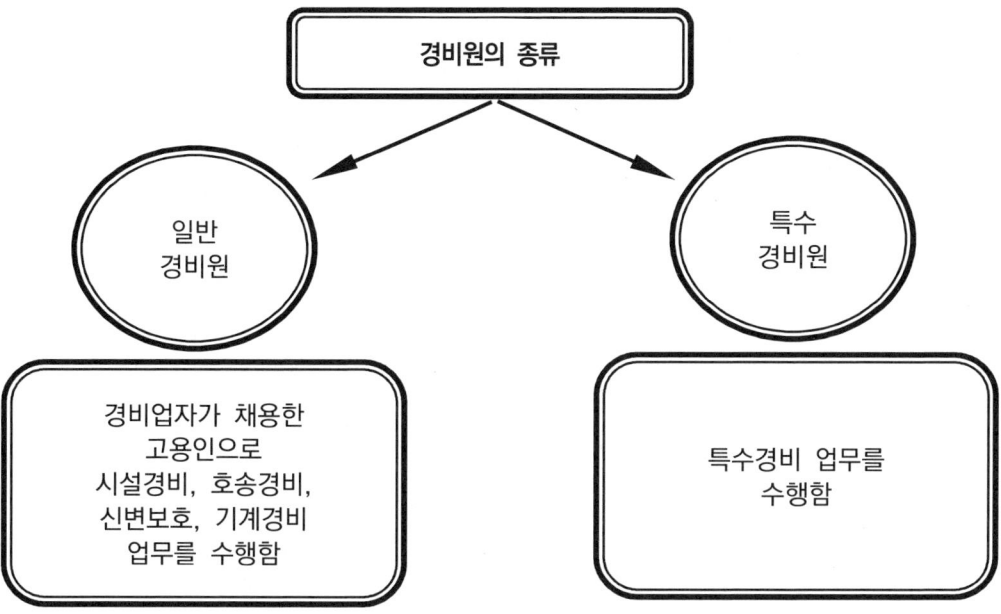

[그림 2-3] 경비원의 종류

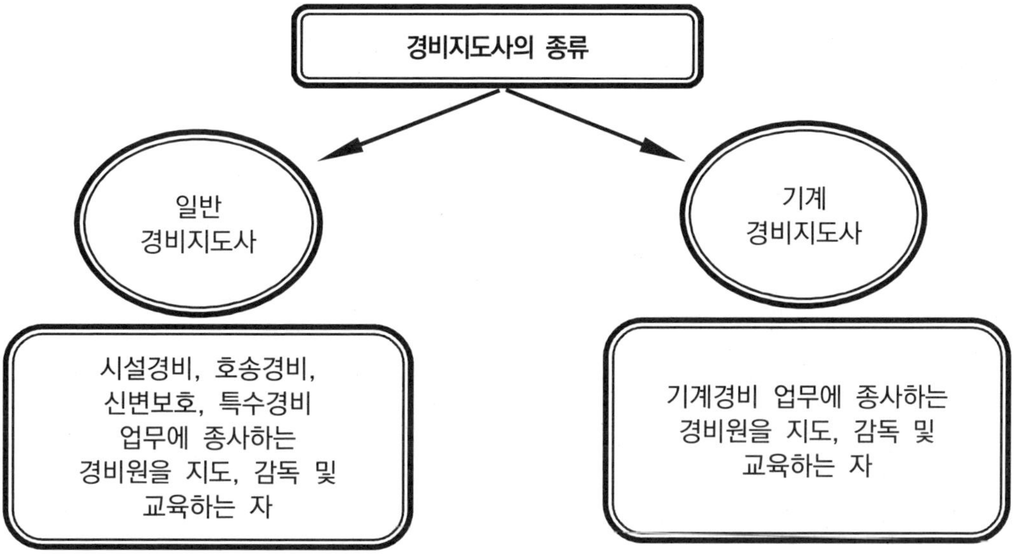

[그림 2-4] 경비지도사의 종류

```
                  ┌─────────────┐
                  │ 기계경비업자의 │
                  │   대응체계    │
                  └─────────────┘
                         │
                         ▼
        ┌──────────────────────────────────┐
        │ 관제시설 등에서 경보를 수신한 때에는  │
        │   경보를 수신한 때부터 늦어도        │
        │   25분 이내에는 도착시킬 수 있는     │
        │   대응체제를 갖추어야 한다.          │
        └──────────────────────────────────┘
```

해석 : 25분 이내에 도착시킬 수 있는 대응체제를 갖추어야 한다고 하였으나 이 사항은 의무사항이지 강제사항이 아니므로 25분이 지나서 기계경비 업체들이 현장에 출동하는 경우가 많다. 그러므로, 경비업법 벌칙 조항에 기계경비업자 대응체계 25분 시간을 늦게 도착 시에 대한 벌금 조항을 법으로 정해서 강제사항으로 개정하여야 함.

[그림 2-5] 기계경비 업체의 출동시간 법적 해석

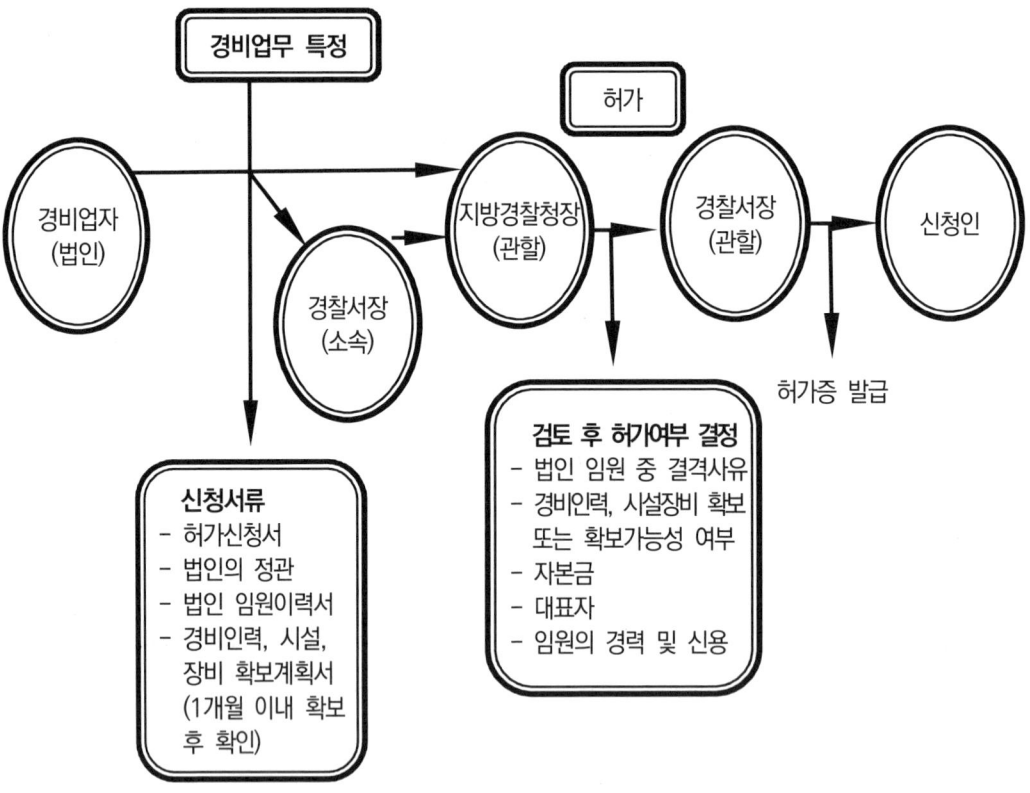

[그림 2-6] 신규허가

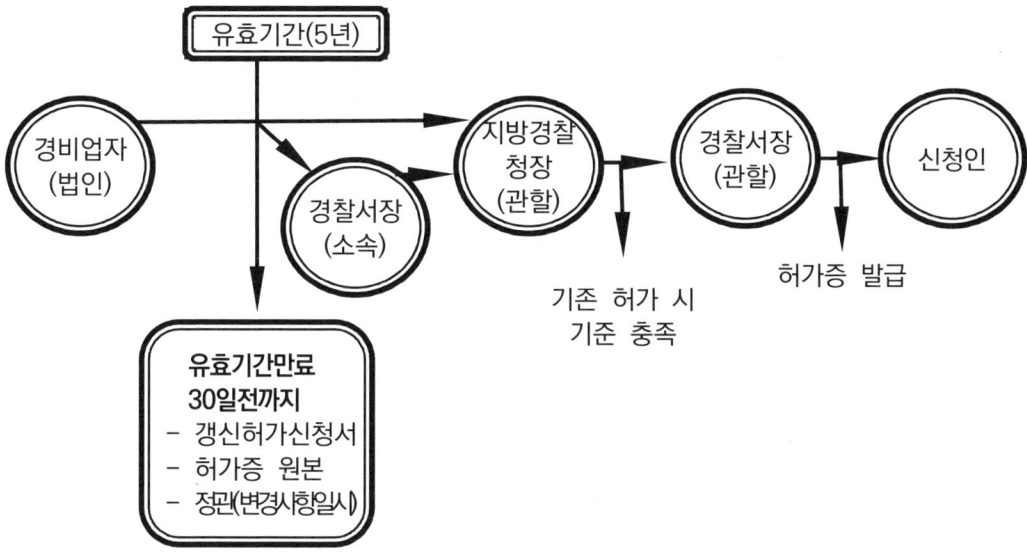

[그림 2-7] 갱신허가

시설 등 기준 업무별	경비의 시설 등의 기준(시행령 제3조제2항 관련별표)			
	경비인력	자본금	시설	장비 등
1.시설경비 업무	• 일반경비원 20명 이상 • 경비지도사 1명 이상	1억원 이상	기준 경비인력 수 이상을 동시에 교육할 수 있는 교육장	• 기준 경비인력 수 이상의 경비원 복장 및 경적, 단봉, 분사기
2.호송경비 업무	• 무술유단자인 일반경비원 5명 이상 • 경비지도사 1명 이상	1억원 이상	기준 경비인력 수 이상을 동시에 교육할 수 있는 교육장	• 호송용 차량 1대 이상 • 현금호송백 1개 이상 • 기준 경비인력 수 이상의 경비원 복장 및 경적, 단봉, 분사기
3.신변보호 업무	• 무술유단자인 일반경비원 5명 이상 • 경비지도사 1명 이상	1억원 이상	기준 경비인력 수 이상을 동시에 교육할 수 있는 교육장	• 기준 경비인력 수 이상의 무전기 등 통신장비 • 기준 경비인력 수 이상의 경적, 단봉, 분사기
4.기계경비 업무	• 전자·통신 분야 기술자격증소지자 5명을 포함한 일반경비원 10명 이상 • 경비지도사 1명 이상	1억원 이상	• 기준 경비인력 수 이상을 동시에 교육할 수 있는 교육상 • 관제시설	• 감지장치·송신장치 및 수신장치 • 출장소별로 출동차량 2대 이상 • 기준 경비인력 수 이상의 경비원 복장 및 경적, 단봉, 분사기
5.특수경비 업무	• 특수경비원 20명 이상 • 경비지도사 1명 이상	3억원 이상	기준 경비인력 수 이상을 동시에 교육할 수 있는 교육장	• 기준 경비인력 수 이상의 경비원 복장 및 경적, 단봉, 분사기

비고
1. 자본금의 경우 하나의 경비업무에 대한 자본금을 갖춘 경비업자가 그 외의 경비업무를 추가로 하려는 경우 자본금을 갖춘 것으로 본다. 다만, 특수경비업자 외의 자가 특수경비업무를 추가로 하려는 경우에는 이미 갖추고 있는 자본금을 포함하여 특수경비업무의 자본금 기준에 적합하여야 한다. 2. 교육장의 경우 하나의 경비업무에 대한 시설을 갖춘 경비업자가 그 외의 경비업무를 추가로 하려는 경우에는 경비인력이 더 많이 필요한 경비업무에 해당하는 교육장을 갖추어야 한다. 3. "무술유단자"란 「국민체육진흥법」제33조에 따른 대한체육회에 가맹된 단체 또는 문화체육관광부에 등록된 무도 관련 단체가 무술유단자로 인정한 사람을 말한다. 4. "호송용 차량"이란 현금이나 그 밖의 귀중품의 운반에 필요한 견고성 및 안전성을 갖추고 무선통신시설 및 경보시설을 갖춘 자동차를 말한다. 5. "현금호송백"이란 현금이나 그 밖의 귀중품을 운반하기 위한 이동용 호송장비로서 경보시설을 갖춘 것을 말한다. 3. "전자·통신 분야 기술자격증소지자"란 「국가기술자격법」에 따라 전자 및 통신 분야에서 기술자격을 취득한 사람을 말한다.

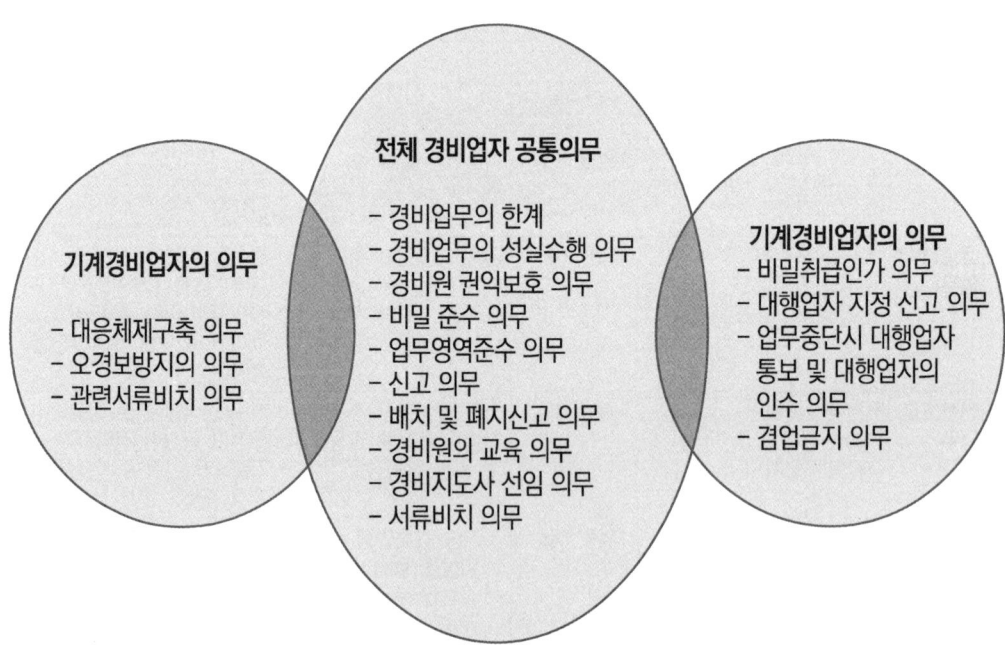

[그림 2-8] 경비업자의 공통의무

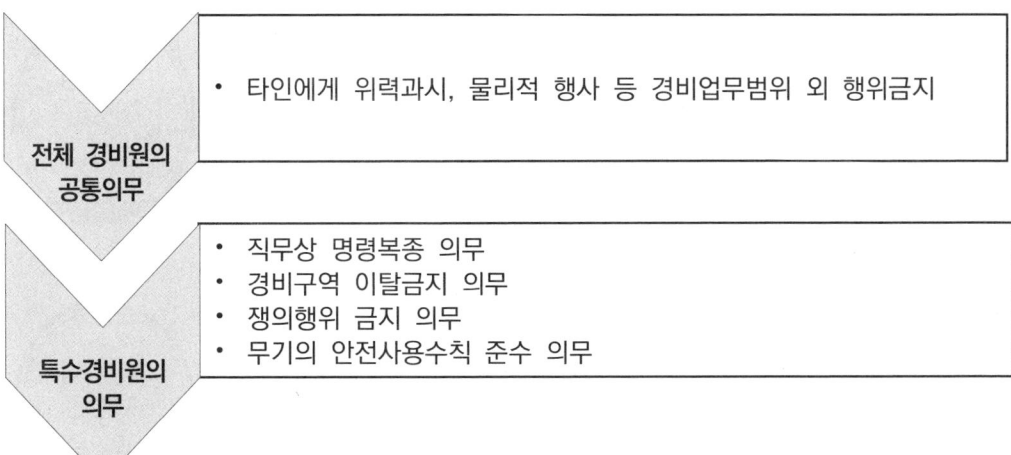

[그림 2-9] 경비원의 의무사항

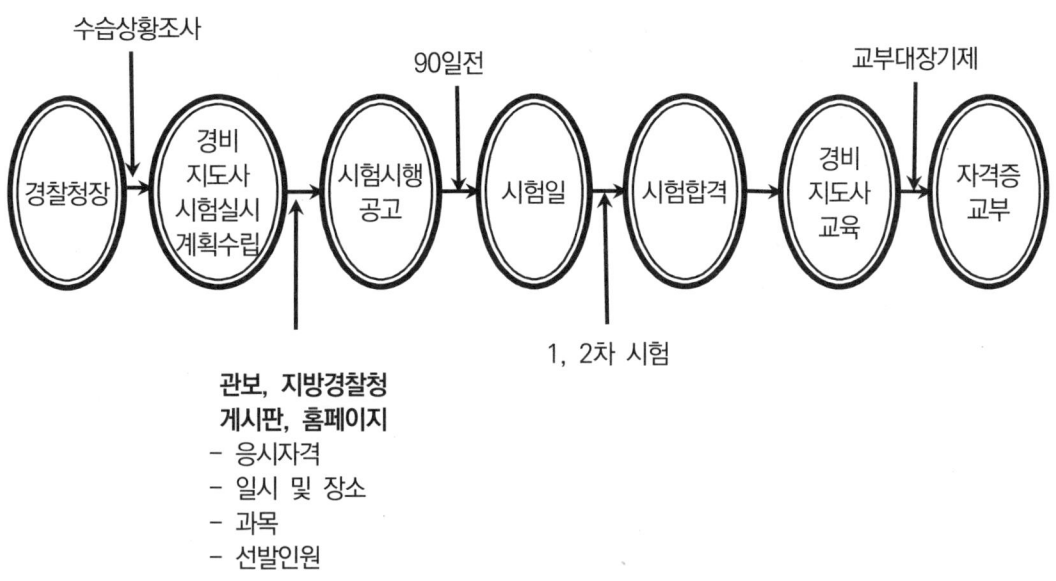

[그림 2-10] 경비지도사 선발 과정

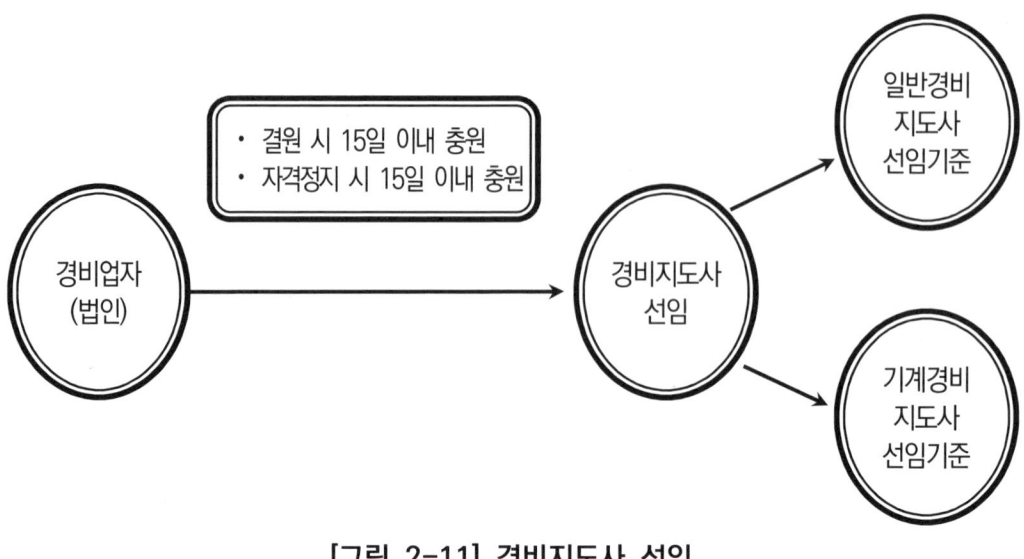

[그림 2-11] 경비지도사 선임

구분	1차시험	2차시험
경비지도사의 시험과목(제12조제3항 관련)		
	선택형	선택형 또는 단답형
일반경비지도사	○ 법학개론 ○ 민간경비론	○ 경비업법(청원경찰법을 포함한다) ○ 소방학·범죄학 또는 경호학 중 1과목
기계경비지도사		○ 경비업법(청원경찰법을 포함한다) ○ 기계경비개론 또는 기계경비기획 및 설계 중 1과목

■ 경비업법 시행령 [별표 3] 〈개정 2003.11.11.〉

경비지도사의 선임·배치기준(제16조제1항관련)

1. 일반경비지도사
   시설경비업·호송경비업·신변보호업 및 특수경비업에 한하여 선임·배치할 것
   가. 경비원을 배치하여 영업활동을 하고 있는 지역을 관할하는 지방경찰청의 관할구역별로 경비원 200인까지는 일반경비지도사 1인씩 선임·배치하되, 200인을 초과하는 100인까지마다 1인씩을 추가로 선임·배치할 것. 다만, 특수경비업의 경우는 제19조제1항의 규정에 의한 특수경비원 교육을 이수한 일반경비지도사를 선임·배치할 것
   나. 시설경비업·호송경비업·신변보호업 및 특수경비업 가운데 2 이상의 경비업을 하는 경우 경비지도사의 배치는 각 경비업에 종사하는 경비원의 수를 합산한 인원을 기준으로 할 것

2. 기계경비지도사
   가. 기계경비업에 한하여 선임·배치할 것
   나. 선임·배치기준은 제1호 가목의 규정에 의한 일반경비지도사의 선임·배치 기준과 동일하게 할 것

3. 경비지도사가 선임·배치된 지방경찰청의 관할구역에 인접하는 지방경찰청의 관할구역에 배치되는 경비원이 30인 이하인 경우에는 제1호 가목 및 제2호 나목의 규정에 불구하고 경비지도사를 따로 선임·배치하지 아니할 수 있다. 이 경우 인천지방경찰청은 서울지방경찰청과 인접한 것으로 본다.

구분 (교육시간)	과목		시간
공통교육 (28시간)	「경비업법」		4
	「경찰관직무집행법」 및 「청원경찰법」		3
	테러 대응요령		3
	화재대처법		2
	응급처치법		3
	분사기 사용법		2
	교육기법		2
	예절 및 인권교육		2
	체포·호신술		3
	입교식·평가·수료식		4
자격의 종류별 교육 (16시간)	일반경비 지도사	시설경비	2
		호송경비	2
		신변보호	2
		특수경비	2
		기계경비개론	3
		일반경비현장실습	5
	기계경비 지도사	기계경비운용관리	4
		기계경비기획및설계	4
		인력경비개론	3
		기계경비현장실습	5
계			44

비고
일반경비지도사 자격증 취득자 또는 기계경비지도사 자격증 취득자가 자격증 취득일부터 3년 이내에 기계경비지도사 또는 일반경비지도사 시험에 합격하여 교육을 받을 경우에는 공통교육은 면제한다.

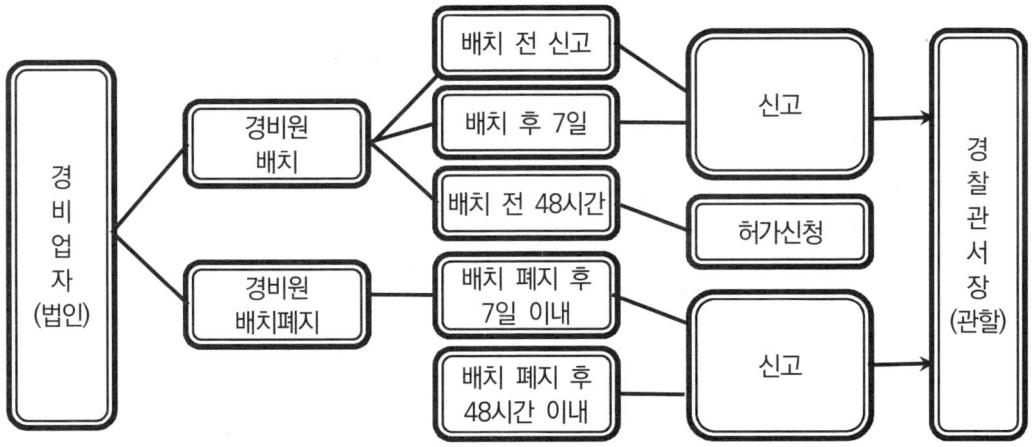

[그림 2-12] 배치 및 배치폐지 신고와 배치 허가

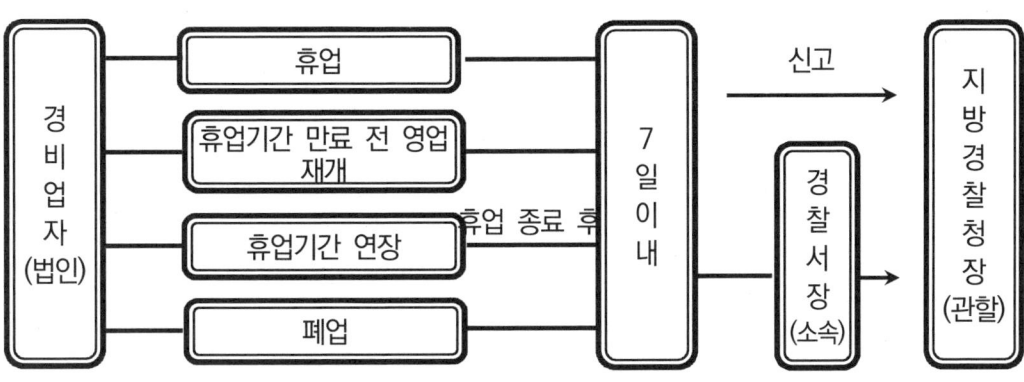

[그림 2-13] 휴업 및 폐업 신고

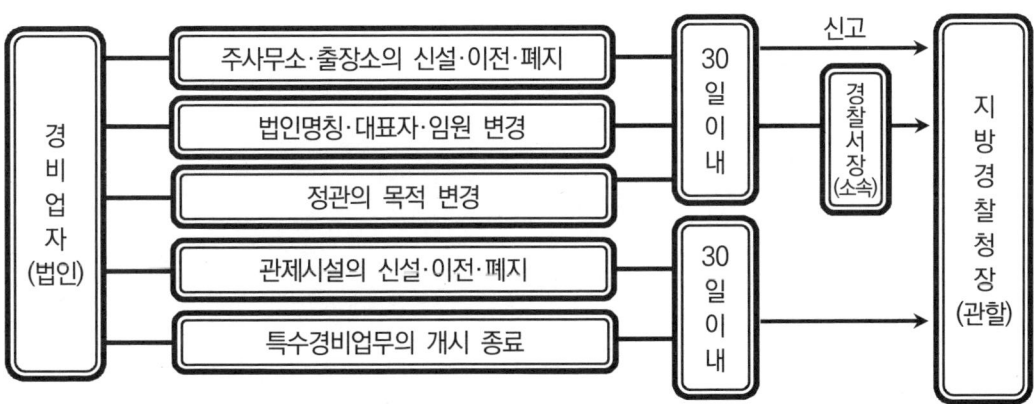

[그림 2-14] 허가사항 변경 신고

특수경비원 교육기관 시설 및 강사 기준(제14조제1항관련)	
구분	기준
1. 시설기준	○ 100인 이상 수용이 가능한 165제곱미터 이상의 강의실 ○ 감지장치·수신장치 및 관제시설을 갖춘 132제곱미터 이상의 기계경비실습실 ○ 100인 이상이 동시에 사용할 수 있는 330제곱미터 이상의 체육관 또는 운동장 ○ 소총에 의한 실탄사격이 가능하고 10개 사로 이상을 갖춘 사격장
2. 강사기준	○ 고등교육법에 의한 대학 이상의 교육기관에서 교육과목 관련학과의 전임강사(전문대학의 경우에는 조교수) 이상의 직에 1년 이상 종사한 경력이 있는 사람 ○ 박사학위를 소지한 사람으로서 교육과목 관련 분야의 연구 실적이 있는 사람 ○ 석사학위를 소지한 사람으로서 교육과목 관련 분야의 실무업무에 3년 이상 종사한 경력이 있는 사람 ○ 교육과목 관련 분야에서 공무원으로 5년 이상 근무한 경력이 있는 사람 ○ 교육과목 관련 분야의 실무업무에 10년 이상 종사한 경력이 있는 사람 ○ 체포·호신술 과목의 경우 무도사범의 자격이 있는 사람으로서 교육과목 관련 분야에서 2년 이상 실무 경력이 있는 사람 ○ 폭발물 처리요령 및 예절교육 과목의 경우 교육과목 관련 분야에서 2년 이상 실무 경력이 있는 사람

비고
교육시설이 교육기관의 소유가 아닌 경우에는 임대 등을 통하여 교육기간 동안 이용할 수 있도록 하여야 한다.

■ 경비업법 시행규칙 [별표 3] 〈개정 2006.2.2〉
특수경비원 교육기관 시설 및 강사의 기준(제14조제1항관련)

분야	해당 영업
금속가공제품 제조업(기계 및 가구 제외)	• 일반철물 제조업(자물쇠제조 등 경비 관련 제조업에 한정한다) • 금고 제조업
그 밖의 기계 및 장비제조업	• ·분사기 및 소화기 제조업
전기장비 제조업	• 전기경보 및 신호장치 제조업
전자부품, 컴퓨터, 영상, 음향 및 통신장비 제조업	• 전자카드 제조업 • 통신 및 방송 장비 제조업 • 영상 및 음향기기 제조업
전문직별 공사업	• 소방시설 공사업 • 배관 및 냉·난방 공사업(소방시설 공사 등 방재 관련 공사에 한정한다) • 내부 전기배선 공사업 • 내부 통신배선 공사업
도매 및 상품중개업	• 통신장비 및 부품 도매업
통신업	• 전기통신업
부동산업	• 부동산 관리업
컴퓨터 프로그래밍, 시스템 통합 및 관리업	• 컴퓨터 프로그래밍 서비스업 • 컴퓨터시스템 통합 자문, 구축 및 관리업
건축기술, 엔지니어링 및 관련기술 서비스업	• 및 관련 서비스업(소방시설 설계 등 방재 관련 건축설계에 한정한다) • 건물 및 토목엔지니어링 서비스업(소방공사 감리 등 방재 관련 서비스업에 한정한다)
사업시설 관리 및 조경 서비스업	• 사업시설 유지관리 서비스업 • 건물 산업설비 청소 및 방제 서비스업
사업지원 서비스업	• 인력공급 및 고용알선업 • 경비, 경호 및 탐정업
교육서비스업	• 직원훈련기관 • 그 밖의 기술 및 직업훈련학원(경비 관련 교육에 한성한다)
수리업	• 일반 기계 수리업 • 전기, 전자, 통신 및 정밀기기 수리업
창고 및 운송 관련 서비스업	• 주차장 운영업

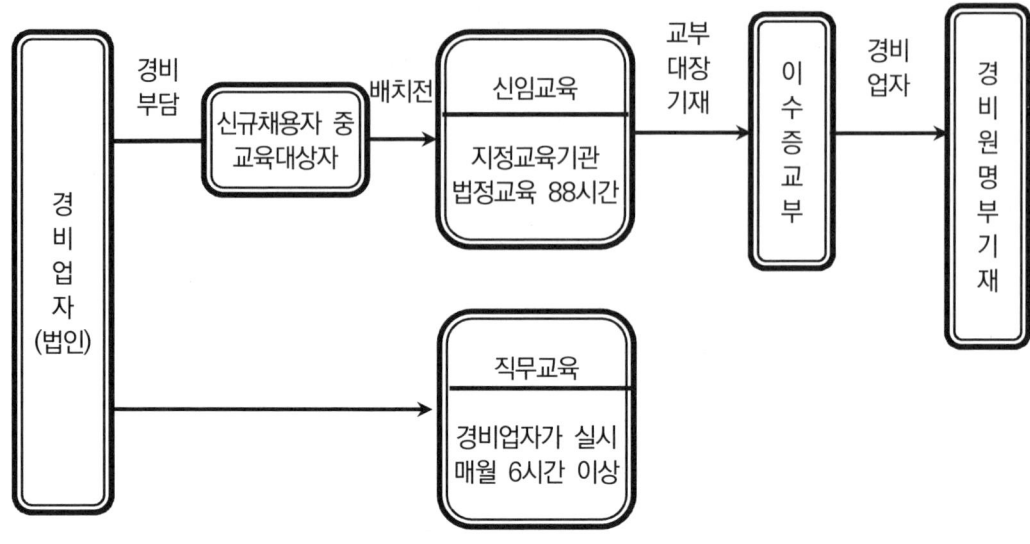

[그림 2-15] 특수경비원 교육

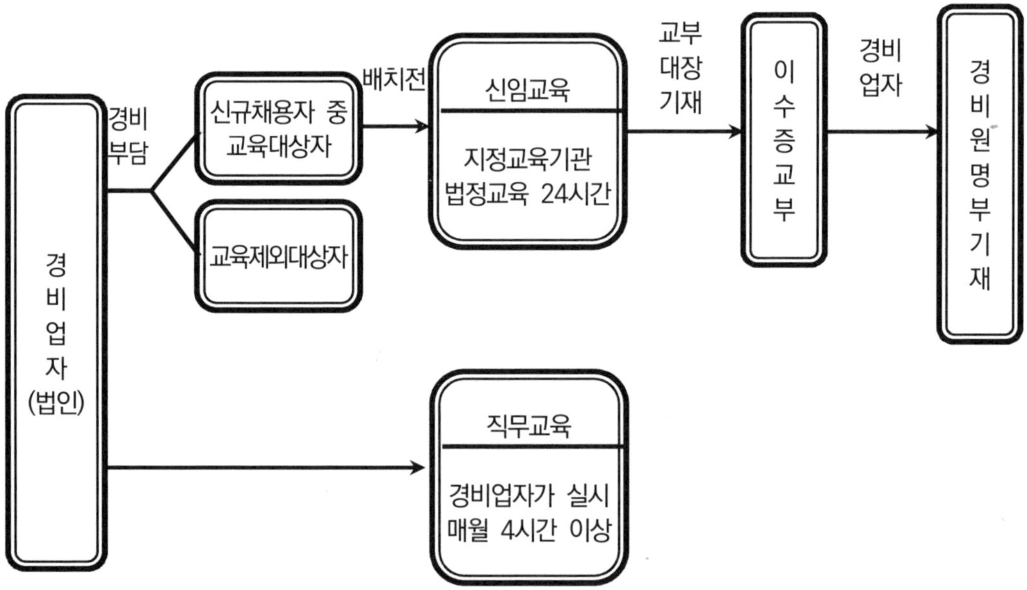

[그림 2-16] 일반경비원 교육

■ 경비업법 시행규칙 [별표 4] 〈개정 2006.2.2.〉

특수경비원 신임교육의 과목 및 시간(제15조제1항관련)

구분 (교육시간)	과목	시간
이론교육 (15시간)	「경비업법」·「경찰관직무집행법」 및 「청원경찰법」	8
	「헌법」 및 형사법(인권, 경비관련 범죄 및 현행범체포에 관한 규정을 포함한다)	4
	범죄예방론(신고요령을 포함한다)	3
실무교육 (69시간)	정신교육	2
	테러 대응요령	4
	폭발물 처리요령	6
	화재대처법	3
	응급처치법	3
	분사기 사용법	3
	출입통제 요령	3
	예절교육	2
	기계경비 실무	3
	정보보호 및 보안업무	6
	시설경비요령(야간경비요령을 포함한다)	4
	민방공(화생방 관련 사항을 포함한다)	6
	총기조작	3
	총검술	5
	사격	8
	체포·호신술	5
	관찰·기록기법	3
기타(4시간)	입교식·평가·수료식	4
계		88

일반경비원 신임교육의 과목 및 시간(제12조제1항 관련)		
구분 (교육시간)	과목	시간
이론교육 (4시간)	「경비업법」	2
	범죄예방론(신고 및 순찰요령을 포함한다)	2
실무교육 (19시간)	시설경비실무(신고 및 순찰요령, 관찰·기록기법을 포함한다)	2
	호송경비실무	2
	신변보호실무	2
	기계경비실무	2
	사고예방대책(테러 대응요령, 화재대처법 및 응급처치법을 포함한다)	3
	체포·호신술(질문·검색요령을 포함한다)	3
	장비사용법	2
	직업윤리 및 서비스(예절 및 인권교육을 포함한다)	3
기타(1시간)	입교식, 평가 및 수료식	1
계		24

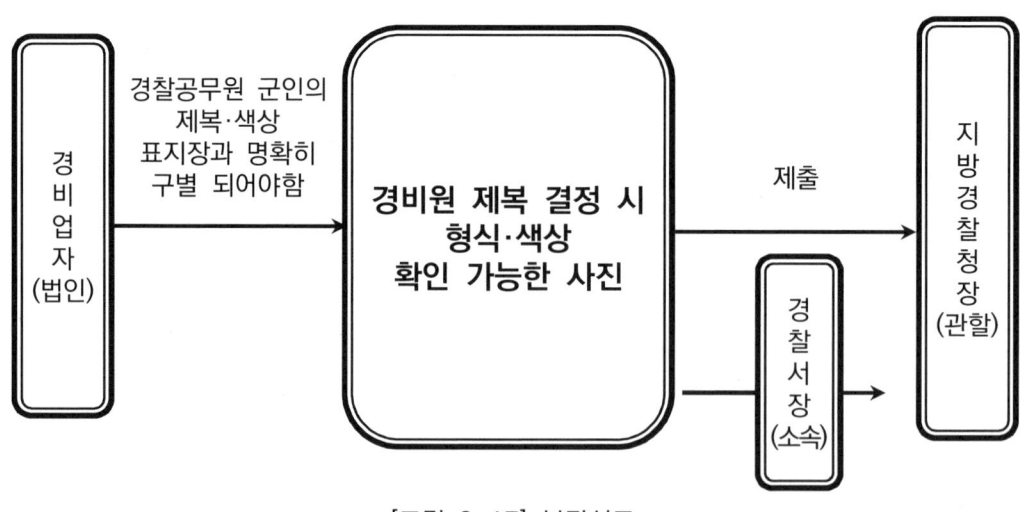

[그림 2-17] 복장신고

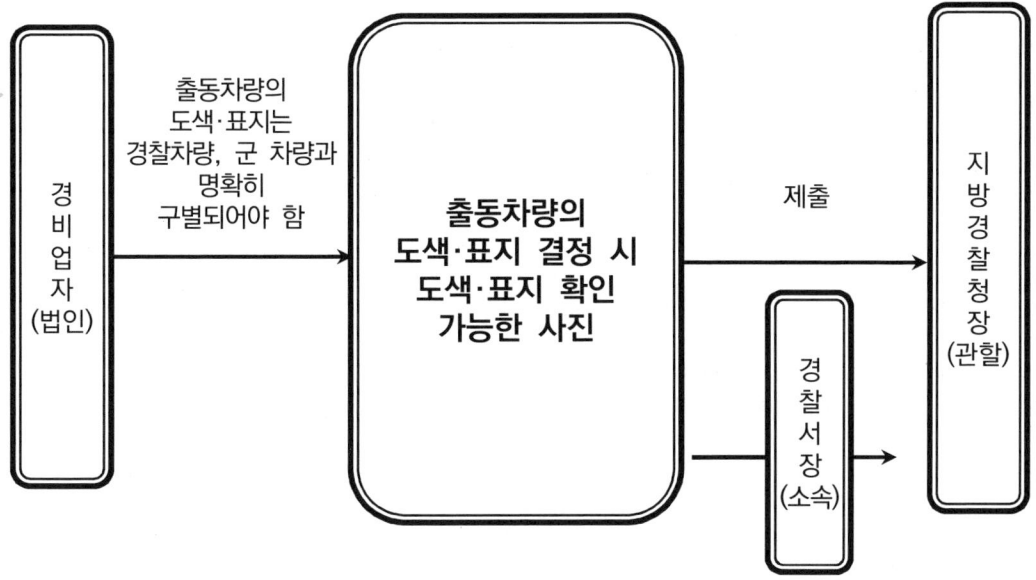

[그림 2-18] 출동 차량

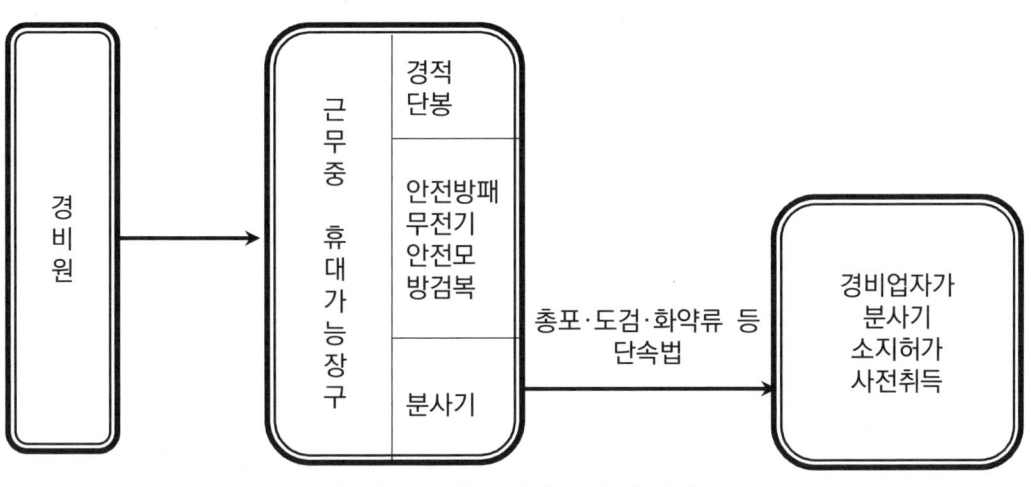

[그림 2-19] 경비원의 휴대 장비

장비	장비기준
경비원 휴대 장비의 구체적인 기준	
1. 경적	금속이나 플라스틱 재질의 호루라기
2. 단봉	금속(합금 포함)이나 플라스틱 재질의 전장 700mm 이하의 호신용 봉
3. 분사기	「총포·도검·화약류 등 단속법」에 따른 분사기
4. 안전방패	플라스틱 재질의 폭 500mm 이하, 길이 1,000mm이하의 방패로 경찰공무원이 사용하는 안전방패와 색상 및 디자인이 명확히 구분되어야 함
5. 무전기	무전기 송신 시 실시간으로 수신이 가능한 것
6. 안전모	안면을 가리지 아니하면서, 머리를 보호하는 장비로 경찰공무원이 사용하는 방석모와 색상 및 디자인이 명확히 구분되어야 함
7. 방검복	경찰공무원이 사용하는 방검복과 색상 및 디자인이 명확히 구분되어야 함

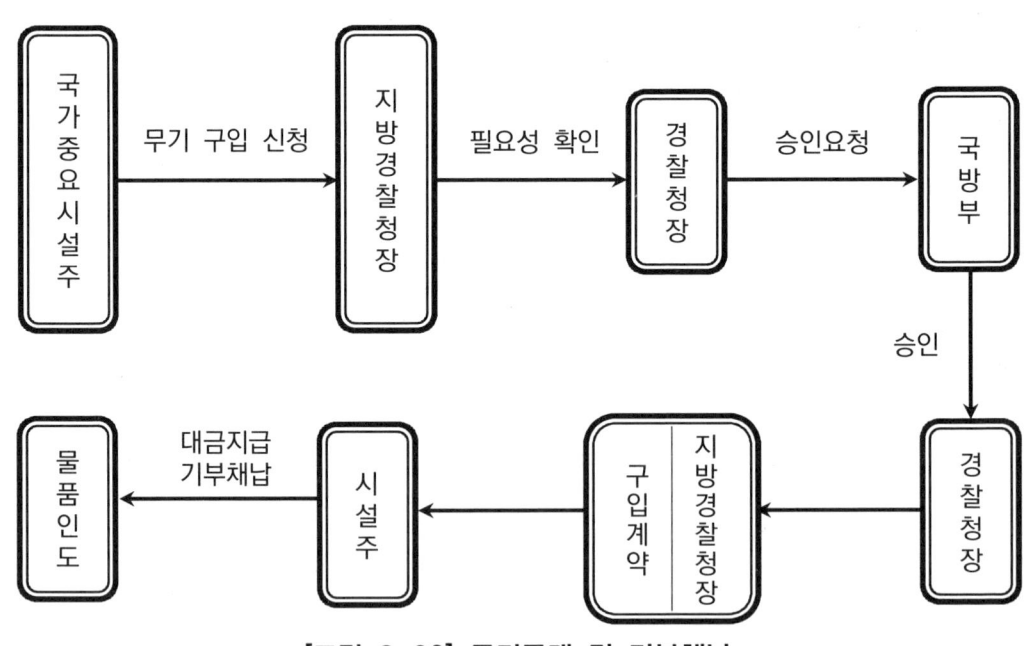

[그림 2-20] 무기구매 및 기부채납

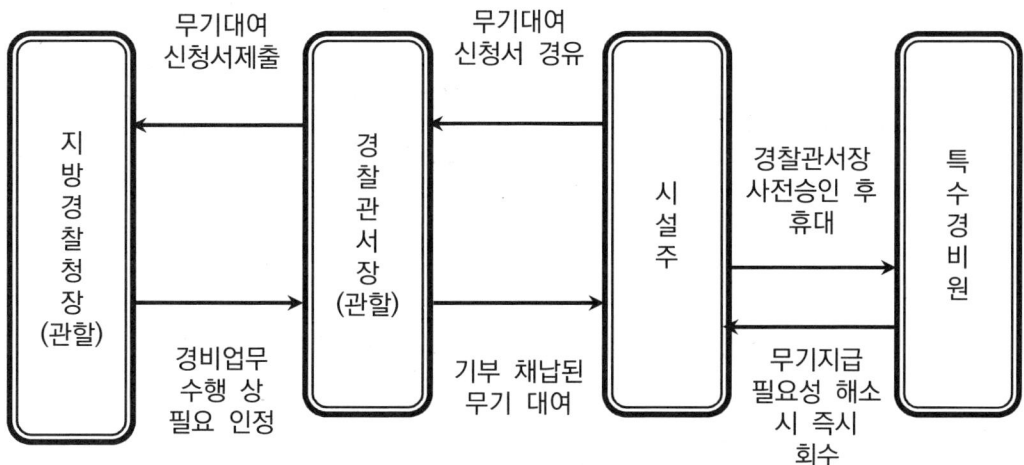

[그림 2-21] 무기대여

■ 경비업법 시행령 [별표 5]
경비지도사 자격정지처분 기준(제25조관련)

위반행위	해당법조문	행정처분기준		
		1차	2차	3차이상
1. 법 제12조제3항의 규정에 위반하여 직무를 성실하게 수행하지 아니한 때	법제20조제2항제1호	자격정지 3월	자격정지 6월	자격정지 12월
2. 법 제24조의 규정에 의한 경찰청장·지방경찰청장의 명령을 위반한 때	법제20조제2항제2호	자격정지 1월	자격정지 6월	자격정지 9월

비고
위반행위의 횟수에 따른 행정처분의 기준은 당해 위반행위가 있었던 이전 최근 2년간 같은 위반행위로 행정처분을 받은 경우에 적용한다.

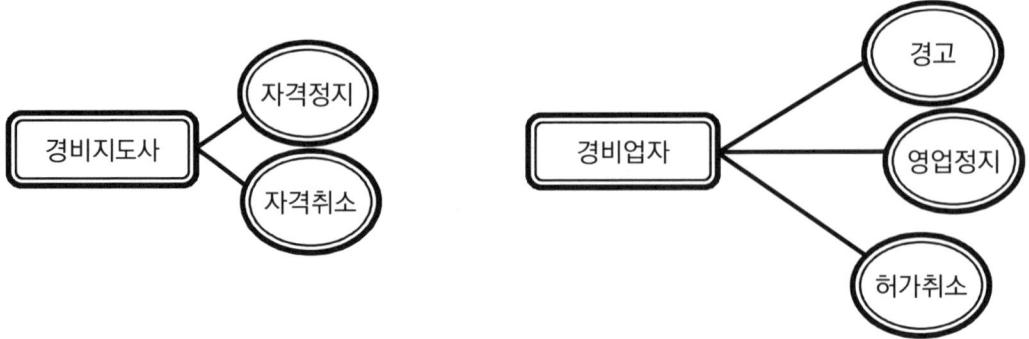

[그림 2-22] 행정처분의 대상 및 종류

행정처분 기준(제24조 관련)/ 일반기준

가. 제2호에 따른 행정처분이 영업정지인 경우에는 위반행위의 동기, 내용 및 위반의 정도 등을 고려하여 가중하거나 감경할 수 있다.

나. 위반행위가 2 이상인 경우로서 그에 해당하는 각각의 처분기준이 다른 경우에는 그 중 중한 처분기준에 따르며, 2 이상의 처분기준이 동일한 영업정지인 경우에는 중한 처분기준의 2분의 1까지 가중할 수 있다. 다만, 가중하는 경우에도 각 처분기준을 합산한 기간을 초과할 수 없다.

다. 위반행위의 횟수에 따른 행정처분 기준은 최근 2년간 같은 위반행위로 행정처분을 받은 경우에 적용한다. 이 경우 기준 적용일은 위반행위에 대한 행정처분일과 그 처분 후의 위반행위가 다시 적발된 날을 기준으로 한다.

라. 영업정지처분에 해당하는 위반행위가 적발된 날 이전 최근 2년간 같은 위반행위로 2회 영업정지처분을 받은 경우에는 제2호의 기준에도 불구하고 그 위반행위에 대한 행정처분기준은 허가취소로 한다.

행정처분 기준(제24조 관련)/개별기준

위반행위	해당 법조문	행정처분 기준		
		1차 위반	2차 위반	3차 이상 위반
가. 법 제4조제1항 후단을 위반하여 지방경찰청장의 허가 없이 경비업무를 변경한 때	법 제19조제2항제1호	경고	영업정지 6개월	허가취소
나. 법 제7조제2항을 위반하여 도급을 의뢰받은 경비업무가 위법한 것임에도 이를 거부하지 않은 때	법 제19조제2항제2호	영업정지 1개월	영업정지 3개월	허가취소
다. 법 제7조제6항을 위반하여 경비지도사를 집단민원현장에 선임·배치하지 않은 때	법 제19조제2항제3호	영업정지 1개월	영업정지 3개월	허가취소

행정처분 기준(제24조 관련)/개별기준				
위반행위	해당 법조문	행정처분 기준		
		1차 위반	2차 위반	3차 이상 위반
라. 법 제8조를 위반하여 경비대상 시설에 관한 경보 대응체제를 갖추지 않은 때	법 제19조제2항제4호	경고	경고	영업정지 1개월
마. 법 제9조제2항을 위반하여 관련 서류를 작성·비치하지 않은 때	법 제19조제2항제5호	경고	경고	영업정지 1개월
바. 법 제10조제3항을 위반하여 결격사유에 해당하는 경비원을 배치하거나 결격사유에 해당하는 경비지도사를 선임·배치한 때	법 제19조제2항제6호	영업정지 1개월	영업정지 3개월	허가취소
사. 법 제12조제1항을 위반하여 경비지도사를 선임한 때	법 제19조제2항제7호	영업정지 1개월	영업정지 3개월	허가취소
아. 법 제13조를 위반하여 경비원으로 하여금 교육을 받게 하지 않은 때	법 제19조제2항제8호	경고	경고	영업정지 1개월
자. 법 제16조에 따른 경비원의 복장 등에 관한 규정을 위반한 때	법 제19조제2항제9호	경고	영업정지 1개월	영업정지 3개월
차. 법 제16조의2에 따른 경비원의 장비 등에 관한 규정을 위반한 때	법 제19조제2항제10호	경고	영업정지 1개월	영업정지 3개월
카. 법 제16조의3에 따른 경비원의 출동차량 등에 관한 규정을 위반한 때	법 제19조제2항제11호	경고	영업정지 1개월	영업정지 3개월
타. 법 제18조제1항 단서를 위반하여 집단민원현장에 일반경비원 명부를 작성·비치하지 않은 때	법 제19조제2항제12호	영업정지 1개월	영업정지 3개월	허가취소
파. 법 제18조제2항 각 호 외의 부분 단서를 위반하여 배치허가를 받지 아니하고 경비원을 배치하거나 경비원 명단 및 배치일시·배치장소 등 배치허가 신청의 내용을 거짓으로 한 때	법 제19조제2항제13호	영업정지 1개월	영업정지 3개월	허가취소
하. 법 제18조제6항을 위반하여 결격사유에 해당하는 일반경비원을 집단민원현장에 배치한 때	법 제19조제2항제14호	영업정지 1개월	영업정지 3개월	허가취소
거. 법 제24조에 따른 감독상 명령에 따르지 않은 때	법 제19조제2항제15호	경고	영업정지 3개월	허가취소
너. 법 제26조를 위반하여 손해를 배상하지 않은 때	법 제19조제2항제16호	경고	영업정지 3개월	영업정지 6개월

과태료의 부과기준(제32조제1항 관련)

위반행위	해당 법조문	과태료 금액(단위: 만원)		
		1회 위반	2회 위반	3회 이상
1. 법 제4조제3항 또는 제18조제2항을 위반하여 신고를 하지 않은 경우	법 제31조제2항제1호			
가. 1개월 이내의 기간 경과		50		
나. 1개월 초과 6개월 이내의 기간 경과		100		
다. 6개월 초과 12개월 이내의 기간 경과		200		
라. 12개월 초과의 기간 경과		400		
2. 법 제7조제7항을 위반하여 경비대행업자 지정 신고를 하지 않은 경우	법 제31조제2항제2호			
가. 허위로 신고한 경우		400		
나. 그 밖의 사유로 신고하지 않은 경우		300		
3. 법 제9조제1항을 위반하여 설명의무를 이행하지 않은 경우	법 제31조제2항제3호	100	200	400
4. 법 제10조제3항을 위반하여 결격사유에 해당하는 경비원을 배치하거나 결격사유에 해당하는 경비지도사를 선임·배치한 경우	법 제31조제2항제6호	100	200	400
5. 법 제12조제1항을 위반하여 경비지도사를 선임하지 않은 경우	법 제31조제2항제4호	100	200	400
6. 법 제14조제6항에 따른 감독상 필요한 명령을 정당한 이유없이 이행하지 않은 경우	법 제31조제2항제5호	500		
7. 법 제16조제1항을 위반하여 복장 등에 관한 신고규정을 위반하여 신고를 하지 않은 경우	법 제31조제2항제7호	100	200	400
8. 법 제16조제1항을 위반하여 경비원의 복장에 관한 신고를 하지 않고 집단민원현장에 경비원을 배치한 경우	법 제31조제1항제1호	600	1200	2400
9. 법 제16조제2항을 위반하여 이름표를 부착하게 하지 않거나, 신고된 동일 복장을 착용하게 하지 않고 경비원을 경비업무에 배치한 경우	법 제31조제2항제8호	100	200	400

과태료의 부과기준(제32조제1항 관련)				
위반행위	해당 법조문	과태료 금액(단위: 만원)		
		1회 위반	2회 위반	3회 이상
10. 법 제16조제2항을 위반하여 이름표를 부착하게 하지 않거나, 신고된 동일 복장을 착용하게 하지 않고 집단민원현장에 경비원을 배치한 경우	법 제31조제1항제2호	600	1200	2400
11. 법 제18조제1항 본문을 위반하여 명부를 작성·비치하지 않은 경우	법 제31조제2항제9호			
가. 경비원 명부를 비치하지 않은 경우		100	200	400
나. 경비원 명부를 작성하지 않은 경우		50	100	200
12. 법 제18조제1항 단서를 위반하여 집단민원현장에 배치되는 일반경비원의 명부를 그 배치장소에 작성·비치하지 않은 경우	법 제31조제1항제3호			
가. 경비원 명부를 비치하지 않은 경우		600	1200	2400
나. 경비원 명부를 작성하지 않은 경우		300	600	1200
13. 법 제18조제2항 각 호 외의 부분 단서를 위반하여 배치허가를 받지 않고 경비원을 배치하거나, 경비원 명단 및 배치일시·배치장소 등 배치허가 신청의 내용을 거짓으로 한 경우	법 제31조제1항제4호	1000	2000	3000
14. 법 제18조제5항을 위반하여 경비원의 근무상황을 기록하여 보관하지 않은 경우	법 제31조제2항제10호	50	100	200
15. 법 제18조제7항을 위반하여 법 제13조에 따른 신임교육을 이수하지 않은 자를 법 제18조제2항 각 호의 경비원으로 배치한 경우	법 제31조제1항제5호	600	1200	2400

비고
위반행위의 횟수에 따른 과태료의 부과기준은 최근 2년간 같은 위반행위로 과태료 부과처분을 받은 경우에 적용한다. 이 경우 기준 적용일은 위반행위에 대한 과태료 부과처분일과 그 처분 후의 위반행위가 다시 적발된 날을 기준으로 한다.

기출문제

1. 다음 중 경비업법에서 경비업의 종류가 아닌 것은?
   ① 교통유도업무　　　② 기계경비업무
   ③ 신변보호업무　　　④ 시설경비업무

2. 다음 중 경비업을 영위할 수 있는 것은?
   ① 사회단체　　　② 법인
   ③ 종친회　　　　④ 개인

3. 경비업의 허가권자는?
   ① 소재지 관할 지방경찰청장　　② 경찰청장
   ③ 지방자치단체장　　　　　　　④ 안전행정부장관

4. 다음은 법인 임원의 결격사유를 열거한 것이다. 맞지 않는 것은?
   ① 금치산자 및 한정치산자
   ② 파산선고를 받고 복권되지 아니한 자
   ③ 민간경비업에 종사한 경력이 7년이 되지 않는 자
   ④ 이 법 또는 이 법에 의한 명령을 위반하여 영업허가 취소처분을 받은 법인의 임원으로서 3년을 경과하지 아니한 자

5. 다음 중 경비업자의 법적 의무사항이 아닌 것은?
   ① 직무상 알게된 비밀을 누설하면 안 된다.
   ② 불공정계약으로 경비원의 권익을 침해해서는 안 된다.
   ③ 경비업자는 허가받은 경비업무외의 업무에 경비원을 종사해도 된다.
   ④ 경비업의 건전한 육성과 발전을 저해하는 행위를 하여서는 안 된다.

6 . 일반경비원과 특수경비원 신임교육시간에 해당 되는 것은?
① 24-88
② 28-64
③ 38-85
④ 64-44

7. 다음 중 경비지도사의 직무가 아닌 것은?
① 경비원의 채용과 배치
② 경찰기관의 연락방법에 대한 지도
③ 경비현자의 경비원에 대한 순회점검
④ 교육계획서의 작성

8 다음 중 경비지도사의 기본교육시간으로서 맞는 것은?
① 22시간
② 33시간
③ 44시간
④ 55시간

9. 다음 중 경비지도사의 자격취소 사유가 아닌 것은?
① 경비지도사의 자격이 결격사유에 해당하게 된 때
② 경비지도사의 자격증을 다른 사람에게 빌려주거나 양도한 때
③ 경비지도사의 자격증을 3회 이상 분실한 때
④ 허위 기타 부정한 방법으로 경비지도사의 자격증을 교부받은 때

10. 다음은 경비지도사 제1차 시험 면제조건 중 틀린 것은?
① 경찰공무원으로 7년 이상 재직한 사람
② 경호공무원 또는 별정직공무원으로 7년 이상 재직한 사람
③ 경비업무에 7년 이상(특수경비업무의 경우에는 4년 이상) 종사하고 안전행정부령으로 정하는 교육과정을 이수한 사람
④ 일반경비지도사의 자격을 취득한 후 기계경비지도사의 시험에 응시하는 사람 또는 기계경비지도사의 자격을 취득한 후 일반경비지도사의 시험에 응시하는 사람.

11. 경비업자는 경비원의 배치신고를 누구에게 하여야 하는가?
    ① 배치지 관할경찰서장　　　② 배치지 관할 지구대 소장
    ③ 배치지 관할 경찰청장　　　④ 배치지 관할 지방경찰청장

12. 다음 중 선임·배치된 경비지도사에 결원이 있거나 자격정지 등으로 그 직무를 수행할 수 없을 때에는 며칠 안에 새로 경비지도사를 충원하여야 하는가?
    ① 15일 이내　　　② 10일 이내
    ③ 7일 이내　　　④ 30일 이내

13. 다음은 허가관청이 경비업자에 대하여 허가를 취소하여야 하는 경우의 예를 든 것이다. 맞지 않는 것은?
    ① 부정한 방법으로 허가를 받는 때
    ② 정당한 사유 없이 허가를 받은 날로부터 1년 이내에 용역경비 도급실적이 없을 때
    ③ 정당한 사유 없이 2년 이상 휴업한 때
    ④ 관할경찰서장의 배치폐지 명령에 따르지 아니한 때

14. 다음 내용 중 옳은 것을 고르면?
    ① 경비업자는 경비대상의 비밀을 다른 사람의 이용을 위하여 제공할 수 없다.
    ② 경비업자는 청원주의 위임을 받아 청원경찰에 대한 근무배치 및 감독권을 행사할 수 있다.
    ③ 경비지도사에게는 경비업무를 수행함에 있어서 특별한 권한이 부여된다.
    ④ 경비업자는 경비업무에 관하여 사고가 발생한 때에는 언제나 그 책임을 면치 못한다.

15. 다음 중 경비협회의 업무가 아닌 것은?
    ① 경비업무의 연구발전에 관한 사항
    ② 경비원의 교육훈련에 관한 사항
    ③ 경비소요 진단에 관한 사항
    ④ 경비도급 계약과 알선에 관한 사항

16. 다음은 경비원에 대한 교육에 관한 내용이다. 틀린 것은?
   ① 경비원에 대한 교육은 신임교육과 직무교육으로 한다.
   ② 경비업자는 경비원을 채용한 때에는 경비원의 부담으로 신임교육을 받게 하여야 한다.
   ③ 일반경비원에 대한 직무교육의 과목은 일반경비원의 직무수행에 필요한 이론·실무 과목, 그 밖에 정신교양 등으로 한다.
   ④ 직무교육은 경비업자의 책임으로 선임된 경비지도사가 실시한다.

17. 다음 중 경찰청장은 경비지도사의 자격정지, 취소 등에 관한 권한을 누구에게 위임할 수 있는가?
   ① 지방경찰청장   ② 경찰서장
   ③ 파출소장   ④ 지서장

18. 다음 경비원과 관련된 사항 중 옳은 것은?
   ① 경비원이 제복을 착용할 경우에는 훈장, 표지장, 계급장, 모장을 부착하여야 한다.
   ② 경비원의 신분증명서는 관할경찰서장이 발급한다.
   ③ 경비원의 복제는 경찰 및 군인의 복제와 색상이 유사하여야 한다.
   ④ 경비원은 근무 중 총포·도검·화약류등 단속법에 의한 분사기를 소지할 수 없다.

19. 다음 경비업의 시설기준의 내용 중 신변보호업무에 해당하는 내용은?
   ① 무술유단자 3명 이상   ② 무술유단자 4명 이상
   ③ 무술유단자 5명 이상   ④ 무술유단자 6명 이상

20. 다음은 법이 정한 벌칙규정이다. 즉, 3년 이하의 징역이나 3천만원 이하의 벌금에 처하게 되는 경우는 어느 것인가?
   ① 경비업의 허가규정에 의한 허가를 받지 아니하고 경비업을 영위한 자
   ② 경비원의 명부작성·배치규정에 의한 장부를 비치하지 아니한 자
   ③ 경비지도사의 선임규정에 의한 경비지도사를 선임하지 아니한 자
   ④ 경찰청장 또는 지방경찰청장의 명령 또는 지시를 위반한 자

21. 다음은 법이 정한 벌칙내용이다. 맞지 않는 것은?
   ① 허가를 받지 아니하고 경비업을 영위한 자는 2년 이하의 징역 또는 3천만 원 이하의 벌금에 처한다.
   ② 국가중요 시설의 정상적인 운영을 해치는 장해를 일으킨 특수경비원은 5년 이하의 징역 또는 5천만원 이하의 벌금에 처한다.
   ③ 정당한 사유 없이 무기를 소지하고 배치된 경비구역을 벗어난 특수경비원은 2년 이하의 징역 또는 2천만원 이하의 벌금에 처한다.
   ④ 법 규정에 위반하여 쟁의행위를 한 특수경비원은 1년 이하의 징역 또는 1천만 원 이하의 벌금에 처한다.

22. 다음은 특수경비원에 대한 가중처벌과 관련한 내용이다. 맞는 것을 골라라.
   ① 특수경비원이 업무수행 중에 범한 불법행위에 대하여는 모두 가중처벌규정이 적용된다.
   ② 특수경비원이 무기를 휴대하고 경비업무를 수행 중에 범한 불법행위는 모두 가중처벌 된다.
   ③ 특수경비원이 무기를 휴대하고 경비업무를 수행 중에 무기의 안전수칙을 위반하여 법이 정한 형법상의 일정범죄를 범한 때에는 가중 처벌된다.
   ④ 특수경비원의 가중처벌규정은 특수경비원의 모든 범법행위에 적용된다.

23. 다음 중 제7조 1항의 규정에 의반하여 직무상 알게 된 비밀을 누설하거나 부당한 목적으로 사용한 경비원의 처벌은 어떠한가?
   ① 1년 이하의 징역 또는 1천만원 이하의 벌금에 처한다.
   ② 2년 이하의 징역 또는 2천만원 이하의 벌금에 처한다.
   ③ 3년 이하의 징역 또는 3천만원 이하의 벌금에 처한다.
   ④ 9년 이하의 징역 또는 7천만원 이하의 벌금에 처한다.

24. 다음은 과태료 500만원 이하가 부과되는 경우를 열거한 것이다. 맞지 않는 것은?
   ① 감독상 필요한 명령을 정당한 사유없이 이행하지 아니한 경우
   ② 특수경비업자가 경비대행업자 지정신고를 하지 아니한때
   ③ 기계경비업자가 계약상대방에게 행하여야 하는 설명의무를 이행하지 아니한 때
   ④ 경비업자가 신임교육을 이수하지 않은 자를 경비원으로 배치했을때

25. 다음은 과태료 징수와 관련한 내용이다. 맞는 것은?
   ① 과태료의 징수권자는 지방경찰청장 또는 경찰관서장이다.
   ② 과태료의 징수권자는 지방자치단체장이다.
   ③ 과태료처분에 불복이 있는 자는 20일 이내에 이의를 제기할 수 있다.
   ④ 이의제기를 통보받은 관할법원은 행정절차법에 따라 과태료의 재판을 한다.

26. 다음 중 공항, 항공기, 발전소 등의 경비업무를 수행하는 자를 무엇이라 하는가?
   ① 일반경비원   ② 특수경비원
   ③ 경비지도사   ④ 기계경비원

27. 다음 중 특수경비원의 직무상 감독자에 해당되지 않는 것은?
   ① 관할경찰서장   ② 공항경찰대장
   ③ 국가중요 시설의 시설주   ④ 경비대장

28. 다음 중 특수경비원의 직무 및 무기사용에 대한 설명이다. 잘못된 것은?
   ① 특수경비원은 국가중요 시설을 경비하고 도난·화재 그 밖의 위험 발생을 방지하는 업무를 수행한다.
   ② 특수경비원은 국가중요 시설에 대한 경비업무 수행 중 국가중요 시설의 정상적인 운영을 해치는 장해를 일으켜서는 아니된다.
   ③ 지방경찰청장은 국가중요 시설에 대한 경비업무의 수행을 위하여 필요하다고 인정하는 때에는 시설주에게 직접 무기구매를 알선한다.
   ④ 관할경찰서장은 무기의 적정한 관리를 위하여 무기를 대여받은 시설주에 대하여 필요한 명령을 발할 수 있다.

29. 시설주로부터 무기 및 탄약을 지급받은 특수경비원이 준수하여야 할 사항 중 틀린 것은?
   ① 무기를 지급받거나 반납할 때 또는 인계인수시에는 반드시 '앞에 총' 자세에서 '검사총'을 하여야 한다.
   ② 무기 및 탄약을 지급받았을 때에는 별도의 지시가 없는 한 무기와 탄약은 분리하여 휴대하여야 하며, 소총은 '우로 어깨걸어 총', 권총은 '권총집에 넣어 총' 자세를 유지하여야 한다.
   ③ 지급받은 무기는 타인에게 보관하거나 휴대시킬 수 없으나, 손질을 할 때에는 일괄하여 타인에게 맡길 수 있다.
   ④ 근무시간 이후에는 무기 및 탄약을 시설주에게 반납하거나 교대근무자에게 인계하여야 한다.

30. 경비업법에 의한 경비원의 직무교육시간은 몇 시간 이상인가?
   ① 3시간 이상
   ② 8시간 이상
   ③ 2시간 이상
   ④ 4시간 이상

31. 다음에서 민간경비업의 대상이 아닌 것은?
   ① 신체에 대한 위해.
   ② 귀중품에 대한 압류.
   ③ 산업시설의 화재.
   ④ 운반 중의 현금.

32. 다음 중 기계경비업자는 관제시설물 등에서 경보를 수신한 때부터 몇 분 이내에 도착시킬 수 있는 대응체제를 갖추어야 하는가?
   ① 20분
   ② 25분
   ③ 30분
   ④ 45분

33. 다음 중 경비원의 휴대장구가 아닌 것은?
   ① 경봉
   ② 호루라기
   ③ 포승줄
   ④ 분사기

34. 다음 중 경비업자가 휴업했을 경우에는 며칠 이내에 휴업 신고서를 지방경찰청장에게 제출하여야 하는가?
   ① 5일 이내
   ② 7일 이내
   ③ 10일 이내
   ④ 14일 이내

35. 다음 ( )에 알맞은 것은?

> 특수경비원의 탄약의 출납은 ( )총에 있어서 1정당( )발이내, ( )총에 있어서는 1정당( )발 이내로 하고 특수경비원은 무기손질을 매주( )회 이상 손질하게 할 것

   ① 소 10, 권 6, 무기손질 3
   ② 권 7, 소 10, 무기손질 1
   ③ 소 15, 권 7, 무기손질 1
   ④ 권 6, 소 15, 무기손질 2

경비업법 정답

1	①	2	②	3	①	4	③	5	③
6	①	7	①	8	③	9	③	10	③
11	①	12	①	13	②	14	②	15	④
16	②	17	①	18	①	19	③	20	①
21	①	22	③	23	③	24	④	25	①
26	②	27	④	28	③	29	③	30	④
31	②	32	②	33	③	34	②	35	③

제3부

청원경찰법

1장 청원경찰 제도의 의의
2장 청원경찰법의 목적 및 제·개정
3장 청원경찰법 3단 비교표
4장 요약정리 및 기출문제

제3부 청원경찰법

핵심 경호경비 관련법

1장 청원경찰 제도의 의의

1. 청원경찰제도

청원경찰 제도는 청원주가 소요경비를 부담할 것을 조건으로 경찰관의 배치를 신청하는 경우 이에 응하여 청원경찰관을 배치하는 제도를 신설함으로써 경찰인력의 부족을 보완하며, 건물 등의 경비 및 공공 안전업무에 만전을 기하기 위함이다.

급속한 도시화·산업화에 따른 치안문제에 공경비의 공권력만으로 대처하기에는 한계가 대두됨에 따라 1962년 청원경찰법이 법률 제1049호로 제정되었다. 또한. 1973년 청원경찰법을 전면 개정하여 청원경찰로 하여금 국가중요시설 및 기관, 공공단체 및 각종 사업장의 경비를 수행하도록 하였다.

한국전쟁 이후 남과 북 간에 형성된 대립상황은 국가적 산업시설들에 대한 경비를 단순한 일반 범죄피해로부터의 예방, 즉 방범활동이 아닌 적대세력으로부터의 시설파괴에 대한 방호의 개념으로 인식하게 되었다.[18] 실질적으로 경찰의 예산과 인원으로는 계속해서 증가하는 국가중요시설물에 대한 경비업무를 감당할 수 없었음에도 불구하고 국가중요시설이라는 점에서 민간경비업체에 위탁할 수 없다고 판단하였으며, 그러한 이유로 청원경찰제도가 탄생하게 되었다.

청원경찰제도는 국가예산의 소비 없이 경찰력이 강화되는 한편, 청원주의 입장에서는 일정 비용으로 경찰 공권력에 준하는 청원경찰의 배치를 받을 수 있으므로 시설경비에 매우 효과적이라는 장점이 가중되어 발전을 거듭해 왔다.[19]

---

[18] 김성언, "전게논문", 2004, p.128.

2. 청원경찰법의 의의

청원경찰법은 국가기관 또는 공공단체와 그 관리 하에 있는 중요산업 시설·사업장·국내주재 외국기관 기타 행정자치부령[20]이 정하는 중요시설·사업장 등의 장소에 기관의 장이나 경영자가 소요경비를 부담할 것을 조건으로 경찰의 배치를 신청하는 경우에 그 기관·시설 또는 사업장 등의 경비를 위하여 배치하는 경찰제도이다.

이러한 청원경찰의 실체법적 근거를 둔 것이 청원경찰법이며 이 법은 청원경찰의 직무·임용·배치·보수·사회보장 기타 필요한 사항을 규정함으로써 청원경찰의 원활한 운영을 목적으로 한다.

2장 청원경찰법의 목적 및 제·개정[21]

1. 목적

이 법은 청원경찰의 직무·임용·배치·보수·사회보장 및 그 밖에 필요한 사항을 규정함으로써 청원경찰의 원활한 운영을 목적으로 한다.[전문개정 2010. 2. 4.]

2. 제 · 개정

청원경찰법은 1962년 4월 3일 법률 제1049호로 제정되었고, 현재까지 총 19차에 걸쳐 제·개정 되었다. 주요 제·개정 연혁을 살펴보면 아래와 같다. 청원경찰법의 제정배경은 소요경비를 부담할 것을 조건으로 경찰관의 배치를 신청하는 경우에 이에 응하여 청

---

19) 안황권, 안성조(2005). 경호경비법 원론, p. 248.
20) **제1조 (배치대상)**
청원경찰법 제2조 제3호에서 "기타 행정자치부령으로 정하는 중요시설·사업장 또는 장소"라 함은 다음 각호의 시설·사업장 또는 장소를 말한다〈개정 1994.10.1, 1999.10.2〉. ①선박·항공기 등 수송시설 ②금융 또는 보험을 업으로 하는 시설 또는 사업장 ③언론·통신·방송 또는 인쇄를 업으로 하는 시설 또는 사업장 ④학교 등 육영시설 ⑤의료법에 의한 의료기관 ⑥기타 공공의 안녕질서 유지와 국민경제상 고도의 보호를 필요로 하는 중요시설·사업체 또는 장소
21) 법제처: moleg.go.kr/main.html(2020). 재구성

원경찰관을 배치하는 제도를 신설함으로써 경찰인력의 부족을 보완하고 건물 등의 경비 및 공안업무에 만전을 기하려는 것이다.

청원경찰법[시행 1962. 4. 3.] [법률 제1049호, 1962. 4. 3. 제정]

소요경비를 부담할 것을 조건으로 경찰관의 배치를 신청하는 경우에 이에 응하여 청원경찰관을 배치하는 제도를 신설함으로써 경찰인력의 부족을 보완하고 건물등의 경비 및 공안업무에 만전을 기하려는 것임.

① 청원경찰관의 배치를 신청할 수 있는 자로 중요산업시설 또는 중요사업장의 경영자와 국내주재의 외국기관으로 함.
② 청원경찰관배치의 통지를 받은 자는 청원경찰경비를 국고에 납입하도록 함.
③ 청원경찰관의 직종·임용·교육·보수와 상벌등은 각령으로 정하도록 함.

청원경찰법[시행 1973. 12. 31.] [법률 제2666호, 1973. 12. 31. 전부개정]

현행 청원경찰법에 의하면, 청원경찰관의 배치를 받은 시설 또는 사업장의 경영자는 그 경비를 미리 국고에 선납하게 되어 있어 그 회계절차가 복잡할 뿐만 아니라 사업자금의 불필요한 동결현상까지를 초래하고 있으므로 경비의 선납제를 폐지하고 직불제로 하는 한편 청원경찰관의 배치범위를 조정하고 그에 대한 무기의 대여규정과 사회보장규정등을 명문화함으로써 청원경찰제도의 합리적인 운영을 기하려는 것임.

① 법률의 목적규정을 신설함.
② 청원경찰을 배치할 수 있는 대상을 확대함.
③ 청원경찰은 관할경찰서장의 감독하에 그 경비구역에 한하여 경찰권을 행사하도록 함.
④ 청원경찰의 배치결정 및 임용은 청원주의 신청과 추천에 의하여 도지사(서울특별시장·부산시장포함)가 행하도록 함.
⑤ 청원경찰의 경비는 내무부장관이 고시하는 기준에 따라 청원자가 직접 지불하도록 함.

청원경찰법[시행 1977. 2. 1.] [법률 제2949호, 1976. 12. 31. 일부개정]

청원경찰의 배치가 필요한 기관·시설·사업장등에 대하여 청원경찰의 배치요청을 할 수 있도록 함으로써 주요시설등의 자체경비에 만전을 기하려는 것으로, 도지사는 청원경찰의 배치가 필요한 기관·시설·사업장에 대하여 청원경찰의 배치를 요청할 수 있게 함.

청원경찰법[시행 1980. 4. 5.] [법률 제3228호, 1980. 1. 4. 일부개정]

청원경찰관에게 퇴직금을 지급하도록 하고, 도지사로 하여금 청원경찰의 해임을 명할 수 있도록 하는 등 청원경찰제도를 합리적으로 보완하려는 것임.

① 청원경찰은 도지사가 임용하던 것을 청원주가 임용하도록하되 미리 도지사의 승인을 얻도록 함.
② 청원경찰이 퇴직할 때에는 퇴직금을 지급하도록 명문화함.
③ 도지사는 청원경찰이 법령에 위반하거나 결격사유에 해당하게 된 때에는 청원주에 대하여 그 청원경찰의 해임을 명할 수 있도록 함.
④ 도지사는 청원주를 지도하며, 감독상 필요한 명령을 할 수 있도록 함.
⑤ 도지사의 승인을 얻지 아니하고 청원경찰을 임용한 자 등 이 법 위반자에 대하여는 100만원이하의 과태료에 처할 수 있도록 함.

청원경찰법[시행 1981. 2. 14.] [법률 제3371호, 1981. 2. 14. 일부개정]

청원경찰의 배치·임용승인·배치의 중지·해임명령 및 감독에 관한 도지사의 권한의 일부를 관할경찰서장에게 위임하여 업무의 신속과 간소화를 기하려는 것임

청원경찰법[시행 1984. 1. 31.] [법률 제3677호, 1983. 12. 30. 일부개정]

청원경찰이 배치된 시설이 축소되거나 그 시설의 중요도가 저하되는 등 청원경찰의 배치인원을 감축할 필요가 있는 경우 도지사는 그 배치인원을 감축할 수 있도록 하고 기타 다른 법률과 관계되는 조문을 정비하려는 것임.

청원경찰법[시행 1991. 7. 31.] [법률 제4369호, 1991. 5. 31. 타법개정]
경찰법[1991.5.31, 법률제4369호]

[신규제정]

경찰의 민주적인 관리·운영과 효율적인 임무수행을 위하여 필요한 경찰의 기본조직과 직무범위를 정하려는 것으로, 분단국가로서 우리나라의 특수한 안보상황과 치안여건에 효율적으로 대처하기 위하여 국가경찰체제를 유지하면서 경찰의 기본조직을 중앙은 현재 보조기관으로 되어 있는 치안본부를 내무부장관소속하의 경찰청으로, 지방은 시·도지사 보조기관인 경찰국을 시·도지사 소속기관인 지방경찰청으로 개편함으로써 경찰행정의 책임성과 독자성을 보장함과 동시에 내무부에 각계의 덕망있는 인사로 구성되는 경찰위원회를 두어 경찰행정에 관한 주요제도 및 인권보호에 관한 사항을 심의·의결하게 함으로써 경찰운영의 민주성과 공정성의 확보를 기하며 경찰의 임무인 국민의 생명과 재산의 보호 및 공공의 안녕과 질서유지에 충실할 수 있도록 그 임무를 명확히 하고 직권을 남용하지 못하도록 하여 국민의 자유와 권리를 최대한 보장함으로써 경찰에 대한 국민의 신뢰를 회복하고 진정한 민주경찰로서의 발전을 도모하려는 것임.

청원경찰법[시행 1999. 10. 1.] [법률 제5937호, 1999. 3. 31. 일부개정]

행정규제기본법에 의한 규제정비계획에 따라 청원경찰 배치의 중지·폐지 및 배치인원의 감축에 대한 지방경찰청장의 권한을 폐지하려는 것임.

청원경찰법[시행 2001. 7. 8.] [법률 제6466호, 2001. 4. 7. 일부개정]

청원경찰의 직권남용방지 등을 위하여 직무범위를 명확히 하고, 지방경찰청장의 청원경찰 해임명령규정을 삭제하여 규제를 완화하는 등 현행 제도의 운영상 나타난 일부 미비점을 개선·보완하려는 것임.

청원경찰법[시행 2005. 11. 5.] [법률 제7662호, 2005. 8. 4. 일부개정]

국가기관 또는 지방자치단체에 근무하는 청원경찰의 휴직 및 명예퇴직에 관하여 국가공무원법의 관련 규정을 준용하도록 하려는 것임

청원경찰법[시행 2008. 2. 29.] [법률 제8852호, 2008. 2. 29. 타법개정]

국경 없는 무한경쟁 시대에 국민에게 희망을 주는 일류 정부를 건설하기 위하여, 우리의 미래에 관한 전략기획기능을 강화하고, 정부의 간섭과 개입을 최소화하는 작은 정부 구축을 통하여 민간과 지방의 창의와 활력을 북돋우는 한편, 꼭 해야 할 일은 확실히 하되 나라살림을 알뜰하게 운영하여 국민부담을 줄이며 칸막이 없이 유연하고 창의적으로 일하는 정부를 구축할 수 있도록 기획예산처와 재정경제부를 통합하여 기획재정부를 신설하는 등 정부기능을 효율적으로 재배치하려는 것임. 대통령비서실과 대통령경호실의 통합(법 제14조) 대통령 보좌기구의 정예화 및 권한과 책임의 명확화를 위하여 대통령비서실과 대통령경호실을 대통령실로 통합함.

청원경찰법[시행 2010. 7. 1.] [법률 제10013호, 2010. 2. 4. 일부개정]

공무원 신분이 아님에도 직무의 특수성으로 인하여 복무상 공무원에 준하는 여러 가지 의무를 부담하고 있는 청원경찰에 대한 처우개선을 위하여 청원경찰의 징계에 관한 사항과 국가기관 또는 지방자치단체에 근무하는 청원경찰의 보수에 관한 사항을 법률로 규정하고, 청원경찰의 당연퇴직 연령을 59세에서 60세로 조정하며, 「질서위반행위규제법」의 제정(법률 제8725호, 2007. 12. 21. 공포, 2008. 6. 22. 시행) 취지에 맞게 관련 규정을 하는 한편,

법적 간결성·함축성과 조화를 이루는 범위에서, 법 문장의 표기를 한글화하고 어려운 용어를 쉬운 우리말로 풀어쓰며 복잡한 문장은 체계를 정리하여 간결하게 다듬음으로써 쉽게 읽고 잘 이해할 수 있으며 국민의 언어생활에도 맞는 법률이 되도록 하려는 것임.

청원경찰법[시행 2013. 3. 23.] [법률 제11690호, 2013. 3. 23. 타법개정]

정부조직법 전부개정법률

국가 성장동력의 양대 핵심 축인 과학기술과 정보통신기술을 창조경제의 원천으로 활용하여 경제부흥을 뒷받침할 수 있도록 정부 조직체계를 재설계하고, 국민생활 전반에 영향을 미치는 안전 관련 업무 기능을 강화하여 국민의 안전을 최우선으로 하는 정부를 구현하는 한편, 각 행정기관 고유의 전문성을 강화하여 행정환경의 변화에 능동적으로 대처할 수 있도록 하는 등 창조적이고 유능한 정부를 구현할 수 있도록 정부기능을 재배치하려는 것임. 대통령의 국가 위기상황 관리기능을 효과적으로 보좌하기 위하여 대통령 밑에 국가안보실을 신설함(안 제15조).

청원경찰법[시행 2014. 5. 20.] [법률 제12600호, 2014. 5. 20. 타법개정]

경찰관직무집행법 일부개정법률

수사 및 재판과 관련한 국제협력에 대해서는 「국제형사사법공조법」에 구체적인 규정이 마련되어 있으나, 그 이외의 위험방지 또는 예방경찰 작용에 있어서의 국제협력에 대해서는 근거 규정이 마련되어 있지 않아 경찰의 업무수행에 어려움이 있고, "대테러 작전" 역시 국가경찰작용으로 수행하고 있으나 법문상 이에 대한 명확한 근거 조항이 없으므로 대테러 작전 수행 및 국제협력 관련 규정을 경찰관의 직무범위에 추가하고, 국제협력을 위한 개별적 수권조항을 마련하는 등 현행 경찰작용의 법적 근거를 명확히 하는 한편, 주요 경찰장비로서 시위진압에 사용되고 있는 살수차를 법률에 명시하며, 인명·신체에 위해를 가할 수 있는 경찰장비는 필요한 최소한도에서 사용하도록 하고, 이를 새로 도입하려는 경우에는 안전성 검사를 실시하여 그 결과보고서를 국회 소관 상임위원회에 제출하도록 함으로써 경찰장비의 안전성을 확보하고 나아가 국민의 신체·생명에 대한 보호가 보다 충실하게 이루어질 수 있도록 하려는 것임. 또한, 법 문장의 표기를 한글화하고, 어려운 용어를 쉬운 우리말로 풀어쓰며 복잡한 문장은 체계를 정리하여 간결하게 다듬음으로써 쉽게 읽고 잘 이해할 수 있으며 국민의 언어생활에도 맞는 법률이 되도록 하려는 것임.

청원경찰법[시행 2014. 11. 19.] [법률 제12844호, 2014. 11. 19. 타법개정]

국가적 재난관리를 위한 재난안전 총괄부처로서 국무총리 소속으로 '국민안전처'를 신설하고, 현행 해양경찰청과 소방방재청의 업무를 조정·개편하여 국민안전처의 차관급 본부로 설치하며, 공직개혁 추진 및 공무원 전문역량 강화를 위하여 공무원 인사 전담조직인 인사혁신처를 국무총리 소속으로 설치하고, 교육·사회·문화 분야 정책결정의 효율성과 책임성을 제고하기 위하여 교육·사회·문화 부총리를 신설하려는 것임.

청원경찰법[시행 2014. 12. 30.] [법률 제12921호, 2014. 12. 30. 일부개정]

국가 또는 지방자치단체에 근무하는 청원경찰은 그 복무에 있어서는 공무원에 준하는 여러 가지 규율과 제약을 받고 있으나 그 신분에 있어서는 공무원이 아니기 때문에 인사상의 처우나 보수 등 근무여건이 열악한 실정이고, 특히 청원경찰의 보수체계가 상위 보수단계로 올라가는 데에 비교적 장기간이 소요되고 있는 실정인바, 이에 청원경찰의 보수를 상향조정하여 청원경찰의 근무여건을 개선하고 장기근무를 유도하려는 것임.

한편, 청원경찰이 배치된 기관·시설 또는 사업장 등이 다른 장소로 이전하는 경우에도 그 기관·시설 또는 사업장에 대한 경비는 지속적으로 필요하기 때문에 건물의 이전을 시설 폐쇄의 일종으로 보아 배치폐지 사유로 보는 것은 부적절하므로 배치인원의 변동사유 없이 단순히 그 기관·시설 또는 사업장을 이전하는 경우 청원주가 배치를 폐지하거나 배치인원을 감축할 수 없도록 하고, 시설의 폐쇄나 축소로 청원경찰의 배치를 폐지하거나 배치인원을 감축하는 경우에도 그 청원주에게 과원이 되는 청원경찰 인원을 그 기관·시설 또는 사업장 내의 유사 업무에 종사하게 하거나 다른 시설·사업장 등에 재배치하는 등 청원경찰의 고용이 보장될 수 있도록 노력해야 할 의무를 부여함으로써 청원경찰의 고용 불안을 해소하고 신분상의 불이익이 발생하지 않도록 하려는 것임.

청원경찰법[시행 2015. 7. 1.] [법률 제12921호, 2014. 12. 30. 일부개정]

청원경찰법[시행 2017. 7. 26.] [법률 제14839호, 2017. 7. 26. 타법개정]

중소기업 육성과 과학기술 융합을 기반으로 미래 성장동력 확충과 일자리 창출 등 경제활성화를 뒷받침할 수 있도록 정부 조직체계를 재설계하고, 안전·재난 분야의 유기적 연계와 현장 기관의 전문 역량을 강화하기 위하여 국가 안전관리 체계를 재조정하는 한편, 통상행정 분야를 효율화하고, 국가보훈 및 대통령 경호 시스템을 환경변화에 맞게 조정하는 등 국민들의 요구에 신속하게 반응하는 열린 민주 정부를 구현할 수 있도록 정부기능을 재배치하려는 것임.

청원경찰법[시행 2018. 9. 18.] [법률 제15765호, 2018. 9. 18. 일부개정]

이와 관련 최근 헌법재판소는 교원과 일부 공무원도 단결권과 단체교섭권을 인정받고 있는 상황에서 일반근로자인 청원경찰의 근로3권을 모두 제한하는 것은 입법 목적 달성을 위해 필요한 범위를 넘어서 침해의 최소성 원칙에 위배되고 법익의 균형성도 인정되지 아니한다고 하여 헌법불합치결정을 선고하고 2018년 12월 31일까지 잠정적용을 결정하였음(2017.9.28. 2015헌마653).

이에 청원경찰에 대한 단체행동권은 제외한 단결권과 단체교섭권을 인정하도록 관련 규정을 정비함으로써 헌법재판소의 헌법불합치 결정 취지에 따라 현행법의 흠결을 보완하려는 것임.

현행법 제5조제4항에서는 '청원경찰의 복무에 관하여는 「국가공무원법」 제66조제1항을 준용한다'고 규정하고 있음. 이에 따라 해당 조항의 노동운동 금지가 청원경찰에게 적용되어, 청원경찰은 단결권, 단체교섭권 및 단체행동권을 제한받고 있는 상황임.

3장 청원경찰법

청원경찰법 3단 비교표(법률, 시행령, 시행규칙)[22]

1. 목적 및 정의

제1장 목적 및 정의

청원경찰법 시행 2018. 9. 18. 법률 제15765호	청원경찰법 시행령 시행 2019. 5. 14. 대통령령 제29756호	청원경찰법 시행규칙 시행 2017. 7. 26. 행정안전부령 제3호
제1조(목적) 이 법은 청원경찰의 직무·임용·배치·보수·사회보장 및 그 밖에 필요한 사항을 규정함으로써 청원경찰의 원활한 운영을 목적으로 한다.[전문개정 2010. 2. 4.]	제1조(목적) 이 영은 「청원경찰법」에서 위임된 사항과 그 시행에 필요한 사항을 규정함을 목적으로 한다	제1조(목적) 이 규칙은 「청원경찰법」 및 같은 법 시행령에서 위임된 사항과 그 시행에 필요한 사항을 규정함을 목적으로 한다
제2조(정의) 이 법에서 "청원경찰"이란 다음 각 호의 어느 하나에 해당하는 기관의 장 또는 시설·사업장 등의 경영자가 경비(이하 "청원경찰경비"(請願警察經費)라 한다)를 부담할 것을 조건으로 경찰의 배치를 신청하는 경우 그 기관·시설·사업장 또는 사업장 등의 경비		제2조(배치 대상) 「청원경찰법」(이하 "법"이라 한다) 제2조제3호에서 "그 밖에 행정안전부령으로 정하는 중요 시설, 사업장 또는 장소"란 다음 각 호의 시설, 사업장 또는 장소를 말한다. 〈개정 2013. 3. 23., 2014. 11. 19., 2017. 7. 26.〉

---

22) 법제처: moleg.go.kr/main.html(2020). 재구성

청원경찰법 시행 2018. 9. 18. 법률 제15765호	청원경찰법 시행령 시행 2019. 5. 14. 대통령령 제29756호	청원경찰법 시행규칙 시행 2017. 7. 26. 행정안전부령 제3호
(警備)를 담당하게 하기 위하여 배치하는 경찰을 말한다. 〈개정 2013. 3. 23., 2014. 11. 19., 2017. 7. 26.〉 1. 국가기관 또는 공공단체와 그 관리하에 있는 중요 시설 또는 사업장 2. 국내 주재(駐在) 외국기관 3. 그 밖에 행정안전부령으로 정하는 중요 시설, 사업장 또는 장소[전문개정 2010. 2. 4.]		1. 선박, 항공기 등 수송시설 2. 금융 또는 보험을 업(業)으로 하는 시설 또는 사업장 3. 언론, 통신, 방송 또는 인쇄를 업으로 하는 시설 또는 사업장 4. 학교 등 육영시설 5. 「의료법」에 따른 의료기관 6. 그 밖에 공공의 안녕질서 유지와 국민경제를 위하여 고도의 경비(警備)가 필요한 중요 시설, 사업체 또는 장소

2. 직무 배치 임용 교육 징계 및 포장

청원경찰법	청원경찰법 시행령	청원경찰법 시행규칙
제2장 직무 배치 임용 교육 징계 및 포장 제3조(청원경찰의 직무) 청원경찰은 제4조제2항에 따라 청원경찰의 배치 결정을 받은 자(이하 "청원주"(請願主)라 한다)와 배치된 기관·시설 또는 사업장 등의 구역을 관할하는 경찰서장의 감독을 받아 그 경비구역만의 경비를 목적으로 필요한 범위에서 「경찰관 직무집행법」에 따른 경찰관의 직무를 수행한다. <개정 2014. 5. 20.>[전문개정 2010. 2. 4.]		제14조(근무요령) ① 자체경비를 하는 입초근무자는 경비구역의 정문이나 그 밖의 지정된 장소에서 경비구역의 내부, 외부 및 출입자의 움직임을 감시한다. ② 업무처리 및 자체경비를 하는 소내근무자는 근무 중 특이한 사항이 발생하였을 때에는 지체 없이 청원주 또는 관할 경찰서장에게 보고하고 그 지시에 따라야 한다. ③ 순찰근무자는 청원주가 지정한 일정한 구역을 순회하면서 경비 임무를 수행한다. 이 경우 순찰은 단독 또는 복수로 정선순찰(定線巡察)을 하되, 청원주가 필요하다고 인정할 때에는 요점순찰(要點巡察) 또는 난선순찰(亂線巡察)을 할 수 있다. ④ 대기근무자는 소내근무에 협조하거나 휴식하면서 불의의 사고에 대비한다.

청원경찰법	청원경찰법 시행령	청원경찰법 시행규칙
제4조(청원경찰의 배치) ① 청원경찰의 배치를 받으려는 자는 대통령령으로 정하는 바에 따라 관할 지방경찰청장에게 청원경찰 배치를 신청하여야 한다. ② 지방경찰청장은 제1항의 청원경찰 배치 신청을 받으면 지체 없이 그 배치 여부를 결정하여 신청인에게 알려야 한다. ③ 지방경찰청장은 청원경찰 배치가 필요하다고 인정하는 기관의 장 또는 시설·사업장의 경영자에게 청원경찰을 배치할 것을 요청할 수 있다. [전문개정 2010. 2. 4.]	**제2조(청원경찰의 배치 신청 등)** 「청원경찰법」(이하 "법"이라 한다) 제4조제1항에 따라 청원경찰의 배치를 받으려는 자는 청원경찰 배치신청서에 다음 각 호의 서류를 첨부하여 법 제2조 각 호의 기관·시설·사업장 또는 장소(이하 "사업장"이라 한다)의 소재지를 관할하는 경찰서장(이하 "관할 경찰서장"이라 한다)을 거쳐 지방경찰청장에게 제출하여야 한다. 이 경우 배치 장소가 둘 이상의 도(특별시, 광역시, 특별자치시 및 특별자치도를 포함한다. 이하 같다)일 때에는 주된 사업장의 관할 경찰서장을 거쳐 지방경찰청장에게 한꺼번에 신청할 수 있다. 〈개정 2014. 3. 18.〉 1. 경비구역 평면도 1부 2. 배치계획서 1부 **제6조(배치 및 이동)** ① 청원주는 청원경찰을 신규로 배치하거나 이동배치하였을 때에는 배치지(이동배치의 경우에는 종전의 배치	

청원경찰법	청원경찰법 시행령	청원경찰법 시행규칙
	지)를 관할하는 경찰서장에게 그 사실을 통보하여야 한다. ② 제1항의 통보를 받은 경찰서장은 이동배치지가 다른 관할구역에 속할 때에는 전입지를 관할하는 경찰서장에게 이동배치한 사실을 통보하여야 한다.	
제5조(청원경찰의 임용 등) ① 청원경찰은 청원주가 임용하되, 임용을 할 때에는 미리 지방경찰청장의 승인을 받아야 한다. ② 「국가공무원법」 제33조 각 호의 어느 하나의 결격사유에 해당하는 사람은 청원경찰로 임용될 수 없다. ③ 청원경찰의 임용자격·임용방법·교육 및 보수에 관하여는 대통령령으로 정한다. ④ 청원경찰의 복무에 관하여는 「국가공무원법」 제57조, 제58조제1항, 제60조 및 「경찰공무원법」 제18조를 준용한다. 〈개정 2018. 9. 18.〉[전문개정 2010. 2. 4.]	제3조(임용자격) 법 제5조제3항에 따른 청원경찰의 임용자격은 다음 각 호와 같다. 〈개정 2013. 3. 23., 2014. 3. 18., 2014. 11. 19., 2017. 7. 26.〉 1. 18세 이상인 사람. 다만, 남자의 경우에는 군복무를 마쳤거나 군복무가 면제된 사람으로 한정한다. 2. 행정안전부령으로 정하는 신체조건에 해당하는 사람 제4조(임용방법 등) ① 법 제4조제2항에 따라 청원경찰의 배치 결정을 받은 자(이하 "	제5조(임용승인신청서 등) ① 법 제4조제2항에 따라 청원경찰의 배치 결정을 받은 자[이하 "청원주"(請願主)라 한다]가 영 제4조제1항에 따라 지방경찰청장에게 청원경찰 임용승인을 신청할 때에는 별지 제3호서식의 청원경찰 임용승인신청서에 그 해당자에 관한 다음 각 호의 서류를 첨부하여야 한다. 〈개정 2013. 10. 22.〉 1. 이력서 1부 2. 주민등록증 사본 1부 3. 민간인 신원진술서 1부 4. 최근 3개월 이내에 발행한 채용신체검

청원경찰법	청원경찰법 시행령	청원경찰법 시행규칙
[2018. 9. 18. 법률 제15765호에 의하여 2017. 9. 28. 헌법재판소에서 헌법불합치 결정된 이 조 제4항을 개정함.]	청원주"라 한다)는 법 제5조제1항에 따라 그 배치 결정의 통지를 받은 날부터 30일 이내에 배치 결정된 인원수의 임용예정자에 대하여 청원경찰 임용승인을 지방경찰청장에게 신청하여야 한다. ② 청원주가 법 제5조제1항에 따라 청원경찰을 임용하였을 때에는 임용한 날부터 10일 이내에 그 임용사항을 관할 경찰서장을 거쳐 지방경찰청장에게 보고하여야 한다. 청원경찰이 퇴직하였을 때에도 또한 같다. 제5조(교육) ① 청원주는 청원경찰로 임용된 사람으로 하여금 경비구역에 배치하기 전에 경찰교육기관에서 직무 수행에 필요한 교육을 받게 하여야 한다. 다만, 경찰교육기관의 교육계획상 부득이하다고 인정할 때에는 우선 배치하고 임용 후 1년 이내에 교육을 받게 할 수 있다. ② 경찰공무원(의무경찰을 포함한다) 또는	사서 또는 취업용 건강진단서 1부 5. 가족관계등록부 중 기본증명서 1부 ② 제1항에 따른 신청서를 제출받은 지방경찰청장은 「전자정부법」 제36조제1항에 따라 행정정보의 공동이용을 통하여 해당자의 병적증명서를 확인하여야 한다. 다만, 그 해당자가 확인에 동의하지 아니할 때에는 해당 서류를 첨부하도록 하여야 한다. <개정 2013. 10. 22.> 제6조(교육기간 등) 영 제5조제3항에 따른 교육기간은 2주로 하고, 교육과목 및 수업시간은 별표 1과 같다. 제13조(직무교육) ① 청원주는 소속 청원경찰에게 그 직무집행에 필요한 교육을 매월 4시간 이상 하여야 한다. ② 청원경찰이 배치된 사업장의 소재지를 관할하는 경찰서장(이하 "관할 경찰서장"이다

청원경찰법	청원경찰법 시행령	청원경찰법 시행규칙
	청원경찰에서 퇴직한 사람이 퇴직한 날부터 3년 이내에 청원경찰로 임용되었을 때에는 제1항에 따른 교육을 면제할 수 있다. 〈개정 2015. 11. 20.〉 ③ 제1항의 교육기간·교육과목·수업시간 및 그 밖에 교육의 시행에 필요한 사항은 행정안전부령으로 정한다. 〈개정 2013. 3. 23., 2014. 11. 19., 2017. 7. 26.〉	한다)은 필요하다고 인정하는 경우에는 그 사업장에 소속 공무원을 파견하여 직무집행에 필요한 교육을 할 수 있다.
제5조의2(청원경찰의 징계) ① 청원주는 청원경찰이 다음 각 호의 어느 하나에 해당하는 때에는 대통령령으로 정하는 징계절차를 거쳐 징계처분을 하여야 한다. 1. 직무상의 의무를 위반하거나 직무를 태만히 한 때 2. 품위를 손상하는 행위를 한 때 ② 청원경찰에 대한 징계의 종류는 파면, 해임, 정직, 감봉 및 견책으로 구분한다. ③ 청원경찰의 징계에 관하여 그 밖에 필요한 사항은 대통령령으로 정한다.	제8조(징계) ① 관할 경찰서장은 청원경찰이 법 제5조의2제1항 각 호의 어느 하나에 해당한다고 인정되면 청원주에게 해당 청원경찰에 대하여 징계처분을 하도록 요청할 수 있다. ② 법 제5조의2제2항의 정직(停職)은 1개월 이상 3개월 이하로 하고, 그 기간에 청원경찰의 신분은 보유하나 직무에 종사하지 못하며, 보수의 3분의 2를 줄인다. ③ 법 제5조의2제2항의 감봉은 1개월 이상 3개월 이하로 하고, 그 기간에 보수의 3분의 1을 줄인다.	제18조(표창) 지방경찰청장, 관할 경찰서장 또는 청원주는 청원경찰에게 다음 각 호의 구분에 따라 표창을 수여할 수 있다. 1. 공적상: 성실히 직무를 수행하여 근무성적이 탁월하거나 헌신적인 봉사로 특별한 공적을 세운 경우 2. 우등상: 교육훈련에서 교육성적이 우수한 경우

청원경찰법	청원경찰법 시행령	청원경찰법 시행규칙
[본조신설 2010. 2. 4.]	④ 법 제5조의2제2항의 전책(餞責)은 전과(前過)에 대하여 훈계하고 회개하게 한다. ⑤ 청원주는 청원경찰 배치 결정의 통지를 받았을 때에는 통지를 받은 날부터 15일 이내에 청원경찰에 대한 징계규정을 제정하여 관할 지방경찰청장에게 신고하여야 한다. 징계규정을 변경할 때에도 또한 같다. ⑥ 지방경찰청장은 제5항에 따른 징계규정의 보완이 필요하다고 인정할 때에는 청원주에게 그 보완을 요구할 수 있다.	

3. 경비 보상금 퇴직금

청원경찰법	청원경찰법 시행령	청원경찰법 시행규칙
제3장 경비 보상금 퇴직금		
제6조(청원경찰경비) ① 청원주는 다음 각 호의 청원경찰경비를 부담하여야 한다. 1. 청원경찰에게 지급할 봉급과 각종 수당	제9조(국가기관 또는 지방자치단체에 근무하는 청원경찰의 보수) ① 법 제6조제2항에 따른 국가기관 또는 지방자치단체에 근무하	

청원경찰법	청원경찰법 시행령	청원경찰법 시행규칙
2. 청원경찰의 피복비 3. 청원경찰의 교육비 4. 제7조에 따른 보상금 및 제7조의2에 따른 퇴직금 ② 국가기관 또는 지방자치단체에 근무하는 청원경찰의 보수는 다음 각 호의 구분에 따라 같은 재직기간에 해당하는 경찰공무원의 보수를 감안하여 대통령령으로 정한다. 〈개정 2014. 12. 30.〉 1. 재직기간 15년 미만: 순경 2. 재직기간 15년 이상 23년 미만: 경장 3. 재직기간 23년 이상 30년 미만: 경사 4. 재직기간 30년 이상: 경위 ③ 청원주의 제1항제1호에 따른 봉급·수당의 최저부담기준액(국가기관 또는 지방자치단체에 근무하는 청원경찰의 봉급·수당은 제외한다)과 같은 항 제2호 및 제3호에 따른 비용의 부담기준액은 경찰청장이 정하여 고시(告示)한다.	는 청원경찰의 봉급은 별표 1과 같다. ② 법 제6조제2항에 따른 국가기관 또는 지방자치단체에 근무하는 청원경찰의 각종 수당은 「공무원수당 등에 관한 규정」에 따른 수당 중 가계보전수당, 실비변상 등으로 하며, 그 세부 항목은 경찰청장이 정하여 고시한다. ③ 법 제6조제2항에 따른 재직기간은 청원경찰로서 근무한 기간으로 한다. 제10조(국가기관 또는 지방자치단체에 근무하는 청원경찰 외의 청원경찰의 보수) 국가기관 또는 지방자치단체에 근무하는 청원경찰 외의 청원경찰의 봉급과 각종 수당은 법 제6조제3항에 따라 경찰청장이 고시한 최저부담기준액 이상으로 지급하여야 한다. 다만, 고시된 최저부담기준액에 배치된 사업장에서 같은 종류의 직무나 유사 직무에 종사하는 근로자에게 지급하는 임금보다 적을 때에는 그 사업장에서 같은 종류의 직무나 유	

청원경찰법	청원경찰법 시행령	청원경찰법시행규칙
[전문개정 2010. 2. 4.]	사 직무에 종사하는 근로자에게 지급하는 임금에 상당하는 금액을 지급하여야 한다.	
제7조(보상금) 청원주는 청원경찰이 다음 각 호의 어느 하나에 해당하게 되면 대통령령으로 정하는 바에 따라 청원경찰 본인 또는 그 유족에게 보상금을 지급하여야 한다. 1. 직무수행으로 인하여 부상을 입거나, 질병에 걸리거나 또는 사망한 경우 2. 직무상의 부상·질병으로 인하여 퇴직하거나, 퇴직 후 2년 이내에 사망한 경우 [전문개정 2010. 2. 4.]	제13조(보상금) 청원주는 법 제7조에 따른 보상금의 지급을 이행하기 위하여 「산업재해보상보험법」에 따른 산업재해보상보험에 가입하거나, 「근로기준법」에 따라 보상금을 지급하기 위한 재원(財源)을 따로 마련하여야 한다.	
제7조의2(퇴직금) 청원주는 청원경찰이 퇴직할 때에는 「근로자퇴직급여 보장법」에 따른 퇴직금을 지급하여야 한다. 다만, 국가기관이나 지방자치단체에 근무하는 청원경찰의 퇴직금에 관하여는 대통령령으로 정한다. [전문개정 2010. 2. 4.]		

4. 제복 착용과 무기 휴대

제4장 제복착용과 무기휴대

청원경찰법	청원경찰법 시행령	청원경찰법 시행규칙
제8조(제복 착용과 무기 휴대) ① 청원경찰은 근무 중 제복을 착용하여야 한다. ② 지방경찰청장은 청원경찰이 직무를 수행하기 위하여 필요하다고 인정하면 청원주의 신청을 받아 관할 경찰서장으로 하여금 청원경찰에게 무기를 대여하여 지니게 할 수 있다. ③ 청원경찰의 복제(服制)와 무기 휴대에 필요한 사항은 대통령령으로 정한다. [전문개정 2010. 2. 4.]	제14조(복제) ① 청원경찰의 복제(服制)는 제복·장구(裝具) 및 부속물로 구분한다. ② 청원경찰의 제복·장구 및 부속물에 관하여 필요한 사항은 행정안전부령으로 정한다. 〈개정 2013. 3. 23., 2014. 11. 19., 2017. 7. 26.〉 ③ 청원경찰이 그 배치지의 특수성 등으로 특수복장을 착용할 필요가 있을 때에는 청원주는 지방경찰청장의 승인을 받아 특수복장을 착용하게 할 수 있다. 제16조(무기 휴대) ① 청원주가 법 제8조제2항에 따라 청원경찰이 휴대할 무기를 대여받으려는 경우에는 관할 경찰서장을 거쳐 지방경찰청장에게 무기대여를 신청하여야 한다.	제9조(복제) ① 영 제14조에 따른 청원경찰의 제복·장구(裝具) 및 부속물의 종류는 다음 각 호와 같다. 1. 제복: 정모(正帽), 기동모, 근무복(하복, 동복), 성하복(盛夏服), 기동복, 점퍼, 비옷, 방한복, 외투, 단화, 기동화 및 방한화 2. 장구: 허리띠, 경찰봉, 호루라기 및 포승(捕繩) 3. 부속물: 모자표장, 가슴표장, 휘장, 계급장, 넥타이핀, 단추 및 장갑 ② 영 제14조에 따른 청원경찰의 제복·장구(裝具) 및 부속물의 제식(制式)과 재질은 다음 각 호와 같다. 1. 제복의 제식 및 재질은 청원주가 결정

청원경찰법	청원경찰법 시행령	청원경찰법 시행규칙

	② 제1항의 신청을 받은 지방경찰청장이 무기를 대여하여 휴대하게 하려는 경우에는 청원주로부터 국가에 기부채납된 무기에 한정하여 관할 경찰서장으로 하여금 무기를 대여하여 휴대하게 할 수 있다.
	
	③ 제1항에 따라 무기를 대여하였을 때에는 관할 경찰서장은 청원경찰의 무기관리 상황을 수시로 점검하여야 한다.
	
	④ 청원주 및 청원경찰은 행정안전부령으로 정하는 무기관리수칙을 준수하여야 한다.
	〈개정 2013. 3. 23., 2014. 11. 19., 2017. 7. 26.〉
		하되, 청원공무원 또는 군인 제복의 색상과 명확하게 구별될 수 있어야 하며, 사업장별로 통일하여야 한다. 다만, 기동모와 기동복의 색상은 진한 청색으로 하고, 기동복의 제식은 별도 1과 같이 한다.
		
		2. 장구의 제식과 재질은 경찰 장구와 같이 한다.
		
		3. 부속물의 제식과 재질은 다음 각 목과 같이 한다.
		  가. 모자표장의 제식과 재질은 별도 2와 같이 하되, 기동모의 표장은 정모 표장의 2분의 1 크기로 할 것.
		  나. 가슴표장, 휘장, 계급장, 넥타이핀 및 단추의 제식과 재질은 별도 3부터 별도 7까지와 같이 할 것.
		
		③ 청원경찰은 평상근무 중에는 정모, 근무복, 단화, 호루라기, 경찰봉 및 포승을 착용

청원경찰법	청원경찰법 시행령	청원경찰법 시행규칙
		하거나 휴대하여야 하고, 총기를 휴대하지 아니할 때에는 분사기를 휴대하여야 하며, 교육훈련이나 그 밖의 특수근무 중에는 기동모, 기동복, 기동화 및 휘장을 착용하거나 부착하되, 허리띠와 경찰봉은 착용하거나 후대하지 아니할 수 있다. ④ 가슴표장, 휘장 및 계급장을 달거나 부착할 위치는 별도 8과 같다. 제10조(제복의 착용시기) 하복·동복의 착용시기는 시·도경찰별로 청원주가 결정하되, 착용시기를 통일하여야 한다. 제15조(무기대여 신청서) 영 제16조제1항에 따른 무기대여 신청은 별지 제5호서식에 따른다. 제16조(무기관리수칙) ① 영 제16조에 따라

청원경찰법	청원경찰법 시행령	청원경찰법 시행규칙
		무기와 탄약을 대여받은 청원주는 다음 각 호에 따라 무기와 탄약을 관리하여야 한다. 1. 청원주가 무기와 탄약을 대여받았을 때에는 경찰청장이 정하는 무기·탄약 출납부 및 무기장비 운영카드를 갖춰 두고 기록하여야 한다. 2. 청원주는 무기와 탄약의 관리를 위하여 관리책임자를 지정하고 관할 경찰서장에게 그 사실을 통보하여야 한다. 3. 무기고 및 탄약고는 단층에 설치하고 환기·방습·방화 및 총가(銃架) 등의 시설을 하여야 한다. 4. 탄약고는 무기고와 떨어진 곳에 설치하고, 그 위치는 사무실이나 그 밖에 여러 사람을 수용하거나 여러 사람이 오고 가는 시설로부터 격리되어야 한다. 5. 무기고와 탄약고에는 이중 잠금장치를 하고, 열쇠는 관리책임자가 보관하되,

청원경찰법	청원경찰법 시행령	청원경찰법 시행규칙
		근무시간 이후에는 숙직책임자에게 인계하여 보관시켜야 한다. 6. 청원주는 경찰청장이 정하는 바에 따라 매월 무기와 탄약의 관리실태를 파악하여 다음 달 3일까지 관할 경찰서장에게 통보하여야 한다. 7. 청원주는 대여받은 무기와 탄약에 분실·도난·피탈(被奪) 또는 훼손 등의 사고가 발생하였을 때에는 지체 없이 그 사유를 관할 경찰서장에게 통보하여야 한다. 8. 청원주는 무기와 탄약이 분실·도난·피탈 또는 훼손되었을 때에는 경찰청장이 정하는 바에 따라 그 전액을 배상하여야 한다. 다만, 전시·사변·천재지변이나 그 밖의 불가항력적인 사유가 있다고 지방경찰청장이 인정하였을 때에는 그러하지 아니하다.

청원경찰법	청원경찰법 시행령	청원경찰법 시행규칙
		② 영 제16조에 따라 무기와 탄약을 대여받은 청원주가 청원경찰에게 무기와 탄약을 출납하려는 경우에는 다음 각 호에 따라야 한다. 다만, 관할 경찰서장의 지시에 따라 제२호에 따른 탄약의 수를 늘리거나 줄일 수 있고, 무기와 탄약의 출납을 중지할 수 있으며, 무기와 탄약을 회수하여 집중관리할 수 있다. 1. 무기와 탄약을 출납하였을 때에는 무기·탄약 출납부에 그 출납사항을 기록하여야 한다. 2. 소총의 탄약은 1정당 15발 이내, 권총의 탄약은 1정당 7발 이내로 출납하여야 한다. 이 경우 생산된 후 오래된 탄약을 우선하여 출납하여야 한다. 3. 청원경찰에게 지급한 무기와 탄약은 매주 1회 이상 손질하게 하여야 한다. 4. 수리가 필요한 무기가 있을 때에는 그 목록과 무기장비 운영카드를 첨부하여

청원경찰법	청원경찰법 시행령	청원경찰법 시행규칙
		관할 경찰서장에게 수리를 요청할 수 있다. ③ 청원주로부터 무기와 탄약을 지급받은 청원경찰은 다음 각 호의 사항을 준수하여야 한다. 1. 무기를 지급받거나 반납할 때 또는 인계인수할 때에는 반드시 "앞에 총" 자세에서 "검사 총"을 하여야 한다. 2. 무기와 탄약을 지급받았을 때에는 별도의 지시가 없으면 무기와 탄약을 분리하여 휴대하여야 하며, 소총은 "우로 어깨 걸어 총"의 자세를 유지하고, 권총은 "권총집에 넣어 총"의 자세를 유지하여야 한다. 3. 지급받은 무기는 다른 사람에게 보관 또는 휴대하게 할 수 없으며 손질을 의뢰할 수 없다. 4. 무기를 손질하거나 조작할 때에는 반드시

청원경찰법	청원경찰법 시행령	청원경찰법 시행규칙
		5. 총기를 공중으로 향하게 하여야 한다. 무기와 탄약을 반납할 때에는 손질을 철저히 하여야 한다. 6. 근무시간 이후에는 무기와 탄약을 청원주에게 반납하거나 교대근무자에게 인계하여야 한다. ④ 청원주는 다음 각 호의 어느 하나에 해당하는 청원경찰에게 무기와 탄약을 지급해서는 아니 되며, 지급한 무기와 탄약은 회수하여야 한다. 1. 직무상 비위(非違)로 징계 대상이 된 사람 2. 형사사건으로 조사 대상이 된 사람 3. 사의(辭意)를 밝힌 사람 4. 평소에 불평이 심하고 염세적인 사람 5. 주벽(酒癖)이 심한 사람 6. 변태적 성벽(性癖)이 있는 사람

5. 규제

제5장 규제

청원경찰법	청원경찰법 시행령	청원경찰법 시행규칙
제9조의3(감독) ① 청원주는 항상 소속 청원경찰의 근무 상황을 감독하고, 근무 수행에 필요한 교육을 하여야 한다. ② 지방경찰청장은 청원경찰의 효율적인 운영을 위하여 청원주를 지도하며 감독상 필요한 명령을 할 수 있다. [전문개정 2010. 2. 4.]	제17조(감독) 관할 경찰서장은 매달 1회 이상 청원경찰을 배치한 경비구역에 대하여 다음 각 호의 사항을 감독하여야 한다. 1. 복무규율과 근무 상황 2. 무기의 관리 및 취급 사항	제19조(감독자의 지정) ① 2명 이상의 청원경찰을 배치한 사업장의 청원주는 청원경찰의 지휘·감독을 위하여 청원경찰 중에서 유능한 사람을 선정하여 감독자로 지정하여야 한다. ② 제1항에 따른 감독자는 조장, 반장 또는 대장으로 하며, 그 지정기준은 별표 4와 같다.
제10조(직권남용 금지 등) ① 청원경찰이 직무를 수행할 때 직권을 남용하여 국민에게 해를 끼친 경우에는 6개월 이하의 징역이나 금고에 처한다. ② 청원경찰 업무에 종사하는 사람은 「형법」이나 그 밖의 법령에 따른 벌칙을 적용할 때에는 공무원으로 본다. [전문개정 2010. 2. 4.]		

청원경찰법	청원경찰법 시행령	청원경찰법 시행규칙
제10조의2(청원경찰의 불법행위에 대한 배상책임) 청원경찰(국가기관이나 지방자치단체에 근무하는 청원경찰은 제외한다)의 직무상 불법행위에 대한 배상책임에 관하여는 「민법」의 규정을 따른다.[전문개정 2010. 2. 4.]		

6. 권한의 이임 면직 배치의 폐지

청원경찰법	청원경찰법 시행령	청원경찰법 시행규칙
제6장 권한의 이임 면직 배치의 폐지		
제10조의3(권한의 위임) 이 법에 따른 지방경찰청장의 권한은 그 일부를 대통령령으로 정하는 바에 따라 관할 경찰서장에게 위임할 수 있다.[전문개정 2010. 2. 4.]		
제10조의4(의사에 반한 면직) ① 청원경찰은 형의 선고, 징계처분 또는 신체상·정신상의 이상으로 직무를 감당하지 못할 때를 제외하		

청원경찰법	청원경찰법 시행령	청원경찰법 시행규칙
고는 그 의사(意思)에 반하여 면직(免職)되지 아니한다. ② 청원주가 청원경찰을 면직시켰을 때에는 그 사실을 관할 경찰서장을 거쳐 지방경찰청장에게 보고하여야 한다. [전문개정 2010. 2. 4.] 제10조의5(배치의 폐지 등) ① 청원주는 청원경찰이 배치된 시설이 폐쇄되거나 축소되어 청원경찰의 배치를 폐지하거나 배치인원을 감축할 필요가 있다고 인정하면 청원경찰의 배치를 폐지하거나 배치인원을 감축할 수 있다. 다만, 청원주는 다음 각 호의 어느 하나에 해당하는 경우에는 청원경찰의 배치를 폐지하거나 배치인원을 감축할 수 없다. 〈개정 2014. 12. 30.〉 1. 청원경찰을 대체할 목적으로 「경비업법」에 따른 특수경비원을 배치하는 경우 2. 청원경찰이 배치된 기관·시설 또는 사업장 등이 배치인원의 변동사유 없	제19조(근무 배치 등의 위임) ① 「경비업법」에 따른 경비업자(이하 이 조에서 "경비업자"라 한다)가 중요 시설의 경비를 도급받았을 때에는 청원주는 그 사업장에 배치된 청원경찰의 근무 배치 및 감독에 관한 권한을 해당 경비업자에게 위임할 수 있다. ② 청원주는 제1항에 따라 경비업자에게 청원경찰의 근무 배치 및 감독에 관한 권한을 위임한 경우에 이를 이유로 청원경찰의 보수나 신분상의 불이익을 주어서는 아니 된다. 제20조(권한의 위임) 지방경찰청장은 법 제10조의3에 따라 다음 각 호의 권한을 관할	제23조(청원경찰 배치의 폐지·감축 통보) 법 제10조의5제2항에 따른 청원경찰 배치의 폐지 또는 감축의 통보는 별지 제6호서식에 따른다.

청원경찰법	청원경찰법 시행령	청원경찰법 시행규칙
이 다른 곳으로 이전하는 경우 ② 제1항에 따라 청원주가 청원경찰을 폐지하거나 감축하였을 때에는 청원경찰 배치 결정을 한 경찰관서의 장에게 알려야 하며, 그 사업장이 경찰청장이 제4조제3항에 따라 지방경찰청장에 이 청원경찰의 배치를 요청한 사업장일 때에는 그 폐지 또는 감축 사유를 구체적으로 밝혀야 한다. ③ 제1항에 따라 청원경찰의 배치를 폐지하거나 배치인원을 감축하는 경우 해당 청원주는 배치폐지나 배치인원 감축으로 과원(過員)이 되는 청원경찰 인원을 그 기관·시설 또는 사업장 내의 유사 업무에 종사하게 하거나 다른 시설·사업장 등에 재배치하는 등 청원경찰의 고용이 보장될 수 있도록 노력하여야 한다. 〈신설 2014. 12. 30.〉[전문개정 2010. 2. 4.]	경찰서장에게 위임한다. 다만, 청원경찰을 배치하고 있는 사업장이 하나의 경찰서의 관할구역에 있는 경우로 한정한다. 1. 법 제4조제2항 및 제3항에 따른 청원경찰 배치의 결정 및 요청에 관한 권한 2. 법 제5조제1항에 따른 청원경찰의 임용승인에 관한 권한 3. 법 제9조의3제2항에 따른 청원주에 대한 지도 및 감독상 필요한 명령에 관한 권한 4. 법 제12조에 따른 과태료 부과·징수에 관한 권한	

7. 당연퇴직 휴직 및 명예퇴직

청원경찰법	청원경찰법 시행령	청원경찰법 시행규칙
제7장 당연퇴직 휴직 및 명예퇴직 **제10조의6(당연 퇴직)** 청원경찰이 다음 각 호의 어느 하나에 해당할 때에는 당연 퇴직된다. 1. 제5조제2항에 따른 임용결격사유에 해당될 때 2. 제10조의5에 따라 청원경찰의 배치가 폐지되었을 때 3. 나이가 60세가 되었을 때. 다만, 그 날이 1월부터 6월 사이에 있으면 6월 30일에, 7월부터 12월 사이에 있으면 12월 31일에 각각 당연 퇴직된다. [전문개정 2010. 2. 4.] [단순위헌, 2017헌가26, 2018. 1. 25., 청원경찰법(2010. 2. 4. 법률 제10013호로 개정된 것) 제10조의6 제1호 중 제5조 제2		

청원경찰법	청원경찰법 시행령	청원경찰법 시행규칙
항에 의한 국가공무원법 제33조 제5호에 관한 부분은 헌법에 위반된다.]		
제10조의7(준용 및 명예퇴직) 국가기관이나 지방자치단체에 근무하는 청원경찰의 휴직 및 명예퇴직에 관하여는 「국가공무원법」 제71조부터 제73조까지 및 제74조의2를 준용한다. [전문개정 2010. 2. 4.]		

8. 벌칙 및 과태료 기타

청원경찰법	청원경찰법 시행령	청원경찰법 시행규칙
제8장 벌칙 및 과태료 기타		
제11조(벌칙) 제9조의4를 위반하여 파업, 태업 또는 그 밖에 업무의 정상적인 운영을 방해하는 쟁의행위를 한 사람은 1년 이하의 징역 또는 1천만원 이하의 벌금에 처한다. <개정 2018. 9. 18.> [전문개정 2010. 2. 4.]		

청원경찰법	청원경찰법 시행령	청원경찰법 시행규칙
제12조(과태료) ① 다음 각 호의 어느 하나에 해당하는 자에게는 500만원 이하의 과태료를 부과한다. 1. 제4조제2항에 따른 지방경찰청장의 배치 결정을 받지 아니하고 청원경찰을 배치하거나 제5조제1항에 따른 지방경찰청장의 승인을 받지 아니하고 청원경찰을 임용한 자 2. 정당한 사유 없이 제6조제3항에 따라 경찰청장이 고시한 최저부담기준액 이상의 보수를 지급하지 아니한 자 3. 제9조의3제2항에 따른 감독상 필요한 명령을 정당한 사유 없이 이행하지 아니한 자 ② 제1항에 따른 과태료는 대통령령으로 정하는 바에 따라 지방경찰청장이 부과·징수한다. [전문개정 2010. 2. 4.]	제21조(과태료의 부과기준 등) ① 법 제12조제1항에 따른 과태료의 부과기준은 별표 2와 같다. ② 지방경찰청장은 위반행위의 동기, 내용 및 위반의 정도 등을 고려하여 별표 2에 따른 과태료 금액의 100분의 50의 범위에서 그 금액을 줄이거나 늘릴 수 있다. 다만, 늘리는 경우에는 법 제12조제1항에 따른 과태료 금액의 상한을 초과할 수 없다.	제24조(과태료 부과 고지서 등) ① 법 제12조제1항에 따른 과태료 부과의 사전 통지는 별지 제7호서식의 과태료 부과 사전 통지서에 따른다. ② 법 제12조제1항에 따른 과태료의 부과는 별지 제8호서식의 과태료 부과 고지서에 따른다. ③ 경찰서장은 과태료처분을 하였을 때에는 과태료 부과 및 징수 사항을 별지 제9호서식의 과태료 수납부에 기록하고 정리하여야 한다.
		제11조(신분증명서) ① 청원경찰의 신분증명서는 청원주가 발행하며, 그 형식은 청원주

청원경찰법	청원경찰법 시행령	청원경찰법 시행규칙
		가 결정하되 사업장별로 통일하여야 한다. ② 청원경찰은 근무 중에는 항상 신분증명서를 휴대하여야 한다. 〈개정 2013. 2. 26.〉 제20조(경비전화의 가설) ① 관할 경찰서장은 청원주의 신청에 따라 경비를 위하여 필요하다고 인정할 때에는 청원경찰이 배치된 사업장에 경비전화를 가설할 수 있다. ② 제1항에 따라 경비전화를 가설할 때에 드는 비용은 청원주가 부담한다.
	제20조의2(민감정보 및 고유식별정보의 처리) 지방경찰청장 또는 경찰서장은 다음 각 호의 사무를 수행하기 위하여 불가피한 경우 「개인정보 보호법」 제23조에 따른 건강에 관한 정보와 같은 법 시행령 제18조제2호에 따른 범죄경력자료에 해당하는 정보, 같은 영 제19조제1호 또는 제4호에 따른 주민등록번호 또는 외국인등록번호가 포함된 자료를 처리할 수 있다.	

청원경찰법	청원경찰법 시행령	청원경찰법 시행규칙
	1. 법 및 이 영에 따른 청원경찰의 임용, 배치 등 인사권리에 관한 사무 2. 법 제8조에 따른 청원경찰의 제복 착용 및 무기 휴대에 관한 사무 3. 법 제9조의3에 따른 청원주에 대한 지도 · 감독에 관한 사무 4. 제1호부터 제3호까지의 규정에 따른 사무를 수행하기 위하여 필요한 사무 [본조신설 2012. 1. 6.]	제17조(문서와 장부의 비치) ① 청원주는 다음 각 호의 문서와 장부를 갖춰 두어야 한다. 1. 청원경찰 명부 2. 근무일지 3. 근무 상황카드 4. 경비구역 배치도 5. 순찰표철 6. 무기 · 탄약 출납부 7. 무기장비 운영카드

청원경찰법	청원경찰법 시행령	청원경찰법 시행규칙
		8. 봉급지급 조서철 9. 신분증명서 발급대장 10. 징계 관계철 11. 교육훈련 실시부 12. 청원경찰 직무교육계획서 13. 급여품 및 대여품 대장 14. 그 밖에 청원경찰의 운영에 필요한 문서와 장부 ② 관할 경찰서장은 다음 각 호의 문서와 장부를 갖추어 두어야 한다. 1. 청원경찰 명부 2. 감독 순시부 3. 전출입 관계철 4. 교육훈련 실시부 5. 무기·탄약 대여대장 6. 징계요구서철 7. 그 밖에 청원경찰의 운영에 필요한 문서와 장부

청원경찰법	청원경찰법 시행령	청원경찰법 시행규칙
		③ 지방경찰청장은 다음 각 호의 문서와 장부를 갖춰 두어야 한다. 1. 배치 결정 관계철 2. 청원경찰 임용승인 관계철 3. 전출입 관계철 4. 그 밖에 청원경찰의 운영에 필요한 문서와 장부 ④ 제1항부터 제3항까지의 규정에 따른 문서와 장부의 서식은 경찰관서에서 사용하는 서식을 준용한다.
		제20조의3(구제의 재검토) 경찰청장은 제8조에 따른 청원경찰의 징계에 대하여 2014년 1월 1일을 기준으로 3년마다(매 3년이 되는 해의 1월 1일 전까지를 말한다) 그 타당성을 검토하여 개선 등의 조치를 하여야 한다. [본조신설 2013. 12. 30.]

4장   요약정리 및 기출문제

요약정리[23]

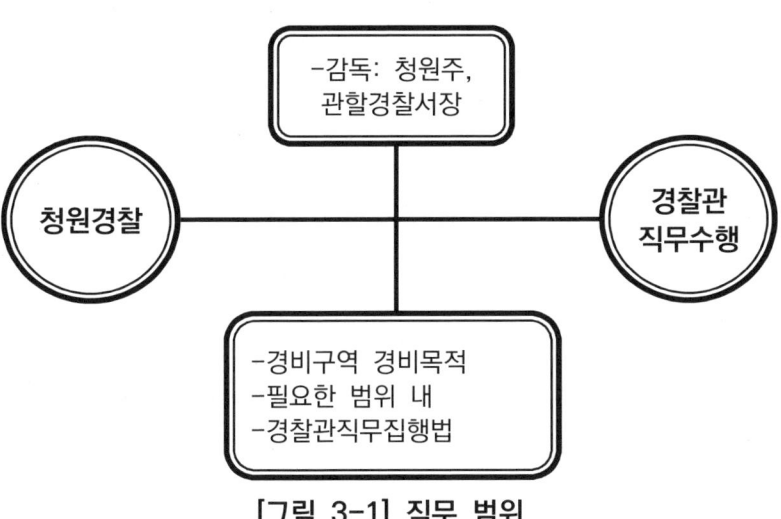

[그림 3-1] 직무 범위

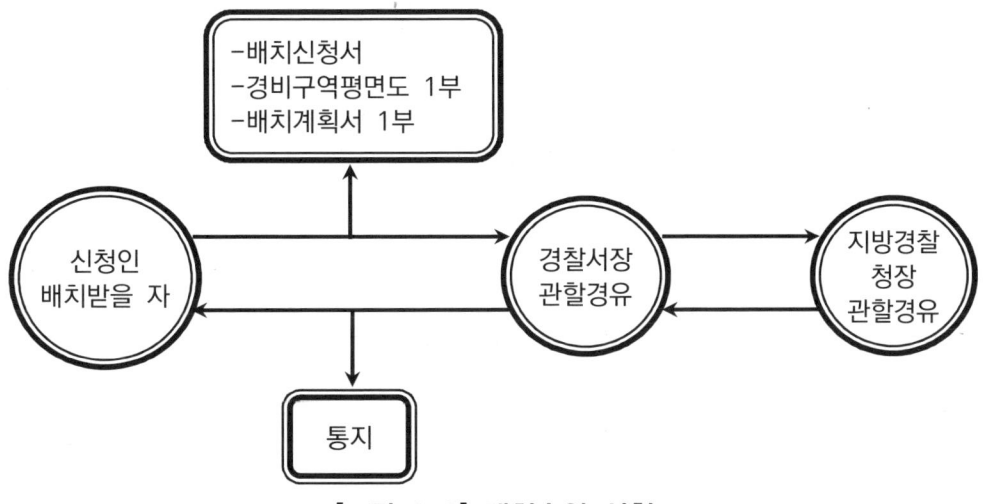

[그림 3-2] 배치승인 신청

---

23) 법제처: moleg.go.kr/main.html(2020). 재구성

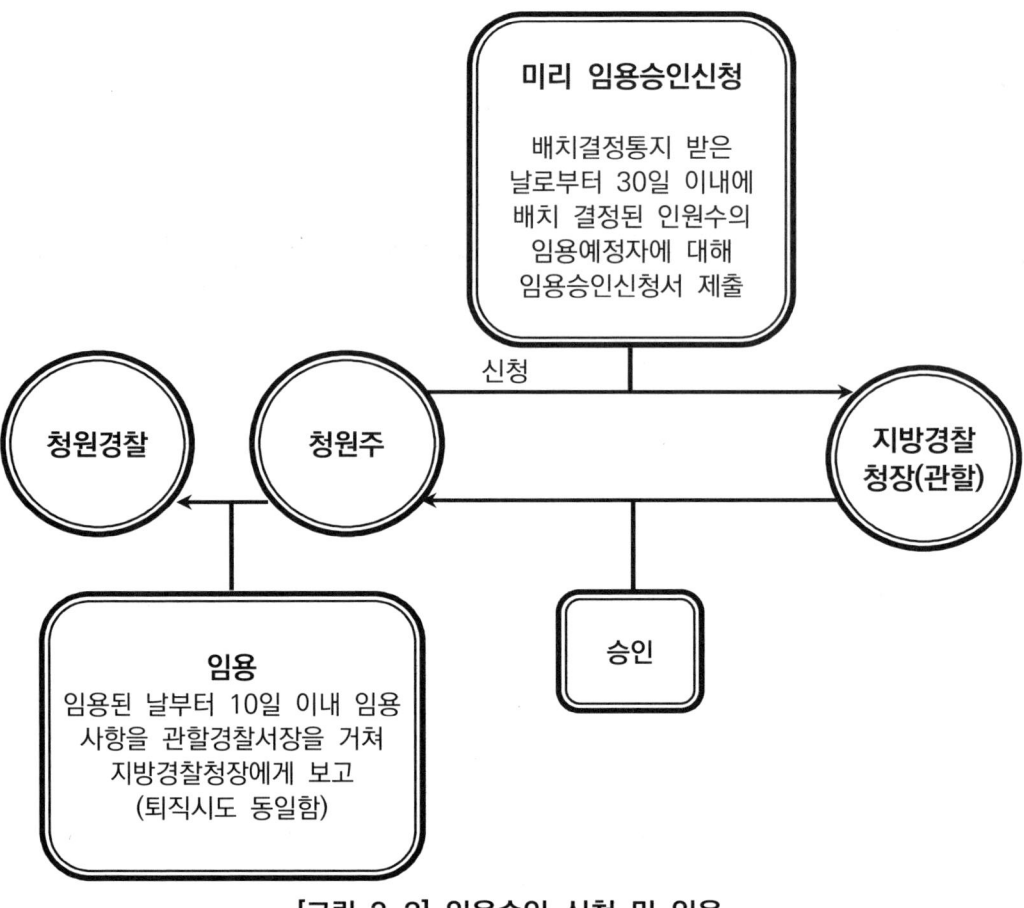

[그림 3-3] 임용승인 신청 및 임용

청원경찰 대여품 표(제12조 관련)	
품 명	수 량
허 리 띠	1
경 찰 봉	1
가 슴 표 장	1
분 사 기	1
포 승	1

청원 경찰교육 과목 및 시간표		
학과별	과목		시간
정신교육	정신교육		8
학술교육	형사법		10
	청원경찰법		5
실무교육	경무	경찰관직무집행법	5
	방범	방범업무	3
		경범죄처벌법	2
	경비	시설경비	6
		소방	4
	정보	대공이론	2
		불심검문	2
	민방위	민방공	3
		화생방	2
	기본훈련		5
	총기조작		2
	총검술		2
	사격		6
술과	체포술 및 호신술		6
기타	입교·수료 및 평가		3
합계			76

품명	수량	사용기간	정기지급일
근무복(하복)	1	1년	5월 5일
근무복(동복)	1	1년	9월 25일
성하복	1	1년	6월 5일
외투·방한복 또는 점퍼	1	2~3년	9월 25일
기동화 또는 단화	1	단화 1년 기동화 2년	9월 25일
비옷	1	3년	5월 5일
정모	1	3년	9월 25일
기동모	1	3년	필요할 때
기동복	1	2년	필요할 때
방한화	1	2년	9월 25일
장갑	1	2년	9월 25일
호루라기	1	2년	9월 25일

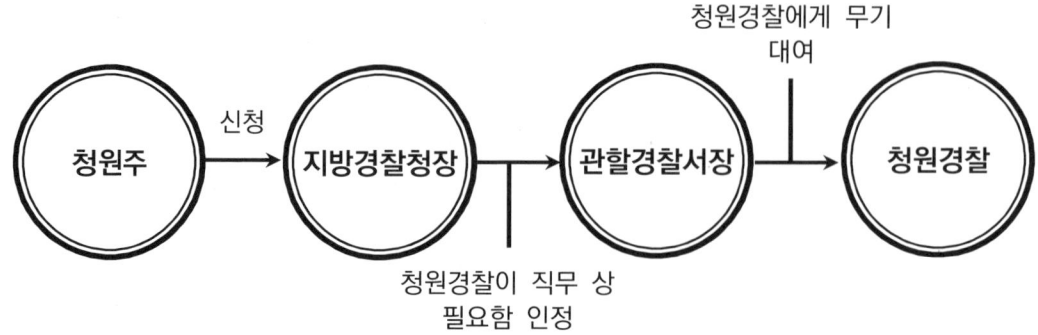

[그림 3-4] 무기 휴대

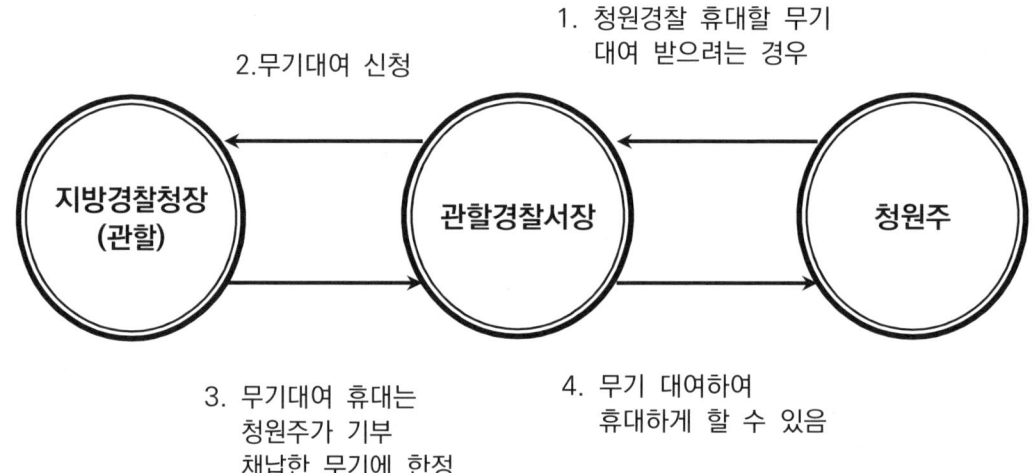

[그림 3-5] 무기 대여 신청

기동복의 제식	
앞면	뒷면
(그림: 계급장, 가슴휘장, 어깨휘장 표시)	(그림: 뒷면)
상의	하의
○ 노타이(no tie) 식, 가슴받이를 붙이고 긴소매, 앞면 중앙에 플라스틱 단추(소) 6개 ○ 흉부 좌우에 겉붙임 뚜껑주머니 및 플라스틱 단추(소) ○ 어깨·가슴에 휘장(좌측)	○ 긴바지 ○ 앞면 좌우측에 겉붙임 옆주머니 ○ 뒷면 좌우 둔부에 겉붙임주머니 및 단추 ※ 그 밖의 사항은 「경찰복제에 관한 규칙」에 따른 제식에 따른다.

표장	
모자 표장	가슴 표장
(그림: 독수리와 무궁화)	(그림: 청원경찰 방패형 표장, 번호)
○ 색상 및 재질: 금색 금속지	

휘장	
어깨휘장(좌측)	가슴휘장(좌측)
(반원형 "청원경찰" 휘장 이미지)	(직사각형 "청원경찰" 휘장 이미지)
○ 너비 2cm, 바깥지름 10cm의 반원형 ○ 바탕색: 상의 색상과 동일 ○ 글자(청원경찰)색: 바탕이 밝은 색일 경우 검은색, 바탕이 어두운 색일 경우 흰색 ○ 글씨의 굵기는 2mm, 크기는 한 글자 기준으로 가로 1.7cm, 세로 1.9cm ○ 모든 제복 왼쪽 어깨에 부착	○ 가로 10cm, 세로 6.5cm ○ 흰색 바탕에 글자(청원경찰)는 검은색 ○ 글씨의 굵기는 4mm, 크기는 한 글자 기준으로 가로 2cm, 세로 5.5cm ○ 기동복, 점퍼, 비옷, 방한복 및 외투 왼쪽 가슴에 부착

계급장				
조원(신임)	조원 (8년 이상 근속)	조장	반장	대장
(무궁화 잎 2개)	(무궁화 잎 3개)	(무궁화 잎 4개)	(무궁화 꽃 1개)	(무궁화 꽃 3개)

○ 색상 및 재질: 금색 금속지

	넥타이 핀
	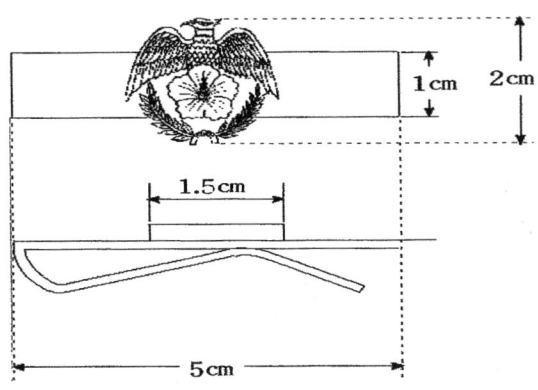
	○ 색상 및 재질: 은색 금속지

	단추

	색상 및 재질: 은색 금속지

부속물 위치	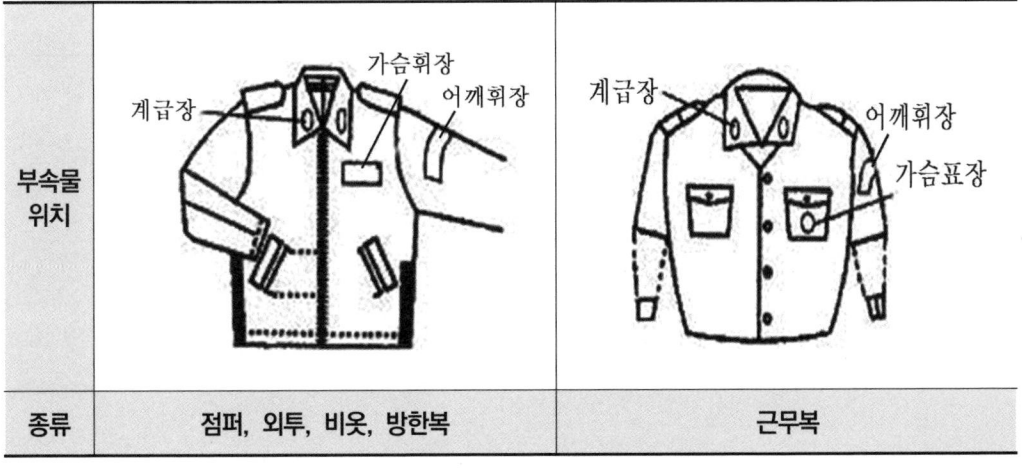	
종류	점퍼, 외투, 비옷, 방한복	근무복

과태료의 부과기준(제21조제1항 관련)		
위반행위	해당 법조문	과태료 금액
1. 법 제4조제2항에 따른 지방경찰청장의 배치 결정을 받지 않고 다음 각 목의 시설에 청원경찰을 배치한 경우 　가. 국가 중요 시설(국가정보원장이 지정하는 국가보안 목표시설을 말한다)인 경우 　나. 가목에 따른 국가 중요 시설 외의 시설인 경우	법 제12조제1항제1호	 500만원 400만원
2. 법 제5조제1항에 따른 지방경찰청장의 승인을 받지 않고 다음 각 목의 청원경찰을 임용한 경우 　가. 법 제5조제2항에 따른 임용 결격사유에 해당하는 청원경찰 　나. 법 제5조제2항에 따른 임용 결격사유에 해당하지 않고 청원경찰	법 제12조제1항제1호	 500만원 300만원
3. 정당한 사유 없이 법 제6조제3항에 따라 경찰청장이 고시한 최저부담기준액 이상의 보수를 지급하지 않은 경우	법 제12조제1항제2호	500만원
4. 법 제9조의3제2항에 따른 지방경찰청장의 감독상 필요한 다음 각 목의 명령을 정당한 사유 없이 이행하지 않은 경우 　가. 총기·실탄 및 분사기에 관한 명령 　나. 가목에 따른 명령 외의 명령	법 제12조제1항제3호	 500만원 300만원

청원경찰 문서와 장부 비치		
청원주	관할경찰서장	지방경찰청장
1. 청원경찰 명부 2. 근무일지 3. 근무 상황카드 4. 경비구역 배치도 5. 순찰표철 6. 무기·탄약 출납부 7. 무기장비 운영카드 8. 봉급지급 조서철 9. 신분증명서 발급대장 10. 징계 관계철 11. 교육훈련 실시부 12. 청원경찰 직무교육계획서 13. 급여품 및 대여품 대장	1. 청원경찰 명부 2. 감독 순시부 3. 전출입 관계철 4. 교육훈련 실시부 5. 무기·탄약 대여대장 6. 징계요구서철	1. 배치 결정 관계철 2. 청원경찰 임용승인 관계철 3. 전출입 관계철
14. 그 밖에 청원경찰의 운영에 필요한 문서와 장부	7. 그 밖에 청원경찰의 운영에 필요한 문서와 장부	4. 그 밖에 청원경찰의 운영에 필요한 문서와 장부

기출문제

1. 청원경찰의 무기휴대 및 관리수칙에 관한 내용 중 틀린 것은?
   ① 청원주가 청원경찰이 휴대할 무기를 대여 받고자 할 때에는 관할경찰서장을 거쳐 경찰청장에게 무기대여 신청을 하여야 한다.
   ② 청원주가 무기를 대여할 때에는 관할경찰서장은 청원경찰의 무기관리 상황을 수시 점검해야 한다.
   ③ 청원주는 경찰청장이 정하는 바에 의하여 매월 무기 및 탄약의 관리실태를 파악하여 다음달 3일까지 관할경찰서장에게 통보한다.
   ④ 청원주는 무기 및 탄약의 관리를 위하여 관리책임자를 지정하고 관할경찰서장에게 이를 통보해야 한다.

2. 청원경찰의 징계사유가 아닌 것은?
   ① 법령의 규정 또는 명령에 위반한 때
   ② 직무상의 의무에 위반하거나 직무를 태만히 한때
   ③ 지방경찰청장으로부터 징계요청을 받은 때
   ④ 품위를 손상하는 행위를 한때

3. 다음 설명 중 내용이 잘못된 것은?
   ① 청원경찰이 형법 또는 기타법령에 의한 벌칙의 적용을 받을 때에는 공무원으로 본다.
   ② 청원경찰이 경찰관직무집행법에 의한 직무를 행할 때는 경비목적을 위하여 필요한 최소한 도내에 그쳐야 한다.
   ③ 청원경찰은 수사활동 등 사법 경찰관의 직무를 행하여서는 안된다.
   ④ 청원경찰이 직무 중 직권을 남용했을 경우에는 1년 이하의 징역에 처한다.

4. 청원경찰이 국가공무원법 집단행위의 금지의 규정에 위반 하였을 때의 벌칙 내용으로 맞는 것은?
   ① 2년이하의 징역 또는 300만원이하의 벌금에 처한다.
   ② 2년이하의 징역 또는 200만원이하의 벌금에 처한다.
   ③ 1년이하의 징역 또는 100만원이하의 벌금에 처한다.
   ④ 1년이하의 징역 또는 200만원이하의 벌금에 처한다.

5. 청원주는 청원경찰에 대하여 특정한 자에게는 무기와 탄약을 지급하지 않고 지급한 무기와 탄약을 회수하여야 하는 대상이 아닌 사람은?
   ① 직무상 사고로 징계대상이 된자
   ② 민사사건으로 인하여 조사대상이 된자
   ③ 변태적 성벽(性癖)이 있는 사람
   ④ 주벽(酒癖)이 심한 사람

6. 다음의 보기에서 빈칸( )에 정확한 숫자로 맞게 연결된 것은?

   > 권총의 탄약은 1정당 (㉠)발 이내, 소총의 탄약은 1정당 (㉡)발 이내로 출납하여야 한다. 이 경우 생산된 후 오래된 탄약을 우선 하여 출납하여야 한다.

   ① ㉠7   ㉡15
   ② ㉠6   ㉡16
   ③ ㉠6   ㉡15
   ④ ㉠7   ㉡20

7. 청원경찰을 배치한 ㉠청원주와 ㉡관할 경찰서장이 갖추어야 할 문서와 장부로 알맞지 않은 것은?
   ① ㉠경비구역 배치도   ㉡경비구역 배치도
   ② ㉠징계 관계철   ㉡징계요구서철
   ③ ㉠무기·탄약 출납부   ㉡무기·탄약 대장
   ④ ㉠청원경찰 명부   ㉡청원경찰 명부

8. 청원경찰의 봉급 및 제수당의 지급규정으로 맞는 것은?
   ① 경찰청장이 고시한 최저 부담기준액 이상
   ② 경찰청장이 고시한 최고 부담기준액 이상
   ③ 관할경찰서장이 고시한 최저 부담기준액 이하
   ④ 관할경찰서장이 고시한 최저 부담기준액 이상

9. 청원경찰의 교육과목과 수업시간이 맞지 않은 것은?
   ① 시설경비-6시간
   ② 화생방 - 2시간
   ③ 체포술 및 호신술 - 6시간
   ④ 형사법 - 8시간

10. 청원경찰의 설명이 바르지 못한 것은?
    ① 청원경찰이란 청원주가 소요경비를 부담할 것을 조건으로 경찰의 배치를 신청하는 경우에 배치하는 경찰을 말한다.
    ② 국가기관 또는 공공단체와 그 관리 하에 있는 중요시설 또는 사업장이 청원경찰배치장소이다.
    ③ 청원경찰은 청원주의 지시와 감독을 받아 경비구역 내에서만 경찰관의 직무를 행한다.
    ④ 청원경찰은 그 경비구역 내에서는 경찰관 직무집행법에 의한 직무를 행한다.

11. 청원경찰 본인 또는 그 유족에게 보상금을 지급하지 않아도 되는 것은?
   ① 직무상의 부상으로 인하여 퇴직 후 3년 이내 사망한 경우
   ② 직무상의 부상·질병으로 인하여 퇴직한 경우
   ③ 직무수행으로 질병에 걸리거나 사망한 경우
   ④ 직무수행으로 인하여 부상을 입은 경우

12. 다음의 보기에서 빈칸(   )에 정확한 숫자로 맞게 연결된 것은?

   > 청원경찰의 신임교육은 경찰교육기관에서 (㉠)주 동안 (㉡)시간의 교육과 경비시설물 또는 경비지역내에 배치되어 매월 (㉢)시간씩 직무교육을 받도록 하고 있다.

   ① ㉠2 ㉡76 ㉢4
   ② ㉠3 ㉡80 ㉢6
   ③ ㉠4 ㉡88 ㉢8
   ④ ㉠1 ㉡44 ㉢3

13. 다음의 보기와 같은 경우에서 청원경찰은 어떤 퇴직에 해당되는가?

   > A은행의 청원주가 경제난으로 인해 더 이상 청원경찰을 운영하기 힘이 든다고 판단, 경찰관서의 장에게 알려 청원경찰의 배치를 폐지하였다.

   ① 권고퇴직   ② 당연퇴직
   ③ 합의퇴직   ④ 강제퇴직

14. 청원경찰의 징계에 관한 내용으로 옳은 것은?
   ① 정직은 1개월 이상 3개월 이하로 하고, 그 기간 보수의 3분의 1을 줄인다.
   ② 감봉은 1개월 이상 3개월 이하로 하고, 그 기간 보수의 3분의 2을 줄인다.
   ③ 견책은 전과(前過)에 대하여 훈계하고, 시말서를 제출하게 한다.
   ④ 청원주는 배치결정을 통지받을 날로부터 15일 이내에 징계규정을 제정해 신고해하여야 한다.

15. 청원주가 청원경찰을 임용 시와 퇴직 시는 며칠 이내에 지방경찰청장에게 보고해야 하는가?
    ① 10일이내
    ② 15일이내
    ③ 30일이내
    ④ 60일이내

16. 청원주가 부담해야 할 경비에 포함되지 않은 것은?
    ① 청원경찰에게 지급할 봉급과 재수당
    ② 청원경찰의 피복비
    ③ 청원경찰의 교육비
    ④ 청원경찰의 식비

17. 청원경찰의 배치장소가 아닌 곳은?
    ① 국영기업체
    ② 선박, 항공기 등 수송시설
    ③ 국가공공기관
    ④ 군대의 관리 하에 있는 특수 군사시설

18. 청원경찰법이 제정된 시기는?
    ① 1976년 11월 21일
    ② 1973년 12월 31일
    ③ 1962년 4월 3일
    ④ 1961년 11월 30일

19. 청원경찰법에 관한 설명으로 옳은 것은?
  ① 관할경찰서장은 매월 1회 이상 청원경찰이 배치된 현장에 임하여 복무규율준수 및 근무상황, 무기관리 및 취급사항을 감독하여야 한다.
  ② 청원경찰의 자격요건은 18세이상 50세미만의 남자이다.
  ③ 청원경찰의 배치를 받고자하는 자는 청원주를 거쳐 경찰서장에게 신청하여야하고, 승인을 받으면 청원경찰로 임용된다.
  ④ 청원경찰인 자가 주벽이 심하다고 해서 무기·탄약 지급의 제한을 받지는 않는다.

20. 청원경찰에 대한 설명으로 옳은 것은?
  ① 청원주는 청원경찰이 징계사유에 해당한때 대통령령으로 정하는 징계절차를 거쳐 징계처분 하여야 한다.
  ② 청원경찰을 감독할 수 있는 자는 지방경찰청장, 경찰서장, 청원주이다.
  ③ 청원경찰에 대한 징계의 종류에는 파면, 감봉, 견책의 3종류가 있다.
  ④ 징계중 감봉은 1월이상 3월이하며 봉급의 3분의 2를 감하도록 되어 있다.

청원경찰법 정답										
1	①	2	③	3	④	4	④	5	②
6	①	7	①	8	①	9	④	10	③
11	①	12	①	13	②	14	④	15	①
16	④	17	④	18	③	19	①	20	①

제4부

대통령 등의 경호에 관한 법률

1장 대통령 등의 경호에 관한 법률 목적 및 정의
2장 대통령 등의 경호에 관한 법률 제·개정
3장 대통령 등의 경호에 관한 법률 2단 비교표
4장 요약정리

제4부
대통령 등의 경호에 관한 법률[24]

핵심 경호경비 관련법

1장 대통령 등의 경호에 관한 법률 목적 및 정의

1. 목적

대통령 등의 경호에 관한 법률은 대통령 등에 대한 경호를 효율적으로 수행하기 위하여 경호의 조직·직무범위와 그 밖에 필요한 사항을 규정함을 목적으로 한다.

2. 정의

"경호"란 경호 대상자의 생명과 재산을 보호하기 위하여 신체에 가하여지는 위해(危害)를 방지하거나 제거하고, 특정 지역을 경계·순찰 및 방비하는 등의 모든 안전 활동을 말한다. 여지는 위해(危害)를 방지하거나 제거하고, 특정 지역을 경계·순찰 및 방비하는 등의 모든 안전 활동을 말하며, "경호구역"이란 소속공무원과 관계기관의 공무원으로서 경호업무를 지원하는 사람이 경호활동을 할 수 있는 구역을 말한다.

"소속공무원"이란 대통령경호처(이하 "경호처"라 한다) 직원과 경호처에 파견된 사람을 말한다. "관계기관"이란 경호처가 경호업무를 수행함에 있어 필요한 지원과 협조를 요청하는 국가기관, 지방자치단체 등을 말한다.

---

[24] 법제처: moleg.go.kr/main.html(2020). 재구성

2장 대통령 등의 경호에 관한 법률 제·개정

　대통령 등의 경호에 관한 법률은 1963년 12월 14일 대통령경호실법, 법률 제1507호로 제정되었다. 제정의 이유는 대통령의 경호를 담당하기 위하여 대통령경호실을 설치하려는 것이며, 현재까지 총14차에 걸쳐 제·개정 되었다. 주요 제·개정 연혁을 살펴보면 아래와 같다.

대통령경호실법 [시행 1963.12.17.] [법률 제1507호, 1963.12.14. 제정]
대통령의 경호를 담당하기 위하여 대통령경호실을 설치하려는 것임.

대통령경호실법 [시행 1981.1.29.] [법률 제3358호, 1981.1.29. 일부개정]
경호업무의 효율적 수행을 위하여 전직대통령과 그 가족에 대한 호위를 제도화하고, 대통령경호실장 및 경호실직원중 일부를 현역군인으로 보할 수 있는 법적 근거를 마련하려는 것임.

대통령경호실법 [시행 2000.1.1.] [법률 제6087호, 1999.12.31. 일부개정]
경호업무의 특수성을 반영하고 전문성을 향상시키며 조직의 안정을 도모하기 위하여 대통령경호실소속 경호공무원의 신분을 별정직국가공무원에서 특정직국가공무원으로 전환하고, 이에 따른 자격·임용·정년·징계등에 관하여 국가공무원법에 대한 특례를 정하며, 직원이 경호업무수행 또는 그와 관련하여 상이를 입거나 사망한 경우의 보상에 관하여 규정하는 한편, 현행 규정의 운영상 나타난 일부 미비점을 개선·보완하려는 것임.

대통령경호실법 [시행 2005.3.10.] [법률 제7388호, 2005.3.10. 일부개정]
정무직공무원은 반드시 법률에 근거를 두도록 정부조직법 제8조가 개정(법률 제7186호, 2004. 3. 11. 공포·시행)됨에 따라 경호실 차장에 대한 정무직공무원의 배치근거를 마련하고, 일반직공무원을 경호실에 배치할 수 있게 하며, 대통령령에 의하여 설치되어 있던 대통령경호안전대책위원회의 설치근거를 법률에 직접 규정하려는 것임.

대통령경호실법 [시행 2008.2.29.] [법률 제8857호, 2008.2.29. 일부개정]

정부의 인사관리 기능과 조직관리 기능을 연계하여 정책의 일관성을 확보하기 위하여 「정부조직법」이 개정됨에 따라 중앙인사관장기관을 행정안전부로 변경하고, 중앙인사위원회의 설치근거를 삭제하는 한편, 행정안전부에 고위공무원임용심사위원회를 설치하여 고위공무원단에 속하는 공무원의 채용과 고위공무원단 직위로의 승진임용 및 고위공무원으로서 적격 여부를 심사하도록 하는 등 관련 규정을 정비하려는 것임.

대통령경호실법 [시행 2008.2.29.] [법률 제8872호, 2008.2.29. 일부개정]

국제적으로 테러가 증가하고 있고 국가 주요인사에 대한 위해의 우려가 증대하고 있는 현실에 비추어 「대통령경호실법」의 명칭을 「대통령 및 국가요인의 경호 등에 관한 법률」로 변경하여 대통령 및 국가요인에 대하여 체계적이고 전문적인 경호를 제공함으로써 국가의 안정적인 발전을 기하는 한편, 대통령 및 국가요인의 경호를 효율적으로 수행하도록 하기 위하여 대통령실장 소속으로 경호처를 설치하고, 처장은 정무직(차관급)으로, 차장은 1급(경호공무원 또는 고위공무원단에 속하는 별정직국가공무원)으로 보하도록 하려는 것임.

대통령경호실법 [시행 2010.3.12.] [법률 제10060호, 2010.3.12. 일부개정]

현행법은 전직대통령에 대해 퇴임 후 7년간, 대통령이 임기만료 전에 퇴임한 경우와 재직 중 또는 퇴임 후 사망한 경우의 경호기간은 그로부터 2년간 대통령실 경호처에서 경호를 제공하도록 하고 있으나, 전직대통령과 유족에 대한 경호 제공기간은 재임 당시 취득한 국가기밀의 유효기간, 재임 시의 통치행위에 따른 다양한 이해관계자들의 존재, 대통령의 임기, 그리고 전직대통령 예우에 대한 국민적 정서 등을 고려하여 퇴임 후 10년간, 대통령이 임기만료 전에 퇴임한 경우와 재직 중 또는 퇴임 후 사망한 경우에는 그로부터 5년간 경호처 경호를 제공하도록 함한편, 전직대통령이 퇴임 후 사망한 경우 유족에 대한 경호는 퇴임일부터 기산하여 2년 동안만 제공하도록 되어 있어 퇴임 후 2년이 임박하거나 경과한 후에 전직대통령이 사망하면 곧바로 경호처 경호가 중단되는 등 문제가 있고 유족에 대한 예우에도 소홀한 측면이 있으므로, 대통령 퇴임일 후 10년을 넘지 아니하는 범위에서 사망일부터 5년 동안 유족에 대한 경호를 제공하도록 하려는 것임.

대통령경호실법 [시행 2011.4.28.] [법률 제10603호, 2011.4.28. 일부개정]

법 문장을 원칙적으로 한글로 적고, 어려운 용어를 쉬운 용어로 바꾸며, 길고 복잡한 문장은 체계 등을 정비하여 간결하게 하는 등 국민이 법 문장을 이해하기 쉽게 정비하려는 것임.

대통령경호실법 [시행 2012.2.2.] [법률 제11296호, 2012.2.2. 일부개정]

현재 경호처장이 경호구역을 지정할 때 대통령실장의 사전승인을 받게 되어 있으나 경호업무의 특수성과 시간적인 제약 등을 고려하여 대통령실장이 사전에 승인을 받도록 한 경우 외에는 경호처장이 직권으로 경호구역을 지정할 수 있도록 하고, 다자간 정상회의에 참석하는 외국 국가원수 등의 신변 보호와 행사장의 안전관리 등을 위하여 대통령 소속으로 관계 기관 공무원 등으로 구성된 경호·안전 대책기구를 둘 수 있는 근거를 마련하는 한편, 전직 대통령의 경호를 담당하거나 전문·특수 분야에 근무하는 경호공무원의 경우 경호처장의 추천을 받아 대통령실장이 3년의 범위에서 그 정년을 연장할 수 있도록 함으로써 경호 활동의 연속성과 전문성을 보장하려는 것임.

대통령경호실법 [시행 2012.7.1.] [법률 제11042호, 2011.9.15. 타법개정]

보훈(報勳)대상 중 국민으로부터 존경과 예우를 받아야 할 사람은 국가유공자로, 단순 사고·질환자로서 보상이 필요한 사람은 보훈보상대상자로 구분하여 예우 및 지원을 하는 내용으로 보훈보상체계를 개편하기 위하여 보훈보상대상자 제도를 신설하고, 국가의 수호·안전보장 또는 국민의 생명·재산보호와 직접 관련이 없는 보훈보상대상자의 희생에 대해서는 국가유공자와 구분되는 보훈보상을 하려는 것임.

대통령경호실법 [시행 2013.3.23.] [법률 제11689호, 2013.3.23. 일부개정]

대통령 등에 대한 경호를 효율적으로 수행할 수 있도록 대통령경호실을 신설하는 내용으로 「정부조직법」이 개정되는 것에 맞추어 관련 규정을 정비하려는 것임.

대통령경호실법 [시행 2013.8.13.] [법률 제12044호, 2013.8.13. 일부개정]

대통령경호실의 경호대상에서 전직 대통령의 자녀를 제외하고, 일정한 사유로 전직 대통령 또는 그 배우자의 요청이 있는 경우 경호기간을 연장할 수 있도록 하며, 다른 공무원과의 형평성을 고려하여 경호공무원의 정년을 합리적으로 조정하려는 것임.

대통령경호실법 [시행 2013.12.12.] [법률 제11530호, 2012.12.11. 타법개정]

공직사회의 통합을 도모하고 합리적이고 효율적인 인사행정 체계를 구축하기 위하여 6개로 세분화된 공무원의 구분 체계에서 기능직과 계약직을 폐지하여 업무성격 중심의 4개의 구분 체계로 단순화하고, 일정기간 전문지식이나 기술이 요구되는 업무 분야 등에는 근무기간을 정하여 공무원을 임용할 수 있도록 하되, 근무기간 동안 신분이 보장되도록 하여 우수한 인재를 확보할 수 있도록 하는 한편, 실비(實費) 변상 등을 부정한 방법으로 수령한 사람에 대하여 부정수령 금액에 일정 금액을 가산하여 징수할 수 있는 근거를 마련하는 등 현행 제도의 운영상 나타난 일부 미비점을 개선·보완하려는 것임.

대통령경호실법 [시행 2017.7.26.] [법률 제14839호, 2017.7.26. 타법개정]

중소기업 육성과 과학기술 융합을 기반으로 미래 성장동력 확충과 일자리 창출 등 경제활성화를 뒷받침할 수 있도록 정부 조직체계를 재설계하고, 안전·재난 분야의 유기적 연계와 현장 기관의 전문 역량을 강화하기 위하여 국가 안전관리 체계를 재조정하는 한편, 통상행정 분야를 효율화하고, 국가보훈 및 대통령 경호 시스템을 환경변화에 맞게 조정하는 등 국민들의 요구에 신속하게 반응하는 열린 민주 정부를 구현할 수 있도록 정부기능을 재배치하려는 것임. 대통령 경호수행 체계를 합리화하기 위하여 대통령경호실(장관급)을 대통령경호처(차관급)로 개편함.

3장 대통령 등의 경호에 관한 법률(법률, 시행령)[25]

대통령 등의 경호에 관한 법률 [법률 제14839호, 2017. 7. 26., 타법개정]	대통령 등의 경호에 관한 법률 시행령 [대통령령 제30139호, 2019. 10. 22., 일부개정]
제1조(목적) 이 법은 대통령 등에 대한 경호를 효율적으로 수행하기 위하여 경호의 조직·직무범위와 그 밖에 필요한 사항을 규정함을 목적으로 한다. 〈개정 2008. 2. 29.〉 [전문개정 2005. 3. 10.] 제2조(정의) 이 법에서 사용하는 용어의 뜻은 다음과 같다. 〈개정 2012. 2. 2., 2013. 3. 23., 2017. 7. 26.〉 1. "경호"란 경호 대상자의 생명과 재산을 보호하기 위하여 신체에 가하여지는 위해(危害)를 방지하거나 제거하고, 특정 지역을 경계·순찰 및 방비하는 등의 모든 안전 활동을 말한다. 2. "경호구역"이란 소속공무원과 관계기관의 공무원으로서 경호업무를 지원하는 사람이 경호활동을 할 수 있는 구역을 말한다. 3. "소속공무원"이란 대통령경호처(이하 "경호처"라 한다) 직원과 경호처에 파견된 사람을 말한다.	

25) 법제처: moleg.go.kr/main.html(2020). 재구성

대통령 등의 경호에 관한 법률 [법률 제14839호, 2017. 7. 26., 타법개정]	대통령 등의 경호에 관한 법률 시행령 [대통령령 제30139호, 2019. 10. 22., 일부개정]
4. "관계기관"이란 경호처가 경호업무를 수행함에 있어 필요한 지원과 협조를 요청하는 국가기관, 지방자치단체 등을 말한다. [전문개정 2011. 4. 28.]	
제3조(대통령경호처장 등) ① 대통령경호처장(이하 "처장"이라 한다)은 대통령이 임명하고, 경호처의 업무를 총괄하며 소속공무원을 지휘·감독한다. 〈개정 2017. 7. 26.〉 ② 경호처에 차장 1명을 둔다. 〈개정 2017. 7. 26.〉 ③ 차장은 1급 경호공무원 또는 고위공무원단에 속하는 별정직 국가공무원으로 보하며, 처장을 보좌한다. 〈개정 2017. 7. 26.〉 [전문개정 2013. 3. 23.] [제목개정 2017. 7. 26.]	제2조(가족의 범위) 「대통령 등의 경호에 관한 법률」(이하 "법"이라 한다) 제4조제1항제1호 및 제2호에 따른 가족은 대통령 및 대통령 당선인의 배우자와 직계존비속으로 한다. [전문개정 2013. 8. 20.]
제4조(경호대상) ① 경호처의 경호대상은 다음과 같다. 〈개정 2013. 3. 23., 2013. 8. 13., 2017. 7. 26.〉 1. 대통령과 그 가족 2. 대통령 당선인과 그 가족 3. 본인의 의사에 반하지 아니하는 경우에 한정하여 퇴임 후 10년 이내의 전직 대통령과 그 배우자. 다만, 대통령이 임기 만료 전에 퇴임한 경우와 재직 중 사망한 경우의 경호 기간은	제3조(전직대통령 등의 경호) 법 제4조제1항제3호에 따라 전직대통령 또는 그 배우자의 경호에는 다음 각 호의 조치를 포함한다. 〈개정

대통령 등의 경호에 관한 법률 [법률 제14839호, 2017. 7. 26., 타법개정]	대통령 등의 경호에 관한 법률 시행령 [대통령령 제30139호, 2019. 10. 22., 일부개정]
그로부터 5년으로 하고, 퇴임 후 사망한 경우의 경호 기간은 퇴임일부터 기산(起算)하여 10년을 넘지 아니하는 범위에서 사망 후 5년으로 한다. 4. 대통령권한대행과 그 배우자 5. 대한민국을 방문하는 외국의 국가 원수 또는 행정수반(行政首班)과 그 배우자 6. 그 밖에 처장이 경호가 필요하다고 인정하는 국내외 요인(要人)	2012. 5. 1., 2013. 3. 23., 2013. 8. 20., 2017. 7. 26.〉 1. 경호안전상 별도주거지 제공(별도주거지는 본인이 마련할 수 있다) 2. 현거주지 및 별도주거지에 경호를 위한 인원의 배치, 필요한 경호의 담당 3. 요청이 있는 경우 대통령전용기, 헬리콥터 및 차량 등 기동수단의 지원 4. 그 밖에 대통령경호처장(이하 "처장"이라 한다)이 관계기관과 협의하여 정한 사항[본조신설 1984. 2. 7.] [제2조의2에서 이동, 종전 제4조는 제4조로 이동 〈2005. 6. 30.〉] [제목개정 2005. 6. 30.]
제5조(경호구역의 지정 등) ① 처장은 경호업무의 수행에 필요하다고 판단되는 경우 경호구역을 지정할 수 있다. 〈개정 2012. 2. 2., 2013. 3. 23., 2017. 7. 26.〉 ② 제1항에 따른 경호구역의 지정은 경호 목적 달성을 위한 최소한의 범위로 한정되어야 한다. ③ 소속공무원과 관계기관의 공무원으로서 경호업무를 지원하는 사	제4조(경호구역) ① 법 제5조제1항에 따른 대통령경호처(이하 "경호처"라 한다)의 경호구역 중 대통령집무실ㆍ대통령관저 등은 내곽구역과 외곽구역으로 나누며, 그 범위는 부도(附圖)와 같다. 〈개정 2013. 8. 20., 2017. 7. 26.〉 ② 제1항에 따른 대통령집무실ㆍ대통령관저 등을 제외한 각종 행사장ㆍ유숙지 등에 대한 경호구역은 행사의 성격, 경호위해요소 등을

대통령 등의 경호에 관한 법률 [법률 제14839호, 2017. 7. 26., 타법개정]	대통령 등의 경호에 관한 법률 시행령 [대통령령 제30139호, 2019. 10. 22., 일부개정]
같은 경호 목적상 불가피하다고 인정되는 상당한 이유가 있는 경우에만 경호구역에서 질서유지, 교통관리, 검문·검색, 출입통제, 위험물 탐지 및 안전조치 등을 위해 방지에 필요한 안전 활동을 할 수 있다. 〈개정 2012. 2. 2.〉 ④ 삭제 〈2013. 3. 23.〉 [전문개정 2011. 4. 28.]	고려하여 처장이 지정한다. 〈개정 2012. 2. 2., 2013. 3. 23., 2017. 7. 26.〉 [전문개정 2008. 2. 29.]
제5조의2(다자간 정상회의의 경호 및 안전관리) ① 대한민국에서 개최되는 다자간 정상회의에 참석하는 외국의 국가원수 또는 행정수반과 국제기구 대표의 신변(身邊)보호 및 행사장의 안전관리 등을 효율적으로 수행하기 위하여 대통령 소속으로 경호·안전 대책기구를 둘 수 있다. ② 경호·안전 대책기구의 장은 처장이 된다. 〈개정 2013. 3. 23., 2017. 7. 26.〉 ③ 경호·안전 대책기구는 소속공무원 및 관계기관의 공무원으로 구성한다. ④ 제1항에 따른 경호·안전 대책기구의 구성시기, 구성 및 운영 절차, 그 밖에 필요한 사항은 대통령령으로 정한다.	제4조의2(경호·안전 대책기구의 구성시기 및 운영기간) ① 법 제5조의2제1항에 따른 경호·안전 대책기구(이하 "경호·안전 대책기구"라 한다)의 구성시기 및 운영기간은 다자간 정상회의의 규모, 경호 환경 등을 고려하여 처장이 정한다. 〈개정 2013. 3. 23., 2017. 7. 26.〉 ② 경호·안전 대책기구의 운영기간은 다자간 정상회의별로 1년 6개월을 초과할 수 없다. [본조신설 2012. 2. 2.] 제4조의4(국가중요시설 등에 대한 인력 배치 등) ① 법 제5조의2제5항에 따른 인력 배치 및 장비 운용은 같은 항에 따른 협의를 거

대통령 등의 경호에 관한 법률 [법률 제14839호, 2017. 7. 26., 타법개정]	대통령 등의 경호에 관한 법률 시행령 [대통령령 제30139호, 2019. 10. 22., 일부개정]
	⑤ 경호·안전 대책기구의 장은 정상회의 다자간 정상회의의 경호 및 안전관리를 위하여 필요하면 국가중요시설과 불특정 다수인이 이용하는 시설에 대한 안전관리를 위하여 필요한 인력을 배치하고 장비를 운용할 수 있다. [본조신설 2012. 2. 2.]	진 후 경호구역 내에서는 경호·안전 대책기구의 장이, 경호구역 외의 지역에서는 해당 국가중요시설 또는 불특정 다수인이 이용하는 시설의 안전관리를 담당하는 관계기관의 장이 각각 주관하여 실시한다. ② 법 제5조의2제5항에 따른 인력 배치 및 장비 운용 기간은 다자간 정상회의별로 6개월을 초과할 수 없다. [본조신설 2012. 2. 2.]
제6조(직원) ① 경호처에 특정직 국가공무원인 1급부터 9급까지의 경호공무원과 일반직 국가공무원을 둔다. 다만, 필요하다고 인정할 때에는 경호공무원의 정원 중 일부를 일반직 국가공무원 또는 별정직 국가공무원으로 보할 수 있다. 〈개정 2012. 12. 11., 2013. 3. 23., 2017. 7. 26.〉 ② 경호공무원 각 계급의 직무의 종류별 명칭은 대통령령으로 정한다. [전문개정 2011. 4. 28.]	
제7조(임용권자) ① 5급 이상 경호공무원과 5급 상당 이상 별정직 국가공무원은 처장의 제청으로 대통령이 임용한다. 다만, 전보·휴직·겸임·파견·직위해제·정직(停職) 및 복직에 관한 사항은 처장이 행한다. 〈개정 2013. 3. 23., 2017. 7. 26.〉	

대통령 등의 경호에 관한 법률 [법률 제14839호, 2017. 7. 26., 타법개정]	대통령 등의 경호에 관한 법률 시행령 [대통령령 제30139호, 2019. 10. 22., 일부개정]
② 처장은 경호공무원 및 별정직 국가공무원에 대하여 제1항 외의 모든 임용권을 가진다. 〈개정 2017. 7. 26.〉 ③ 삭제 〈2013. 3. 23.〉 ④ 고위공무원단에 속하는 별정직공무원의 신규채용에 관하여는 「국가공무원법」 제28조의6제3항을 준용한다. [전문개정 2011. 4. 28.] 제8조(직원의 임용 자격 및 결격사유) ① 경호처 직원은 신체 건강하고 사상이 건전하며 품행이 바른 사람 중에서 임용한다. 〈개정 2013. 3. 23., 2017. 7. 26.〉 ② 다음 각 호의 어느 하나에 해당하는 사람은 직원으로 임용될 수 없다. 1. 대한민국의 국적을 가지지 아니한 사람 2. 「국가공무원법」 제33조 각 호의 어느 하나에 해당하는 사람 ③ 제2항 각 호(「국가공무원법」 제33조제5호는 제외한다)의 어느 하나에 해당하는 직원은 당연히 퇴직한다. [전문개정 2011. 4. 28.]	

대통령 등의 경호에 관한 법률 [법률 제14839호, 2017. 7. 26., 타법개정]	대통령 등의 경호에 관한 법률 시행령 [대통령령 제30139호, 2019. 10. 22., 일부개정]
제9조(비밀의 엄수) ① 소속공무원[퇴직한 사람과 원(原) 소속 기관에 복귀한 사람을 포함한다. 이하 이 조에서 같다]은 직무상 알게 된 비밀을 누설하여서는 아니 된다. ② 소속공무원은 경호처의 직무와 관련된 사항을 발간하거나 그 밖의 방법으로 공표하려면 미리 처장의 허가를 받아야 한다. <개정 2013. 3. 23., 2017. 7. 26.> [전문개정 2011. 4. 28.] 제10조(직권면직) ① 임용권자는 직원(별정직 국가공무원은 제외한다. 이하 이 조에서 같다)이 다음 각 호의 어느 하나에 해당하면 직권으로 면직할 수 있다. 1. 신체적·정신적 이상으로 6개월 이상 직무를 수행하지 못할 만한 지장이 있을 때 2. 직무 수행 능력이 현저하게 부족하거나 근무태도가 극히 불량하여 직원으로서 부적합하다고 인정될 때 3. 직제와 정원의 개폐(改廢) 또는 예산의 감소 등에 의하여 폐직(廢職) 또는 과원(過員)이 되었을 때 4. 휴직 기간이 끝나거나 휴직 사유가 소멸된 후에도 정당한 이유 없이 직무에 복귀하지 아니하거나 직무를 수행할 수 없을 때	제27조(직권면직 등) ① 임용권자는 법 제10조제1항제2호·제5호 및 같은 조 제2항에 따라 직권면직에 대한 동의를 받아야 하는 경우에는 법 제12조제1항에 따른 고등징계위원회(이하 "고등징계위원회"라 한다)에 직권면직 동의를 요구서로 요구해야 한다. ② 처장은 법 제10조제1항제5호에 따라 직무 수행 능력이 부족하거나 근무성적이 극히 불량하여 「국가공무원법」 제73조의3제1항제2호에 따라 직위해제된 사람에게 3개월의 범위에서 대기를 명령해야 한다. ③ 처장은 제2항에 따라 대기 명령을 받은 사람에게 능력 회복이나 근무성적의 향상을 위한 교육훈련 또는 특별한 연구과제 부여 등 필요한 조치를 해야 한다. [전문개정 2019. 10. 22.]

대통령 등의 경호에 관한 법률 [법률 제14839호, 2017. 7. 26., 타법개정]	대통령 등의 경호에 관한 법률 시행령 [대통령령 제30139호, 2019. 10. 22., 일부개정]
5. 직무 수행 능력이 부족하거나 근무성적이 극히 불량하여 대통령령으로 정하는 바에 따라 대기 명령을 받은 사람이 그 기간 중 능력 또는 근무성적의 향상을 기대하기 어렵다고 인정될 때 6. 해당 직급에서 직무를 수행하는 데에 필요한 자격증의 효력이 상실되거나 면허가 취소되어 담당 직무를 수행할 수 없게 되었을 때 ② 제1항제2호·제5호에 해당하여 면직하는 경우에는 대통령령으로 정하는 바에 따라 고등징계위원회의 동의를 받아야 한다. ③ 제1항제3호에 해당하여 면직하는 경우에는 임용 형태, 업무실적, 직무 수행 능력, 징계처분 사실 등을 고려하여 면직 기준을 정하여야 한다. 이 경우 면직된 직원은 결원이 생기면 우선하여 재임용할 수 있다. ④ 제3항의 면직 기준을 정하거나 제1항제3호에 따라 면직 대상자를 결정할 때에는 대통령령으로 정하는 바에 따라 인사위원회의 심의·의결을 거쳐야 한다. [전문개정 2011. 4. 28.]	
	제11조(정년) ① 경호공무원의 정년은 다음의 구분에 따른다. 〈개정 2013. 8. 13.〉

대통령 등의 경호에 관한 법률 [법률 제14839호, 2017. 7. 26., 타법개정]	대통령 등의 경호에 관한 법률 시행령 [대통령령 제30139호, 2019. 10. 22., 일부개정]
1. 연령정년 　가. 5급 이상: 58세 　나. 6급 이하: 55세 2. 계급정년 　가. 2급: 4년 　나. 3급: 7년 　다. 4급: 12년 　라. 5급: 16년 ② 경호공무원이 강임(降任)된 경우에는 제1항제2호에 따른 계급정년의 경력을 산정할 때에 강임되기 전의 상위계급으로 근무한 경력은 강임된 계급으로 근무한 경력에 포함한다. ③ 경호공무원은 그 정년이 된 날이 1월부터 6월 사이에 있는 경우에는 6월 30일에, 7월부터 12월 사이에 있는 경우에는 12월 31일에 각각 당연히 퇴직한다. ④ 삭제 〈2013. 8. 13.〉 ⑤ 삭제 〈2013. 8. 13.〉 [전문개정 2011. 4. 28.]	

대통령 등의 경호에 관한 법률 [법률 제14839호, 2017. 7. 26., 타법개정]	대통령 등의 경호에 관한 법률 시행령 [대통령령 제30139호, 2019. 10. 22., 일부개정]
제12조(징계) ① 직원의 징계에 관한 사항을 심사·의결하기 위하여 경호처에 고등징계위원회와 보통징계위원회를 둔다. <개정 2013. 3. 23., 2017. 7. 26.> ② 각 징계위원회는 위원장 1명과 4명 이상 6명 이하의 위원으로 구성한다. ③ 직원의 징계는 징계위원회의 의결을 거쳐 처장이 한다. 다만, 5급 이상 직원의 파면 및 해임은 고등징계위원회의 의결을 거쳐 처장의 제청으로 대통령이 한다. <개정 2017. 7. 26.> ④ 징계위원회의 구성 및 운영 등에 필요한 사항은 대통령령으로 정한다. [전문개정 2011. 4. 28.]	제27조(직권면직 등) ① 임용권자는 법 제10조제1항제2호·제5호 및 같은 조 제2항에 따라 직권면직에 대한 동의를 받아야 하는 경우에는 법 제12조제1항에 따른 고등징계위원회(이하 "고등징계위원회"라 한다)에 직권면직 동의를 요구해야 한다. ② 처장은 법 제10조제1항제5호에 따라 직무 수행 능력이 부족하거나 근무성적이 극히 불량하여 「국가공무원법」 제73조의3제1항제2호에 따라 직위해제된 사람에게 3개월의 범위에서 대기를 명해야 한다. ③ 처장은 제2항에 따라 대기 명령을 받은 사람에게 능력 회복이나 근무성적의 향상을 위한 교육훈련 또는 특별한 연구과제 부여 등 필요한 조치를 해야 한다. <개정 2019. 10. 22.> [전문개정 2019. 10. 22.] 제29조(징계위원회의 구성 등) ① 고등징계위원회의 위원장은 차장이 되고, 위원은 3급 이상의 직원(고위공무원단에 속하는 직원을 포함한다)과 다음 각 호의 어느 하나에 해당하는 사람 중에서 성별을 고려하여 처장이 임명 또는 위촉한다. <개정 2019. 10. 22.> 1. 법관·검사 또는 변호사로 10년 이상 근무한 사람

대통령 등의 경호에 관한 법률 [법률 제14839호, 2017. 7. 26., 타법개정]	대통령 등의 경호에 관한 법률 시행령 [대통령령 제30139호, 2019. 10. 22., 일부개정]
	2. 「고등교육법」 제2조에 따른 학교 또는 그 밖의 법률에 따라 설립된 이에 준하는 교육기관(이하 "대학등"이라 한다)에서 법률·행정학 또는 경호 관련 학문을 담당하는 부교수 이상으로 재직 중인 사람 3. 3급 이상의 경호공무원으로 근무하고 퇴직한 사람(퇴직일부터 3년이 지난 사람으로 한정한다) ② 법 제12조제1항에 따른 보통징계위원회(이하 "보통징계위원회"라 한다)의 위원장은 경호지원단장이 되고, 위원은 4급 이상의 직원(고위공무원단에 속하는 직원을 포함한다)과 다음 각 호의 어느 하나에 해당하는 사람 중에서 성별을 고려하여 처장이 임명 또는 위촉한다. 1. 법관·검사 또는 변호사로 5년 이상 근무한 사람 2. 대학등에서 법률학·행정학 또는 경호 관련 학문을 담당하는 조교수 이상으로 재직 중인 사람 3. 경호공무원으로 20년 이상 근무하고 퇴직한 사람(퇴직일부터 3년이 지난 사람으로 한정한다) ③ 제1항 및 제2항에 따라 위촉되는 위원의 수는 위원장을 제외한 위원 수의 각각 2분의 1 이상이어야 한다.

대통령 등의 경호에 관한 법률 [법률 제14839호, 2017. 7. 26., 타법개정]	대통령 등의 경호에 관한 법률 시행령 [대통령령 제30139호, 2019. 10. 22., 일부개정]
	④ 제1항 및 제2항에 따라 위촉되는 위원의 임기는 3년으로 하며, 한 차례만 연임할 수 있다. ⑤ 처장은 제1항 및 제2항에 따라 위촉되는 위원이 다음 각 호의 어느 하나에 해당하는 경우에는 해당 위원을 해촉(解囑)할 수 있다. 다만, 제5호에 해당하는 경우에는 해촉하여야 한다. 1. 심신장애로 인하여 직무를 수행할 수 없게 된 경우 2. 직무와 관련된 비위사실이 있는 경우 3. 직무태만, 품위손상이나 그 밖의 사유로 인하여 위원으로 적합하지 아니하다고 인정되는 경우 4. 「공무원 징계령」 제15조제1항에 해당하는 데에도 불구하고 회피하지 아니한 경우 5. 위원 스스로 직무를 수행하는 것이 곤란하다고 의사를 밝히는 경우
제13조(보상) 직원으로서 제4조제1항 각 호의 경호대상에 대한 경호업무 수행 또는 그와 관련하여 상이(傷痍)를 입고 퇴직한 사람과 그 가족 및 사망(상이로 인하여 사망한 경우를 포함한다)한 사람의 유족에 대하여는 대통령령으로 정하는 바에 따라 「국가유공자 등 예우 및 지원에 관한 법률」 또는 「보훈보상대상자 지원에 관한 법률」에 따른 상이등급에 해당하는 신체의 상이를 입고 퇴직한 사람과 그 가족으로 한다.	제32조(보상) ① 법 제13조에 따른 상이(傷痍)를 입고 퇴직한 사람과 그 가족은 「국가유공자 등 예우 및 지원에 관한 법률」 제6조의4 또는 「보훈보상대상자 지원에 관한 법률」 제6조에 따른 상이등급에 해당하는 신체의 상이를 입고 퇴직한 사람과 그 가족으로 한다.

대통령 등의 경호에 관한 법률 [법률 제14839호, 2017. 7. 26., 타법개정]	대통령 등의 경호에 관한 법률 시행령 [대통령령 제30139호, 2019. 10. 22., 일부개정]
예우 및 지원에 관한 법률」 또는 「보훈보상대상자 지원에 관한 법률」에 따른 보상을 한다. 〈개정 2011. 9. 15.〉 [전문개정 2011. 4. 28.]	② 법 제13조에 따른 사망(상이로 인하여 사망한 경우를 포함한다)한 사람의 유족은 직원의 사망 당시 「국가유공자 등 예우 및 지원에 관한 법률」 제5조 또는 「보훈보상대상자 지원에 관한 법률」 제3조에 해당하는 사람으로 한다. ③ 제1항에 해당하는 사람은 「국가유공자 등 예우 및 지원에 관한 법률」 제4조제1항제4호·제6호 또는 「보훈보상대상자 지원에 관한 법률」 제2조제1항제2호에 따른 전상군경(戰傷軍警), 공상군경(公傷軍警) 또는 재해부상군경과 그 가족으로 보고, 제2항에 해당하는 사람은 「국가유공자 등 예우 및 지원에 관한 법률」 제4조제1항제3호·제5호 또는 「보훈보상대상자 지원에 관한 법률」 제2조제1항제1호에 따른 전몰군경(戰歿軍警), 순직군경(殉職軍警) 또는 재해사망군경의 유족으로 보아 「국가유공자 등 예우 및 지원에 관한 법률」 또는 「보훈보상대상자 지원에 관한 법률」에 따른 보상을 실시한다. ④ 제3항에 따른 보상을 받으려는 사람은 「국가유공자 등 예우 및 지원에 관한 법률」 제6조 또는 「보훈보상대상자 지원에 관한 법률」 제4조에 따라 국가보훈처장에게 등록을 신청하여야 한다. 이 경우 등록신청서에는 처장이 발급한 상이확인증명서 또는 사망확인증명서를 첨부하여야 한다. 〈개정 2017. 7. 26.〉

| 대통령 등의 경호에 관한 법률
[법률 제14839호, 2017. 7. 26., 타법개정] | 대통령 등의 경호에 관한 법률 시행령
[대통령령 제30139호, 2019. 10. 22., 일부개정] |
|---|---|
| | ⑤ 처장은 「국가유공자 등 예우 및 지원에 관한 법률 시행령」 제9조제2항 또는 「보훈보상대상자 지원에 관한 법률 시행령」 제6조제2항에 따라 국가보훈처장으로부터 국가유공자 또는 보훈보상대상자 요건 관련 사실의 확인에 대한 요청을 받으면 그 요건과 관련된 사실을 확인하여 국가보훈처장에게 통보하여야 한다. 〈개정 2017. 7. 26.〉
[전문개정 2014. 12. 8.] |
| 제14조(「국가공무원법」과의 관계 등) ① 직원의 신규채용, 시험의 실시, 승진, 근무성적평정, 보수 및 교육훈련에 관한 사항은 대통령령으로 정한다.
② 직원에 대하여는 이 법에 특별한 규정이 있는 경우를 제외하고는 「국가공무원법」을 준용한다.
③ 직원에 대하여는 「국가공무원법」 제17조 및 제18조를 적용하지 아니한다.
[전문개정 2011. 4. 28.] | |
| 제15조(국가기관 등에 대한 협조 요청) 처장은 직무상 필요하다고 인정할 때에는 국가기관, 지방자치단체, 그 밖의 공공단체의 장에게 | |

대통령 등의 경호에 관한 법률 [법률 제14839호, 2017. 7. 26., 타법개정]	대통령 등의 경호에 관한 법률 시행령 [대통령령 제30139호, 2019. 10. 22., 일부개정]
그 공무원 또는 직원의 파견이나 그 밖에 필요한 협조를 요청할 수 있다. 〈개정 2012. 2. 2., 2013. 3. 23., 2017. 7. 26.〉 [전문개정 2011. 4. 28.]	
	제16조(대통령경호안전대책위원회) ① 제4조제1항 각 호의 경호대상에 대한 경호업무를 수행할 때에는 관계기관의 책임을 명확하게 하고, 협조를 원활하게 하기 위하여 대통령경호안전대책위원회(이하 "위원회"라 한다)를 둔다. 〈개정 2012. 2. 2., 2013. 3. 23., 2017. 7. 26.〉 ② 위원회는 위원장과 부위원장 각 1명을 포함한 20명 이내의 위원으로 구성한다. ③ 위원장은 처장이 되고, 부위원장은 차장이 되며, 위원은 대통령령으로 정하는 관계기관의 공무원이 된다. 〈개정 2012. 2. 2., 2013. 3. 23., 2017. 7. 26.〉 ④ 위원회는 다음 각 호의 사항을 관장한다. 1. 대통령 경호에 필요한 안전대책과 관련된 업무의 협의 2. 대통령 경호와 관련된 정보ㆍ정보의 교환 및 분석 3. 그 밖에 제4조제1항 각 호의 경호대상에 대한 경호에 필요한

대통령 등의 경호에 관한 법률 [법률 제14839호, 2017. 7. 26., 타법개정]	대통령 등의 경호에 관한 법률 시행령 [대통령령 제30139호, 2019. 10. 22., 일부개정]
다고 인정되는 업무 ⑤ 위원회의 구성 및 운영에 필요한 사항은 대통령령으로 정한다. [전문개정 2011. 4. 28.] **제17조(경호공무원의 사법경찰권)** ① 경호공무원(처장의 제청으로 서울중앙지방검찰청 검사장이 지명한 경호공무원을 말한다. 이하 이 조에서 같다)은 제4조제1항 각 호의 경호대상에 대한 경호업무 수행 중 인지한 그 소관에 속하는 범죄에 대하여 직무상 또는 수사상 긴급을 요하는 한도 내에서 사법경찰관리(司法警察官吏)의 직무를 수행할 수 있다. 〈개정 2013. 3. 23., 2017. 7. 26.〉 ② 제1항의 경우 7급 이상 경호공무원은 사법경찰관의 직무를 수행하고, 8급 이하 경호공무원은 사법경찰리(司法警察吏)의 직무를 수행한다. [전문개정 2011. 4. 28.] **제18조(직권 남용 금지 등)** ① 소속공무원은 직권을 남용하여서는 아니 된다. ② 경호처에 파견된 경찰공무원은 이 법에 규정된 임무 외의 경찰공	

대통령 등의 경호에 관한 법률 [법률 제14839호, 2017. 7. 26., 타법개정]	대통령 등의 경호에 관한 법률 시행령 [대통령령 제30139호, 2019. 10. 22., 일부개정]
무인의 직무를 수행할 수 없다. 〈개정 2013. 3. 23., 2017. 7. 26.〉 [전문개정 2011. 4. 28.]	
제19조(무기의 휴대 및 사용) ① 처장은 직무를 수행하기 위하여 필요하다고 인정할 때에는 소속공무원에게 무기를 휴대하게 할 수 있다. 〈개정 2013. 3. 23., 2017. 7. 26.〉 ② 제1항에 따라 무기를 휴대하는 사람은 그 직무를 수행할 때 필요하다고 인정하는 상당한 이유가 있을 경우 그 사태에 대응하여 부득이하다고 판단되는 한도 내에서 무기를 사용할 수 있다. 다만, 다음 각 호의 어느 하나에 해당할 때를 제외하고는 사람에게 위해를 끼쳐서는 아니 된다. 1. 「형법」 제21조 및 제22조에 따른 정당방위와 긴급피난에 해당할 때 2. 제4조제1항 각 호의 경호대상에 대한 경호업무 수행 중 인지한 그 소관에 속하는 범죄로 사형, 무기 또는 장기 3년 이상의 징역 또는 금고에 해당하는 죄를 범하거나 범하였다고 의심할 만한 충분한 이유가 있는 사람이 소속공무원의 직무집행에 대하여 항거하거나 도피하려고 할 때 또는 제3자가 그	

대통령 등의 경호에 관한 법률 [법률 제14839호, 2017. 7. 26., 타법개정]	대통령 등의 경호에 관한 법률 시행령 [대통령령 제30139호, 2019. 10. 22., 일부개정]
도피시키려고 소속공무원에게 항거할 때에 이를 방지하거나 체포하기 위하여 무기를 사용하지 아니하고는 다른 수단이 없다고 인정되는 상당한 이유가 있을 때 3. 야간이나 집단을 이루거나 흉기나 그 밖의 위험한 물건을 휴대하여 경호업무를 방해하기 위하여 소속공무원에게 항거할 경우에 이를 방지하거나 체포하기 위하여 무기를 사용하지 아니하고는 다른 수단이 없다고 인정되는 상당한 이유가 있을 때[전문개정 2011. 4. 28.]	
제20조 삭제 〈2011. 4. 28.〉	
제21조(벌칙) ① 제9조제1항, 제18조 또는 제19조제2항을 위반한 사람은 5년 이하의 징역이나 금고 또는 1천만원 이하의 벌금에 처한다. ② 제9조제2항을 위반한 사람은 2년 이하의 징역·금고 또는 500만원 이하의 벌금에 처한다. [전문개정 2011. 4. 28.]	

4장 요약정리[26]

요약정리

경호공무원의 필기시험 과목표(제12조제2항 관련)

계급	채용구분			시험과목
5급 이상	공채	제1차 (객관식)	필수	헌법, 한국사, 영어
		제2차 (주관식)	필수	경호경비학, 행정학, 행정법
			선택	형법, 형사소송법, 국제법, 경영학, 정치학, 경제학, 재정학, 사회학, 심리학, 정보학, 체육학, 통신공학, 전자공학, 정보공학, 제2외국어(일어, 불어, 독어, 중국어, 노어, 스페인어, 아랍어)중 2과목
	경채·승진	제1차 (객관식)	필수	영어
		제2차 (주관식)	필수	경호경비학
			선택	행정법, 행정학, 형법, 형사소송법, 국제법, 경영학, 정치학, 경제학, 재정학, 사회학, 심리학, 정보학, 체육학, 통신공학, 전자공학, 정보공학, 제2외국어(일어, 불어, 독어, 중국어, 노어, 스페인어, 아랍어)중 1과목
6·7급	공채·경채		필수	언어논리영역, 자료해석영역, 상황판단영역, 영어, 한국사
8·9급	공채·경채		필수	일반상식, 영어

비고

1. "공채"란 공개경쟁채용시험을 말한다.
2. "경채"란 경력경쟁채용시험등을 말한다.
3. "승진"이란 승진시험을 말한다.
4. 6·7급의 시험과목란 중 언어논리영역, 자료해석영역 및 상황판단영역의 평가는 다음과 같다.
   가. 언어논리영역은 글의 이해, 표현, 추론, 비판과 논리적 사고 등의 능력을 검정한다.
   나. 자료해석영역은 수치자료의 정리와 이해, 처리와 응용계산, 분석과 정보추출 등의 능력을 검정한다.
   다. 상황판단영역은 상황의 이해, 추론과 분석, 문제 해결, 판단과 의사결정 등의 능력을 검정한다.

---

[26] 법제처: moleg.go.kr/main.html(2020). 재구성

경호공무원의 계급별 직급의 명칭(제5조 관련)	
계급	직급의 명칭
1급	관리관
2급	이사관
3급	부이사관
4급	경호서기관
5급	경호사무관
6급	경호주사
7급	경호주사보
8급	경호서기
9급	경호서기보

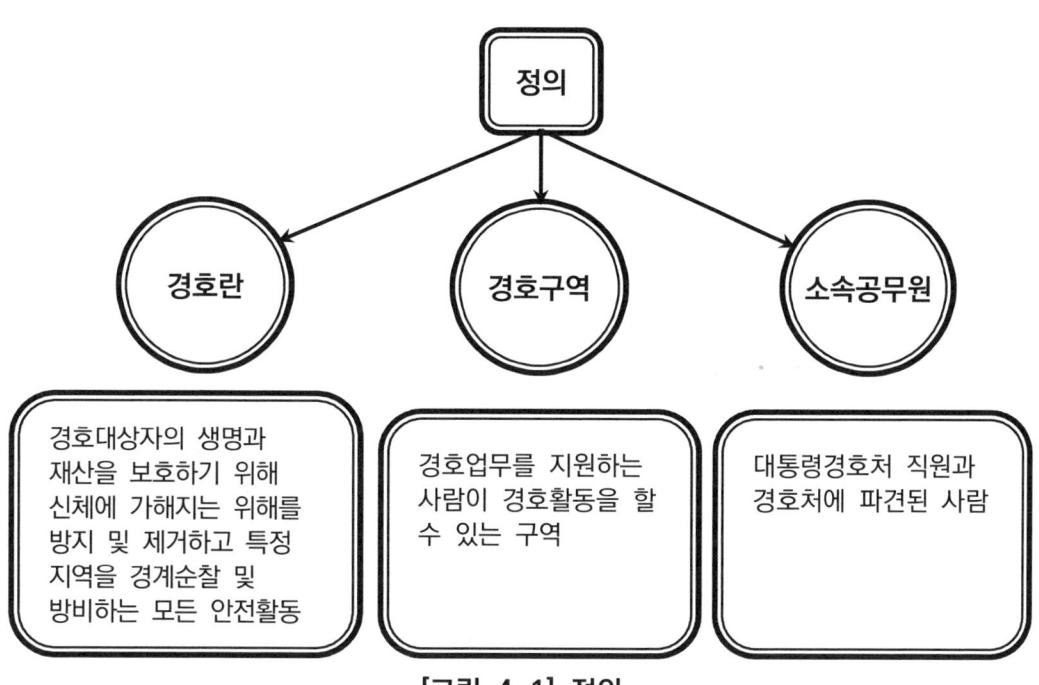

[그림 4-1] 정의

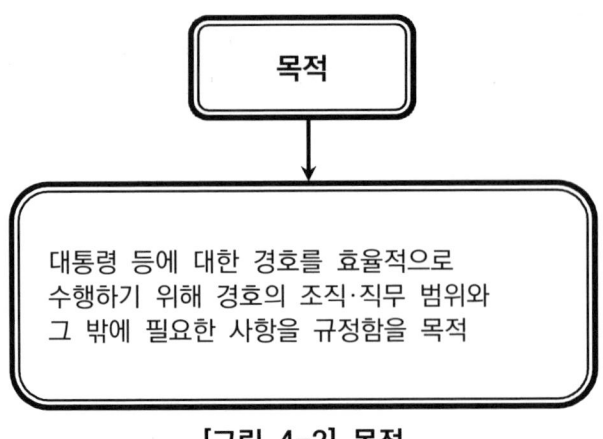

[그림 4-2] 목적

제5부

전직대통령 예우에 관한 법률

1장 전직대통령 예우에 관한 법률 목적 및 정의
2장 전직대통령 예우에 관한 법률 제·개정
3장 전직대통령 예우에 관한 법률 2단 비교표

제5부
전직대통령 예우에 관한 법률[27]

핵심 경호경비 관련법

1장 전직대통령 예우에 관한 법률 목적 및 범위

1. 목적

이 법은 전직대통령(前職大統領)의 예우에 관한 사항을 규정함을 목적으로 한다.

2. 범위

이 법에서 "전직대통령"이란 헌법에서 정하는 바에 따라 대통령으로 선출되어 재직하였던 사람을 말한다.

2장 전직대통령 예우에 관한 법률 제·개정

전직대통령 예우에 관한 법률은 1969년 1월 22일 법률 제2086호로 제정되었다. 제정이유는 전직대통령 또는 그 유족에 대한 예우로서 연금 등을 지급하려는 것이며, 현재까지 총8차에 걸쳐 제·개정 되었다. 주요 제·개정 연혁을 살펴보면 아래와 같다.

---

[27] 법제처: moleg.go.kr/main.html(2020). 재구성

전직대통령 예우에 관한 법률[시행 1969. 1. 22.] [법률 제2086호, 1969. 1. 22. 제정]

전직대통령 또는 그 유족에 대한 예우로서 연금 등을 지급하려는 것임.

전직대통령 예우에 관한 법률[시행 1981. 3. 2.] [법률 제3378호, 1981. 3. 2. 일부개정]

헌법 제61조의 규정에 의하여 전직대통령을 국가의 원로로 우대하고 그에 상응하는 예우를 하려는 것임.

전직대통령 예우에 관한 법률[시행 1988. 2. 25.] [법률 제4001호, 1988. 2. 24. 일부개정]

① "국정자문회의"의 명칭을 "국가원로자문회의"로 변경함.
② 전직대통령이나 그 유족에게 지급하는 연금의 지급액을 대통령 "봉급년액"의 100분의 95상당액에서 대통령 "보수년액"의 100분의 95상당액으로 하도록 함.
③ 전직대통령을 위한 기념사업을 민간단체 등이 추진하는 경우에는 필요한 지원을 할 수 있도록 함.
④ 전직대통령 또는 그 유족의 경호·경비기간을 "필요한 기간"으로 정하고, 전직대통령 또는 그 유족은 사무실제공등의 지원을 받을 수 있도록 함.

전직대통령 예우에 관한 법률[시행 1995. 12. 29.] [법률 제5118호, 1995. 12. 29. 일부개정]

전직대통령이 전직대통령 예우에 관한 법률의 기본취지에 위배되는 행위를 한 경우 예우를 하지 아니하도록 하는 근거규정을 마련하고, 기타 전직대통령 예우에 관한 일부 사문화된 규정을 정비·보완하려는 것임.

전직대통령 예우에 관한 법률[시행 2006. 7. 1.] [법률 제7796호, 2005. 12. 29. 타법개정]

정부 정책에 핵심적 역할을 수행하는 실·국장급 국가공무원을 범정부적 차원에서 적재적소에 활용할 수 있도록 인사관리하고, 고위공무원의 개방과 경쟁을 확대하며, 성과책임을 강화함으로써 역량 있는 정부를 구현하기 위하여 고위공무원단제도를 도입·시행하려는 것임.

전직대통령 예우에 관한 법률[시행 2010. 2. 4.] [법률 제10011호, 2010. 2. 4. 일부개정]

현행법상 전직대통령에게 지원되고 있는 운전기사 1명의 법적 근거를 마련하고, 전직대통령 서거 시 유족 중 배우자에 대한 품위 유지 및 의전필요성 등을 고려하여 배우자에게 대통령령으로 정하는 기간동안 비서관 1명과 운전기사 1명을 지원하도록 하려는 것임.

전직대통령 예우에 관한 법률[시행 2011. 5. 30.] [법률 제10742호, 2011. 5. 30. 일부개정]

현행 전직대통령 서거 시 유족 중 배우자에게 대통령령이 정하는 기간 동안 지원하고 있는 비서관 1명 및 운전기사 1명을 배우자의 품위 유지 등을 고려하여 배우자 사망 시까지 지원할 수 있도록 하는 한편, 법 문장을 원칙적으로 한글로 적고, 어려운 용어를 쉬운 용어로 바꾸며, 길고 복잡한 문장은 체계 등을 정비하여 간결하게 하는 등 국민이 법 문장을 이해하기 쉽게 정비하려는 것임.

전직대통령 예우에 관한 법률[시행 2017. 9. 22.] [법률 제14618호, 2017. 3. 21. 일부개정]

전직대통령이 사망하여 국립묘지 이외의 지역에 안장될 경우 「국립묘지의 설치 및 운영에 관한 법률」에 따른 지원을 받을 수 없는 바, 고인의 업적과 정신을 기리고 선양하는 국민적 추모 공간이라는 전직대통령 묘역의 성격 및 전직대통령 간 예우의 형평성을 고려하여 국립묘지 이외의 지역에 안장되는 전직대통령의 묘지에도 그 관리에 필요한 인력 및 비용을 지원할 수 있도록 하려는 것임.

3장 전직대통령 예우에 관한 법률 2단 비교표(법률, 시행령)[28]

전직대통령 예우에 관한 법률 [법률 제14618호, 2017. 3. 21., 일부개정]	전직대통령 예우에 관한 법률 시행령 [대통령령 제28300호, 2017. 9. 19., 일부개정]
제1조(목적) 이 법은 전직대통령(前職大統領)의 예우에 관한 사항을 규정함을 목적으로 한다. [전문개정 2011. 5. 30.] 제2조(정의) 이 법에서 "전직대통령"이란 헌법에서 정하는 바에 따라 대통령으로 선출되어 재직하였던 사람을 말한다. [전문개정 2011. 5. 30.] 제3조(적용 범위) 이 법은 전직대통령 또는 그 유족에 대하여 적용한다. 제4조(연금) ① 전직대통령에게는 연금을 지급한다. ② 제1항에 따른 연금 지급액은 지급 당시의 대통령 보수연액(報酬	제2조(용어의 정의) ①「전직대통령 예우에 관한 법률」(이하 "법"이라 한다) 제4조제2항 및 제5조제1항에서 "지급당시의 대통령보수연액"an

28) 법제처: moleg.go.kr/main.html(2020). 재구성

전직대통령 예우에 관한 법률 [법률 제14618호, 2017. 3. 21., 일부개정]	전직대통령 예우에 관한 법률 시행령 [대통령령 제28300호, 2017. 9. 19., 일부개정]
年額의 100분의 95에 상당하는 금액으로 한다. [전문개정 2011. 5. 30.]	이라 함은 연금의 지급일이 속하는 월의 대통령연봉월액의 8.85배에 상당하는 금액을 말한다. 〈개정 1988. 3. 18., 2000. 1. 8., 2010. 2. 4.〉 ② 법 제5조제2항에서 "30세이상의 유자녀로서 생계능력이 없는 자"라 함은 유자녀와 그 가족의 소득·재산 및 부양가족수등을 고려하여 사회통념상 전직대통령의 유자녀로서의 품위를 유지하기 어렵다고 인정되는 자를 말한다. 〈신설 1981. 4. 8.〉
제5조(유족에 대한 연금) ① 전직대통령의 유족 중 배우자에게는 유족연금을 지급하며, 그 연금액은 지급 당시의 대통령 보수연액의 100분의 70에 상당하는 금액으로 한다. ② 전직대통령의 유족 중 배우자가 없거나 제1항에 따라 유족연금을 받던 배우자가 사망한 경우에는 그 연금을 전직대통령령이 30세 미만인 유자녀(遺子女)와 30세 이상인 유자녀로서 생계능력이 없는 사람에게 지급하되, 지급 대상자가 여러 명인 경우에는 그 연금을 균등하게 나누어 지급한다. [전문개정 2011. 5. 30.]	제2조(용어의 정의) ① 「전직대통령 예우에 관한 법률」(이하 "법"이라 한다) 제4조제2항 및 제5조제1항에서 "지급당시의 대통령연액"이라 함은 연금의 지급일이 속하는 월의 대통령연봉월액의 8.85배에 상당하는 금액을 말한다. 〈개정 1988. 3. 18., 2000. 1. 8., 2010. 2. 4.〉 ② 법 제5조제2항에서 "30세이상의 유자녀로서 생계능력이 없는 자"라 함은 유자녀와 그 가족의 소득·재산 및 부양가족수등을 고려하여 사회통념상 전직대통령의 유자녀로서의 품위를 유지하기 어렵다고 인정되는 자를 말한다. 〈신설 1981. 4. 8.〉

전직대통령 예우에 관한 법률 [법률 제14618호, 2017. 3. 21., 일부개정]	전직대통령 예우에 관한 법률 시행령 [대통령령 제28300호, 2017. 9. 19., 일부개정]
	제3조(연금증서) ①유족연금수급권자로 된 자는 유족연금수급권자임을 입증하는데 필요한 관계서류를 첨부하여 연금증서의 교부를 행정안전부장관에게 신청하여야 한다. 〈개정 2000. 1. 8., 2008. 2. 29., 2013. 3. 23., 2014. 11. 19., 2017. 7. 26.〉 ②행정안전부장관은 전지대통령과 유족연금수급권자에 대하여 별지 서식에 의한 연금증서를 교부한다. 이 경우 행정안전부장관은 연금증서를 교부함에 있어서 필요한 때에는 당해 연금수급권자에게 연금증서등의 제출을 요구할 수 있다. 〈개정 2000. 1. 8., 2008. 2. 29., 2013. 3. 23., 2014. 11. 19., 2017. 7. 26.〉 ③법 제5조제2항의 유족연금수급권자가 수인인 경우에는 하나의 연금증서에 유족연금수급권자 전원의 성명등을 기재하여 이를 교부할 수 있다. [전문개정 1981. 4. 8.]
제5조의2(기념사업의 지원) 민간단체 등이 전직대통령을 위한 기념사업을 추진하는 경우에는 관계 법령에서 정하는 바에 따라 필요한 지원을 할 수 있다. [전문개정 2011. 5. 30.]	제6조의2(기념사업의 지원) ① 법 제5조의2에 따라 지원하는 기념사업은 다음 각 호와 같다. 〈신설 2011. 9. 6., 2013. 3. 23., 2014. 11. 19., 2017. 7. 26.〉 1. 전직대통령 기념관 및 기념 도서관 건립 사업 2. 기록물, 유품 등 전직대통령 관련 사료를 수집·정리하는 사업

전직대통령 예우에 관한 법률 [법률 제14618호, 2017. 3. 21., 일부개정]	전직대통령 예우에 관한 법률 시행령 [대통령령 제28300호, 2017. 9. 19., 일부개정]

	3. 전직대통령의 업적 등을 연구·편찬하는 사업
	4. 제2호 및 제3호에 해당하는 사료 및 자료 등의 전시 및 열람 사업
	5. 전직대통령 관련 학술세미나 개최 또는 강좌 등의 운영 사업
	6. 전직대통령 관련 국제 학술회의 개최 등의 대외협력 사업
	7. 그 밖에 제1호부터 제6호까지에 준하는 사업으로서 행정안전부장관이 정하는 사업
	② 제1항의 기념사업에 대한 지원 내용은 다음 각 호와 같다. 〈개정 2011. 9. 6.〉
	  1. 문서·도화등 전시물의 대여
	  2. 사업경비의 일부보조
	  3. 기타 사업추진을 위하여 필요하다고 인정되는 지원
	③ 제1항 및 제2항에 따른 지원의 대상과 규모는 국무회의의 심의를 거쳐 결정한다. 〈개정 2011. 9. 6.〉
	[본조신설 1988. 3. 18.]

제5조의3(묘지관리의 지원) 전직대통령이 사망하여 국립묘지에 안장되지 아니한 경우에는 대통령령으로 정하는 바에 따라 묘지관리에 드는 인력 및 비용을 지원할 수 있다. [본조신설 2017. 3. 21.]	제6조의3(묘지관리의 지원) ① 법 제5조의3에 따라 지원할 수 있는 묘지관리에 드는 인력은 묘지의 정비 및 관리 인력으로 한다. 이 경우 묘지관리의 효율성 등을 고려하여 해당 인력의 운용 비용

전직대통령 예우에 관한 법률 [법률 제14618호, 2017. 3. 21., 일부개정]	전직대통령 예우에 관한 법률 시행령 [대통령령 제28300호, 2017. 9. 19., 일부개정]
	으로 지급할 수 있다. ② 법 제5조의3에 따라 지원할 수 있는 묘지관리에 드는 비용은 묘지의 시설 유지 등 관리 비용으로 한다. ③ 제1항 후단 및 제2항에 따른 비용은 묘지관리를 하는 유족에게 지급하되, 유족의 동의를 얻어 묘지관리를 하는 단체가 있는 경우 해당 단체에 그 비용을 지급할 수 있다. 다만, 묘지관리를 하는 유족이나 단체가 없는 경우에는 행정안전부장관이 묘지관리를 위하여 지원할 필요가 있다고 인정하는 자에게 그 비용을 지급할 수 있다. ④ 제1항 및 제2항에 따른 지원을 받으려는 자는 묘지관리에 드는 인력 및 비용 등 필요한 사항을 포함한 신청서를 행정안전부장관에게 제출하여야 한다. ⑤ 제1항부터 제3항까지의 규정에 따른 구체적인 지원 대상, 규모 및 방법 등은 행정안전부장관이 따로 정한다. [본조신설 2017. 9. 19.] 제7조의3(사무실의 제공등) 법 제6조제4항제2호에 따른 지원의 내용은 다음과 같다. <개정 2010. 2. 4.> 1. 사무실 및 차량의 제공과 기타 운영경비의 지급 2. 공무여행시 여비등의 지급
제6조(그 밖의 예우) ① 전직대통령은 비서관 3명과 운전기사 1명을 둘 수 있고, 전직대통령이 서거한 경우 그 배우자는 비서관 1명과 운전기사 1명을 둘 수 있다. ② 제1항에 따라 전직대통령이 둘 수 있는 비서관과 운전기사는 전직	

전직대통령 예우에 관한 법률 [법률 제14618호, 2017. 3. 21., 일부개정]	전직대통령 예우에 관한 법률 시행령 [대통령령 제28300호, 2017. 9. 19., 일부개정]
대통령이 추천하는 사람 중에서 임명하며, 비서관은 고위공무원단에 속하는 별정직공무원으로 하고, 운전기사는 별정직공무원으로 한다. ③ 제1항에 따라 전직대통령이 서거한 경우 그 배우자가 둘 수 있는 비서관과 운전기사는 전직대통령의 배우자가 추천하는 사람 중에서 임명하며, 비서관, 운전기사의 신분은 대통령령으로 정한다. ④ 전직대통령 또는 그 유족에게는 관계 법령에서 정하는 바에 따라 다음 각 호의 예우를 할 수 있다. 1. 필요한 기간의 경호 및 경비(警備) 2. 교통·통신 및 사무실 제공 등의 지원 3. 본인 및 그 가족에 대한 치료 4. 그 밖에 전직대통령으로서 필요한 예우 [전문개정 2011. 5. 30.] 제7조(권리의 정지 및 제외 등) ① 이 법의 적용 대상자인 공무원에 취임한 경우에는 그 기간 동안 제4조 및 제5조에 따른 연금의 지급을 정지한다. ② 전직대통령이 다음 각 호의 어느 하나에 해당하는 경우에는 제6조제4항제1호의 예우를 제외하고는 이 법에 따른 전직대통령으로서의 예우를 하지 아니한다.	[본조신설 1988. 3. 18.] 제6조(연금지급의 정지) 법 제7조에 의하여 연금의 지급을 정지할 사유가 발생한 때에는 그 사유가 발생한 날이 속하는 월의 익월부터 그 사유가 소멸된 날이 속하는 월까지 지급을 정지한다.

전직대통령 예우에 관한 법률 [법률 제14618호, 2017. 3. 21., 일부개정]	전직대통령 예우에 관한 법률 시행령 [대통령령 제28300호, 2017. 9. 19., 일부개정]
1. 재직 중 탄핵결정을 받아 퇴임한 경우 2. 금고 이상의 형이 확정된 경우 3. 형사처분을 회피할 목적으로 외국정부에 도피처 또는 보호를 요청한 경우 4. 대한민국의 국적을 상실한 경우 [전문개정 2011. 5. 30.] 제8조(연금의 중복 지급 금지) 이 법에 따라 연금을 지급받는 사람에게는 다른 법률에 따른 연금을 지급하지 아니한다. [전문개정 2011. 5. 30.] 제9조(연금의 지급방법 및 지급절차) 이 법에 따른 연금의 지급방법 및 지급절차와 그 밖에 이 법의 시행에 필요한 사항은 대통령령으로 정한다. [전문개정 2011. 5. 30.]	

제6부

경찰관 직무집행법

1장 경찰관 직무집행법의 목적 및 범위
2장 경찰관 직무집행법의 제·개정
3장 경찰관 직무집행법 2단 비교표
4장 요약정리

제6부
경찰관 직무집행법[29]

핵심 경호경비 관련법

1장 경찰관 직무집행법의 목적 및 범위

1. 목적

경찰관 직무집행법의 목적은 국민의 자유와 권리를 보호하고 사회공공의 질서를 유지하기 위한 국가경찰공무원의 직무 수행에 필요한 사항을 규정함을 목적으로 하고 있으며, 경찰관 직무집행법의 규정된 경찰관의 직권은 그 직무 수행에 필요한 최소한도에서 행사되어야 하며 남용되어서는 아니 된다.

2. 범위

경찰관 직무집행법에서 경찰관의 직무범위는 국민의 생명·신체 및 재산의 보호, 범죄피해자 보호경비, 주요 인사(人士) 경호 및 대간첩·대테러 작전 수행, 치안정보의 수집·작성 및 배포, 교통 단속과 교통 위해(危害)의 방지, 외국 정부기관 및 국제기구와의 국제협력, 그 밖에 공공의 안녕과 질서 유지 등의 직무를 국가경찰공무원은 수행한다.

---

[29] 법제처: moleg.go.kr/main.html(2020). 재구성

2장 경찰관 직무집행법의 제·개정

경찰관 직무집행법은 1953년 12월 14일 법률 제299호로 제정되었다. 제정이유는 경찰관이 국민에 대한 생명·신체·재산의 보호, 범죄의 예방, 공안의 유지, 기타 법령 집행 등의 직무를 충실히 수행하도록 하기 위하여 필요한 사항을 정하려는 것이며, 현재까지 총18차에 걸쳐 제·개정 되었다. 주요 제·개정 연혁을 살펴보면 아래와 같다.

경찰관 직무집행법[시행 1953. 12. 14.] [법률 제299호, 1953. 12. 14. 제정]
경찰관이 국민에 대한 생명·신체·재산의 보호, 범죄의 예방, 공안의 유지, 기타 법령집행 등의 직무를 충실히 수행하도록 하기 위하여 필요한 사항을 정하려는 것임.

경찰관 직무집행법[시행 1981. 4. 13.] [법률 제3427호, 1981. 4. 13. 전부개정]
현행 경찰관직무집행법은 전후 일본의 경찰관 직무집행법을 직역한 것으로서 현재 우리나라의 실정에 맞지 아니할 뿐 아니라, 치안수요의 급증에 따라 법적근거없이 사실상 수행하고 있는 제경찰작용이 다양한 바, 현 실정에 맞도록 명문화하여 경찰관의 직무집행에 합리성과 합법성을 보장하려는 것임.

경찰관 직무집행법[시행 1989. 1. 31.] [법률 제4048호, 1988. 12. 31. 일부개정]
경찰권의 남용으로 인한 기본권침해의 소지가 있는 사항에 관하여 경찰권행사의 요건과 한계를 엄격하게 함으로써 경찰권행사의 적정을 도모하려는 것임.

경찰관 직무집행법[시행 1989. 6. 16.] [법률 제4130호, 1989. 6. 16. 일부개정]
각종 불법집회 및 시위진압을 위하여 최루탄이 사용되고 있는 바, 이를 남용할 경우 국민의 생명·신체와 재산 및 공공시설에 현저한 위해발생의 소지가 있으므로 최루탄의 사용요건등을 규정하여 그 피해를 예방하려는 것임.

경찰관 직무집행법[시행 1991. 3. 8.] [법률 제4336호, 1991. 3. 8. 일부개정]
경찰관의 임의동행 및 경찰장구사용의 요건을 일부 완화하여 경찰의 민생치안활동의 효율적 수행을 뒷받침하려는 것임.

경찰관 직무집행법[시행 1996. 8. 8.] [법률 제5153호, 1996. 8. 8. 타법개정]

국제해양질서의 급격한 변화와 21세기 해양경쟁시대에 적극적으로 대비함으로써 우리의 무한한 해양잠재력을 개발하여 해양선진대국으로 도약하기 위한 기반을 조성하기 위하여, 여러 행정기관에 분산되어 있는 수산·해운·항만·해양환경보전·해양조사·해양자원개발·해양과학기술등 해양관련 행정기능을 통합하여 종합적인 해양개발과 이용·보전기능등을 전담할 해양수산부를 신설하고, 해양수산부장관소속하에 해양에서의 경찰 및 오염방제업무를 담당할 해양경찰청을 신설하려는 것임.

경찰관 직무집행법[시행 1999. 11. 25.] [법률 제5988호, 1999. 5. 24. 일부개정]

경찰관 직무집행을 위하여 사용중인 경찰장구·무기등을 포괄한 장비정의규정을 신설하여 이들 개념을 보다 명확히 하고, 경찰장비의 사용과 관련하여 안전성을 확보하기 위하여 인명 또는 신체에 위해를 가할 수 있는 경찰장비에 대하여는 장비의 종류, 사용기준, 안전교육, 안전검사의 기준을 대통령령으로 정하도록 하며, 분사기 또는 최루탄 및 무기의 사용기록 보관, 경찰장비의 임의개조금지규정을 마련하려는 것임.

경찰관 직무집행법[시행 2006. 7. 1.] [법률 제7849호, 2006. 2. 21. 타법개정]

제주특별자치도 설치 및 국제자유도시 조성을 위한 특별법

종전의 제주도를 폐지하고, 제주특별자치도를 설치하여 자치조직·인사권 및 자치재정권 등 자치권을 강화하며, 교육자치제도의 개선과 자치경찰제의 도입을 통하여 실질적인 지방자치를 보장함으로써 선진적인 지방분권모델을 구축하는 한편, 제주특별자치도에 적용되고 있는 각종 법령상 행정규제를 폭넓게 완화하고, 중앙행정기관의 권한을 대폭 이양하며, 청정산업 및 서비스산업을 육성하여 제주특별자치도를 국제자유도시로 조성·발전시키려는 것임.

경찰관 직무집행법[시행 2011. 8. 4.] [법률 제11031호, 2011. 8. 4. 일부개정]

「경찰관직무집행법」 제2조에 따른 경찰의 직무에는 「경찰법」 제3조에서 규정하고 있는 국가경찰의 임무 중 "국민의 생명?신체 및 재산의 보호"가 빠져 있고, 반대로 「경찰법」 제3조에 따른 국가경찰의 임무에는 「경찰관직무집행법」 제2조에서 규정하고 있는 경찰의 직무 중 "경비?요인경호 및 대간첩작전 수행"이 빠져 있어, 경찰의 임무에 관한 두 법의 규정을 상호 일치시키려는 것임.

경찰관 직무집행법[시행 2014. 4. 6.] [법률 제11736호, 2013. 4. 5. 일부개정]

경찰관의 적법한 직무집행으로 인하여 재산상 손실이 발생한 경우 국가가 그 손실을 보상하도록 손실보상 규정을 신설함으로써 국민의 권익을 보호하고 경찰관의 안정적인 직무집행을 도모하려는 것임.

경찰관 직무집행법[시행 2014. 5. 20.] [법률 제12600호, 2014. 5. 20. 일부개정]

수사 및 재판과 관련한 국제협력에 대해서는 「국제형사사법공조법」에 구체적인 규정이 마련되어 있으나, 그 이외의 위험방지 또는 예방경찰 작용에 있어서의 국제협력에 대해서는 근거 규정이 마련되어 있지 않아 경찰의 업무수행에 어려움이 있고, "대테러 작전" 역시 국가경찰작용으로 수행하고 있으나 법문상 이에 대한 명확한 근거 조항이 없으므로 대테러 작전 수행 및 국제협력 관련 규정을 경찰관의 직무범위에 추가하고, 국제협력을 위한 개별적 수권조항을 마련하는 등 현행 경찰작용의 법적 근거를 명확히 하는 한편,

주요 경찰장비로서 시위진압에 사용되고 있는 살수차를 법률에 명시하며, 인명·신체에 위해를 가할 수 있는 경찰장비는 필요한 최소한도에서 사용하도록 하고, 이를 새로 도입하려는 경우에는 안전성 검사를 실시하여 그 결과보고서를 국회 소관 상임위원회에 제출하도록 함으로써 경찰장비의 안전성을 확보하고 나아가 국민의 신체·생명에 대한 보호가 충실하게 이루어질 수 있도록 하려는 것임.

또한, 법 문장의 표기를 한글화하고, 어려운 용어를 쉬운 우리말로 풀어쓰며 복잡한 문장은 체계를 정리하여 간결하게 다듬음으로써 쉽게 읽고 잘 이해할 수 있으며 국민의 언어생활에도 맞는 법률이 되도록 하려는 것임.

경찰관 직무집행법[시행 2014. 11. 19.] [법률 제12844호, 2014. 11. 19. 타법개정]

국가적 재난관리를 위한 재난안전 총괄부처로서 국무총리 소속으로 '국민안전처'를 신설하고, 현행 해양경찰청과 소방방재청의 업무를 조정·개편하여 국민안전처의 차관급 본부로 설치하며, 공직개혁 추진 및 공무원 전문역량 강화를 위하여 공무원 인사 전담조직인 인사혁신처를 국무총리 소속으로 설치하고, 교육·사회·문화 분야 정책결정의 효율성과 책임성을 제고하기 위하여 교육·사회·문화 부총리를 신설하려는 것임.

경찰관 직무집행법[시행 2014. 11. 21.] [법률 제12600호, 2014. 5. 20. 일부개정]

경찰관 직무집행법[시행 2016. 1. 7.] [법률 제12960호, 2015. 1. 6. 타법개정]

「UN 국제조직범죄방지협약」을 보충하는 「총기류, 그 구성부분 및 부품 그리고 탄약의 불법제조 및 불법거래 방지를 위한 의정서」에 대한민국이 2001년 10월 4일 서명하였고, 위 의정서는 2005년 7월 3일자로 발효되었으나, 국내법에 반영되지 아니하고 있어 이를 이행하기 위하여 총포 식별표지의 의무화, 총포·화약류 수출허가 시 수입국의 허가 여부 및 경유국의 동의 여부 확인 의무화, 식별표지 관련 정보 보관 의무화 등 의정서의 내용을 반영하려는 것임.

또한, 총포·도검·화약류·분사기·전자충격기·석궁은 사람의 생명과 공공의 안전을 위협할 수 있기 때문에 판매를 엄격히 규제하고 있으나, 인터넷 등을 이용한 통신판매에 대해서는 명시적인 제한 규정이 없음은 물론 인터넷 등을 통하여 사제(私製)폭발물 등의 제조방법을 게시·유포하는 행위에 대한 금지 규정도 없는 상황인바, 이를 명시적으로 금지하는 규정을 둘 필요가 있고, 총포를 허가 없이 불법적으로 거래하거나 수입함에 있어서 조직적이고 지속적으로 이루어지는 경우가 있어 상습적인 총포의 불법 거래나 수입에 대하여 가중 처벌할 수 있도록 하는 등 그동안 총포 등의 안전관리상에 나타난 미비점을 개선·보완하려는 것임.

한편, 법 문장의 표기를 한글화하고, 어려운 용어를 쉬운 우리말로 풀어쓰며 복잡한 문장은 체계를 정리하여 간결하게 다듬음으로써 쉽게 읽고 잘 이해할 수 있게 하고, 국민의 언어생활에도 맞는 법률이 되도록 하려는 것임.

경찰관 직무집행법[시행 2016. 7. 28.] [법률 제13825호, 2016. 1. 27. 일부개정]

경찰청의 범인검거공로자 등에 대한 보상금은 현재 경찰청 훈령(범죄신고자등 보호 및 보상에 관한 규칙)에 근거하여 예산을 편성하고 집행하고 있는 실정임. 이에 범인검거공로자 등에 대한 보상금 지급에 관한 규정을 법률로 상향함으로써 이에 대한 법적 근거를 마련하려는 것임.

경찰관 직무집행법[시행 2017. 7. 26.] [법률 제14839호, 2017. 7. 26. 타법개정]

중소기업 육성과 과학기술 융합을 기반으로 미래 성장동력 확충과 일자리 창출 등 경제 활성화를 뒷받침할 수 있도록 정부 조직체계를 재설계하고, 안전·재난 분야의 유기적 연계와 현장 기관의 전문 역량을 강화하기 위하여 국가 안전관리 체계를 재조정하는 한편, 통상행정 분야를 효율화하고, 국가보훈 및 대통령 경호 시스템을 환경변화에 맞게 조정하는 등 국민들의 요구에 신속하게 반응하는 열린 민주 정부를 구현할 수 있도록 정부기능을 재배치하려는 것임.

경찰관 직무집행법[시행 2018. 4. 17.] [법률 제15565호, 2018. 4. 17. 일부개정]

「범죄피해자 보호법」에서는 국가가 수사 및 재판 과정에서 범죄피해자 보호 등을 위한 정보를 범죄피해자에게 제공하도록 의무화하고 있으며, 현재 경찰·검찰·법원 등에서 정보를 제공하고 있음.

그러나 위와 같은 정보 제공이 안내문을 교부하는 방식 등으로 이루어져 범죄피해자가 보호를 받을 수 있다는 사실을 제대로 인지하지 못하여 적극적인 보호를 받지 못하는 경우가 발생하고 있음.

이에 범죄피해자를 1차적으로 접하는 경찰의 직무에 '범죄피해자 보호'를 명시함으로써 범죄피해자를 경찰이 적극적으로 보호하도록 하고, 범죄피해자가 적시에 필요한 지원을 받을 수 있게 하려는 것임

경찰관 직무집행법[시행 2019. 6. 25.] [법률 제16036호, 2018. 12. 24. 일부개정]

현행법은 경찰관의 적법한 직무집행으로 인하여 국민이 재산상 손실을 입은 경우 국가가 그 손실을 보상하도록 규정하고 있음.

그런데 생명 또는 신체상 손실을 입은 경우에는 보상의 근거가 없어 국민들이 피해보상을 받는 데 한계가 있다는 지적이 있어 왔고, 손실을 입은 국민은 위법·적법을 가리지 않고 손해배상을 청구할 수밖에 없어 경찰관은 적법한 직무집행을 하고도 사비를 들여 손실을 보상하거나 이에 따른 직무집행에 대한 심리적 위축으로까지 이어지는 사례가 발생하여 이에 대한 보완이 필요하다는 주장이 있었음. 또 보상금 지급절차의 투명성을 보장하기 위한 방안도 필요한 상황임.

이에 국가가 경찰관의 적법한 직무집행 과정에서 발생한 재산상 손실 외에 생명 또는 신체상의 손실에 대하여도 보상을 하도록 하되, 거짓 또는 부정한 방법으로 보상금을 받은 사람에 대하여는 해당 보상금을 환수하도록 하고, 손실보상심의위원회는 보상금 지급 후 경찰위원회에 정기적으로 보고하게 하며, 경찰청장 또는 지방경찰청장은 보상금을 반환하여야 할 사람이 대통령령으로 정한 기한까지 그 금액을 납부하지 아니한 때에는 국세 체납처분의 예에 따라 징수할 수 있도록 함으로써 해당 손실에 대한 국민의 권리구제를 강화함과 동시에 경찰관의 충실한 직무수행 및 투명한 보상금 지급절차가 되도록 하려는 것임.

3장 경찰관 직무집행법 2단 비교표(법률, 시행령)[30]

1. 목적 및 직무의 범위

경찰관 직무집행법	경찰관 직무집행법 시행령
제1장 목적 및 직무 범위	
제1조(목적) ① 이 법은 국민의 자유와 권리를 보호하고 사회공공의 질서를 유지하기 위한 경찰관(국가경찰공무원만 해당한다. 이하 같다)의 직무 수행에 필요한 사항을 규정함을 목적으로 한다. ② 이 법에 규정된 경찰관의 직권은 그 직무 수행에 필요한 최소한도에서 행사되어야 하며 남용되어서는 아니 된다. [전문개정 2014. 5. 20.]	
제2조(직무의 범위) 경찰관은 다음 각 호의 직무를 수행한다. 〈개정 2018. 4. 17.〉 1. 국민의 생명·신체 및 재산의 보호 2. 범죄의 예방·진압 및 수사	

---

30) 법제처: moleg.go.kr/main.html(2020). 재구성

경찰관 직무집행법	경찰관 직무집행법 시행령
2의2. 범죄피해자 보호 3. 경비, 주요 인사(人士) 경호 및 대간첩·대테러 작전 수행 4. 치안정보의 수집·작성 및 배포 5. 교통 단속과 교통 위해(危害)의 방지 6. 외국 정부기관 및 국제기구와의 국제협력 7. 그 밖에 공공의 안녕과 질서 유지 [전문개정 2014. 5]	

2. 불심검문

제2장 불심검문

경찰관 직무집행법	경찰관 직무집행법 시행령
제3조(불심검문) ① 경찰관은 다음 각 호의 어느 하나에 해당하는 사람을 정지시켜 질문할 수 있다. 1. 수상한 행동이나 그 밖의 주위 사정을 합리적으로 판단하여 볼 때 어떠한 죄를 범하였거나 범하려 하고 있다고 의심할 만한 상당한 이유가 있는 사람 2. 이미 행하여진 범죄나 행하여지려고 하는 범죄행위에 관한 사	**제5조(신분을 표시하는 증표)** 법 제3조제4항 및 법 제7조제4항의 신분을 표시하는 증표는 국가경찰공무원의 공무원증으로 한다. 〈개정 1989·3·7, 2006. 6. 29.〉

경찰관 직무집행법	경찰관 직무집행법 시행령
심을 안다고 인정되는 사람 ② 경찰관은 제1항에 따라 같은 항 각 호의 사람을 정지시킨 장소에서 질문을 하는 것이 그 사람에게 불리하거나 교통에 방해가 된다고 인정될 때에는 질문을 하기 위하여 가까운 경찰서·지구대·파출소 또는 출장소(지방해양경찰관서를 포함하며, 이하 "경찰관서"라 한다)로 동행할 것을 요구할 수 있다. 이 경우 동행을 요구받은 사람은 그 요구를 거절할 수 있다. 〈개정 2014. 11. 19., 2017. 7. 26.〉 ③ 경찰관은 제1항 각 호의 어느 하나에 해당하는 사람에게 질문을 할 때에 그 사람이 흉기를 가지고 있는지를 조사할 수 있다. ④ 경찰관은 제1항이나 제2항에 따라 질문을 하거나 동행을 요구할 경우 자신의 신분을 표시하는 증표를 제시하면서 소속과 성명을 밝히고 질문이나 동행의 목적과 이유를 설명하여야 하며, 동행을 요구하는 경우에는 동행 장소를 밝혀야 한다. ⑤ 경찰관은 제2항에 따라 동행한 사람의 가족이나 친지 등에게 동행한 경찰관의 신분, 동행 장소, 동행 목적과 이유를 알리거나 본인으로 하여금 즉시 연락할 수 있는 기회를 주어야 하며, 변호인의 도움을 받을 권리가 있음을 알려야 한다. ⑥ 경찰관은 제2항에 따라 동행한 사람을 6시간을 초과하여 경찰관서에 머물게 할 수 없다.	

경찰관 직무집행법	경찰관 직무집행법 시행령
⑦ 제1항부터 제3항까지의 규정에 따라 질문을 받거나 동행을 요구받은 사람은 형사소송에 관한 법률에 따르지 아니하고는 신체를 구속당하지 아니하며, 그 의사에 반하여 답변을 강요당하지 아니한다. [전문개정 2014. 5. 20.]	

3. 보호조치

경찰관 직무집행법	경찰관 직무집행법 시행령
제3장 보호조치	
제4조(보호조치 등) ① 경찰관은 수상한 행동이나 그 밖의 주위 사정을 합리적으로 판단해 볼 때 다음 각 호의 어느 하나에 해당하는 것이 명백하고 응급구호가 필요하다고 믿을 만한 상당한 이유가 있는 사람(이하 "구호대상자"라 한다)을 발견하였을 때에는 보건의료기관이나 공공구호기관에 긴급구호를 요청하거나 경찰관서에 보호하는 등 적절한 조치를 할 수 있다. 1. 정신착란을 일으키거나 술에 취하여 자신 또는 다른 사람의 생명·신체·재산에 위해를 끼칠 우려가 있는 사람 2. 자살을 시도하는 사람	제2조(임시영치) 국가경찰공무원이 법 제4조제3항의 규정에 의하여 무기·흉기등을 임시영치한 때에는 소속 국가경찰관서의 장(지방해양경찰관서의 장을 포함한다. 이하 같다)은 그 물건을 소지하였던 자에게 별지 제1호서식에 의한 임시영치증명서를 교부하여야 한다. 〈개정 1996·8·8, 2006. 6. 29., 2014. 11. 19., 2017. 7. 26.〉 제3조(피구호자의 인계통보) 법 제4조제6항의 규정에 의한 경찰서장 또는 해양경찰서장의 공중보건의료기관·공공구호기관의 장 및 그 감독행정청에 대한 통보는 별지 제2호서식에 의한다. 〈개정

경찰관 직무집행법	경찰관 직무집행법 시행령
3. 미아, 병자, 부상자 등으로서 적당한 보호자가 없으며 응급구호가 필요하다고 인정되는 사람. 다만, 본인이 구호를 거절하는 경우는 제외한다. ② 제1항에 따라 긴급구호를 요청받은 보건의료기관이나 공공구호기관은 정당한 이유 없이 긴급구호를 거절할 수 없다. ③ 경찰관은 제1항의 조치를 하는 경우에 구호대상자가 휴대하고 있는 무기·흉기 등 위험을 일으킬 수 있는 것으로 인정되는 물건을 경찰관서에 임시로 영치(領置)하여 놓을 수 있다. ④ 경찰관은 제1항의 조치를 하였을 때에는 지체 없이 구호대상자의 가족, 친지 또는 그 밖의 연고자에게 그 사실을 알려야 하며, 연고자가 발견되지 아니할 때에는 구호대상자를 적당한 공공보건의료기관이나 공공구호기관에 즉시 인계하여야 한다. ⑤ 경찰관은 제4항에 따라 구호대상자를 공공보건의료기관이나 공공구호기관에 인계하였을 때에는 즉시 그 사실을 소속 경찰서장이나 해양경찰서장에게 보고하여야 한다. 〈개정 2014. 11. 19., 2017. 7. 26.〉 ⑥ 제5항에 따라 보고를 받은 소속 경찰서장이나 해양경찰서장은 대통령령으로 정하는 바에 따라 구호대상자를 인계한 사실을 지체 없이 해당 공공보건의료기관 또는 공공구호기관의 장 및 그 감독행	1996·8·8, 2014. 11. 19., 2017. 7. 26.〉 [전문개정 1989·3·7]

경찰관 직무집행법	경찰관 직무집행법 시행령
정청에 통보하여야 한다. 〈개정 2014. 11. 19., 2017. 7. 26.〉 ⑦ 제1항에 따라 구호대상자를 경찰관서에서 보호하는 기간은 24시간을 초과할 수 없고, 제3항에 따라 물건을 경찰관서에 임시로 영치하는 기간은 10일을 초과할 수 없다. [전문개정 2014. 5. 20.]	

4. 위험의 방지 및 범죄의 예방

제4장 위험의 방지 및 범죄의 예방

경찰관 직무집행법	경찰관 직무집행법 시행령
제4조(보호조치 등) ① 경찰관은 수상한 행동이나 그 밖의 주위 사정을 합리적으로 판단해 볼 때 다음 각 호의 어느 하나에 해당하는 것이 명백하고 응급구호가 필요하다고 믿을 만한 상당한 이유가 있는 사람(이하 "구호대상자"라 한다)을 발견하였을 때에는 보건의료기관이나 공공구호기관에 긴급구호를 요청하거나 경찰관서에 보호하는 등 적절한 조치를 할 수 있다. 1. 정신착란을 일으키거나 술에 취하여 자신 또는 다른 사람의 생명ㆍ신체ㆍ재산에 위해를 끼칠 우려가 있는 사람	**제2조(임시영치)** 국가경찰공무원이 법 제4조제3항의 규정에 의하여 무기ㆍ흉기등을 임시영치할 때에는 소속 국가경찰관서의 장(지방해양경찰관서의 장을 포함한다. 이하 같다)은 그 물건을 소지하였던 자에게 별지 제1호서식에 의한 임시영치증명서를 교부하여야 한다. 〈개정 1996·8·8, 2006. 6. 29., 2014. 11. 19., 2017. 7. 26.〉 **제3조(피구호자의 인계통보)** 법 제4조제6항의 규정에 의한 경찰서장 또는 해양경찰서장의 공중보건의료기관ㆍ공공구호기관의 장 및

경찰관 직무집행법	경찰관 직무집행법 시행령
2. 자살을 시도하는 사람 3. 미아, 병자, 부상자 등으로서 적당한 보호자가 없으며 응급구호가 필요하다고 인정되는 사람. 다만, 본인이 구호를 거절하는 경우는 제외한다. ② 제1항에 따라 긴급구호를 요청받은 보건의료기관이나 공공구호기관은 정당한 이유 없이 긴급구호를 거절할 수 없다. ③ 경찰관은 제1항의 조치를 하는 경우에 구호대상자가 휴대하고 있는 무기·흉기 등 위험을 일으킬 수 있는 것으로 인정되는 물건을 경찰관서에 임시로 영치(領置)하여 둘 수 있다. ④ 경찰관은 제1항의 조치를 하였을 때에는 지체 없이 구호대상자의 가족, 친지 또는 그 밖의 연고자에게 그 사실을 알려야 하며, 연고자가 발견되지 아니할 때에는 구호대상자를 적당한 공공보건의료기관이나 공공구호기관에 즉시 인계하여야 한다. ⑤ 경찰관은 제4항에 따라 구호대상자를 공공보건의료기관이나 공공구호기관에 인계하였을 때에는 즉시 그 사실을 소속 경찰서장이나 해양경찰서장에게 보고하여야 한다. 〈개정 2014. 11. 19., 2017. 7. 26.〉 ⑥ 제5항에 따라 보고를 받은 소속 경찰서장이나 해양경찰서장은	그 감독행정청에 대한 통보는 별지 제2호서식에 의한다. 〈개정 1996·8·8, 2014. 11. 19., 2017. 7. 26.〉 [전문개정 1989·3·7

경찰관 직무집행법	경찰관 직무집행법 시행령
대통령령으로 정하는 바에 따라 구호대상자를 인계한 사실을 지체 없이 해당 공공보건의료기관 또는 공공구호기관의 장 및 그 감독행정청에 통보하여야 한다. 〈개정 2014. 11. 19., 2017. 7. 26.〉 ⑦ 제1항에 따라 구호대상자를 경찰관서에서 보호하는 기간은 24시간을 초과할 수 없고, 제3항에 따라 물건을 경찰관서에 임시로 영치하는 기간은 10일을 초과할 수 없다. [전문개정 2014. 5. 20.]	

5. 위험의 방지 및 범죄의 예방

경찰관 직무집행법	경찰관 직무집행법 시행령
제5장 위험의 방지 및 범죄의 예방	
제5조(위험 발생의 방지 등) ① 경찰관은 사람의 생명 또는 신체에 위해를 끼치거나 재산에 중대한 손해를 끼칠 우려가 있는 천재(天災), 사변(事變), 인공구조물의 파손이나 붕괴, 교통사고, 위험물의 폭발, 위험한 동물 등의 출현, 극도의 혼잡, 그 밖의 위험한 사태가 있을 때에는 다음 각 호의 조치를 할 수 있다. 1. 그 장소에 모인 사람, 사물(事物)의 관리자, 그 밖의 관계인에	

경찰관 직무집행법	경찰관 직무집행법 시행령
게 필요한 경고를 하는 것 2. 매우 긴급한 경우에는 위해를 입을 우려가 있는 사람을 필요한 한도에서 억류하거나 피난시키는 것 3. 그 장소에 있는 사람, 사물의 관리자, 그 밖의 관계인에게 위해를 방지하기 위하여 필요하다고 인정되는 조치를 하게 하거나 직접 그 조치를 하는 것 ② 경찰관서의 장은 대간첩 작전의 수행이나 소요(騷擾) 사태의 진압을 위하여 필요하다고 인정되는 상당한 이유가 있을 때에는 대간첩 작전지역이나 경찰관서·무기고 등 국가중요시설에 대한 접근 또는 통행을 제한하거나 금지할 수 있다. ③ 경찰관은 제1항의 조치를 하였을 때에는 지체 없이 그 사실을 소속 경찰관서의 장에게 보고하여야 한다. ④ 제2항의 조치를 하거나 제3항의 보고를 받은 경찰관서의 장은 관계 기관의 협조를 구하는 등 적절한 조치를 하여야 한다. [전문개정 2014. 5. 20.]	
제6조(범죄의 예방과 제지) 경찰관은 범죄행위가 목전(目前)에 행하여지려고 하고 있다고 인정될 때에는 이를 예방하기 위하여 관계인에게 필요한 경고를 하고, 그 행위로 인하여 사람의 생명·신체에	

경찰관 직무집행법	경찰관 직무집행법 시행령
위해를 끼치거나 재산에 중대한 손해를 끼칠 우려가 있는 긴급한 경우에는 그 행위를 제지할 수 있다. [전문개정 2014. 5. 20.]	
제7조(위험 방지를 위한 출입) ① 경찰관은 제5조제1항·제2항 및 제6조에 따른 위험한 사태가 발생하여 사람의 생명·신체 또는 재산에 대한 위해가 임박한 때에 그 위해를 방지하거나 피해자를 구조하기 위하여 부득이하다고 인정하면 합리적으로 판단하여 필요한 한도에서 다른 사람의 토지·건물·배 또는 차에 출입할 수 있다. ② 흥행장(興行場), 여관, 음식점, 역, 그 밖에 많은 사람이 출입하는 장소의 관리자나 그에 준하는 관계인은 경찰관이 범죄나 사람의 생명·신체·재산에 대한 위해를 예방하기 위하여 해당 장소의 영업시간이나 해당 장소가 일반인에게 공개된 시간에 그 장소에 출입하겠다고 요구하면 정당한 이유 없이 그 요구를 거절할 수 없다. ③ 경찰관은 대간첩 작전 수행에 필요할 때에는 작전지역에서 제2항에 따른 장소를 검색할 수 있다. ④ 경찰관은 제1항부터 제3항까지의 규정에 따라 필요한 장소에 출입할 때에는 그 신분을 표시하는 증표를 제시하여야 하며, 함부로 관계인이 하는 정당한 업무를 방해해서는 아니 된다. [전문개정 2014. 5. 20.]	제5조(신분을 표시하는 증표) 법 제3조제4항 및 법 제7조제4항의 신분을 표시하는 증표는 국가경찰공무원의 공무원증으로 한다. 〈개정 1989·3·7, 2006. 6. 29.〉

경찰관 직무집행법	경찰관 직무집행법 시행령
제8조(사실의 확인 등) ① 경찰관서의 장은 직무 수행에 필요하다고 인정되는 상당한 이유가 있을 때에는 국가기관이나 공사(公私) 단체 등에 관련된 사실을 조회할 수 있다. 다만, 긴급한 경우에는 소속 경찰관으로 하여금 현장에 나가 확인하게 할 수 있다. ② 경찰관은 다음 각 호의 직무를 수행하기 위하여 필요하면 관계인에게 출석하여야 하는 사유·일시 및 장소를 명확히 적은 출석 요구서를 보내 경찰관서에 출석할 것을 요구할 수 있다. 1. 미아를 인수할 보호자 확인 2. 유실물을 인수할 권리자 확인 3. 사고로 인한 사상자(死傷者) 확인 4. 행정처분을 위한 교통사고 조사에 필요한 사실 확인 [전문개정 2014. 5. 20.]	제6조(출석요구) 법 제8조제2항의 규정에 의한 출석요구서는 별지 제3호서식에 의한다.
제8조의2(국제협력) 경찰청장 또는 해양경찰청장은 이 법에 따른 경찰관의 직무수행을 위하여 외국 정부기관, 국제기구 등과 자료 교환, 국제협력 활동 등을 할 수 있다. 〈개정 2014. 11. 19., 2017. 7. 26.〉 [본조신설 2014. 5. 20.]	

경찰관 직무집행법	경찰관 직무집행법 시행령
제9조(유치장) 법률에서 정한 절차에 따라 체포·구속된 사람 또는 신체의 자유를 제한하는 판결이나 처분을 받은 사람을 수용하기 위하여 경찰서와 해양경찰서에 유치장을 둔다. 〈개정 2014. 11. 19., 2017. 7. 26.〉 [전문개정 2014. 5. 20.]	

6. 경찰장비 무기사용 및 벌칙

경찰관직무집행법	경찰관직무집행법 시행령
제6장 경찰장비 및 무기사용	
제6장 경찰장비의 사용	
제10조(경찰장비의 사용 등) ① 경찰관은 직무수행 중 경찰장비를 사용할 수 있다. 다만, 사람의 생명이나 신체에 위해를 끼칠 수 있는 경찰장비(이하 이 조에서 "위해성 경찰장비"라 한다)를 사용할 때에는 필요한 안전교육과 안전검사를 받은 후 사용하여야 한다. ② 제1항 본문에서 "경찰장비"란 무기, 경찰장구(警察裝具), 최루제(催淚劑)와 그 발사장치, 살수차, 감식기구(鑑識機具), 해안 감시기구, 통신기기, 차량·선박·항공기 등 경찰이 직무를 수행할 때 필요한 장치와 기구를 말한다. ③ 경찰관은 경찰장비를 함부로 개조하거나 경찰장비에 임의의 장비	

경찰관직무집행법	경찰관직무집행법 시행령
를 부착하여 일반적인 사용법과 달리 사용함으로써 다른 사람의 생명·신체에 위해를 끼쳐서는 아니 된다. ④ 위해성 경찰장비는 필요한 최소한도에서 사용하여야 한다. ⑤ 경찰청장은 위해성 경찰장비를 새로 도입하려는 경우에는 대통령령으로 정하는 바에 따라 안전성 검사를 실시하여 그 안전성 검사의 결과보고서를 국회 소관 상임위원회에 제출하여야 한다. 이 경우 안전성 검사에는 외부 전문가를 참여시켜야 한다. ⑥ 위해성 경찰장비의 종류 및 그 사용기준, 안전교육·안전검사의 기준 등은 대통령령으로 정한다. [전문개정 2014. 5. 20.] **제10조의2(경찰장구의 사용)** ① 경찰관은 다음 각 호의 직무를 수행하기 위하여 필요하다고 인정되는 상당한 이유가 있을 때에는 그 사태를 합리적으로 판단하여 필요한 한도에서 경찰장구를 사용할 수 있다. 1. 현행범이나 사형·무기 또는 장기 3년 이상의 징역이나 금고에 해당하는 죄를 범한 범인의 체포 또는 도주 방지 2. 자신이나 다른 사람의 생명·신체의 방어 및 보호 3. 공무집행에 대한 항거(抗拒) 제지	

경찰관직무집행법	경찰관직무집행법 시행령
② 제1항에서 "경찰장구"란 경찰관이 휴대하여 범인 검거와 범죄 진압 등의 직무 수행에 사용하는 수갑, 포승(捕繩), 경찰봉, 방패 등을 말한다. [전문개정 2014. 5. 20.] 제10조의3(분사기 등의 사용) 경찰관은 다음 각 호의 직무를 수행하기 위하여 부득이한 경우에는 현장책임자가 판단하여 필요한 최소한의 범위에서 분사기(「총포·도검·화약류 등의 안전관리에 관한 법률」에 따른 분사기를 말하며, 그에 사용하는 최루 등의 작용제를 포함한다. 이하 같다) 또는 최루탄을 사용할 수 있다. 〈개정 2015. 1. 6.〉 1. 범인의 체포 또는 범인의 도주 방지 2. 불법집회·시위로 인한 자신이나 다른 사람의 생명·신체와 재산 및 공공시설 안전에 대한 현저한 위해의 발생 억제 [전문개정 2014. 5. 20.] 제10조의4(무기의 사용) ① 경찰관은 범인의 체포, 범인의 도주 방지, 자신이나 다른 사람의 생명·신체의 방어 및 보호, 공무집행에 대한 항거의 제지를 위하여 필요하다고 인정되는 상당한 이유가 있을 때에는 그 사태를 합리적으로 판단하여 필요한 한도에서 무기를	

경찰관직무집행법	경찰관직무집행법 시행령
사용할 수 있다. 다만, 다음 각 호의 어느 하나에 해당할 때를 제외하고는 사람에게 위해를 끼쳐서는 아니 된다. 1. 「형법」에 규정된 정당방위와 긴급피난에 해당할 때 2. 다음 각 목의 어느 하나에 해당하는 때에 그 행위를 방지하거나 그 행위자를 체포하기 위하여 무기를 사용하지 아니하고는 다른 수단이 없다고 인정되는 상당한 이유가 있을 때 　가. 사형·무기 또는 장기 3년 이상의 징역이나 금고에 해당하는 죄를 범하거나 범하였다고 의심할 만한 충분한 이유가 있는 사람이 경찰관의 직무집행에 항거하거나 도주하려고 할 때 　나. 체포·구속영장과 압수·수색영장을 집행하는 과정에서 경찰관의 직무집행에 항거하거나 도주하려고 할 때 　다. 제3자가 가목 또는 나목에 해당하는 사람을 도주시키려고 경찰관에게 항거할 때 　라. 범인이나 소요를 일으킨 사람이 무기·흉기 등 위험한 물건을 지니고 경찰관으로부터 3회 이상 물건을 버리라는 명령이나 항복하라는 명령을 받고도 따르지 아니하면서 계속 항거할 때 3. 대간첩 작전 수행 과정에서 무장간첩이 항복하라는 경찰관의	

경찰관직무집행법	경찰관직무집행법 시행령
명령을 받고도 따르지 아니할 때 ② 제1항에서 "무기"란 사람의 생명이나 신체에 위해를 끼칠 수 있도록 제작된 권총·소총·도검 등을 말한다. ③ 대간첩·대테러 작전 등 국가안전에 관련되는 작전을 수행할 때에는 개인화기(個人火器) 외에 공용화기(共用火器)를 사용할 수 있다. [전문개정 2014. 5. 20.]	
제11조(사용기록의 보관) 제10조제2항에 따른 살수차, 제10조의3에 따른 분사기, 최루탄 또는 제10조의4에 따른 무기를 사용하는 경우 그 책임자는 사용 일시·장소·대상, 현장책임자, 종류, 수량 등을 기록하여 보관하여야 한다. [전문개정 2014. 5. 20.]	
제11조의2(손실보상) ① 국가는 경찰관의 적법한 직무집행으로 인하여 다음 각 호의 어느 하나에 해당하는 손실을 입은 자에 대하여 정당한 보상을 하여야 한다. 〈개정 2018. 12. 24.〉 1. 손실발생의 원인에 대하여 책임이 없는 자가 생명·신체 또는 재산상의 손실을 입은 경우(손실발생의 원인에 대하여 책임이 없는 자가 경찰관의 직무집행에 자발적으로 협조하거나 물건을 제공하여 생명·신체 또는 재산상의 손실을 입은 경우를 포함한다)	제9조(손실보상의 기준 및 보상금액 등) ① 법 제11조의2제1항에 따라 손실보상을 할 때 물건을 멸실·훼손한 경우에는 다음 각 호의 기준에 따라 보상한다. 1. 손실을 입은 물건을 수리할 수 있는 경우: 수리비에 상당하는 금액 2. 손실을 입은 물건을 수리할 수 없는 경우: 손실을 입은 당시의 해당 물건의 교환가액 3. 영업자가 손실을 입은 물건의 수리나 교환으로 인하여 영업을

경찰관직무집행법	경찰관직무집행법 시행령
2. 손실발생의 원인에 대하여 책임이 있는 자가 자신의 책임에 상응하는 정도를 초과하는 생명·신체 또는 재산상의 손실을 입은 경우 ② 제1항에 따른 보상을 청구할 수 있는 권리는 손실이 있음을 안 날부터 3년, 손실이 발생한 날부터 5년간 행사하지 아니하면 시효의 완성으로 소멸한다. ③ 제1항에 따른 손실보상신청 사건을 심의하기 위하여 손실보상심의위원회를 둔다. ④ 경찰청장 또는 지방경찰청장은 제3항의 손실보상심의위원회의 심의·의결에 따라 보상금을 지급하고, 거짓 또는 부정한 방법으로 보상을 받은 사람에 대하여는 해당 보상금을 환수하여야 한다. 〈개정 2018. 12. 24.〉 ⑤ 보상금이 지급된 경우 손실보상심의위원회는 대통령령으로 정하는 바에 따라 경찰위원회에 심사자료와 결과를 보고하여야 한다. 이 경우 경찰위원회는 손실보상의 적법성 및 적정성 확인을 위하여 필요한 자료의 제출을 요구할 수 있다. 〈신설 2018. 12. 24.〉 ⑥ 경찰청장 또는 지방경찰청장은 제4항에 따라 보상금을 반환하여야 할 사람이 대통령령으로 정한 기한까지 그 금액을 납부하지 아니한 때에는 국세 체납처분의 예에 따라 징수할 수 있다. 〈신설	제속할 수 없는 경우: 영업을 계속할 수 없는 기간 중 영업상 이익에 상당하는 금액 ② 물건의 멸실·훼손으로 인한 손실 외의 재산상 손실에 대해서는 직무집행과 상당한 인과관계가 있는 범위에서 보상한다. ③ 법 제11조의2제1항에 따라 손실보상을 할 때 생명·신체상의 손실의 경우에는 별표의 기준에 따라 보상한다. 〈신설 2019. 6. 25.〉 ④ 법 제11조의2제1항에 따라 보상금을 지급받을 사람이 동일한 원인으로 다른 법령에 따라 보상금 등을 지급받은 경우 그 보상금 등에 상당하는 금액을 제외하고 보상금을 지급한다. 〈신설 2019. 6. 25.〉 [본조신설 2014. 2. 18.] [제목개정 2019. 6. 25.] 제10조(손실보상의 지급절차 및 방법) ① 법 제11조의2에 따라 경찰관의 직무집행으로 인하여 발생한 손실을 보상받으려는 사람은 별지 제4호서식의 보상금 지급 청구서에 손실내용과 손실금액을 증명할 수 있는 서류를 첨부하여 손실보상청구 사건 발생지를 관할하는 국가경찰관서의 장에게 제출하여야 한다. ② 제1항에 따라 보상금 지급 청구서를 받은 국가경찰관서의 장은

경찰관직무집행법	경찰관직무집행법 시행령
⑦ 제1항에 따른 손실보상의 기준, 보상금액, 지급 절차 및 방법, 제3항에 따른 손실보상심의위원회의 구성 및 운영, 제4항 및 제6항에 따른 환수절차, 그 밖에 손실보상에 필요한 사항은 대통령령으로 정한다. <신설 2018. 12. 24.> [본조신설 2013. 4. 5.]	해당 청구서를 제11조제1항에 따른 손실보상청구 사건을 심의할 손실보상심의위원회가 설치된 경찰청, 해양경찰청, 지방경찰청, 방해양경찰청의 장(이하 "경찰청장등"이라 한다)에게 보내야 한다. <개정 2014. 11. 19., 2017. 7. 26.> ③ 제2항에 따라 보상금 지급 청구서를 받은 경찰청장등은 손실보상심의위원회의 심의·의결에 따라 보상 여부 및 보상금액을 결정하되, 다음 각 호의 어느 하나에 해당하는 경우에는 그 청구를 각하(却下)하는 결정을 하여야 한다. <개정 2019. 6. 25.> 1. 청구인이 같은 청구 원인으로 보상신청을 하여 보상금 지급 여부에 대하여 결정을 받은 경우. 다만, 기각 결정을 받은 청구인이 손실을 증명할 수 있는 새로운 증거가 발견되었음을 소명(疎明)하는 경우는 제외한다. 2. 손실보상 청구가 요건과 절차를 갖추지 못한 경우. 다만, 그 잘못된 부분을 시정할 수 있는 경우는 제외한다. ④ 경찰청장등은 제3항에 따른 결정일부터 10일 이내에 다음 각 호의 구분에 따른 통지서에 결정 내용을 적어서 청구인에게 통지하여야 한다. 1. 보상금을 지급하기로 결정한 경우: 별지 제5호서식의 보상금 지급 청구 승인 통지서

경찰관직무집행법	경찰관직무집행법 시행령
	2. 보상금 지급 청구를 각하하거나 보상금을 지급하지 아니하기로 결정한 경우: 별지 제6호서식의 보상금 지급 청구 기각·각하 통지서
	⑤ 보상금은 다른 법률에 특별한 규정이 있는 경우를 제외하고는 현금으로 지급하여야 한다.
	⑥ 보상금은 일시불로 지급하되, 예산 부족 등의 사유로 일시금으로 지급할 수 없는 특별한 사정이 있는 경우에는 청구인의 동의를 받아 분할하여 지급할 수 있다.
	⑦ 보상금을 지급받은 사람은 보상금을 지급받은 원인과 동일한 원인으로 인한 부상이 악화되거나 새로 발견되어 다음 각 호의 어느 하나에 해당하는 경우에는 보상금의 추가 지급을 청구할 수 있다. 이 경우 보상금 지급 청구, 보상금액 결정, 보상금 지급 결정에 대한 통지, 보상금 지급 방법 등에 관하여는 제1항부터 제6항까지의 규정을 준용한다. 〈신설 2019. 6. 25.〉
1. 별표 제2호에 따른 부상등급이 변경된 경우(부상등급 외의 부상에서 제1급부터 제8급까지의 등급으로 변경된 경우를 포함한다)
2. 별표 제2호에 따른 부상등급 외의 부상에 대해 부상등급의 변경 없이나 보상금의 추가 지급이 필요한 경우

경찰관직무집행법	경찰관직무집행법 시행령
	⑧ 제1항부터 제7항까지에서 규정한 사항 외에 손실보상의 청구 및 지급에 필요한 사항은 경찰청장 또는 해양경찰청장이 정한다. <개정 2014. 11. 19., 2017. 7. 26, 2019. 6. 25.> [본조신설 2014. 2. 18.]
제11조(손실보상심의위원회의 설치 및 구성) ① 법 제11조의2제3항에 따라 소속 경찰공무원의 직무집행으로 인하여 발생한 손실보상청구 사건을 심의하기 위하여 경찰청, 해양경찰청, 지방경찰청 및 지방해양경찰청에 손실보상심의위원회(이하 "위원회"라 한다)를 설치한다. <개정 2014. 11. 19., 2017. 7. 26.>
② 위원회는 위원장 1명을 포함한 5명 이상 7명 이하의 위원으로 구성한다.
③ 위원회의 위원은 소속 경찰공무원과 다음 각 호의 어느 하나에 해당하는 사람 중에서 경찰청장등이 위촉하거나 임명한다. 이 경우 위원의 과반수 이상은 경찰공무원이 아닌 사람으로 하여야 한다.
1. 판사·검사 또는 변호사로 5년 이상 근무한 사람
2. 「고등교육법」 제2조에 따른 학교에서 법학 또는 행정학을 가르치는 부교수 이상으로 5년 이상 재직한 사람
3. 경찰 업무와 손실보상에 관하여 학식과 경험이 풍부한 사람
④ 위촉위원의 임기는 2년으로 한다.

경찰관직무집행법	경찰관직무집행법 시행령
	⑤ 위원회의 사무를 처리하기 위하여 위원회에 간사 1명을 두되, 간사는 소속 경찰공무원 중에서 경찰청장등이 지명한다. [본조신설 2014. 2. 18.] **제17조의2(보상금의 환수절차)** ① 경찰청장 또는 지방경찰청장은 법 제11조의2제4항에 따라 보상금을 환수하려는 경우에는 위원회의 심의·의결에 따라 환수 여부 및 환수금액을 결정하고, 거짓 또는 부정한 방법으로 보상금을 받은 사람에게 다음 각 호의 내용을 서면으로 통지해야 한다. 1. 환수사유 2. 환수금액 3. 납부기한 4. 납부기관 ② 법 제11조의2제6항에서 "대통령령으로 정한 기한"이란 제1항에 따른 통지일부터 40일 이내의 범위에서 경찰청장 또는 지방경찰청장이 정하는 기한을 말한다. ③ 제1항 및 제2항에서 규정한 사항 외에 보상금 환수절차에 관하여 필요한 사항은 경찰청장이 정한다. [본조신설 2019. 6. 25.]

경찰관직무집행법	경찰관직무집행법 시행령
	제17조의3(경찰위원회 보고 등) ① 경찰청장 및 지방경찰청장은 법 제11조의2제5항에 따라 위원회 같다)에 보상금 지급과 관련된 심사자료와 결과를 반기별로 경찰위원회에 보고해야 한다. ② 경찰위원회는 필요하다고 인정하는 때에는 수시로 보상금 지급과 관련된 심사자료와 결과를 보고를 위원회에 요청할 수 있다. 이 경우 위원회는 그 요청에 따라야 한다. [본조신설 2019. 6. 25.]
제11조의3(범인검거 등 공로자 보상) ① 경찰청장, 지방경찰청장 또는 경찰서장은 다음 각 호의 어느 하나에 해당하는 사람에게 보상금을 지급할 수 있다. 1. 범인 또는 범인의 소재를 신고하여 검거하게 한 사람 2. 범인을 검거하여 경찰공무원에게 인도한 사람 3. 테러범죄의 예방활동에 현저한 공로가 있는 사람 4. 그 밖에 제1호부터 제3호까지의 규정에 준하는 사람으로서 대통령령으로 정하는 사람 ② 경찰청장, 지방경찰청장 및 경찰서장은 제1항에 따른 보상금 지급의 심사를 위하여 대통령령으로 정하는 바에 따라 각각 보상금심	**제18조(범인검거 등 공로자 보상금 지급 대상자)** 법 제11조의3제1항제4호에서 "대통령령으로 정하는 사람"이란 다음 각 호의 어느 하나에 해당하는 사람을 말한다. 1. 범인의 신원을 특정할 수 있는 정보를 제공한 사람 2. 범죄사실을 입증하는 증거물을 제출한 사람 3. 그 밖에 범인 검거와 관련하여 경찰 수사 활동에 협조한 사람 중 보상금 지급 대상자에 해당한다고 법 제11조의3제2항에 따른 보상금심사위원회가 인정하는 사람 [본조신설 2016. 6. 21.] [제목개정 2019. 6. 25.]

경찰관직무집행법	경찰관직무집행법 시행령
사위원회를 설치·운영하여야 한다. ③ 제2항에 따른 보상금심사위원회는 위원장 1명을 포함한 5명 이내의 위원으로 구성한다. ④ 제2항에 따른 보상금심사위원회의 위원은 소속 경찰공무원 중에서 경찰청장, 지방경찰청장 또는 경찰서장이 임명한다. ⑤ 경찰청장, 지방경찰청장 또는 경찰서장은 제2항에 따른 보상금을 지급하고, 거짓 또는 부정한 방법으로 보상금을 받은 사람에 대하여는 해당 보상금을 환수한다. ⑥ 경찰청장, 지방경찰청장 또는 경찰서장은 제5항에 따라 보상금을 반환하여야 할 사람이 대통령령으로 정한 기간까지 그 금액을 납부하지 아니한 때에는 국세 체납처분의 예에 따라 징수할 수 있다. 〈개정 2018. 12. 24.〉 ⑦ 제1항에 따른 보상 대상, 보상금의 지급 기준 및 심사절차, 제2항 및 제6항에 따른 환수절차, 그 밖에 보상금 지급에 관하여 필요한 사항은 대통령령으로 정한다. 〈신설 2018. 12. 24.〉 [본조신설 2016. 1. 27.][제목개정 2018. 12. 24.]	제19조(보상금심사위원회의 구성 및 심사사항 등) ① 법 제11조의3 제2항에 따라 경찰청장이 두는 보상금심사위원회의 위원장은 경찰청 소속 과장급 이상의 경찰공무원 중에서 경찰청장이 임명하는 사람으로 한다. ② 법 제11조의3제2항에 따라 지방경찰청 및 경찰서에 두는 보상금심사위원회의 위원장에 관하여는 제1항을 준용한다. 이 경우 "경찰청"은 각각 "지방경찰청" 또는 "경찰서"로, "경찰청장"은 각각 "지방경찰청장" 또는 "경찰서장"으로 본다. ③ 법 제11조의3제2항에 따른 보상금심사위원회(이하 "보상금심사위원회"라 한다)는 다음 각 호의 사항을 심사·의결한다. 1. 보상금 지급 대상자에 해당하는 지 여부 2. 보상금 지급 금액 3. 보상금 환수 여부 4. 그 밖에 보상금 지급이나 환수에 필요한 사항 ④ 보상금심사위원회의 회의는 재적위원 과반수의 찬성으로 의결한다. [본조신설 2016. 6. 21.] 제20조(범인검거 등 공로자 보상금의 지급 기준) 법 제11조의3제1항에 따른 보상금의 최고액은 5억원으로 하며, 구체적인 보상금 지

경찰관직무집행법	경찰관직무집행법 시행령
	금 기준은 경찰청장이 정하여 고시한다. [본조신설 2016. 6. 21.] [제목개정 2019. 6. 25.] 제21조의2(법인감사 등 공로자 보상금의 환수절차) ① 경찰청장, 지방경찰청장 또는 경찰서장은 법 제11조의3제5항에 따라 보상금을 환수하려는 경우에는 보상금심사위원회의 심사·의결에 따라 환수 여부 및 환수금액을 결정하고, 거짓 또는 부정한 방법으로 보상금을 받은 사람에게 다음 각 호의 내용을 서면으로 통지해야 한다. 1. 환수사유 2. 환수금액 3. 납부기한 4. 납부기관 ② 법 제11조의3제6항에서 "대통령령으로 정한 기한"이란 제1항에 따른 통지일부터 40일 이내의 범위에서 경찰청장, 지방경찰청장 또는 경찰서장이 정하는 기한을 말한다. [본조신설 2019. 6. 25.]
제12조(벌칙) 이 법에 규정된 경찰관의 의무를 위반하거나 직권을 남용하여 다른 사람에게 해를 끼친 사람은 1년 이하의 징역이나 금고에 처한다. [전문개정 2014. 5. 20.]	

4장 요약정리[31]

보상금 지급 청구서

보상금 지급 청구서(□ 신규, □ 추가)

※ 바탕색이 어두운 난은 청구인이 적지 않습니다.

접수번호	접수일	처리일	처리기간

청구인	성명	생년월일 (외국인등록번호)
	주소	(전화번호:)

손실개요	손실내용 및 신청이유
	손실액 산출기초
	손실금액(청구금액) 금 원

위 손실과 관련하여 다른 법령에 따라 이미 지급받은 금액 (해당하는 경우에만 작성합니다)	내용(적용된 다른 법령)	
	지급일자	지급기관(지급자)
	지급금액 금 원	

「경찰관 직무집행법」 제11조의2 및 같은 법 시행령 제10조제1항·제7항에 따라 위와 같이 보상금의 지급을 청구합니다.

년   월   일

청구인   (서명 또는 인)

○○경찰청장 귀하

첨부서류	손실내용과 손실금액을 증명할 수 있는 서류	수수료 없음

처 리 절 차

청구서 작성 청구인	→	접 수 처리기관 (지방해양경찰관서를 포함한 국가경찰관서)	→	심의·의결 처리기관 (손실보상심 의위원회)	→	결정서 통보 처리기관 (경찰청·해양경찰청·지방 경찰청·지방해양경찰청)

210mm×297mm[백상지 80g/㎡(재활용품)]

---

31) 법제처: moleg.go.kr/main.html(2020). 재구성

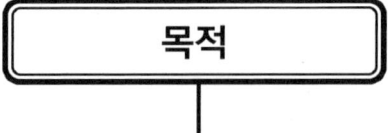

국민의 자유와 권리를 보호하고 사회공공의 질서를 유지하기 위한 국가경찰공무원의 직무 수행에 필요한 사항을 규정함을 목적으로 하고 있으며, 경찰관직무집행법의 규정된 경찰관의 직권은 그 직무 수행에 필요한 최소한도에서 행사되어야 하며 남용되어서는 아니 된다

[그림 6-1] 목적

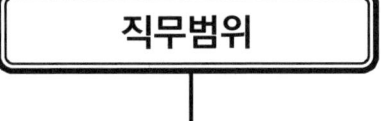

국민의 생명·신체 및 재산의 보호, 범죄 피해자 보호경비, 주요 인사(人士) 경호 및 대간첩·대테러 작전 수행, 치안정보의 수집·작성 및 배포, 교통 단속과 교통 위해(危害)의 방지, 외국 정부기관 및 국제기구와의 국제협력, 그 밖에 공공의 안녕과 질서 유지 등의 직무를 국가경찰공무원은 수행한다.

[그림 6-2] 직무범위

제7부

경찰법

1장 경찰법의 목적 및 임무
2장 경찰법의 제·개정
3장 경찰법 2단 비교표
4장 요약정리

제7부
경찰법[32]

핵심 경호경비 관련법

1장 경찰법의 목적 및 임무

1. 목적

경찰법은 국가경찰의 민주적인 관리·운영과 효율적인 임무수행을 위하여 국가경찰의 기본조직 및 직무 범위와 그 밖에 필요한 사항을 규정함을 목적으로 한다.

2. 임무

경찰법에서 경찰공무원은 국민의 생명·신체 및 재산의 보호, 범죄의 예방·진압 및 수사, 범죄피해자 보호, 경비·요인경호 및 대간첩·대테러 작전 수행, 치안정보의 수집·작성 및 배포, 교통의 단속과 위해의 방지, 외국 정부기관 및 국제기구와의 국제협력, 그 밖의 공공의 안녕과 질서유지 등의 임무를 수행한다.

---

[32] 법제처: moleg.go.kr/main.html(2020). 재구성

2장 경찰법의 제·개정

경찰법은 1991년 5월 31일 법률 제4369호로 제정되었다. 경찰의 민주적인 관리·운영과 효율적인 임무수행을 위하여 필요한 경찰의 기본조직과 직무범위를 정하려는 이유였다. 분단국가로서 우리나라의 특수한 안보상황과 치안여건에 효율적으로 대처하기 위하여 국가경찰체제를 유지하면서 경찰의 기본조직을 중앙은 현재 보조기관으로 되어 있는 치안본부를 내무부장관 소속 하의 경찰청으로, 지방은 시·도지사 보조기관인 경찰국을 시·도지사 소속기관인 지방경찰청으로 개편함으로써 경찰행정의 책임성과 독자성을 보장함과 동시에 내무부에 각계의 덕망있는 인사로 구성되는 경찰위원회를 두어 경찰행정에 관한 주요제도 및 인권보호에 관한 사항을 심의·의결하게 하였다. 이는 경찰운영의 민주성과 공정성의 확보를 기하며 경찰의 임무인 국민의 생명과 재산의 보호 및 공공의 안녕과 질서유지에 충실할 수 있도록 그 임무를 명확히 하고 직권을 남용하지 못하도록 하여 국민의 자유와 권리를 최대한 보장함으로써 경찰에 대한 국민의 신뢰를 회복하고 진정한 민주경찰로서의 발전을 도모하려는 것이다. 현재까지 총 23차에 걸쳐 제·개정 되었으며, 주요 제·개정 연혁을 살펴보면 아래와 같다.

경찰법[시행 1991. 7. 31.] [법률 제4369호, 1991. 5. 31. 제정]

경찰의 민주적인 관리·운영과 효율적인 임무수행을 위하여 필요한 경찰의 기본조직과 직무범위를 정하려는 것으로, 분단국가로서 우리나라의 특수한 안보상황과 치안여건에 효율적으로 대처하기 위하여 국가경찰체제를 유지하면서 경찰의 기본조직을 중앙은 현재 보조기관으로 되어 있는 치안본부를 내무부장관 소속 하의 경찰청으로, 지방은 시·도지사 보조기관인 경찰국을 시·도지사 소속기관인 지방경찰청으로 개편함으로써 경찰행정의 책임성과 독자성을 보장함과 동시에 내무부에 각계의 덕망있는 인사로 구성되는 경찰위원회를 두어 경찰행정에 관한 주요제도 및 인권보호에 관한 사항을 심의·의결하게 함으로써 경찰운영의 민주성과 공정성의 확보를 기하며 경찰의 임무인 국민의 생명과 재산의 보호 및 공공의 안녕과 질서유지에 충실할 수 있도록 그 임무를 명확히 하고 직권을 남용하지 못하도록 하여 국민의 자유와 권리를 최대한 보장함으로써 경찰에 대한 국민의 신뢰를 회복하고 진정한 민주경찰로서의 발전을 도모하려는 것임.

경찰법[시행 1996. 8. 8.] [법률 제5153호, 1996. 8. 8. 타법개정]

국제해양질서의 급격한 변화와 21세기 해양경쟁시대에 적극적으로 대비함으로써 우리의 무한한 해양잠재력을 개발하여 해양선진대국으로 도약하기 위한 기반을 조성하기 위하여, 여러 행정기관에 분산되어있는 수산·해운·항만·해양환경보전·해양조사·해양자원개발·해양과학기술 등 해양관련 행정기능을 통합하여 종합적인 해양개발과 이용·보전기능 등을 전담할 해양수산부를 신설하고, 해양수산부장관 소속 하에 해양에서의 경찰 및 오염방제업무를 담당할 해양경찰청을 신설하려는 것임.

경찰법[시행 1997. 1. 13.] [법률 제5260호, 1997. 1. 13. 일부개정]

경찰청장이 재직 중 정치적 영향으로부터 독립하여 그 직무를 공정하게 수행할 수 있도록 하기 위하여 경찰청장은 퇴직일부터 2년 이내에는 정당의 발기인이나 당원이 될 수 없도록 함.

경찰법[시행 1998. 1. 1.] [법률 제5454호, 1997. 12. 13. 타법개정]

현행 법률 중에는 정부조직법의 개정에 의하여 부처의 명칭이 변경되었음에도 변경되기 전의 부처명칭을 그대로 사용하고 있거나 어느 한 법률의 개정으로 조문위치 등이 변경되었음에도 변경되기 전의 조문을 그대로 인용하는 경우 등이 있어 법령을 집행하는 공무원이나 국민이 법규정에 대하여 혼란을 일으키고 법령의 내용을 쉽게 파악하기 곤란한 사례가 발견되고 있는 바 법규정에 대한 국민의 오해와 법령내용 파악의 곤란을 해소하고 법령에 대한 국민의 신뢰를 높이기 위하여 관련 법규정을 일괄하여 정비하려는 것임.

경찰법[시행 1998. 2. 28.] [법률 제5529호, 1998. 2. 28. 타법개정]

당면한 경제위기를 극복하고 21세기 국가도약의 기반을 구축하기 위하여 정부조직의 구조조정을 통한 정부의 역할과 기능을 재정립함으로써 민주적이고 경쟁력 있는 서비스정부를 구현하고, 새로운 행정환경의 변화에 적합한 국정운영시스템을 마련하기 위하여 중앙행정기관의 조직을 전면적으로 개편하는 한편, 과단위 기구의 설치권한을 각 부처에 위임하는 등 조직운영에 대한 자율성과 탄력성을 강화하려는 것임.

경찰법[시행 1999. 1. 21.] [법률 제5681호, 1999. 1. 21. 타법개정]

과거 국가안전기획부의 부정적 이미지를 쇄신하고 국가 및 국민을 위한 참다운 국가정보기관으로 거듭나기 위하여 국가안전기획부의 명칭을 국가정보원으로 변경하려는 것임.

경찰법[시행 2000. 12. 20.] [법률 제6279호, 2000. 12. 20. 일부개정]

총경으로 보하던 경찰서장을 총경 또는 경정으로 보하도록 함으로써 경찰인력의 탄력적 운영을 도모하려는 것임.

경찰법[시행 2003. 2. 4.] [법률 제6855호, 2003. 2. 4. 타법개정]

국회에서 국가정보원장·검찰총장 후보자 등에 대한 검증을 할 수 있도록 국회 인사청문회의 대상을 확대하고, 형식화되어있는 결산심사기능을 강화하며, 또한 법률안이 연중 균형있게 심사될 수 있도록 하고, 국회의 국정감사기능을 보완하며, 그 밖에 효율적인 국회운영을 위하여 관련 규정을 정비하려는 것임.

경찰법[시행 2003. 12. 31.] [법률 제7035호, 2003. 12. 31. 일부개정]

경찰청장은 퇴직일부터 2년이내에는 정당의 발기인이 되거나 당원이 될 수 없도록 한 규정이 위헌결정됨에 따라 동 조항을 삭제하고, 경찰청장이 책임있는 치안행정업무를 수행하고 정치적 중립성을 보장할 수 있도록 그 임기를 2년간 보장하는 한편, 경찰청장이 헌법 또는 법률에 위배한 때에는 탄핵소추할 수 있도록 하려는 것임.

경찰법[시행 2004. 12. 23.] [법률 제7247호, 2004. 12. 23. 일부개정]

광역화·기동화되는 현대범죄에 효과적으로 대응하기 위하여 경찰서장 소속하에 두는 지서(支署)를 없애고 기존 여러 개의 파출소관할구역을 통합하여 하나의 관할구역으로 하는 지구대를 설치할 수 있도록 하는 한편, 정부조직법이 개정(법률 제7186호, 2004. 3. 11. 공포·시행) 되어 각 행정기관에 배치하는 정무직공무원은 법률에 근거를 두도록 함에 따라 경찰위원회규정에 의하여 정무직공무원으로 되어 있던 경찰위원회 상임위원에 대한 법적 근거를 마련하려는 것임.

경찰법[시행 2006. 7. 19.] [법률 제7968호, 2006. 7. 19. 일부개정]

「제주특별자치도 설치 및 국제자유도시 조성을 위한 특별법」이 제정(법률 제7849호, 2006. 2. 21. 공포, 2006. 7. 1. 시행)되어 제주특별자치도에 자치경찰단이 설치됨에 따라 경찰위원회의 심의사항으로 자치경찰에 대한 국가경찰의 지원·협조 등에 관한 주요 정책사항을 추가하고, 국가비상사태시 경찰청장 또는 제주특별자치도지방경찰청장이 제주특별자치도의 자치경찰공무원을 직접 지휘·명령할 수 있도록 하는 등 자치경찰제의 시행과 관련된 현행 규정의 일부 미비점을 정비·보완하려는 것임.

경찰법[시행 2008. 2. 29.] [법률 제8852호, 2008. 2. 29. 타법개정]

국경 없는 무한경쟁 시대에 국민에게 희망을 주는 일류 정부를 건설하기 위하여, 우리의 미래에 관한 전략기획기능을 강화하고, 정부의 간섭과 개입을 최소화하는 작은 정부 구축을 통하여 민간과 지방의 창의와 활력을 북돋우는 한편, 꼭 해야 할 일은 확실히 하되 나라살림을 알뜰하게 운영하여 국민부담을 줄이며 칸막이 없이 유연하고 창의적으로 일하는 정부를 구축할 수 있도록 기획예산처와 재정경제부를 통합하여 기획재정부를 신설하는 등 정부기능을 효율적으로 재배치하려는 것임.

경찰법[시행 2008. 6. 13.] [법률 제9114호, 2008. 6. 13. 일부개정]

구체적 사건수사와 관련된 소속 상관의 지휘·감독에 대한 경찰공무원의 이의제기권을 명문화하여 경찰공무원의 직무상 독립성 및 공정성을 높이려는 것임.

경찰법[시행 2011. 5. 30.] [법률 제10745호, 2011. 5. 30. 일부개정]

법 문장을 원칙적으로 한글로 적고, 어려운 용어를 쉬운 용어로 바꾸며, 길고 복잡한 문장은 체계 등을 정비하여 간결하게 하는 등 국민이 법 문장을 이해하기 쉽게 정비하려는 것임.

경찰법[시행 2011. 8. 4.] [법률 제11032호, 2011. 8. 4. 일부개정]

「경찰법」 제3조에 따른 국가경찰의 임무에는 「경찰관직무집행법」 제2조에서 규정하고 있는 경찰의 직무 중 "경비요인경호 및 대간첩작전 수행"이 빠져 있고, 반대로 「경찰관직무집행법」 제2조에 따른 경찰의 직무에는 「경찰법」 제3조에서 규정하고 있는 국가경찰의 임무 중 "국민의 생명·신체 및 재산의 보호"가 빠져 있어, 경찰의 임무에 관한 두 법의 규정을 상호 일치시키려는 것임.

경찰법[시행 2012. 2. 22.] [법률 제11335호, 2012. 2. 22. 일부개정]

하나의 시·도 관할구역 내에 인구, 행정구역, 면적, 지리적 특성, 교통 등을 고려하여 둘 이상의 지방경찰청을 둘 수 있도록 하여 늘어나는 치안 수요에 탄력적으로 대응할 수 있도록 하는 한편, 치안수요가 과중한 경찰서와 1개 자치구역 내에 다수의 경찰서가 있는 지역의 '중심경찰서'는 경찰서장 직급을 경무관으로 보임할 수 있는 근거를 마련하려는 것임.

경찰법[시행 2013. 3. 23.] [법률 제11690호, 2013. 3. 23. 타법개정]

국가 성장동력의 양대 핵심 축인 과학기술과 정보통신기술을 창조경제의 원천으로 활용하여 경제부흥을 뒷받침할 수 있도록 정부 조직체계를 재설계하고, 국민생활 전반에 영향을 미치는 안전 관련 업무 기능을 강화하여 국민의 안전을 최우선으로 하는 정부를 구현하는 한편, 각 행정기관 고유의 전문성을 강화하여 행정환경의 변화에 능동적으로 대처할 수 있도록 하는 등 창조적이고 유능한 정부를 구현할 수 있도록 정부기능을 재배치하려는 것임.

경찰법[시행 2014. 11. 19.] [법률 제12844호, 2014. 11. 19. 타법개정]

국가적 재난관리를 위한 재난안전 총괄부처로서 국무총리 소속으로 '국민안전처'를 신설하고, 현행 해양경찰청과 소방방재청의 업무를 조정·개편하여 국민안전처의 차관급 본부로 설치하며, 공직개혁 추진 및 공무원 전문역량 강화를 위하여 공무원 인사 전담조직인 인사혁신처를 국무총리 소속으로 설치하고, 교육·사회·문화 분야 정책결정의 효율성과 책임성을 제고하기 위하여 교육·사회·문화 부총리를 신설하려는 것임.

경찰법 [시행 2014. 11. 21.] [법률 제12601호, 2014. 5. 20. 일부개정]

수사 및 재판과 관련한 국제협력에 대해서는 「국제형사사법공조법」에 구체적인 규정이 마련되어 있으나, 그 이외의 위험방지 또는 예방경찰 작용에 있어서의 국제협력에 대해서는 근거 규정이 마련되어 있지 않아 경찰의 업무수행에 어려움이 있고, "대테러 작전" 역시 국가경찰작용으로 수행하고 있으나 법문상 이에 대한 명확한 근거 조항이 없으므로 대테러 작전 수행 및 국제협력 관련 규정을 "국가경찰의 임무"에 추가하여 법적 근거를 명확히 하고, 경찰이 추진하는 부패·비리 근절 정책의 객관성과 공정성을 높이기 위하여 경찰행정에 관한 합의제 심의·의결 기관인 경찰위원회의 심의·의결 사항에 '부패 방지 및 청렴도 향상에 관한 주요 정책사항'을 추가하는 한편, 또한, 첨단과학기술을 활용한 경찰역량을 확보하기 위해서는 정부로 하여금 치안분야 과학기술진흥을 위한 시책을 마련·추진하도록 하고 이를 위한 연구개발사업의 수행에 필요한 경비를 지원할 수 있는 근거규정을 마련하여 치안분야 과학기술의 발전을 위한 연구 및 지원이 활발히 이루어질 수 있도록 하려는 것임.

경찰법[시행 2016. 1. 25.] [법률 제13426호, 2015. 7. 24. 타법개정]

제주특별자치도의 자치권 확대를 위하여 국가사무를 추가 이양하고, 제주특별자치도의 관광·교육·물산업 등 핵심산업의 활성화에 필요한 특례를 확대하며, 외국인의 관광편의를 높여 제주특별자치도가 국제자유도시로 발전할 수 있는 여건을 조성하는 한편, 2006년 7월 1일 제정 이후 복잡해진 조문체계를 간결하게 개편하고 어려운 용어를 쉬운 용어로 바꾸어 국민이 법을 이해하기 쉽게 정비하려는 것임.

경찰법[시행 2016. 9. 23.] [법률 제14079호, 2016. 3. 22. 타법개정]

융합기술 등을 개발하기 위한 연구개발사업에 1인 창조기업도 참여할 수 있도록 특정연구개발사업의 참여 대상 기관을 명확하게 하고, 일정 인력 요건 등을 갖춘 기업부설 연구기관 등을 이 법에 따른 기업부설연구소 등으로 인정할 수 있도록 인정제도를 정비하는 등 현행 제도의 운영상 나타난 일부 미비점을 개선·보완하려는 것임.

경찰법[시행 2017. 7. 26.] [법률 제14839호, 2017. 7. 26. 타법개정]

중소기업 육성과 과학기술 융합을 기반으로 미래 성장동력 확충과 일자리 창출 등 경제 활성화를 뒷받침할 수 있도록 정부 조직체계를 재설계하고, 안전·재난 분야의 유기적 연계와 현장 기관의 전문 역량을 강화하기 위하여 국가 안전관리 체계를 재조정하는 한편, 통상행정 분야를 효율화하고, 국가보훈 및 대통령 경호 시스템을 환경변화에 맞게 조정하는 등 국민들의 요구에 신속하게 반응하는 열린 민주 정부를 구현할 수 있도록 정부기능을 재배치하려는 것임.

경찰법[시행 2018. 4. 17.] [법률 제15566호, 2018. 4. 17. 일부개정]

범죄피해자 보호는 타인의 범죄행위로 인하여 생명·신체 등에 피해를 당한 사람이 범죄피해 상황에서 빨리 벗어나 인간의 존엄성을 보장받을 수 있도록 하기 위한 것으로 경찰이 수행해야 할 중요한 임무 중 하나라 할 수 있음.

이와 관련하여 현행법상 국가경찰의 임무 중 하나로 범죄피해자 보호를 명시하여 그 중요성을 다시 한번 확인시키고, 경찰이 적극적으로 범죄피해자를 보호해야 함을 분명히 해야 한다는 의견이 있음.

이에 현행법에 따른 국가경찰의 임무에 범죄피해자 보호를 명시함으로써 범죄피해자 보호의 중요성 및 해당 임무 수행에 대한 경찰의 인식을 제고하려는 것임.

3장 경찰법 2단 비교표(법률, 경찰청과 그 소속기관 직제)[33]

1. 총칙

경찰관련법 [법률 제15566호, 2018. 4. 17. 일부개정]	경찰청과 그 소속기관 직제 [대통령령 제30214호, 2019. 11. 26. 일부개정]
제1장 총직 〈개정 2011.5.30〉	
제1조(목적) 이 법은 국가경찰의 민주적인 관리·운영과 효율적인 임무수행을 위하여 국가경찰의 기본조직 및 직무 범위와 그 밖에 필요한 사항을 규정함을 목적으로 한다. [전문개정 2011. 5. 30.]	
제2조(국가경찰의 조직) ① 치안에 관한 사무를 관장하게 하기 위하여 행정안전부장관 소속으로 경찰청을 둔다. 〈개정 2013. 3. 23., 2014. 11. 19., 2017. 7. 26.〉 ② 경찰청의 사무를 지역적으로 분담하여 수행하게 하기 위하여 특별시장·광역시장 및 도지사(이하 "시·도지사"라 한다) 소속으로 지	제2조(소속기관) ①경찰청장의 관장사무를 지원하기 위하여 경찰청장 소속하에 경찰대학·경찰인재개발원·중앙경찰학교 및 경찰수사연수원을 둔다. 〈개정 2005. 12. 30., 2007. 3. 30., 2009. 11. 23., 2016. 12. 5., 2018. 3. 30.〉 ②경찰청장의 관장사무를 지원하기 위하여 「책임운영기관의 설치·

법제처: moleg.go.kr/main.html(2020). 재구성

---

[33] 법제처: moleg.go.kr/main.html(2020). 재구성

경찰관법 [법률 제15566호, 2018. 4. 17. 일부개정]	경찰청과 그 소속기관 직제 [대통령령 제30214호, 2019. 11. 26. 일부개정]
방경찰청을 두고, 지방경찰청장 소속으로 경찰서를 둔다. 이 경우 인구, 행정구역, 면적, 지리적 특성, 교통 및 그 밖의 조건을 고려하여 시·도지사 소속으로 2개의 지방경찰청을 둘 수 있다. 〈개정 2012. 2. 22.〉 [전문개정 2011. 5. 30.]	운영에 관한 법률, 제4조제1항, 동법 시행령 제2조제1항 및 동법 시행령 별표 1의 규정에 의하여 경찰청장 소속하에 책임운영기관으로 경찰병원을 둔다. 〈신설 1999. 12. 28., 2005. 7. 5., 2005. 12. 30., 2010. 10. 22., 2016. 12. 5.〉 ③「경찰법」제2조제2항의 규정에 의하여 지방경찰청과 경찰서를 둔다. 〈개정 2005. 7. 5.〉
제3조(국가경찰의 임무) 국가경찰의 임무는 다음 각 호와 같다. 〈개정 2014. 5. 20., 2018. 4. 17.〉 1. 국민의 생명·신체 및 재산의 보호 2. 범죄의 예방·진압 및 수사 2의2. 범죄피해자 보호 3. 경비·요인경호 및 대간첩·대테러 작전 수행 4. 치안정보의 수집·작성 및 배포 5. 교통의 단속과 위해의 방지 6. 외국 정부기관 및 국제기구와의 국제협력 7. 그 밖의 공공의 안녕과 질서유지 [전문개정 2011. 8. 4.]	

경찰관법 [법률 제15566호, 2018. 4. 17. 일부개정]	경찰청과 그 소속기관 직제 [대통령령 제30214호, 2019. 11. 26. 일부개정]
제4조(권한남용의 금지) 국가경찰은 그 직무를 수행할 때 헌법과 법률에 따라 국민의 자유와 권리를 존중하고, 국민 전체에 대한 봉사자로서 공정·중립을 지켜야 하며, 부여된 권한을 남용하여서는 아니 된다. [전문개정 2011. 5. 30.]	

2. 경찰위원회

경찰관법 [법률 제15566호, 2018. 4. 17. 일부개정]	경찰청과 그 소속기관 직제 [대통령령 제30214호, 2019. 11. 26. 일부개정]
제2장 경찰위원회 〈개정 2011.5.30〉	
제5조(경찰위원회의 설치) ① 경찰행정에 관하여 제9조제1항 각 호의 사항을 심의·의결하기 위하여 행정안전부에 경찰위원회(이하 "위원회"라 한다)를 둔다. 〈개정 2013. 3. 23., 2014. 11. 19., 2017. 7. 26.〉 ② 위원회는 위원장 1명을 포함한 7명의 위원으로 구성하되, 위원장 및 5명의 위원은 비상임(非常任)으로 하고, 1명의 위원은 상임	

경찰관법 [법률 제15566호, 2018. 4. 17. 일부개정]	경찰청과 그 소속기관 직제 [대통령령 제30214호, 2019. 11. 26. 일부개정]
(常任)으로 한다. ③ 제2항에 따른 위원 중 상임위원은 정무직으로 한다. [전문개정 2011. 5. 30.] 제6조(위원의 임명 및 결격사유) ① 위원은 행정안전부장관의 제청으로 국무총리를 거쳐 대통령이 임명한다. 〈개정 2013. 3. 23., 2014. 11. 19., 2017. 7. 26.〉 ② 행정안전부장관은 위원 임명을 제청할 때 국가경찰의 정치적 중립이 보장되도록 하여야 한다. 〈개정 2013. 3. 23., 2014. 11. 19., 2017. 7. 26.〉 ③ 위원 중 2명은 법관의 자격이 있는 사람이어야 한다. ④ 다음 각 호의 어느 하나에 해당하는 사람은 위원이 될 수 없다. 1. 당적(黨籍)을 이탈한 날부터 3년이 지나지 아니한 사람 2. 선거에 의하여 취임하는 공직에서 퇴직한 날부터 3년이 지나지 아니한 사람 3. 경찰, 검찰, 국가정보원 직원 또는 군인의 직(職)에서 퇴직한 날부터 3년이 지나지 아니한 사람 4. 「국가공무원법」 제33조 각 호의 어느 하나에 해당하는 사람 [전문개정 2011. 5. 30.]	

경찰관련법 [법률 제15566호, 2018. 4. 17. 일부개정]	경찰청과 그 소속기관 직제 [대통령령 제30214호, 2019. 11. 26. 일부개정]
제7조(위원의 임기 및 신분보장) ① 위원의 임기는 3년으로 하며, 연임(連任)할 수 없다. 이 경우 보궐위원의 임기는 전임자 임기의 남은 기간으로 한다. ② 위원은 정당에 가입하거나 제6조제4항제2호 또는 제3호의 직에 취임 또는 임용되거나 제4호에 해당하게 될 때에는 당연히 퇴직된다. ③ 위원은 중대한 신체상 또는 정신상의 장애로 직무를 수행할 수 없게 된 경우를 제외하고는 그 의사에 반하여 면직되지 아니한다. [전문개정 2011. 5. 30.] 제8조(「국가공무원법」의 준용) 위원에 대하여는 「국가공무원법」 제60조 및 제65조를 준용한다. [전문개정 2011. 5. 30.] 제9조(위원회의 심의·의결 사항) ① 다음 각 호의 사항은 위원회의 심의·의결을 거쳐야 한다. 〈개정 2013. 3. 23., 2014. 5. 20., 2014. 11. 19., 2017. 7. 26.〉 1. 국가경찰의 인사, 예산, 장비, 통신 등에 관한 주요정책 및 국가경찰 업무 발전에 관한 사항 2. 인권보호와 관련되는 국가경찰의 운영·개선에 관한 사항	

경찰법 [법률 제15566호, 2018. 4. 17. 일부개정]	경찰청과 그 소속기관 직제 [대통령령 제30214호, 2019. 11. 26. 일부개정]
3. 국가경찰의 부패 방지와 청렴도 향상에 관한 주요 정책사항 4. 국가경찰 임무 외에 다른 국가기관으로부터의 업무협조 요청에 관한 사항 5. 제주특별자치도의 자치경찰에 대한 국가경찰의 지원·협조 및 협약체결의 조정 등에 관한 주요 정책사항 6. 그 밖에 행정안전부장관 및 경찰청장이 중요하다고 인정하여 위원회의 회의에 부친 사항 ② 행정안전부장관은 제1항에 따라 심의·의결된 내용이 적정하지 아니하다고 판단할 때에는 재의(再議)를 요구할 수 있다. 〈개정 2013. 3. 23., 2014. 11. 19., 2017. 7. 26.〉 [전문개정 2011. 5. 30.] 제10조(위원회의 운영 등) ① 위원회의 사무는 경찰청에서 수행한다. ② 위원회의 회의는 재적위원 과반수의 출석과 출석위원 과반수의 찬성으로 의결한다. ③ 이 법에 규정된 것 외에 위원회의 운영 및 제9조제1항 각 호에 따른 심의·의결 사항의 구체적 범위, 재의 요구 등에 필요한 사항은 대통령령으로 정한다. [전문개정 2011. 5. 30.]	

3. 경찰청

경찰관련법 [법률 제15566호, 2018. 4. 17., 일부개정]	경찰청과 그 소속기관 직제 [대통령령 제30214호, 2019. 11. 26., 일부개정]
제3장 경찰청 〈개정 2011.5.30〉	
제11조(경찰청장) ① 경찰청에 경찰청장을 두며, 경찰청장은 치안총감(治安總監)으로 보한다. 〈개정 2011. 5. 30.〉 ② 경찰청장은 경찰위원회의 동의를 받아 행정안전부장관의 제청으로 국무총리를 거쳐 대통령이 임명한다. 이 경우 국회의 인사청문을 거쳐야 한다. 〈개정 2011. 5. 30., 2013. 3. 23., 2014. 11. 19., 2017. 7. 26.〉 ③ 경찰청장은 국가경찰에 관한 사무를 총괄하고 경찰청 업무를 관장하며 소속 공무원 및 각급 국가경찰기관의 장을 지휘·감독한다. 〈개정 2011. 5. 30.〉 ④ 삭제 〈2003. 12. 31.〉 ⑤ 경찰청장의 임기는 2년으로 하고, 중임(重任)할 수 없다. 〈개정 2011. 5. 30.〉 ⑥ 경찰청장이 직무를 집행하면서 헌법이나 법률을 위배하였을 때에는 국회는 탄핵 소추를 의결할 수 있다. 〈개정 2011. 5. 30.〉 [제목개정 2011. 5. 30.]	

경찰관법 [법률 제15566호, 2018. 4. 17., 일부개정]	경찰청과 그 소속기관 직제 [대통령령 제30214호, 2019. 11. 26., 일부개정]
[2003. 12. 31. 법률 제7035호에 의하여 1999. 12. 23. 헌법재판소에서 위헌 결정된 이 조를 삭제함.]	
제12조(차장) ① 경찰청에 차장을 두며, 차장은 치안정감(治安正監)으로 보한다. ② 차장은 경찰청장을 보좌하며, 경찰청장이 부득이한 사유로 직무를 수행할 수 없을 때에는 그 직무를 대행한다. [전문개정 2011. 5. 30.]	
제13조(하부조직) ① 경찰청의 하부조직은 국(局) 또는 부(部) 및 과(課)로 한다. ② 경찰청장·차장·국장 또는 부장 밑에 정책의 기획이나 계획의 입안(立案) 및 연구·조사를 통하여 그를 직접 보좌하는 담당관을 둘 수 있다. ③ 경찰청의 하부조직의 명칭 및 분장 사무와 공무원의 정원은 「정부조직법」 제2조제4항 및 제5항을 준용하여 대통령령 또는 행정안전부령으로 정한다. <개정 2013. 3. 23., 2014. 11. 19., 2017. 7. 26.> [전문개정 2011. 5. 30.]	

4. 지방경찰

경찰관법 [법률 제15566호, 2018. 4. 17., 일부개정]	경찰청과 그 소속기관 직제 [대통령령 제30214호, 2019. 11. 26., 일부개정]
제4장 지방경찰 〈개정 2011.5.30〉	
제14조(지방경찰청장) ① 지방경찰청에 지방경찰청장을 두며, 지방경찰청장은 치안정감·치안감(治安監) 또는 경무관(警務官)으로 보한다. ② 지방경찰청장은 경찰청장의 지휘·감독을 받아 관할구역의 국가경찰사무를 관장하고 소속 공무원 및 소속 국가경찰기관의 장을 지휘·감독한다. [전문개정 2011. 5. 30.]	
제15조(차장) ① 지방경찰청에 차장을 둘 수 있다. ② 차장은 지방경찰청장을 보좌하여 소관 사무를 처리하고 지방경찰청장이 부득이한 사유로 직무를 수행할 수 없을 때에는 그 직무를 대행한다. [전문개정 2011. 5. 30.]	
제16조(치안행정협의회) ① 지방행정과 치안행정의 업무조정과 그 밖에 필요한 사항을 협의·조정하기 위하여 시·도지사(제주특별자치도지사는 제외한다) 소속으로 치안행정협의회를 둔다.	

경찰관법 [법률 제15566호, 2018. 4. 17., 일부개정]	경찰청과 그 소속기관 직제 [대통령령 제30214호, 2019. 11. 26., 일부개정]
② 치안행정협의회의 조직·운영과 그 밖에 필요한 사항은 대통령령으로 정한다. [전문개정 2011. 5. 30.] 제17조(경찰서장) ① 경찰서에 경찰서장을 두며, 경찰서장은 경무관, 총경(總警) 또는 경정(警正)으로 보한다. 〈개정 2012. 2. 22.〉 ② 경찰서장은 지방경찰청장의 지휘·감독을 받아 관할구역의 소관 사무를 관장하고 소속 공무원을 지휘·감독한다. ③ 경찰서장 소속으로 지구대 또는 파출소를 두고, 그 설치기준은 치안수요·교통·지리 등 관할구역의 특성을 고려하여 행정안전부령으로 정한다. 다만, 필요한 경우에는 출장소를 둘 수 있다. 〈개정 2013. 3. 23., 2014. 11. 19., 2017. 7. 26.〉 [전문개정 2011. 5. 30.]	제43조(경찰서) ① 지방경찰청장의 소관사무를 분장하기 위하여 지방경찰청장 소속하에 255개 경찰서의 범위안에서 경찰서를 두되, 경찰서의 명칭은 별표 2와 같고, 경찰서의 하부조직, 위치·관할구역 기타 필요한 사항은 행정안전부령으로 정한다. 〈개정 1999. 5. 24., 1999. 12. 28., 2000. 12. 20., 2001. 12. 27., 2003. 12. 18., 2005. 11. 9., 2007. 3. 30., 2007. 6. 28., 2007. 11. 30., 2008. 2. 29., 2008. 4. 3., 2008. 8. 7., 2009. 3. 18., 2010. 5. 31., 2010. 10. 22., 2011. 5. 4., 2012. 11. 20., 2013. 5. 6., 2014. 11. 19., 2015. 10. 1., 2016. 12. 5., 2017. 7. 26., 2017. 8. 7., 2017. 11. 28., 2018. 11. 27.〉 ②「경찰법」제17조제1항에 따라 경찰서장을 경무관, 총경 또는 경정으로 보하되, 경찰서장을 경무관으로 보하는 경찰서는 별표 2의2와 같다. 〈신설 2012. 11. 20.〉

경찰관법 [법률 제15566호, 2018. 4. 17., 일부개정]	경찰청과 그 소속기관 직제 [대통령령 제30214호, 2019. 11. 26., 일부개정]
제18조(직제) 지방경찰청 및 경찰서의 명칭, 위치, 관할구역, 하부조직, 공무원의 정원, 그 밖에 필요한 사항은 「정부조직법」 제2조제4항 및 제5항을 준용하여 대통령령 또는 행정안전부령으로 정한다. 〈개정 2013. 3. 23., 2014. 11. 19., 2017. 7. 26.〉 [전문개정 2011. 5. 30.]	
제5장 삭제 〈1996.8.8〉	

5. 국가경찰공무원

경찰관법 [법률 제15566호, 2018. 4. 17. 일부개정]	경찰청과 그 소속기관 직제 [대통령령 제30214호, 2019. 11. 26. 일부개정]
제6장 국가경찰공무원 〈개정 2011.5.30〉	
제23조(국가경찰공무원) ① 국가경찰공무원의 계급은 치안총감·치안정감·치안감·경무관·총경·경정·경감(警監)·경위(警衛)·경사(警査)·경장(警長)·순경(巡警)으로 한다. ② 국가경찰공무원의 임용·교육훈련·복무·신분보장 등에 관한 사항은 따로 법률로 정한다.	

경찰관법 [법률 제15566호, 2018. 4. 17. 일부개정]	경찰청과 그 소속기관 직제 [대통령령 제30214호, 2019. 11. 26., 일부개정]
[전문개정 2011. 5. 30.]	
제24조(직무수행) ① 국가경찰공무원은 상관의 지휘·감독을 받아 직무를 수행하고, 그 직무수행에 관하여 서로 협력하여야 한다. ② 국가경찰공무원은 구체적 사건수사와 관련된 제1항의 지휘·감독의 적법성 또는 정당성에 대하여 이견이 있을 때에는 이의를 제기할 수 있다. ③ 국가경찰공무원의 직무수행에 필요한 사항은 따로 법률로 정한다. [전문개정 2011. 5. 30.]	

6. 비상사태 시의 특별조치

경찰관법 [법률 제15566호, 2018. 4. 17., 일부개정]	경찰청과 그 소속기관 직제 [대통령령 제30214호, 2019. 11. 26., 일부개정]
제7장 비상사태 시의 특별조치 〈개정 2011.5.30〉	
제25조(비상사태 시 자치경찰에 대한 지휘·명령) ① 경찰청장은 전시·사변, 천재지변, 그 밖에 이에 준하는 국가 비상사태, 대규모의 테러 또는 소요사태가 발생하였거나 발생할 우려가 있어 전국적인	

경찰관직무집행법 [법률 제15566호, 2018. 4. 17., 일부개정]	경찰청과 그 소속기관 직제 [대통령령 제30214호, 2019. 11. 26., 일부개정]
치안유지를 위하여 긴급한 조치가 필요하다고 인정할 만한 충분한 사유가 있는 경우에는 제2항에 따라 제주특별자치도의 자치경찰공무원(이하 "자치경찰공무원"이라 한다)을 직접 지휘·명령할 수 있다. 다만, 제주특별자치도 지역 단위의 치안유지를 위하여 필요한 경우에는 제주특별자치도지방경찰청장에 지휘·명령할 수 있다. ② 경찰청장 또는 제주특별자치도지방경찰청장은 제1항에 따른 조치가 필요한 경우에는 미리 제주특별자치도지사에게 자치경찰공무원을 직접 지휘·명령하려는 사유 및 내용 등을 구체적으로 제시하여 통보하여야 한다. 이 경우 제주특별자치도지사는 정당한 사유가 없으면 즉시 소속 자치경찰공무원에게 경찰청장 또는 제주특별자치도지방경찰청장의 지휘·명령을 받을 것을 명하여야 한다. ③ 경찰청장 또는 제주특별자치도지방경찰청장이 제1항에 따라 지휘·명령권을 인수한 경우에는 경찰위원회는 「제주특별자치도 설치 및 국제자유도시 조성을 위한 특별법」 제94조에 따른 관할 치안행정위원회에 즉시 통보하여야 한다. 〈개정 2015. 7. 24.〉 ④ 제3항에 따라 자치경찰공무원에 대한 지휘·명령권자가 변동된 사실을 보고받은 경찰위원회는 제1항에 규정된 사유에 해당되지 아	

경찰관법 [법률 제15566호, 2018. 4. 17., 일부개정]	경찰청과 그 소속기관 직제 [대통령령 제30214호, 2019. 11. 26., 일부개정]
나한다고 인정하면 그 지휘·명령권을 반환할 것을 의결할 수 있으며, 같은 사실을 통보받은 지안행정위원회는 제1항에 규정된 사유에 해당되지 아니한다고 인정하면 경찰청장 또는 제주특별자치도지방경찰청장에게 그 지휘·명령권의 반환을 건의할 수 있다. ⑤ 경찰청장 또는 제주특별자치도지방경찰청장은 제1항에 따라 경찰청장 또는 제주특별자치도지방경찰청장이 자치경찰공무원을 지휘·명령할 수 있는 사유가 해소된 때에는 자치경찰공무원에 대한 지휘·명령권을 즉시 제주특별자치도지사에게 반환하여야 한다. ⑥ 제1항 및 제2항에 따라 제주특별자치도의 자치경찰공무원이 경찰청장 또는 제주특별자치도지방경찰청장의 지휘·명령을 받는 경우 그 지휘·명령의 범위에서는 국가경찰공무원으로 본다. [전문개정 2011. 5. 30.]	

7. 치안분야의 과학기술진흥

경찰관법
[법률 제15566호, 2018. 4. 17., 일부개정]

제8장 치안분야 과학기술진흥 〈신설 2014.5.20〉

제26조(치안에 필요한 연구개발의 지원 등) ① 경찰청장은 치안에 필요한 연구·실험·조사·기술개발(이하 "연구개발사업"이라 한다) 및 전문인력 양성 등 치안분야의 과학기술진흥을 위한 시책을 마련하여 추진하여야 한다.

② 경찰청장은 연구개발사업을 효율적으로 추진하기 위하여 다음 각 호의 어느 하나에 해당하는 기관 또는 단체 등과 협약을 맺어 연구개발사업을 실시하게 할 수 있다. 〈개정 2016. 3. 22.〉

1. 국공립 연구기관
2. 「특정연구기관 육성법」 제2조에 따른 특정연구기관
3. 「과학기술분야 정부출연연구기관 등의 설립·운영 및 육성에 관한 법률」에 따라 설립된 과학기술분야 정부출연연구기관
4. 「고등교육법」에 따른 대학·산업대학·전문대학 및 기술대학
5. 「민법」이나 다른 법률에 따라 설립된 법인으로서 치안분야 연구기관 또는 법인 부설 연구소
6. 「기초연구진흥 및 기술개발지원에 관한 법률」 제14조의2제1항에 따라 인정받은 기업부설연구소 또는 기업의 연구개발전담부서
7. 그 밖에 대통령령으로 정하는 치안분야의 연구·조사·기술개발 등을 수행하는 기관 또는 단체

③ 경찰청장은 제2항 각 호의 기관 또는 단체 등에 대하여 연구개발사업을 실시하는 데 필요한 경비의 전부 또는 일부를 출연하거나 보조할 수 있다.

④ 제2항에 따른 연구개발사업의 실시와 제3항에 따른 출연금의 지급·사용 및 관리 등에 필요한 사항은 대통령령으로 정한다.

[본조신설 2014. 5. 20.]

4장   요약정리

목적

국가경찰의 민주적인 관리·운영과 효율적인 임무수행을 위해 국가경찰의 기본조직 및 직무범위와 그 밖에 필요한 사항을 규정함.

[그림 7-1] 목적

국가경찰임무

1. 국민의 생명·신체 및 재산의 보호
2. 범죄의 예방·진압 및 수사
2의2. 범죄피해자 보호
3. 경비·요인경호 및 대간첩·대테러 작전 수행
4. 치안정보의 수집·작성 및 배포
5. 교통의 단속과 위해의 방지
6. 외국 정부기관 및 국제기구와의 국제협력
7. 그 밖에 공공의 안녕과 질서 유지

[그림 7-2] 임무

부록

1장 경비업법 제·개정
2장 청원경찰법 제·개정
3장 대통령 등의 경호에 관한 법률 제·개정
4장 전직대통령 예우에 관한 법률
5장 경찰관 직무집행법 제·개정
6장 경찰법 제·개정

부록34)

핵심 경호경비 관련법

1장 경비업법 제·개정

　용역경비업법은 법률 제2946호, 1976년 12월 31일 제정되었으며, 지금까지 총 27차에 걸쳐 제·개정되었다. 주요 연혁을 보면 다음과 같다.

1) 용역경비업법[시행 1977. 4. 1.] [법률 제2946호, 1976. 12. 31., 제정]

[신규제정]
　산업시설·공공시설·사무소등 기타 경비를 요하는 시설물의 경비업을 할 수 있도록 용역경비업에 관한 사항을 정하여 용역경비업무의 실시에 적정을 기하려는 것임.
　①용역경비업은 법인만이 할 수 있도록 함.
　②용역경비업을 경영하고자 하는 자는 서울특별시장·부산시장 또는 도지사의 허가를 받도록 함.
　③파산선고를 받고 복권되지 아니한 자와 금치산자 및 한정치산자, 금고이상의 형을 받은 자등은 용역경비업 법인의 임원이 될 수 없도록 함.
　④경비원은 근무중 복장과 장구를 착용하도록 함.
　⑤용역경비업의 건전한 발전을 위하여 용역경비협회를 설립하도록 함.

2) 용역경비업법[시행 1981. 2. 14.] [법률 제3372호, 1981. 2. 14., 일부개정]

[일부개정]
　용역경비원이 될 수 있는 자의 연령상한을 50세에서 55세로 연장하여 경비원의 사기를 앙양하려는 것임.

3) 용역경비업법[시행 1984. 1. 31.] [법률 제3678호, 1983. 12. 30., 일부개정]

[일부개정]
　용역경비업자의 불필요한 신고의무를 완화하고, 벌칙을 현실에 맞게 조정하려는 것임.
　①용역경비업자가 경비원을 채용 또는 해임할 때에 관할경찰서장에게 신고를 하도록 하던 것을 폐지함.
　②무허가영업행위에 대한 벌칙을 1년이하의 징역 또는 50만원이하의 벌금에서 1년이하의 징역 또는 100만원이하의 벌금으로 조정함.
　③휴업신고의무위반등 경미한 위반행위에 대한 벌칙을 과태료로 완화함.

---

34) 법제처: moleg.go.kr/main.html(2020). 재구성

4) 용역경비업법[시행 1990. 1. 28.] [법률 제4148호, 1989. 12. 27., 일부개정]

[일부개정]

용역경비업을 건전하게 육성·발전시키기 위하여 경비원의 권익을 증진하고, 경비원의 자격연령을 연장하며, 용역경비업자의 손해배상보장제도를 개선하려는 것임.

① 용역경비원이 될 수 없는 연령제한을 18세이하이거나 55세이상에서 18세미만이거나 59세이상으로 완화함.
② 용역경비협회는 용역경비업자의 손해배상책임을 보장하기 위하여 공제사업을 할 수 있도록 하고, 용역경비업자는 손해배상을 위해 현금등을 공탁하거나 이행보증보험계약을 보험회사와 체결하는 대신에 공제에 가입할 수 있도록 함.

5) 용역경비업법[시행 1991. 7. 31.] [법률 제4369호, 1991. 5. 31., 타법개정]
경찰법[1991.5.31, 법률제4369호]

[신규제정]

경찰의 민주적인 관리·운영과 효율적인 임무수행을 위하여 필요한 경찰의 기본조직과 직무범위를 정하려는 것으로, 분단국가로서 우리나라의 특수한 안보상황과 치안여건에 효율적으로 대처하기 위하여 국가경찰체제를 유지하면서 경찰의 기본조직을 중앙은 현재 보조기관으로 되어 있는 치안본부를 내무부장관소속하의 경찰청으로, 지방은 시·도지사 보조기관인 경찰국을 시·도지사 소속기관인 지방경찰청으로 개편함으로써 경찰행정의 책임성과 독자성을 보장함과 동시에 내무부에 각계의 덕망있는 인사로 구성되는 경찰위원회를 두어 경찰행정에 관한 주요제도 및 인권보호에 관한 사항을 심의·의결하게 함으로써 경찰운영의 민주성과 공정성의 확보를 기하며 경찰의 임무인 국민의 생명과 재산의 보호 및 공공의 안녕과 질서유지에 충실할 수 있도록 그 임무를 명확히 하고 직권을 남용하지 못하도록 하여 국민의 자유와 권리를 최대한 보장함으로써 경찰에 대한 국민의 신뢰를 회복하고 진정한 민주경찰로서의 발전을 도모하려는 것임.

① 중앙경찰기관으로 내무부장관소속하에 경찰청을 설치하고 지방경찰기관으로는 지방경찰청과 경찰서를 두며, 해양경찰청과 해양경찰서를 두도록 함.
② 경찰의 임무를 명확히 하고 그 직무수행에 있어서는 헌법과 법률에 따라 국민의 자유와 권리를 존중하고 국민전체에 대한 봉사자로서 공정중립을 지키도록 함과 동시에 권한의 남용을 금지함.
③ 경찰의 인사·예산·장비등에 관한 주요정책과 경찰행정에 관한 업무발전 및 인권보호에 관한 사항등을 심의·의결하기 위하여 내무부에 위원 5인(임기 3년)으로 구성되는 경찰위원회를 두도록 함.
④ 경찰위원회 위원은 내무부장관의 제청으로 국무총리를 거쳐 대통령이 임명하도록 함.
⑤ 경찰위원회 위원은 국가공무원법상의 공무원의 신분상 의원규정을 준용하여 정치운동을 할 수 없게 하고 직무상 비밀을 엄수하도록 함.
⑥ 경찰청에 경찰청장 및 차장을 두고, 각각 치안총감 및 치안정감으로 보하도록 함.
⑦ 지방경찰청장 및 해양경찰청장은 경찰청장의 지휘·감독을 받아 소관사무를 관장하도록 함.
⑧ 경찰공무원의 임용등 인사에 관한 사항과 직무수행에 필요한 사항등은 따로 법률로 정하도록 함.

6) 용역경비업법[시행 1996. 7. 1.] [법률 제5124호, 1995. 12. 30., 일부개정]

[일부개정]

사설경비업을 용역경비업의 한 분야로 흡수하고, 경비원의 자질향상을 도모하기 위하여 경비원의 지도·감독 및 교육을 전담하는 경비지도사제도를 신설하며, 용역경비업을 건전하게 육성하기 위하여 현행법에 나타난 일부 미비점을 보완하려는 것임.

① 개인의 신변을 보호하고 위해발생을 방지하는 신변보호업무를 용역경비업의 한 분야로 추가함.
② 용역경비업에 대한 경찰청장의 허가권한을 용역경비업을 하고자 하는 법인의 주사무소의 소재지를 관할하는 지방경찰청장에게 이양함.
③ 용역경비업체의 임·직원, 경비지도사 및 경비원은 직무상 알게 된 경비대상의 비밀을 누설하거나 부정

④경비원에 대한 지도·감독 및 교육을 전담할 수 있도록 경비지도사제도를 신설함.

7) 용역경비업법[시행 1998. 1. 1.] [법률 제5453호, 1997. 12. 13., 타법개정]

[일부개정]

　　행정절차법이 1998년 1월 1일부터 시행됨에 따라 행정절차법과 개별 법률에 중복규정되어 있는 행정절차관련규정을 삭제하고, 개별 법률의 다양한 의견청취유형을 행정절차법에 맞도록 정비하며, 일정한 원칙과 기준에 따라 청문을 실시하는 처분을 명확히 개별 법률에 규정함으로써 행정절차법 운영의 실효성을 확보하려는 것임.

　　①개별 법률에 의견제출·청문의 대상으로 다양하게 규정되어 있는 불이익처분중 당사자의 재산권·자격 또는 지위를 직접 박탈하는 허가·인가·면허등의 취소처분과 법인·조합등의 설립인가 취소 또는 해산을 명하는 중대한 불이익처분의 경우에는 엄격한 처분절차인 청문을 실시하도록 함.
　　②공사채등록법·관세법등과 같이 당사자에게 중대한 불이익을 주는 인가 및 특허등의 취소처분을 규정하고 있으나 청문에 관한 근거가 없는 경우에는 당해처분의 성질에 맞게 청문실시의 근거를 신설함.
　　③의견진술·공청등 행정절차법의 불이익처분절차에 맞지 아니하는 개별 법률상의 용어를 행정절차법에 적합하도록 정비하여 법 적용상의 혼란을 해소함.

8) 경비업법[시행 1999. 10. 1.] [법률 제5940호, 1999. 3. 31., 일부개정]

[일부개정]

◇개정이유 및 주요골자

　　행정규제기본법에 의한 규제정비계획에 따라 경비지도사의 자격등과 관련된 규정을 합리적으로 조정하고, 설립과 가입이 강제되던 용역경비협회 관련 규정을 정비하는등 용역경비업과 관련된 과도한 규제를 개선·완화하려는 것임.

9) 경비업법[시행 2001. 7. 8.] [법률 제6467호, 2001. 4. 7., 전부개정]

[전문개정]

◇개정이유

　　국가중요시설에 대한 효율적인 경비체계의 구축을 위하여 경비업의 종류에 특수경비업무를 추가하고, 기계경비산업이 급속히 발전함에 따라 기계경비업무의 신고제를 허가제로 변경하는 한편, 기계경비업자의 신속대응조치 의무에 관한 사항 등을 규정하는 등 현행 제도의 운영상 나타난 일부 미비점을 개선·보완하려는 것임.

◇주요골자

　가. 기계경비업무를 신고제에서 허가제로 변경하고, 국가중요시설의 경비를 담당하는 특수경비업무를 경비업의 종류로 신설함(법 제2조제1호라목 및 마목).
　나. 경비업허가의 실효성을 확보하기 위하여 경비업 허가를 5년마다 갱신하도록 함(법 제6조).
　다. 국가중요시설을 경비하는 특수경비업자는 부득이한 사유로 경비업무를 계속할 수 없는 경우에 대비하여 경비대행업자를 지정하도록 함(법 제7조제6항 및 제7항).
　라. 기계경비업자는 경비대상시설에 대한 경보를 수신한 때에는 신속하게 대응조치를 취하도록 하고, 계약상대방에게 기기사용요령 등을 설명하도록 함(법 제8조 및 제9조제1항).
　마. 지방경찰청장은 국가중요시설의 경비업무 수행을 위하여 필요한 경우에 관할 경찰관서장으로 하여금 시설주의 신청에 의하여 시설주에게 무기를 대여하게 하고, 대여받은 무기의 관리책임은 시설주 및 관할 경찰관서장이 지도록 하며, 관할경찰관서장은 무기관리상황을 지도감독하여야 하고, 시설주는 대여받은 무기를 특수경비업자에게 제공하여 특수경비원으로 하여금 무기를 휴대·사용할 수 있도록

바. 특수경비원의 복종의무·경비구역이탈금지의무와 무기의 안전사용수칙을 준수할 의무를 법률에서 구체적으로 명시함(법 제15조).
사. 국가중요시설의 정상적 운영을 해치는 장해를 일으킨 경우나 정당한 사유없이 무기를 소지하고 배치된 경비구역을 벗어나는 경우 등에 대한 벌칙을 규정하는 한편, 경비업무 수행중 권한을 남용하여 폭행·상해 등의 죄를 범한 경우 그 형을 가중하도록 함(법 제28조 및 제29조).
아. 특수경비원의 단체행동권을 금지하고, 무기 오남용을 방지하기 위하여 무기안전수칙을 법률에 구체적으로 명시함(법 제15조제3항 및 제4항).

10) 경비업법[시행 2003. 12. 19.] [법률 제6787호, 2002. 12. 18., 일부개정]

[일부개정]

◇개정이유 및 주요골자

경비업자의 대부분이 경비업외에 다른 업무를 겸업하고 있는 경비업계의 현실정에 맞추어 이 법에 의한 경비업외의 영업을 할 수 없도록 하는 경비업자의 겸업금지의무를 특수경비업자로 한정함으로써 경비업자의 영업에 대한 규제를 완화하고 민간경비분야의 성장과 발전에 이바지하려는 것임.

11) 경비업법[시행 2005. 5. 31.] [법률 제7544호, 2005. 5. 31., 일부개정]

[일부개정]

◇개정이유 및 주요내용

법률의 위임근거 없이 시행령에 규정되어 있던 경비지도사 및 그 종류에 관한 사항과 경비업의 허가를 받거나 허가증을 재교부 받고자 하는 자가 납부하여야 하는 수수료에 관한 사항을 법률에 직접 규정하려는 것임.

12) 경비업법[시행 2006. 2. 5.] [법률 제7671호, 2005. 8. 4., 일부개정]

[일부개정]

◇개정이유 및 주요내용

경비원이 경비업무의 범위를 벗어난 행위를 하거나 이를 하게 한 자에 대하여 형사처벌을 할 수 있도록 하는 한편, 신변보호 또는 시설경비업무를 수행하는 일반경비원이나 특수경비원을 배치할 때에는 24시간 전까지 신고하도록 하고 이를 위반한 경우에는 배치폐지를 명할 수 있도록 하는 등 현행 제도의 운영과정에서 나타난 일부 미비점을 개선·보완하려는 것임.

13) 경비업법[시행 2008. 2. 29.] [법률 제8852호, 2008. 2. 29., 타법개정]

[전부개정]

◇개정이유

국경 없는 무한경쟁 시대에 국민에게 희망을 주는 일류 정부를 건설하기 위하여, 우리의 미래에 관한 전략기획기능을 강화하고, 정부의 간섭과 개입을 최소화하는 작은 정부 구축을 통하여 민간과 지방의 창의와 활력을 북돋우는 한편, 꼭 해야 할 일은 확실히 하되 나라살림을 알뜰하게 운영하여 국민부담을 줄이며 칸막이 없이 유연하고 창의적으로 일하는 정부를 구축할 수 있도록 기획예산처와 재정경제부를 통합하여 기획재정부를 신설하는 등 정부기능을 효율적으로 재배치하려는 것임.

◇주요내용

가. 대통령비서실과 대통령경호실의 통합(법 제14조)
  대통령 보좌기구의 정예화 및 권한과 책임의 명확화를 위하여 대통령비서실과 대통령경호실을 대통령실로 통합함.
나. 부총리제 폐지(현행 제19조의2 삭제)

헌법의 권한배분 등 정부편제의 기본원칙에 비추어 헌법적 근거가 취약한 부총리제를 폐지함.
다. 특임장관 신설(법 제17조)
  투자유치, 해외자원개발 등 핵심 국책과제를 수행하기 위하여 특임장관을 신설함.
라. 국무총리비서실과 국무조정실의 통합(법 제18조)
  국무총리의 보좌기능을 강화하고 사회갈등관리 기능 등을 강화하기 위하여 국무총리비서실과 국무조정실을 국무총리실로 통합함.
마. 법제처장과 국가보훈처장의 직급 조정(법 제20조 및 제21조)
  지나치게 격상된 조직 위상의 정상화를 위하여 장관급인 법제처장, 국가보훈처장의 직급을 장관급에서 차관급으로 조정함.
바. 기획재정부 신설(법 제23조)
  경제정책 조정역량을 강화하고 재정기능을 일원화하기 위하여 기획예산처와 재정경제부를 통합하여 기획재정부를 신설함
사. 교육과학기술부 신설(법 제24조)
  초·중등 교육 및 대학의 자율성을 제고하고 인적자원 개발기능을 강화하며, 기초과학을 진흥시키기 위하여 교육과학기술부를 신설함.
아. 행정안전부 신설(법 제29조)
  정부조직관리와 인사정책의 연계를 도모하고 분산된 안전관리정책의 총괄·조정기능을 통합하기 위하여 행정안전부를 신설함.
자. 국정홍보처의 폐지(법 제30조, 현행 제24조의2 삭제)
  정책홍보기능의 부처 자율화를 통해 국민의 알권리를 신장하기 위하여 국정홍보처를 폐지하고, 종전의 문화부 사무와 국정홍보처의 해외홍보 사무를 통합하여 문화체육관광부를 신설함.
차. 농림수산식품부 신설(법 제31조)
  농업과 수산업의 긴밀한 연계 및 식품산업 육성을 위하여 종전의 농림부의 사무와 해양수산부의 수산에 관한 사무를 통합하여 농림수산식품부를 신설함.
카. 지식경제부 신설(법 제32조)
  우리 경제를 빠른 시일 내에 미래 지향의 지식기반형·기술혁신형 경제로 전환하기 위하여 산업자원부의 산업·에너지정책 사무와 과학기술부의 산업기술 연구개발정책 사무 등을 통합하여 지식경제부를 신설함.
타. 기상청의 소속 변경(법 제34조)
  환경보전 기능을 강화하고 기상이변 등에 대한 대응역량을 강화하기 위하여 기상청을 환경부 소속으로 이관함.
파. 국토해양부 신설(법 제37조)
  국토자원의 통합관리를 위하여 건설교통부와 해양수산부의 해양정책, 항만, 해운물류를 통합하여 국토해양부를 신설함.

14) 경비업법[시행 2008. 2. 29.] [법률 제8872호, 2008. 2. 29., 타법개정]

대통령경호실법 일부개정법률

[일부개정]
◇개정이유 및 주요내용
  국제적으로 테러가 증가하고 있고 국가 주요인사에 대한 위해의 우려가 증대하고 있는 현실에 비추어「대통령경호실법」의 명칭을「대통령 및 국가요인의 경호 등에 관한 법률」로 변경하여 대통령 및 국가요인에 대하여 체계적이고 전문적인 경호를 제공함으로써 국가의 안정적인 발전을 기하는 한편,
  대통령 및 국가요인의 경호를 효율적으로 수행하도록 하기 위하여 대통령실장 소속으로 경호처를 설치하고, 처장은 정무직(차관급)으로, 차장은 1급(경호공무원 또는 고위공무원단에 속하는 별정직국가공무원)으로 보하도록 하려는 것임

15) 경비업법[시행 2008. 12. 26.] [법률 제9192호, 2008. 12. 26., 일부개정]

[일부개정]
◇개정이유 및 주요내용
현행 양벌규정은 문언상 영업주가 종업원 등에 대한 관리·감독상 주의의무를 다하였는지 여부에 관계없이 영업주를 처벌하도록 하고 있어 책임주의 원칙에 위배될 소지가 있으므로, 영업주가 종업원 등에 대한 관리·감독상 주의의무를 다한 경우에는 처벌을 면하게 함으로써 양벌규정에도 책임주의 원칙이 관철되도록 함.

16) 경비업법[시행 2009. 4. 1.] [법률 제9579호, 2009. 4. 1., 일부개정]

[일부개정]
◇개정이유 및 주요내용
특수경비원이 국가 중요시설에 배치되며 유사시 무기를 휴대하는 자로서 무기의 적정 사용 및 피탈 방지 등을 위해 일정한 체력이 요구된다는 점을 고려한 것이지만, 한국인의 평균수명이 연장되고 있는 현실에서 특수경비원의 연령 상한을 58세로 한정하는 것은 적절하지 아니하므로 이를 60세로 연장하려는 것임.

17) 경비업법[시행 2013. 3. 23.] [법률 제11690호, 2013. 3. 23., 타법개정]

정부조직법 전부개정법률

[전부개정]
◇ 개정이유
국가 성장동력의 양대 핵심 축인 과학기술과 정보통신기술을 창조경제의 원천으로 활용하여 경제부흥을 뒷받침할 수 있도록 정부 조직체계를 재설계하고, 국민생활 전반에 영향을 미치는 안전 관련 업무 기능을 강화하여 국민의 안전을 최우선으로 하는 정부를 구현하는 한편, 각 행정기관 고유의 전문성을 강화하여 행정환경의 변화에 능동적으로 대처할 수 있도록 하는 등 창조적이고 유능한 정부를 구현할 수 있도록 정부기능을 재배치하려는 것임.

◇ 주요내용
가. 대통령의 국가 위기상황 관리기능을 효과적으로 보좌하기 위하여 대통령 밑에 국가안보실을 신설함(안 제15조).
나. 대통령실·국무총리실 및 특임장관으로 분산되었던 정무기능 수행체계를 효율적으로 개편하기 위하여 특임장관을 폐지함.
다. 금융위기 등 급변하는 대내외 경제 환경에 체계적으로 대응하기 위하여 경제분야 정책을 총괄·조정하는 경제부총리제를 도입함(안 제19조).
라. 국무총리의 정책조정 기능을 강화하여 책임총리제를 뒷받침할 수 있도록 국무총리실을 국무조정실과 국무총리비서실로 확대·개편함(안 제20조 및 제21조).
마. 국민생활의 안전을 위하여 식품 및 의약품 안전관리체계를 국무총리 소속의 식품의약품안전처로 일원화함(안 제25조).
바. 과학기술과 정보통신기술 발전을 통하여 일자리를 창출하고, 경제부흥의 기반을 마련할 수 있도록 미래창조과학부를 신설하고, 그 소관업무를 과학기술정책의 수립·총괄·조정·평가, 과학기술의 연구개발·협력·진흥, 과학기술인력 양성, 원자력 연구·개발·생산·이용, 국가정보화 기획·정보보호·정보문화, 방송·통신의 융합·진흥 및 전파관리, 정보통신산업, 우편·우편환 및 우편대체에 관한 사무로 하며, 교육과학기술부는 교육부로 개편함(안 제28조 및 제29조).
사. 통상교섭의 전문성을 강화하고 국내산업의 대외경쟁력을 제고하기 위하여 외교통상부의 통상교섭 기능을 지식경제부로 이관하고, 그 명칭을 산업통상자원부로 개편함(안 제30조 및 제37조).
아. 국민행복의 필수조건인 국민생활 안전을 책임지는 안전관리 총괄부처로서의 위상과 기능을 강화하기 위하여 행정안전부를 안전행정부로 개편함(안 제34조).

자. 동북아 해양환경 변화에 능동적으로 대응하고 해양·항만정책과 수산정책의 상호 연계를 통해 해양 기능의 융합효과를 제고하기 위하여 해양수산부를 신설하고, 농림수산식품부 및 국토해양부를 각각 농림축산식품부 및 국토교통부로 개편함(안 제36조·제42조 및 제43조).
차. 창의와 혁신을 기반으로 하는 다양한 창조기업의 육성·지원 강화를 위하여 중소기업청의 업무영역을 확대함(안 제37조제3항).

18) 경비업법[시행 2014. 6. 8.] [법률 제11872호, 2013. 6. 7., 일부개정]

[일부개정]

◇ 개정이유

1976년 「경비업법」이 제정된 이후 경비업은 단순 시설 경비에서부터 공항·항만·원자력발전소 등 국가중요시설의 경비로 그 영역이 계속 확장되면서 현재 치안서비스의 상당부분을 보완하는 기능을 하고 있으나, 최근 집단민원현장에서 발생한 노조원과 경비원 간의 무력충돌이나 무자격의 경비원 동원으로 인한 폭력사태 등으로 국민생활에 불안감을 주고 있어 경비업자 및 경비원에 대한 규제를 강화하여야 한다는 사회적 요구가 커지고 있는바, 경비업체의 난립을 막기 위해 경비업의 허가요건을 강화하는 한편, 경비원의 폭력이 문제가 되는 노사분규·재개발 현장 등 집단민원현장을 법률에 명확히 규정하고, 집단민원현장에 경비원을 배치할 경우 배치 48시간 전까지 관할 경찰관서장의 배치허가를 받도록 하며, 경비업자와 경비원들의 경비업무를 벗어난 불법적 행위에 대한 규제 및 처벌을 강화하는 등 현행 제도의 운영상 나타난 일부 문제점을 개선·보완하려는 것임.

◇ 주요내용

가. 집단민원현장을 노사분규, 재개발현장 등 구체적으로 열거하여 명확히 규정함(안 제2조제5호 신설).
나. 경비업 허가를 받으려는 법인의 자본금 최저 기준을 1억원이상으로 하고, 시설경비업무의 경우 20명 이상의 경비원과 경비지도사 1명 이상의 경비인력을 갖추도록 함(안 제4조제2항).
다. 다른 경비업체와 동일명칭을 사용하여 허가를 받을 수 없도록 하고, 허가받은 경비업무 외의 업무에 경비원을 종사하게 하거나 경비업무의 범위를 벗어난 행위를 하게 하여 허가가 취소된 경우에는 누구라도 허가가 취소된 경비업체와 동일한 명칭으로 10년간 허가를 받을 수 없도록 하며, 허가가 취소된 법인은 법인명 또는 임원의 변경에도 불구하고 허가가 취소된 날부터 5년간 경비업 허가를 받을 수 없도록 함(안 제4조의2 신설).
라. 허가받은 경비업무 외의 업무에 경비원을 종사하게 하거나 경비업무의 범위를 벗어난 행위를 하게 하여 허가가 취소된 경비업체의 임원은 취소된 날부터 5년간 경비업체의 임원이 될 수 없도록 함(안 제5조제6호 신설).
마. 경비업자가 집단민원현장에 경비원을 배치하는 때에는 배치현장에 경비지도사를 선임·배치하여 안전행정부령으로 정하는 바에 따라 경비원을 지도·감독하게 하여야 함(안 제7조제6항 및 제12조제4호 신설).
바. 무허가 경비업자에게 경비업무를 도급주는 행위를 금지하고, 집단민원현장에서 무허가 경비업자에게 경비업무를 도급 주는 경우에는 처벌하도록 함(안 제7조의2제1항 및 제28조제2항제4호 신설).
사. 누구든지 집단민원현장에 경비인력을 20명 이상 배치하려고 할 때에는 경비인력을 직접 고용하여서는 아니 되고, 허가받은 경비업자에게 경비업무를 도급하여야 하되, 집단민원현장 발생 3개월 전까지 직접 고용하여 경비업무를 수행하는 피고용인은 제외하도록 함(안 제7조의2 신설).
아. 경비지도사 및 경비원의 결격사유의 범위에 범죄단체의 조직 및 구성·활동 전과자, 경비업법 위반 전과자, 「형법」상 강도·절도 및 성범죄 전과자 등을 추가함(안 제10조제1항제5호부터 제8호까지 신설, 안 제10조제2항제2호).
자. 경비업자는 경찰 또는 군인과 명확히 구별되는 경비원의 복장을 정하여 주사무소를 관할하는 지방경찰청장에게 사진을 첨부하여 신고하여야 하고, 경비원에게 소속 경비업체를 표시한 이름표를 부착하여 신고된 동일한 복장을 착용하게 하여야 하며, 지방경찰청장은 제출받은 사진을 검토하여 경비업

자에게 복장 변경 등에 대한 시정명령을 할 수 있고, 경비업자는 이행보고를 하여야 함(안 제16조).
차. 경비원의 휴대장비의 종류는 경적·단봉·분사기 등 안전행정부령으로 정하고, 경비원은 경비업무를 위하여 필요하다고 인정되는 상당한 이유가 있을 때에 한해 필요 최소한도에서 장비를 사용할 수 있도록 하며, 출동차량 등에 대해서는 도색 및 표지를 경찰차량 및 군차량과 명확히 구별될 수 있도록 이를 확인할 수 있는 사진을 첨부하여 주된 사무소를 관할하는 지방경찰청장에게 신고하도록 함(안 제16조의2 및 제16조의3 신설).
카. 경찰청장, 지방경찰청장 또는 관할 경찰관서장의 경비업체 임원, 경비지도사 또는 경비원에 대한 범죄경력조회 근거를 신설하고, 경비업자도 필요한 경우 지방경찰청장 또는 관할 경찰관서장에게 경비원 등에 대한 범죄경력조회를 요청할 수 있는 근거를 마련함(안 제17조).
타. 경비업자가 집단민원현장에 경비원을 배치할 경우에는 경비원의 명부를 배치현장에도 작성·비치하도록 하고, 경비원을 배치하기 48시간 전까지 배치장소의 관할 경찰관서장에게 배치허가를 신청하도록 하며, 특수경비원과 집단민원현장 외에 배치되는 신변보호 경비원은 배치 전까지 신고하도록 함(안 제18조).
파. 상해·폭행·체포 및 감금의 죄를 범한 경력이 있는 사람을 집단민원현장에 배치하지 못하도록 하고, 경비원 명부에 없는 사람을 경비업무에 종사하게 하여서는 아니 되며, 경비원 신임교육 이수 후 경비원을 배치하도록 함(안 제18조제4항·제6항 및 제7항 신설).
하. 배치허가를 받지 않고 경비원을 배치하거나, 배치허가신청의 내용을 거짓으로 하는 등의 사유가 있는 경우, 관할 경찰관서장이 배치폐지명령을 할 수 있도록 함(안 제18조제8항 신설).
거. 경비원에게 경비업무의 범위를 벗어난 행위를 하게 한 경우와 관할 경찰관서장의 배치폐지 명령을 따르지 아니하는 경우 등을 허가취소 또는 영업정지의 사유에 추가하는 등 행정처분의 기준을 강화함(안 제19조제1항, 안 제19조제2항 신설).
너. 경비업자나 경비원이 이 법이나 이 법에 따른 명령, 「폭력행위 등 처벌에 관한 법률」을 위반하는 행위를 하는 경우 지방경찰청장이나 관할 경찰관서장은 위반행위 중지를 명할 수 있도록 함(안 제24조제3항 신설).
더. 경비원이 제16조의2제1항에서 정한 장비 외의 흉기 또는 그 밖의 위험한 물건을 휴대하고 「형법」 제257조제1항 등의 죄를 범한 때에는 그 죄에 정한 형의 2분의 1까지 가중처벌하도록 함(안 제29조제2항 신설).

19) 경비업법[시행 2014. 11. 19.] [법률 제12844호, 2014. 11. 19., 타법개정]

[일부개정]
◇ 개정이유
국가적 재난관리를 위한 재난안전 총괄부처로서 국무총리 소속으로 '국민안전처'를 신설하고, 현행 해양경찰청과 소방방재청의 업무를 조정·개편하여 국민안전처의 차관급 본부로 설치하며, 공직개혁 추진 및 공무원 전문역량 강화를 위하여 공무원 인사 전담조직인 인사혁신처를 국무총리 소속으로 설치하고, 교육·사회·문화 분야 정책결정의 효율성과 책임성을 제고하기 위하여 교육·사회·문화 부총리를 신설하려는 것임.

◇ 주요내용
가. 교육·사회·문화 부총리 신설(제19조제1항·제3항, 제19조제5항 신설)
   교육부장관이 겸임하는 교육·사회·문화 부총리를 신설하여 국무총리의 명을 받아 교육·사회·문화 정책에 관하여 관계 중앙행정기관을 총괄·조정하도록 함.
나. 국무총리 소속 국민안전처 설치 등(제22조의2 신설 등)
   1) 안전행정부의 재난안전 총괄·조정, 소방방재청의 소방·방재, 해양경찰청의 해양경비·안전·오염방제 및 해상에서 발생한 사건의 수사 기능 등을 통합하여 국무총리 소속으로 국민안전처를 설치함.
   2) 국민안전처장관은 국무위원으로 보하고, 안전 및 재난에 관하여 국무총리의 명을 받아 관계 중앙행정기관을 총괄·조정하도록 함.

3) 국민안전처에 소방사무를 담당하는 본부장과 해양경비·안전·오염방제 및 해상에서 발생한 사건의 수사에 관한 사무를 담당하는 본부장을 각각 둠.
4) 국민안전처와 각 부처의 유기적 연계를 위하여 특정직공무원을 국민안전처의 보조기관 및 보좌기관에 보할 수 있도록 함.
다. 국무총리 소속 인사혁신처 설치(제22조의3 신설)
　안전행정부의 공무원 인사·윤리·복무 및 연금 기능을 이관하여 국무총리 소속으로 인사혁신처를 설치함.
라. 안전행정부의 행정자치부로의 개편(제34조)
　안전행정부는 정부 의전·서무, 정부조직관리, 정부혁신, 전자정부, 지방자치제도 및 재정·세제 등의 기능 중심으로 개편하고, 행정자치부로 명칭을 변경함.
마. 소방방재청 및 해양경찰청 근거규정 삭제(현행 제34조제6항·제7항 및 제43조제2항·제3항 삭제)
1) 소방방재청의 소방·방재 기능을 국민안전처로 이관함.
2) 해양경찰청의 수사·정보 기능(해상에서 발생한 사건의 수사 및 정보에 관한 사무는 제외)을 경찰청으로, 해양에서의 경비·안전·오염방제 및 해상에서 발생한 사건의 수사 기능을 국민안전처로 이관함.

20) 경비업법[시행 2014. 12. 30.] [법률 제12911호, 2014. 12. 30., 일부개정]

[일부개정]
◇ 개정이유
「민법」의 개정으로 2013년 7월 1일부터 금치산·한정치산 제도가 성년후견·한정후견 제도로 변경된 것을 반영하여 경비업체의 임원·경비지도사 및 경비원의 결격사유 중 금치산자와 한정치산자를 피성년후견인과 피한정후견인으로 대체하고, 「아동·청소년의 성보호에 관한 법률」의 취업제한 규정에 따라 성범죄 전력이 있는 경우 10년간 경비업 법인에서 경비업무에 종사할 수 없도록 규정하고 있어, 이를 반영하여 성범죄 결격자 배제기간을 5년에서 10년으로 상향하는 한편,
　경비지도사 자격정지 기간 중 경비지도사로 선임되어 활동하여도 이에 대한 취소규정이 없어 행정처분을 하지 못하는 불합리한 점을 시정하기 위하여 자격정지 기간 중 경비지도사로 선임되어 활동하였을 경우 이를 취소할 수 있는 규정을 신설하려는 것임.

◇ 주요내용
가. 경비업체의 임원·경비지도사 및 경비원의 결격사유에서 금치산자 또는 한정치산자를 피성년후견인 또는 피한정후견인으로 대체함(제5조제1호, 제10조제1항제1호 및 같은 조 제2항제1호).
나. 성범죄 전력이 있는 사람이 경비업에 종사할 수 없는 기간을 5년에서 10년으로 상향함(제10조제1항제5호·제7호).
다. 경비지도사 자격정지 기간 중 선임되어 활동했을 경우 경비지도사 자격을 취소할 수 있는 규정을 신설함(제20조제1항제4호 신설).

21) 경비업법[시행 2015. 10. 21.] [법률 제13397호, 2015. 7. 20., 일부개정]

[일부개정]
◇ 개정이유
경비협회의 입찰보증 등의 공제사업을 통해 중소 경비업체들이 저렴한 가격으로 보증보험업체 또는 금융기관 보증상품을 이용할 수 있도록 하되, 공제사업 운영주체의 전문성 부족 등에 따라 금융감독원의 검사 등의 통제장치를 마련함.
　또한, 경찰의 감독 업무 강화 및 경비업의 건전한 운영을 제고하기 위하여 경비업무를 도급하려는 자가 경비업자의 경비원 채용시 무자격자·부적격자 등을 채용하도록 관여하거나 영향력을 행사할 수 없도록 하

고, 경비업무장소가 집단민원현장으로 판단될 때에는 관할 경찰관서장은 경비원 배치허가를 받도록 48시간 이내에 경비업자에게 고지하도록 함.

◇ 주요내용
가. 경비업무를 도급하려는 자가 경비업자의 경비원 채용시 무자격자·부적격자 등을 채용하도록 관여하거나 영향력을 행사할 수 없도록 하고, 위반시 징역 또는 벌금에 처하도록 함(제7조의2제3항 및 제28조제2항제6호 신설).
나. 경비협회의 공제사업 범위를 확대하여 입찰보증·계약보증·하도급보증을 위한 공제사업, 경비원의 복지향상 등을 위한 공제사업 등을 할 수 있도록 하고, 금융위원회와의 협의 및 금융감독원의 원장에 대한 검사 요청 근거를 마련함(제23조).
다. 지방경찰청장 또는 관할 경찰관서장은 경비업무 장소가 집단민원현장으로 판된되는 경우 경비원 배치허가를 받도록 48시간 이내에 경비업자에게 고지하도록 함(제24조제4항 신설).

22) 경비업법[시행 2016. 1. 6.] [법률 제13718호, 2016. 1. 6., 타법개정]

폭력행위 등 처벌에 관한 법률 일부개정법률

[일부개정]
◇ 개정이유
그간 헌법재판소는 「특정범죄 가중처벌 등에 관한 법률」의 일부 가중처벌 규정에 대하여 「형법」과 같은 기본법과 동일한 구성요건을 규정하면서 법정형만 상향한 규정은 형벌체계상의 정당성과 균형을 잃어 헌법의 기본원리에 위배되고 평등의 원칙에 위반된다는 이유로 위헌결정을 내린 바 있음.
이러한 헌법재판소의 위헌 결정 취지를 존중하여, 위헌결정 대상조항 및 이와 유사한 가중처벌 규정을 일괄하여 정비하려는 것임.

◇ 주요내용
가. 상습폭행 등 상습폭력범죄의 가중처벌 규정을 삭제함(현행 제2조제1항 삭제).
나. 흉기휴대폭행 등 특수폭력범죄의 가중처벌 규정 및 상습특수폭력범죄의 가중처벌 규정을 삭제함(현행 제3조제1항 및 제3항 삭제).
다. 상습폭력범죄 및 특수폭력범죄, 상습특수폭력범죄 규정 삭제에 따른 공동폭력범죄 가중처벌 규정, 누범 가중처벌 규정을 정비함(제2조제2항·제3항 및 제3조제4항).

23) 경비업법[시행 2016. 1. 6.] [법률 제13719호, 2016. 1. 6., 타법개정]

형법 일부개정법률

[일부개정]
◇ 개정이유
「형법」 및 「공직선거법」에 의하여 수형자 및 집행유예 중인 자의 선거권을 제한하는 것이 헌법상 과잉금지원칙에 위배된다는 헌법재판소의 헌법불합치 및 위헌 결정이 선고됨에 따라 「공직선거법」이 1년 미만의 징역 또는 금고의 집행을 선고받아 수형 중에 있는 사람과 형의 집행유예를 선고받고 유예기간 중에 있는 사람에 대하여 선거권을 부여하도록 개정되었고, 그로 인하여 징역 또는 금고의 집행이 종료하거나 면제될 때까지 선거권을 포함하는 자격 전반이 정지되도록 정하고 있는 「형법」 제43조제2항의 개정이 필요함.
또한, 징역형에 대해 인정되는 집행유예가 징역형보다 상대적으로 가벼운 형벌인 벌금형에는 인정되지 않아 합리적이지 않다는 비판이 제기되어 왔고, 벌금 납부능력이 부족한 서민의 경우 벌금형을 선고받아 벌금을 납부하지 못할 시 노역장 유치되는 것을 우려하여 징역형의 집행유예 판결을 구하는 예가 빈번히 나타나는 등 형벌의 부조화 현상을 방지하고 서민의 경제적 어려움을 덜어주기 위해 벌금형에 대한 집행유예를 도입할 필요가 있음. 다만, 고액 벌금형의 집행유예를 인정하는 것에 대한 비판적인 법감정이 있는 점

등을 고려하여 500만원 이하의 벌금형을 선고하는 경우에만 집행유예를 선고할 수 있도록 규정함. 아울러, 벌금형을 선고받은 사실을 일정한 결격 사유로 정하고 있는 법률이 다수 존재하고 벌금형의 집행유예가 도입됨에 따라 그러한 법률 역시도 정비가 필요한 점을 고려하여 공포 후 2년이 경과한 후에 시행하도록 함.
  한편, 헌법재판소는 배우자 있는 자의 간통행위 및 그와의 상간행위를 2년 이하의 징역에 처하도록 규정한 「형법」 제241조가 성적 자기결정권 및 사생활의 비밀과 자유를 침해한다고 위헌 결정을 하였는데 이를 반영하여 간통죄 처벌조항을 규정한 제241조를 삭제하려는 것임.
  아울러, 헌법재판소는 「폭력행위 등 처벌에 관한 법률」중 특수폭행죄 가중처벌 등 일부 규정이 「형법」과 동일한 구성요건을 규정하면서 법정형만 상향하고 있어 헌법의 기본원리에 위배되고 평등의 원칙에 위반된다는 이유로 각각 위헌 결정을 하였음. 이에 「폭력행위등 처벌에 관한 법률」 일부 규정을 정비하고 동시에 일부 범죄를 「형법」에 편입하여 처벌의 공백을 방지하면서 형벌체계상의 정당성과 균형을 갖추도록 함.

◇ 주요내용
  가. 유기징역 또는 유기금고의 집행이 종료하거나 면제될 때까지 당연히 자격이 정지되도록 하고 있는 제43조제2항에 대하여 다른 법률에 특별한 규정이 있는 경우에는 그 법률에 따르도록 단서를 신설함(제43조제2항 단서 신설).
  나. 500만원 이하의 벌금형에 대해서도 집행을 유예할 수 있도록 벌금형에 대한 집행유예 제도를 도입함(제62조제1항).
  다. 간통죄를 삭제함(현행 제241조 삭제).
  라. 존속중상해죄의 법정형을 정비하고(제258조제3항), 특수상해죄를 신설하며(제258조의2 신설), 이에 대한 상습범과 자격정지의 병과 규정을 정비하고(제264조 및 제265조), 특수강요죄 및 특수공갈죄를 신설하는(제324조제2항 및 제350조의2 신설) 등 정비함.

24) 경비업법[시행 2016. 1. 26.] [법률 제13814호, 2016. 1. 26., 일부개정]

[일부개정]
◇ 개정이유 및 주요내용
  현행법에 따르면 경비업자는 경비원으로 하여금 경비원 신임교육을 받게 하도록 하고 있으나, 누구든지 경비원으로 채용되기 전에도 개인적으로 일반경비원 신임교육을 받을 수 있도록 하고, 대통령령으로 정하는 바에 따라 일반경비원을 신임교육의 대상에서 제외할 수 있도록 하려는 것임

25) 경비업법[시행 2017. 7. 26.] [법률 제14839호, 2017. 7. 26., 타법개정]

정부조직법 일부개정법률

[일부개정]
◇ 개정이유
  중소기업 육성과 과학기술 융합을 기반으로 미래 성장동력 확충과 일자리 창출 등 경제 활성화를 뒷받침할 수 있도록 정부 조직체계를 재설계하고, 안전·재난 분야의 유기적 연계와 현장 기관의 전문 역량을 강화하기 위하여 국가 안전관리 체계를 재조정하는 한편, 통상행정 분야를 효율화하고, 국가보훈 및 대통령경호 시스템을 환경변화에 맞게 조정하는 등 국민들의 요구에 신속하게 반응하는 열린 민주 정부를 구현할 수 있도록 정부기능을 재배치하려는 것임.

◇ 주요내용
  가. 대통령 경호수행 체계를 합리화하기 위하여 대통령경호실(장관급)을 대통령경호처(차관급)로 개편함(제16조).
  나. 국가유공자 예우와 지원 등 보훈기능을 강화하기 위하여 국가보훈처를 장관급 기구로 격상함(제22조의2).
  다. 기술창업활성화 관련 창조경제 진흥 업무의 중소벤처기업부 이관 및 과학기술·정보통신 정책의 중

요성을 고려하여 미래창조과학부의 명칭을 과학기술정보통신부로 변경하는 한편, 과학기술의 융합과 혁신을 가속화하고 연구개발의 전문성과 독립성을 보장하기 위하여 과학기술정보통신부에 과학기술 혁신본부를 설치함(제29조제1항, 제29조제2항 신설).
라. 국가 재난에 대한 대응 역량을 강화하고 안전에 대한 국가와 지방자치단체 간 유기적 연계가 가능하도록 국민안전처와 행정자치부를 통합하여 행정안전부를 신설하고, 신설되는 행정안전부에 재난 및 안전 관리를 전담할 재난안전관리본부를 설치함(제34조제1항, 제34조제3항 신설).
마. 소방 정책과 구조구급 등 소방에 대한 현장 대응 역량을 강화하기 위하여 행정안전부장관 소속으로 소방청을 신설함(제34조제7항 신설).
바. 보호무역주의 확산에 대응하기 위한 통상교섭 역량을 강화하기 위하여 산업통상자원부에 통상교섭본부를 설치함(제37조제2항).
사. 해양경찰의 역할을 재정립하여 해양안전을 확보하고, 해양주권 수호 역량을 강화하기 위하여 해양수산부장관 소속으로 해양경찰청을 신설함(제43조제2항 신설).
아. 중소기업 중심의 경제구조와 창업 생태계 조성을 위하여 중소기업청을 중소벤처기업부로 격상하여 창업·벤처기업의 지원 및 대·중소기업 간 협력 등에 관한 사무를 관장하도록 함(제44조 신설).

26) 경비업법[시행 2018. 4. 25.] [법률 제14909호, 2017. 10. 24., 일부개정]

[일부개정]
◇ 개정이유 및 주요내용
국민의 경비지도사 자격 취득 기회를 최대한 보장하기 위하여 경비지도사시험은 매년 1회 이상 시행하도록 규정하고, 1년 이내에 경비 도급실적이 없는 경비업자의 경우 매년 폐업 후 다시 허가를 받아야 하는 불편을 해소하기 위하여 경비 도급실적의 산정기간을 1년에서 2년으로 연장하며, 불법행위에 대하여 법률마다 행정형벌의 편차가 큰 것을 개선하기 위하여 특수경비원이 국가중요시설의 정상적인 운영을 해치는 장해를 일으킨 경우 7년 이하의 징역을 5년 이하의 징역으로 하향조정하려는 것임.

27) 경비업법[시행 2019. 4. 16.] [법률 제16316호, 2019. 4. 16., 일부개정]

[일부개정]
◇ 개정이유 및 주요내용
경비지도사의 시험 및 교육에 관한 업무를 위탁받은 기관 또는 단체의 임직원은 그 업무를 수행함에 있어 공무원과 유사한 정도의 공정성과 청렴성이 요구되므로 「형법」 제129조부터 제132조까지의 규정에 따른 벌칙을 적용할 때 공무원으로 의제하려는 것임.

2장 청원경찰법 제·개정

청원경찰법은 1962년 4월 3일 법률 제 1049호로 제정되었고, 현재까지 총19차에 걸쳐 제·개정 되었다. 주요 제·개정 연혁을 살펴보면 아래와 같다.

1) 청원경찰법[시행 1962. 4. 3.] [법률 제1049호, 1962. 4. 3., 제정]

【제정·개정이유】

[신규제정]
소요경비를 부담할 것을 조건으로 경찰관의 배치를 신청하는 경우에 이에 응하여 청원경찰관을 배치하는

제도를 신설함으로써 경찰인력의 부족을 보완하고 건물등의 경비 및 공안업무에 만전을 기하려는 것임.
    ①청원경찰관의 배치를 신청할 수 있는 자로 중요산업시설 또는 중요사업장의 경영자와 국내주재의 외국기관으로 함.
    ②청원경찰관배치의 통지를 받은 자는 청원경찰경비를 국고에 납입하도록 함.
    ③청원경찰관의 직종·임용·교육·보수와 상벌등은 각령으로 정하도록 함.

2) 청원경찰법[시행 1973. 12. 31.] [법률 제2666호, 1973. 12. 31., 전부개정]
【제정·개정이유】

[전문개정]
  현행 청원경찰법에 의하면, 청원경찰관의 배치를 받은 시설 또는 사업장의 경영자는 그 경비를 미리 국고에 선납하게 되어 있어 그 회계절차가 복잡할 뿐만 아니라 사업자금의 불필요한 동결현상까지를 초래하고 있으므로 경비의 선납제를 폐지하고 직불제로 하는 한편 청원경찰관의 배치범위를 조정하고 그에 대한 무기의 대여규정과 사회보장규정등을 명문화함으로써 청원경찰제도의 합리적인 운영을 기하려는 것임.
    ①법률의 목적규정을 신설함.
    ②청원경찰을 배치할 수 있는 대상을 확대함.
    ③청원경찰은 관할경찰서장의 감독하에 그 경비구역에 한하여 경찰권을 행사하도록 함.
    ④청원경찰의 배치결정 및 임용은 청원주의 신청과 추천에 의하여 도지사(서울특별시장·부산시장포함)가 행하도록 함.
    ⑤청원경찰의 경비는 내무부장관이 고시하는 기준에 따라 청원자가 직접 지불하도록 함.

3) 청원경찰법[시행 1977. 2. 1.] [법률 제2949호, 1976. 12. 31., 일부개정]
【제정·개정이유】

[일부개정]
  청원경찰의 배치가 필요한 기관·시설·사업장등에 대하여 청원경찰의 배치요청을 할 수 있도록 함으로써 주요시설등의 자체경비에 만전을 기하려는 것으로, 도지사는 청원경찰의 배치가 필요한 기관·시설·사업장에 대하여 청원경찰의 배치를 요청할 수 있게 함.

4) 청원경찰법[시행 1980. 4. 5.] [법률 제3228호, 1980. 1. 4., 일부개정]
【제정·개정이유】

[일부개정]
  청원경찰관에게 퇴직금을 지급하도록 하고, 도지사로 하여금 청원경찰의 해임을 명할 수 있도록 하는 등 청원경찰제도를 합리적으로 보완하려는 것임.
    ①청원경찰은 도지사가 임용하던 것을 청원주가 임용하도록하되 미리 도지사의 승인을 얻도록 함.
    ②청원경찰이 퇴직할 때에는 퇴직금을 지급하도록 명문화함.
    ③도지사는 청원경찰이 법령에 위반하거나 결격사유에 해당하게 된 때에는 청원주에 대하여 그 청원경찰의 해임을 명할 수 있도록 함.
    ④도지사는 청원주를 지도하며, 감독상 필요한 명령을 할 수 있도록 함.
    ⑤도지사의 승인을 얻지 아니하고 청원경찰을 임용한 자등 이 법 위반자에 대하여는 100만원이하의 과태료에 처할 수 있도록 함.

5) 청원경찰법[시행 1981. 2. 14.] [법률 제3371호, 1981. 2. 14., 일부개정]
【제정·개정이유】

[일부개정]
청원경찰의 배치·임용승인·배치의 중지·해임명령 및 감독에 관한 도지사의 권한의 일부를 관할경찰서장에게 위임하여 업무의 신속과 간소화를 기하려는 것임

6) 청원경찰법[시행 1984. 1. 31.] [법률 제3677호, 1983. 12. 30., 일부개정]

【제정·개정이유】

[일부개정]
청원경찰이 배치된 시설이 축소되거나 그 시설의 중요도가 저하되는 등 청원경찰의 배치인원을 감축할 필요가 있는 경우 도지사는 그 배치인원을 감축할 수 있도록 하고 기타 다른 법률과 관계되는 조문을 정비하려는 것임.

7) 청원경찰법[시행 1991. 7. 31.] [법률 제4369호, 1991. 5. 31., 타법개정]

【제정·개정이유】

● 경찰법[1991.5.31, 법률제4369호]
[신규제정]
경찰의 민주적인 관리·운영과 효율적인 임무수행을 위하여 필요한 경찰의 기본조직과 직무범위를 정하려는 것으로, 분단국가로서 우리나라의 특수한 안보상황과 치안여건에 효율적으로 대처하기 위하여 국가경찰체제를 유지하면서 경찰의 기본조직을 중앙은 현재 보조기관으로 되어 있는 치안본부를 내무부장관소속하의 경찰청으로, 지방은 시·도지사 보조기관인 경찰국을 시·도지사 소속기관인 지방경찰청으로 개편함으로써 경찰행정의 책임성과 독자성을 보장함과 동시에 내무부에 각계의 덕망있는 인사로 구성되는 경찰위원회를 두어 경찰행정에 관한 주요제도 및 인권보호에 관한 사항을 심의·의결하게 함으로써 경찰운영의 민주성과 공정성의 확보를 기하며 경찰의 임무인 국민의 생명과 재산의 보호 및 공공의 안녕과 질서유지에 충실할 수 있도록 그 임무를 명확히 하고 직권을 남용하지 못하도록 하여 국민의 자유와 권리를 최대한 보장함으로써 경찰에 대한 국민의 신뢰를 회복하고 진정한 민주경찰로서의 발전을 도모하려는 것임.
① 중앙경찰기관으로 내무부장관소속하에 경찰청을 설치하고 지방경찰기관으로는 지방경찰청과 경찰서를 두며, 해양경찰청과 해양경찰서를 두도록 함.
② 경찰의 임무를 명확히 하고 그 직무수행에 있어서는 헌법과 법률에 따라 국민의 자유와 권리를 존중하고 국민전체에 대한 봉사자로서 공정중립을 지키도록 함과 동시에 권한의 남용을 금지함.
③ 경찰의 인사·예산·장비등에 관한 주요정책과 경찰행정에 관한 업무발전 및 인권보호에 관한 사항등을 심의·의결하기 위하여 내무부에 위원 5인(任期 3年)으로 구성되는 경찰위원회를 두도록 함.
④ 경찰위원회 위원은 내무부장관의 제청으로 국무총리를 거쳐 대통령이 임명하도록 함.
⑤ 경찰위원회 위원은 국가공무원법상의 공무원의 신분상 의원규정을 준용하여 정치운동을 할 수 없게 하고 직무상 비밀을 엄수하도록 함.
⑥ 경찰청에 경찰청장 및 차장을 두고, 각각 치안총감 및 치안정감으로 보하도록 함.

⑦ 지방경찰청장 및 해양경찰청장은 경찰청장의 지휘·감독을 받아 소관사무를 관장하도록 함.
⑧ 경찰공무원의 임용등 인사에 관한 사항과 직무수행에 필요한 사항등은 따로 법률로 정하도록 함.

8) 청원경찰법[시행 1999. 10. 1.] [법률 제5937호, 1999. 3. 31., 일부개정]

【제정·개정이유】

[일부개정]
◇개정이유 및 주요골자
행정규제기본법에 의한 규제정비계획에 따라 청원경찰 배치의 중지·폐지 및 배치인원의 감축에 대한 지방경찰청장의 권한을 폐지하려는 것임.

9) 청원경찰법[시행 2001. 7. 8.] [법률 제6466호, 2001. 4. 7., 일부개정]

【제정·개정이유】

[일부개정]
◇개정이유
　청원경찰의 직권남용방지 등을 위하여 직무범위를 명확히 하고, 지방경찰청장의 청원경찰 해임명령규정을 삭제하여 규제를 완화하는 등 현행 제도의 운영상 나타난 일부 미비점을 개선·보완하려는 것임.

◇주요골자
가. 청원경찰은 경비목적을 위하여 필요한 범위안에서 경찰관직무집행법에 의한 경찰의 직무를 수행하도록 명시하여 직권남용의 소지를 줄임(법 제3조).
나. 청원경찰의 과도한 복무규정을 완화하기 위하여 경찰공무원에 관한 규정을 포괄적으로 준용하던 청원경찰의 복무의무에 관하여 앞으로는 국가공무원법상의 복종의무, 직장이탈금지의무, 비밀엄수의무, 집단행위금지의무 및 경찰공무원법상의 허위보고금지의무규정을 준용하도록 함(법 제5조제4항).
다. 지방경찰청장의 청원경찰 해임명령규정과 그에 따른 청원주의 청원경찰 해임의무규정을 삭제함(현행 제9조의2 삭제).
라. 청원경찰의 신분보장을 위하여 형의 선고·징계처분 또는 신체·정신상의 이상으로 직무를 감당하지 못하는 때를 제외하고는 그 의사에 반하여 면직되지 아니하도록 함(법 제10조의4 신설).

10) 청원경찰법[시행 2005. 11. 5.] [법률 제7662호, 2005. 8. 4., 일부개정]

【제정·개정이유】

[일부개정]
◇개정이유 및 주요내용
　국가기관 또는 지방자치단체에 근무하는 청원경찰의 휴직 및 명예퇴직에 관하여 국가공무원법의 관련 규정을 준용하도록 하려는 것임

11) 청원경찰법[시행 2008. 2. 29.] [법률 제8852호, 2008. 2. 29., 타법개정]

【제정·개정이유】

◉법률 제8852호(2008.2.29)
　정부조직법
[전부개정]
◇개정이유
　국경 없는 무한경쟁 시대에 국민에게 희망을 주는 일류 정부를 건설하기 위하여, 우리의 미래에 관한 전략기획기능을 강화하고, 정부의 간섭과 개입을 최소화하는 작은 정부 구축을 통하여 민간과 지방의 창의와 활력을 북돋우는 한편, 꼭 해야 할 일은 확실히 하되 나라살림을 알뜰하게 운영하여 국민부담을 줄이며 칸막이 없이 유연하고 창의적으로 일하는 정부를 구축할 수 있도록 기획예산처와 재정경제부를 통합하여 기획재정부를 신설하는 등 정부기능을 효율적으로 재배치하려는 것임.

◇주요내용
가. 대통령비서실과 대통령경호실의 통합(법 제14조)
　　대통령 보좌기구의 정예화 및 권한과 책임의 명확화를 위하여 대통령비서실과 대통령경호실을 대통령실로 통합함.
나. 부총리제 폐지(현행 제19조의2 삭제)
　　헌법의 권한배분 등 정부편제의 기본원칙에 비추어 헌법적 근거가 취약한 부총리제를 폐지함.

다. 특임장관 신설(법 제17조)
　　투자유치, 해외자원개발 등 핵심 국책과제를 수행하기 위하여 특임장관을 신설함.
라. 국무총리비서실과 국무조정실의 통합(법 제18조)
　　국무총리의 보좌기능을 강화하고 사회갈등관리 기능 등을 강화하기 위하여 국무총리비서실과 국무조정실을 국무총리실로 통합함.
마. 법제처장과 국가보훈처장의 직급 조정(법 제20조 및 제21조)
　　지나치게 격상된 조직 위상의 정상화를 위하여 장관급인 법제처장, 국가보훈처장의 직급을 장관급에서 차관급으로 조정함.
바. 기획재정부 신설(법 제23조)
　　경제정책 조정역량을 강화하고 재정기능을 일원화하기 위하여 기획예산처와 재정경제부를 통합하여 기획재정부를 신설함
사. 교육과학기술부 신설(법 제24조)
　　초·중등 교육 및 대학의 자율성을 제고하고 인적자원 개발기능을 강화하며, 기초과학을 진흥시키기 위하여 교육과학기술부를 신설함.
아. 행정안전부 신설(법 제29조)
　　정부조직관리와 인사정책의 연계를 도모하고 분산된 안전관리정책의 총괄·조정기능을 통합하기 위하여 행정안전부를 신설함.
자. 국정홍보처의 폐지(법 제30조, 현행 제24조의2 삭제)
　　정책홍보기능의 부처 자율화를 통해 국민의 알권리를 신장하기 위하여 국정홍보처를 폐지하고, 종전의 문화부 사무와 국정홍보처의 해외홍보 사무를 통합하여 문화체육관광부를 신설함.
차. 농림수산식품부 신설(법 제31조)
　　농업과 수산업의 긴밀한 연계 및 식품산업 육성을 위하여 종전의 농림부의 사무와 해양수산부의 수산에 관한 사무를 통합하여 농림수산식품부를 신설함.
카. 지식경제부 신설(법 제32조)
　　우리 경제를 빠른 시일 내에 미래 지향의 지식기반형·기술혁신형 경제로 전환하기 위하여 산업자원부의 산업·에너지정책 사무와 과학기술부의 산업기술 연구개발정책 사무 등을 통합하여 지식경제부를 신설함.
타. 기상청의 소속 변경(법 제34조)
　　환경보전 기능을 강화하고 기상이변 등에 대한 대응역량을 강화하기 위하여 기상청을 환경부 소속으로 이관함.
파. 국토해양부 신설(법 제37조)
　　국토자원의 통합관리를 위하여 건설교통부와 해양수산부의 해양정책, 항만, 해운물류를 통합하여 국토해양부를 신설함

12) 청원경찰법[시행 2010. 7. 1.] [법률 제10013호, 2010. 2. 4., 일부개정]

【제정·개정이유】

[일부개정]
◇청원경찰법 개정이유
　공무원 신분이 아님에도 직무의 특수성으로 인하여 복무상 공무원에 준하는 여러 가지 의무를 부담하고 있는 청원경찰에 대한 처우개선을 위하여 청원경찰의 징계에 관한 사항과 국가기관 또는 지방자치단체에 근무하는 청원경찰의 보수에 관한 사항을 법률로 규정하고, 청원경찰의 당연퇴직 연령을 59세에서 60세로 조정하며, 「질서위반행위규제법」의 제정(법률 제8725호, 2007. 12. 21. 공포, 2008. 6. 22. 시행) 취지에 맞게 관련 규정을 하는 한편,
　법적 간결성·함축성과 조화를 이루는 범위에서, 법 문장의 표기를 한글화하고 어려운 용어를 쉬운 우리말로 풀어쓰며 복잡한 문장은 체계를 정리하여 간결하게 다듬음으로써 쉽게 읽고 잘 이해할 수 있으며 국

민의 언어생활에도 맞는 법률이 되도록 하려는 것임.

◇ 주요내용
가. 청원주는 청원경찰이 직무상의 의무를 위반하는 등의 경우에는 대통령령으로 정하는 징계절차를 거쳐 징계처분을 하도록 함(법 제5조의2 신설).
나. 국가기관 또는 지방자치단체에 근무하는 청원경찰의 보수는 같은 재직기간에 해당하는 경찰공무원의 보수를 감안하여 대통령령으로 정하도록 함(법 제6조제2항 신설).
다. 청원경찰의 퇴직연령을 59세에서 60세로 함(법 제10조의6제3호).

13) 청원경찰법[시행 2013. 3. 23.] [법률 제11690호, 2013. 3. 23., 타법개정]

【제정·개정이유】

⊙법률 제11690호(2013.3.23)
　정부조직법 전부개정법률
[전부개정]
◇ 개정이유
　국가 성장동력의 양대 핵심 축인 과학기술과 정보통신기술을 창조경제의 원천으로 활용하여 경제부흥을 뒷받침할 수 있도록 정부 조직체계를 재설계하고, 국민생활 전반에 영향을 미치는 안전 관련 업무 기능을 강화하여 국민의 안전을 최우선으로 하는 정부를 구현하는 한편, 각 행정기관 고유의 전문성을 강화하여 행정환경의 변화에 능동적으로 대처할 수 있도록 하는 등 창조적이고 유능한 정부를 구현할 수 있도록 정부 기능을 재배치하려는 것임.

◇ 주요내용
가. 대통령의 국가 위기상황 관리기능을 효과적으로 보좌하기 위하여 대통령 밑에 국가안보실을 신설함(안 제15조).
나. 대통령실·국무총리실 및 특임장관으로 분산되었던 정무기능 수행체계를 효율적으로 개편하기 위하여 특임장관을 폐지함.
다. 금융위기 등 급변하는 대내외 경제 환경에 체계적으로 대응하기 위하여 경제분야 정책을 총괄·조정하는 경제부총리제를 도입함(안 제19조).
라. 국무총리의 정책조정 기능을 강화하여 책임총리제를 뒷받침할 수 있도록 국무총리실을 국무조정실과 국무총리비서실로 확대·개편함(안 제20조 및 제21조).
마. 국민생활의 안전을 위하여 식품 및 의약품 안전관리체계를 국무총리 소속의 식품의약품안전처로 일원화함(안 제25조).
바. 과학기술과 정보통신기술 발전을 통하여 일자리를 창출하고, 경제부흥의 기반을 마련할 수 있도록 미래창조과학부를 신설하고, 그 소관업무를 과학기술정책의 수립·총괄·조정·평가, 과학기술의 연구개발·협력·진흥, 과학기술인력 양성, 원자력 연구·개발·생산·이용, 국가정보화 기획·정보보호·정보문화, 방송·통신의 융합·진흥 및 전파관리, 정보통신산업, 우편·우편환 및 우편대체에 관한 사무로 하며, 교육과학기술부는 교육부로 개편함(안 제28조 및 제29조).
사. 통상교섭의 전문성을 강화하고 국내산업의 대외경쟁력을 제고하기 위하여 외교통상부의 통상교섭 기능을 지식경제부로 이관하고, 그 명칭을 산업통상자원부로 개편함(안 제30조 및 제37조).
아. 국민행복의 필수조건인 국민생활 안전을 책임지는 안전관리 총괄부처로서의 위상과 기능을 강화하기 위하여 행정안전부를 안전행정부로 개편함(안 제34조).
자. 동북아 해양환경 변화에 능동적으로 대응하고 해양·항만정책과 수산정책의 상호 연계를 통해 해양 기능의 융합효과를 제고하기 위하여 해양수산부를 신설하고, 농림수산식품부 및 국토해양부를 각각 농림축산식품부 및 국토교통부로 개편함(안 제36조·제42조 및 제43조).
차. 창의와 혁신을 기반으로 하는 다양한 창조기업의 육성·지원 강화를 위하여 중소기업청의 업무영

을 확대함(안 제37조제3항).

14) 청원경찰법[시행 2014. 5. 20.] [법률 제12600호, 2014. 5. 20., 타법개정]

【제정·개정이유】

◉ 법률 제12600호(2014.5.20)
  경찰관직무집행법 일부개정법률
  [일부개정]
  ◇ 개정이유
  수사 및 재판과 관련한 국제협력에 대해서는 「국제형사사법공조법」에 구체적인 규정이 마련되어 있으나, 그 이외의 위험방지 또는 예방경찰 작용에 있어서의 국제협력에 대해서는 근거 규정이 마련되어 있지 않아 경찰의 업무수행에 어려움이 있고, "대테러 작전" 역시 국가경찰작용으로 수행하고 있으나 법문상 이에 대한 명확한 근거 조항이 없으므로 대테러 작전 수행 및 국제협력 관련 규정을 경찰관의 직무범위에 추가하고, 국제협력을 위한 개별적 수권조항을 마련하는 등 현행 경찰작용의 법적 근거를 명확히 하는 한편,
  주요 경찰장비로서 시위진압에 사용되고 있는 살수차를 법률에 명시하며, 인명·신체에 위해를 가할 수 있는 경찰장비는 필요한 최소한도에서 사용하도록 하고, 이를 새로 도입하려는 경우에는 안전성 검사를 실시하여 그 결과보고서를 국회 소관 상임위원회에 제출하도록 함으로써 경찰장비의 안전성을 확보하고 나아가 국민의 신체·생명에 대한 보호가 보다 충실하게 이루어질 수 있도록 하려는 것임.
  또한, 법 문장의 표기를 한글화하고, 어려운 용어를 쉬운 우리말로 풀어쓰며 복잡한 문장은 체계를 정리하여 간결하게 다듬음으로써 쉽게 읽고 잘 이해할 수 있으며 국민의 언어생활에도 맞는 법률이 되도록 하려는 것임.

  ◇ 주요내용
  가. 대테러 작전 수행 및 국제협력 관련 규정을 경찰관의 직무 범위에 추가함(제2조).
  나. 경찰청장 또는 해양경찰청장은 경찰관의 직무수행을 위하여 외국 정부기관, 국제기구 등과의 자료교환, 국제협력 활동을 할 수 있도록 함(제8조의2 신설).
  다. 경찰장비의 종류에 살수차를 명시하고, 살수차 사용 시 사용일시 등을 기록하여 보관하도록 함(제10조제2항 및 제11조).
  라. 인명 또는 신체에 위해를 끼칠 수 있는 위해성 경찰장비는 필요한 최소한도에서 사용하도록 명시함(제10조제4항 신설).
  마. 위해성 경찰장비를 새로 도입하는 경우 안전성 검사를 실시하도록 하고 그 안전성 검사의 결과 보고서를 국회 소관 상임위원회에 제출하도록 함(제10조제5항 신설).
  바. 또한, 법 문장의 표기를 한글화하고, 어려운 용어를 쉬운 우리말로 풀어쓰며 복잡한 문장은 체계를 정비하려는 것임.

15) 청원경찰법[시행 2014. 11. 19.] [법률 제12844호, 2014. 11. 19., 타법개정]

【제정·개정이유】

◉ 법률 제12844호(2014.11.19)
  정부조직법 일부개정법률
  [일부개정]
  ◇ 개정이유
  국가적 재난관리를 위한 재난안전 총괄부처로서 국무총리 소속으로 '국민안전처'를 신설하고, 현행 해양경찰청과 소방방재청의 업무를 조정·개편하여 국민안전처의 차관급 본부로 설치하며, 공직개혁 추진 및 공무원 전문역량 강화를 위하여 공무원 인사 전담조직인 인사혁신처를 국무총리 소속으로 설치하고, 교육·사회·문화 분야 정책결정의 효율성과 책임성을 제고하기 위하여 교육·사회·문화 부총리를 신설하려는 것임.

◇ 주요내용
가. 교육·사회·문화 부총리 신설(제19조제1항·제3항, 제19조제5항 신설)
　　교육부장관이 겸임하는 교육·사회·문화 부총리를 신설하여 국무총리의 명을 받아 교육·사회·문화 정책에 관하여 관계 중앙행정기관을 총괄·조정하도록 함.
나. 국무총리 소속 국민안전처 설치 등(제22조의2 신설 등)
　　1) 안전행정부의 재난안전 총괄·조정, 소방방재청의 소방·방재, 해양경찰청의 해양경비·안전·오염방제 및 해상에서 발생한 사건의 수사 기능 등을 통합하여 국무총리 소속으로 국민안전처를 설치함.
　　2) 국민안전처장관은 국무위원으로 보하고, 안전 및 재난에 관하여 국무총리의 명을 받아 관계 중앙행정기관을 총괄·조정하도록 함.
　　3) 국민안전처에 소방사무를 담당하는 본부장과 해양경비·안전·오염방제 및 해상에서 발생한 사건의 수사에 관한 사무를 담당하는 본부장을 각각 둠.
　　4) 국민안전처와 각 부처의 유기적 연계를 위하여 특정직공무원을 국민안전처의 보조기관 및 보좌기관에 보할 수 있도록 함.
다. 국무총리 소속 인사혁신처 설치(제22조의3 신설)
　　안전행정부의 공무원 인사·윤리·복무 및 연금 기능을 이관하여 국무총리 소속으로 인사혁신처를 설치함.
라. 안전행정부의 행정자치부로의 개편(제34조)
　　안전행정부는 정부 의전·서무, 정부조직관리, 정부혁신, 전자정부, 지방자치제도 및 재정·세제 등의 기능 중심으로 개편하고, 행정자치부로 명칭을 변경함.
마. 소방방재청 및 해양경찰청 근거규정 삭제(현행 제34조제6항·제7항 및 제43조제2항·제3항 삭제)
　　1) 소방방재청의 소방·방재 기능을 국민안전처로 이관함.
　　2) 해양경찰청의 수사·정보 기능(해상에서 발생한 사건의 수사 및 정보에 관한 사무는 제외)을 경찰청으로, 해양에서의 경비·안전·오염방제 및 해상에서 발생한 사건의 수사 기능을 국민안전처로 이관함.

16) 청원경찰법[시행 2014. 12. 30.] [법률 제12921호, 2014. 12. 30., 일부개정]

【제정·개정이유】
　[일부개정]
　　◇ 개정이유
　　국가 또는 지방자치단체에 근무하는 청원경찰은 그 복무에 있어서는 공무원에 준하는 여러 가지 규율과 제약을 받고 있으나 그 신분에 있어서는 공무원이 아니기 때문에 인사상의 처우나 보수 등 근무여건이 열악한 실정이고, 특히 청원경찰의 보수체계가 상위 보수단계로 올라가는 데에 비교적 장기간이 소요되고 있는 실정인바, 이에 청원경찰의 보수를 상향조정하여 청원경찰의 근무여건을 개선하고 장기근무를 유도하려는 것임.
　　한편, 청원경찰이 배치된 기관·시설 또는 사업장 등이 다른 장소로 이전하는 경우에도 그 기관·시설 또는 사업장에 대한 경비는 지속적으로 필요하기 때문에 건물의 이전을 시설 폐쇄의 일종으로 보아 배치폐지 사유로 보는 것은 부적절하므로 배치인원의 변동 사유 없이 단순히 그 기관·시설 또는 사업장을 이전하는 경우 청원주가 배치를 폐지하거나 배치인원을 감축할 수 없도록 하고, 시설의 폐쇄나 축소로 청원경찰의 배치를 폐지하거나 배치인원을 감축하는 경우에도 그 청원주에게 과원이 되는 청원경찰 인원을 그 기관·시설 또는 사업장 내의 유사 업무에 종사하게 하거나 다른 시설·사업장 등에 재배치하는 등 청원경찰의 고용이 보장될 수 있도록 노력해야 할 의무를 부여함으로써 청원경찰의 고용 불안을 해소하고 신분상의 불이익이 발생하지 않도록 하려는 것임.

　　◇ 주요내용
　가. 국가기관 및 지방자치단체에 근무하는 청원경찰의 보수단계별 재직기간을 단축하고 보수단계를 한

나. 기관·시설 또는 사업장 등을 청원경찰 배치인원의 변동 사유 없이 단순히 이전하는 경우 청원주가 청원경찰의 배치를 폐지하거나 배치인원을 감축할 수 없도록 명시적으로 규정함(제10조의5제1항).
다. 시설의 폐쇄나 축소로 청원경찰의 배치를 폐지하거나 배치인원을 감축하는 경우 그 청원주는 과원이 되는 청원경찰 인원을 그 기관·시설 또는 사업장 내의 유사 업무에 종사하게 하거나 다른 시설·사업장 등에 재배치하는 등 청원경찰의 고용이 보장될 수 있도록 노력하여야 함(제10조의5제3항 신설).

17) 청원경찰법[시행 2015. 7. 1.] [법률 제12921호, 2014. 12. 30., 일부개정]

18) 청원경찰법[시행 2017. 7. 26.] [법률 제14839호, 2017. 7. 26., 타법개정]

【제정·개정이유】

◉ 법률 제14839호(2017.7.26)
　　정부조직법 일부개정법률
[일부개정]
◇ 개정이유
　　중소기업 육성과 과학기술 융합을 기반으로 미래 성장동력 확충과 일자리 창출 등 경제 활성화를 뒷받침할 수 있도록 정부 조직체계를 재설계하고, 안전·재난 분야의 유기적 연계와 현장 기관의 전문 역량을 강화하기 위하여 국가 안전관리 체계를 재조정하는 한편, 통상행정 분야를 효율화하고, 국가보훈 및 대통령경호 시스템을 환경변화에 맞게 조정하는 등 국민들의 요구에 신속하게 반응하는 열린 민주 정부를 구현할 수 있도록 정부기능을 재배치하려는 것임.

◇ 주요내용
가. 대통령 경호수행 체계를 합리화하기 위하여 대통령경호실(장관급)을 대통령경호처(차관급)로 개편함(제16조).
나. 국가유공자 예우와 지원 등 보훈기능을 강화하기 위하여 국가보훈처를 장관급 기구로 격상함(제22조의2).
다. 기술창업활성화 관련 창조경제 진흥 업무의 중소벤처기업부 이관 및 과학기술·정보통신 정책의 중요성을 고려하여 미래창조과학부의 명칭을 과학기술정보통신부로 변경하는 한편, 과학기술의 융합과 혁신을 가속화하고 연구개발의 전문성과 독립성을 보장하기 위하여 과학기술정보통신부에 과학기술혁신본부를 설치함(제29조제1항, 제29조제2항 신설).
라. 국가 재난에 대한 대응 역량을 강화하고 안전에 대한 국가와 지방자치단체 간 유기적 연계가 가능하도록 국민안전처와 행정자치부를 통합하여 행정안전부를 신설하고, 신설되는 행정안전부에 재난 및 안전 관리를 전담할 재난안전관리본부를 설치함(제34조제1항, 제34조제3항 신설).
마. 소방 정책과 구조구급 등 소방에 대한 현장 대응 역량을 강화하기 위하여 행정안전부장관 소속으로 소방청을 신설함(제34조제7항 신설).
바. 보호무역주의 확산에 대응하기 위한 통상교섭 역량을 강화하기 위하여 산업통상자원부에 통상교섭본부를 설치함(제37조제2항).
사. 해양경찰의 역할을 재정립하여 해양안전을 확보하고, 해양주권 수호 역량을 강화하기 위하여 해양수산부장관 소속으로 해양경찰청을 신설함(제43조제2항 신설).
아. 중소기업 중심의 경제구조와 창업 생태계 조성을 위하여 중소기업청을 중소벤처기업부로 격상하여 창업·벤처기업의 지원 및 대·중소기업 간 협력 등에 관한 사무를 관장하도록 함(제44조 신설).

19) 청원경찰법[시행 2018. 9. 18.] [법률 제15765호, 2018. 9. 18., 일부개정]

【제정·개정이유】

[일부개정]
◇ 개정이유 및 주요내용

현행법 제5조제4항에서는 '청원경찰의 복무에 관하여는 「국가공무원법」 제66조제1항을 준용한다'고 규정하고 있음. 이에 따라 해당 조항의 노동운동 금지가 청원경찰에게 적용되어, 청원경찰은 단결권, 단체교섭권 및 단체행동권을 제한받고 있는 상황임.

이와 관련 최근 헌법재판소는 교원과 일부 공무원도 단결권과 단체교섭권을 인정받고 있는 상황에서 일반근로자인 청원경찰의 근로3권을 모두 제한하는 것은 입법 목적 달성을 위해 필요한 범위를 넘어서 침해의 최소성 원칙에 위배되고 법익의 균형성도 인정되지 아니한다고 하여 헌법불합치결정을 선고하고 2018년 12월 31일까지 잠정적용을 결정하였음(2017.9.28. 2015헌마653).

이에 청원경찰에 대한 단체행동권은 제외한 단결권과 단체교섭권을 인정하도록 관련 규정을 정비함으로써 헌법재판소의 헌법불합치 결정 취지에 따라 현행법의 흠결을 보완하려는 것임.

3장 대통령 등의 경호에 관한 법률 제·개정

대통령 등의 경호에 관한 법률은 1963년 12월 14일 대통령경호실법. 법률 제1507호로제정 되었으며, 지금까지 총 14차에 걸쳐 제·개정되었다. 주요 연혁을 보면 다음과 같다.

1) 대통령경호실법 시행 1963. 12.17. 법률 제1507호, 1963. 12.14., 제정

대통령의 경호를 담당하기 위하여 대통령경호실을 설치하려는 것임.
①경호실은 대통령과 그 가족, 대통령으로 당선이 확정된 자 및 경호실장이 특히 필요하다고 인정하는 국내외요인에 대한 경호와 대통령관저의 경호에 관한 사항을 담당하도록 함.
②경호실에 경호실장을 두되, 별정직으로 하며 대통령이 임명하도록 함.
③경호실에 별정직공무원인 경호원 및 일반직국가공무원을 두도록 함.
④경호원에게는 사법경찰관리의 직무를 행할 수 있도록 함.
⑤실장은 소속공무원에게 총기를 휴대시킬 수 있도록 함.

2) 대통령경호실법 시행 1981. 1.29. 법률 제3358호, 1981 1.29.,일부개정

대통령경호실법중 다음과 같이 개정한다.

제3조제1항을 다음과 같이 한다.
①경호실은 다음 각호의 사항을 관장한다.
 1. 대통령과 그 가족의 호위와 대통령관저의 경비
 2. 대통령으로 당선이 확정된 자와 그 가족의 호위
 3. 본인의 의사에 반하지 아니하는 경우에 한하여 퇴임후 7년이내의 전직대통령과 그의 배우자 및 자녀의 호위. 다만, 대통령이 임기만료 전에 퇴임한 경우와 재직중 또는 퇴임후 사망한 때에는 호위기간은 그로부터 2년으로 하되, 퇴임후 사망한 경우의 호위기간의 기산일은 퇴임일로 한다.
 4. 호위실장이 특히 호위가 필요하다고 인정하는 국내외 요인에 대한 호위

제4조제2항을 다음과 같이 한다.
②실장은 별정직으로 하며, 대통령이 임명한다. 다만, 필요하다고 인정할 때에는 현역군인으로 보할 수 있다.

제5조제1항 및 제2항을 다음과 같이 한다.
　　①경호실에 별정직국가공무원인 경호관·경호사(이하 "경호원"이라 한다)와 일반직국가공무원을 둔다. 다만, 필요하다고 인정할 때에는 직원중 일부를 현역군인으로 보할 수 있다.
　　②다음 각호의 1에 해당하는 자는 경호원에 임용될 수 없다.
　　　　1. 대한민국 국적을 가지지 아니한 자
　　　　2. 금치산자 또는 한정치산자
　　　　3. 파산자로서 복권되지 아니한 자
　　　　4. 자격정지이상의 형의 선고를 받은 사실이 있는 자
　　　　5. 금고이상의 형의 선고유예를 받고 그 선고유예기간중에 있는 자
　　　　6. 징계에 의하여 파면의 처분을 받은 자

제8조를 다음과 같이 한다.
제8조 (직권남용금지등) ①경호실소속 공무원은 직권을 남용하여서는 아니 된다.
　　②경호실에 파견된 경찰공무원은 이 법에 규정된 임무 이외의 경찰행위를 할 수 없다.
제11조중 "10만원"을 "100만원"으로 한다.
제3조제2항, 제7조제2항 및 제9조제2항중 "전항"을 "제1항"으로 한다

3) 대통령경호실법 시행 2000.1.1. 법률 제6087호, 1999.12.31.,.일부개정

대통령경호실법중 다음과 같이 개정한다.

제2조에 제3항을 다음과 같이 신설한다.
　　③이 법에서 "소속공무원"이라 함은 경호실 직원과 경호실에 파견된 자를 말한다.
제4조제2항 본문중 "별정직"을 "정무직"으로 한다.

제5조를 다음과 같이 한다.
제5조 (직원) ①경호실에 특정직국가공무원인 1급 내지 9급의 경호공무원과 기능직국가공무원을 둔다. 다만, 필요하다고 인정할 때에는 경호공무원의 정원중 일부를 별정직국가공무원 또는 현역군인으로 보할 수 있다.
　　②경호공무원의 각 계급의 직무의 종류별 명칭은 대통령령으로 정한다.
제5조의2 내지 제5조의9를 각각 다음과 같이 신설한다.
제5조의2 (임용권자) ①5급이상 경호공무원 및 5급상당이상 별정직국가공무원은 실장의 제청에 의하여 대통령이 임용한다. 다만, 전보·휴직 및 복직에 관하여는 실장이 이를 행한다.
　　②실장은 직원에 대하여 제1항외의 일체의 임용권을 가진다.
　　③1급 내지 3급의 경호공무원 또는 이에 상당하는 별정직국가공무원의 신규채용에 관하여는 국가공무원법 제7조제3항제3호·제4항 및 제5항의 규정을 준용한다.
제5조의3 (결격사유) ①다음 각호의 1에 해당하는 자는 직원으로 임용될 수 없다.
　　　　1. 대한민국의 국적을 가지지 아니한 자
　　　　2. 국가공무원법 제33조 각호의 1에 해당하는 자
　　②직원이 제1항 각호의 1에 해당하는 때에는 당연히 퇴직된다.
제5조의4 (비밀의 엄수) ①소속공무원(퇴직한 자 및 원소속기관에 복귀한 자를 포함한다. 이하 이 조에서 같다)은 직무상 알게 된 비밀을 누설하여서는 아니된다.
　　②소속공무원이 경호실의 직무와 관련된 사항을 발간 기타의 방법으로 공표하고자 하는 때에는 미리 실장의 허가를 받아야 한다.
제5조의5 (직권면직) ①직원별정직국가공무원은 제외한다. 이하 이 조에서 같다)이 다음 각호의 1에 해당되는 때에는 임용권자는 직권에 의하여 면직시킬 수 있다.
　　　　1. 신체·정신상의 이상으로 인하여 6월이상 직무를 감당하지 못할만한 지장이 있는 때

2. 직무수행능력이 현저하게 부족하거나 근무태도가 극히 불량하여 직원으로서 부적합하다고 인정되는 때
3. 직제와 정원의 개폐 또는 예산의 감소등에 의하여 폐직 또는 과원이 된 때
4. 휴직기간의 만료 또는 휴직사유가 소멸된 후에도 정당한 이유없이 직무에 복귀하지 아니하거나 직무를 감당할 수 없는 때
5. 직무수행능력이 부족하거나 근무성적이 극히 불량하여 대통령령이 정하는 바에 따라 대기명령을 받은 자가 그 기간중 능력 또는 근무성적의 향상을 기대하기 어렵다고 인정되는 때
6. 당해직급에서 직무를 수행하는데 필요한 자격증의 효력이 상실되거나 면허가 취소되어 담당직무를 수행할 수 없게 된 때

②제1항제2호·제5호의 규정에 의하여 면직시키는 경우에는 대통령령이 정하는 바에 따라 징계위원회의 동의를 얻어야 한다.
③제1항제3호의 규정에 의하여 면직시키는 경우에는 임용형태·업무실적·직무수행능력·징계처분사실 등을 고려하여 면직기준을 정하여야 한다.
④제3항의 면직기준을 정하거나 제1항제3호의 규정에 의하여 면직대상자를 결정함에 있어서는 대통령령이 정하는 바에 따라 심사위원회의 심의·의결을 거쳐야 한다.
⑤제1항제3호의 규정에 의하여 면직된 직원은 결원이 생긴 때에는 우선하여 재임용할 수 있다.

제5조의6 (정년) ①경호공무원의 정년은 다음과 같다.
1. 연령정년
   4급이상 55세
   5급이하 50세
2. 계급정년
   1급 5년(다만, 2급의 경호공무원으로서의 근무경력과 합하여 6년을 초과할 수 없다)
   2급 6년
   3급 8년
   4급 10년
   5급 14년

②경호공무원이 강임된 경우에 제1항제2호의 규정에 의한 계급정년의 경력산정에 있어서 강임되기 전의 상위계급에서의 근무경력은 강임된 계급에서의 근무경력에 이를 포함한다.
③경호공무원은 그 정년에 달한 날이 1월부터 6월 사이에 있는 경우에는 6월 30일, 7월부터 12월 사이에 있는 경우에는 12월 31일에 각각 당연히 퇴직된다.

제5조의7 (징계) ①직원의 징계사건을 심사·의결하기 위하여 경호실에 고등징계위원회와 보통징계위원회를 둔다.
②각 징계위원회는 위원장 1인과 4인이상 6인이하의 위원으로 구성한다.
③직원의 징계는 징계위원회의 의결을 거쳐 실장이 행한다. 다만, 5급이상 직원에 대한 파면 및 해임은 징계위원회의 의결을 거쳐 실장의 제청으로 대통령이 행한다.
④징계위원회의 구성 및 운영등에 관하여 필요한 사항은 대통령령으로 정한다.

제5조의8 (보상) 직원으로서 제3조제1항 각호에 규정된 임무수행 또는 그와 관련하여 상이를 입고 퇴직한 자와 그 가족 및 사망(상이로 인하여 사망한 경우를 포함한다)한 자의 유족에 대하여는 대통령령이 정하는 바에 따라 국가유공자등예우및지원에관한법률에 의한 보상을 실시한다.

제5조의9(국가공무원법과의 관계등) ①직원의 신규채용, 시험의 실시, 승진, 근무성적평정, 보수 및 교육훈련에 관한 사항은 대통령령으로 정한다.
②직원에 대하여는 이 법에 특별한 규정이 있는 경우를 제외하고는 국가공무원법을 준용한다.
③직원에 대하여는 국가공무원법 제17조 및 제18조의 규정을 적용하지 아니한다.

제6조중 "국가각기관 및 지방자치단체의 장에게 그 공무원"을 "국가기관·지방자치단체 기타 공공단체의 장에게 그 공무원 또는 직원"으로 한다.

제7조의 제목 및 동조제1항중 "경호원"을 각각 "경호공무원"으로 하고, 동조제2항중 "경호관"을 "7급이상

경호공무원"으로, "경호사는"을 "8급 이하 경호공무원은"으로 한다.
제8조제1항중 "경호실 소속공무원"을 "소속공무원"으로 한다.
제9조의 제목 및 동조제1항·제2항 본문중 "총기"를 각각 "무기"로 하고, 동조제2항제1호 및 제2호중 "경호원"을 각각 "소속공무원"으로 한다.
제11조중 "제8조"를 "제5조의4제1항, 제8조"로, "6년"을 "5년"으로, "100만원"을 "1천만원"으로 하고, 동조에 제2항을 다음과 같이 신설한다.
②제5조의4제2항에 위반한 자는 2년 이하의 징역·금고 또는 500만원 이하의 벌금에 처한다.

부칙

①(시행일) 이 법은 2000년1월1일부터 시행한다.
②(재직중인 공무원의 임용의제) 이 법 시행당시 재직중인 2급상당 내지 9급상당의 경호원은 2급 내지 9급의 경호공무원으로 각각 임용된 것으로 본다.
③(계급정년의 기산에 관한 경과조치) 이 법 시행당시 재직중인 경호원의 경호공무원으로서의 계급정년은 각각 종전의 상당 계급의 경호원으로 임용된 날부터 기산한다.
④(다른 법률의 개정) 공직자윤리법중 다음과 같이 개정한다.
제3조제1항제4호중 "4급이상의 외무공무원 및 국가정보원의 직원"을 "4급이상의 외무공무원·국가정보원의 직원 및 대통령경호실의 경호공무원"으로 한다.

4) 대통령경호실법 시행 2005.3.10. 법률 제7388호, 2005.3.10,.일부개정

대통령경호실법중 다음과 같이 개정한다.
제1조 내지 제3조를 각각 다음과 같이 한다.
제1조 (목적) 이 법은 대통령에 대한 경호를 효율적으로 수행하기 위하여 대통령경호실의 조직·직무범위와 그 밖에 필요한 사항을 규정함을 목적으로 한다.
제2조 (정의) 이 법에서 사용하는 용어의 정의는 다음과 같다.
　1. "경호"라 함은 경호대상자의 생명과 재산을 보호하기 위하여 신체에 가하여지는 위해를 방지 또는 제거하고, 특정한 지역을 경계·순찰 및 방비하는 등의 모든 안전활동을 말한다.
　2. "경호구역"이라 함은 대통령 경호실(이하 "경호실"이라 한다) 소속 공무원이 경호활동을 하는 구역을 말한다.
　3. "소속공무원"이라 함은 경호실직원과 경호실에 파견된 자를 말한다.
제3조 (임무) ①경호실의 경호대상은 다음과 같다.
　1. 대통령과 그 가족
　2. 대통령당선인과 그 가족
　3. 본인의 의사에 반하지 아니하는 경우에 한하여 퇴임 후 7년 이내의 전직대통령과 그의 배우자 및 자녀. 다만, 대통령이 임기만료전에 퇴임한 경우와 재직 중 또는 퇴임 후 사망한 경우의 경호기간은 그로부터 2년으로 하되, 퇴임 후 사망한 경우의 경호기간은 퇴임일을 기산일로 한다.
　4. 대통령권한대행과 그 배우자
　5. 방한하는 외국의 국가원수 또는 행정수반과 그 배우자
　6. 그 밖에 경호실장이 경호가 필요하다고 인정하는 국내외 요인
②제1항제1호 또는 제2호의 규정에 따른 가족의 범위는 대통령령으로 정한다.
제5조의7 내지 **제5조의9**를 각각 제12조 내지 제14조로 한다.
제6조를 제15조로 하고, **제16조를** 다음과 같이 신설한다.
제16조 (대통령경호안전대책위원회) ①대통령 등 제3조제1항의 규정에 따른 경호대상에 대한 경호업무를 수행함에 있어 관계부처의 책임을 명확하게 하고, 협조를 원활하게 하기 위하여 경호실에 대통령경호안전대책위원회(이하 "위원회"라 한다)를 둔다.
②위원회는 위원장과 부위원장 각 1인을 포함한 20인 이내의 위원으로 구성한다.

③위원장은 실장이 되고, 부위원장은 차장이 되며, 위원은 대통령령이 정하는 관계부처의 공무원이 된다.
④위원회는 다음 각호의 사항을 관장한다.
1. 대통령에 대한 경호에 필요한 안전대책과 관련된 업무의 협의
2. 대통령에 대한 경호와 관련된 첩보 및 정보의 교환과 분석
3. 그 밖에 대통령 등 제3조제1항의 규정에 따른 경호대상에 대한 경호상 필요하다고 인정되는 업무
⑤위원회의 구성 및 운영에 관하여 필요한 사항은 대통령령으로 정한다.

제7조 내지 제11조를 각각 제17조 내지 제21조로 한다.

제5조를 제6조로 하고, 제6조(종전의 제5조)제1항 단서중 "별정직국가공무원 또는 현역군인"을 "일반직국가공무원 또는 별정직국가공무원"으로 한다.

제5조의2를 제7조로 하고, 제7조(종전의 제5조의2)제1항 단서중 "전보·휴직 및 복직"을 "전보·휴직·겸임·파견·직위해제·정직 및 복직"으로 하며, 동조제2항중 "직원"을 "경호공무원 및 별정직국가공무원"으로 한다.

제5조의3을 제8조로 하여 이를 다음과 같이 한다.

제8조 (직원의 임용자격 및 결격사유) ①경호실 직원은 신체 및 사상이 건전하고 품행이 방정한 자 중에서 임용한다.
②다음 각호의 어느 하나에 해당하는 자는 직원으로 임용될 수 없다.
1. 대한민국의 국적을 가지지 아니한 자
2. 국가공무원법 제33조 각호의 어느 하나에 해당하는 자
③직원이 제2항 각호의 어느 하나에 해당하는 때에는 당연히 퇴직된다.

제5조의4를 제9조로 한다.

제5조의5를 제10조로 하고, 제10조(종전의 제5조의5)제4항중 "심사위원회"를 "인사위원회"로 한다.

제5조의6을 제11조로 하고, 제11조(종전의 제5조의6)제1항제1호를 다음과 같이 한다.
1. 연령정년
   5급 이상 55세
   6급 이하 50세

제4조를 제5조로 하고, 제5조(종전의 제4조)를 다음과 같이 한다.

제5조 (경호실장 및 차장) ①경호실에 경호실장(이하 "실장"이라 한다)과 차장을 둔다.
②실장은 대통령이 임명하고, 차장은 실장의 제청에 의하여 대통령이 임명한다.
③실장은 정무직으로 하며, 경호실의 업무를 통할하고 소속공무원을 지휘·감독한다,.
④차장은 정무직·1급의 경호공무원 또는 1급 상당 별정직국가공무원으로 보하며, 실장을 보좌한다.
⑤실장이 부득이한 사유로 그 직무를 수행할 수 없는 때에는 차장이 그 직무를 대행한다.

제4조를 다음과 같이 신설한다.

제4조 (경호구역의 지정 등) ①경호실장은 경호업무를 효율적으로 수행하기 위하여 필요한 경우 경호구역을 지정할 수 있다. 이 경우 경호구역의 지정은 경호목적 달성을 위한 최소한의 범위로 한정되어야 한다.
②소속공무원은 경호목적상 불가피하다고 인정되는 상당한 이유가 있는 경우에 한하여 경호구역 안에서 질서유지, 교통관리, 검문·검색, 출입통제, 위험물의 탐지 및 안전조치 등 위해방지에 필요한 안전활동을 할 수 있다.

5) 대통령경호실법 시행 2008.2.29. 법률 제8857호, 2008.2.29.,.일부개정

국가공무원법 일부개정법률

부칙

제1조(시행일) 이 법은 공포한 날부터 시행한다.
제2조(다른 법률의 개정) ① 부터 ⑥ 까지 생략
⑦ 대통령경호실법 일부를 다음과 같이 개정한다.

제7조제3항 중 "1급 내지 3급의 경호공무원 또는 이에 상당하는 별정직국가공무원의"를 "고위공무원단에 속하는 별정직공무원의"로, "국가공무원법 **제7조제3항제3호·제4항 및 제5항의**"를 "국가공무원법 **제28조의6제3항의**"로 한다.
⑧ 및 ⑨ 생략
제3조부터 **제5조**까지 생략

6) 대통령경호실법 시행 2008.2.29. 법률 제8872호, 2008.2.29.,.일부개정

대통령경호실법 일부를 다음과 같이 개정한다.
제명 "대통령경호실법"을 "대통령 등의 경호에 관한 법률"로 한다.
제1조 중 "대통령에"를 "대통령 등에"로, "대통령경호실"을 "경호"로 한다.
제2조제2호 중 "대통령경호실(이하 "경호실"이라 한다) 소속"을 "**제3조**에 따른 경호처소속"으로 하고, 같은 조 **제3호** 중 "경호실 직원과 경호실"을 "경호처 직원과 경호처"로 한다.
제5조를 삭제하고, **제3조** 및 **제4조**를 각각 **제4조** 및 **제5조**로 하며, **제3조**를 다음과 같이 신설한다.
제3조 (경호처의 설치) ① 「정부조직법」제14조의 규정에 의한 대통령 등의 경호에 관한 사무를 분장하기 위하여 대통령실장(이하 "실장" 이라 한다) 소속으로 경호처를 둔다.
② 경호처에 경호처장(이하 "처장"이라 한다)을 두되, 정무직으로 보한다.
③ 처장은 경호에 관한 사무를 통할하고 소속 공무원을 지휘·감독한다.
④ 경호처에 차장 1인을 두되, 차장은 1급의 경호공무원 또는 고위공무원단에 속하는 별정직국가공무원으로 보한다.
⑤ 차장은 처장을 보좌하며, 처장이 부득이한 사유로 직무를 수행할 수 없을 때에는 그 직무를 대행한다.
⑥ 경호처의 조직과 공무원의 정원 그 밖에 필요한 사항은 대통령령으로 정한다.
제4조(종전의 제3조) 제1항 각 호외의 부분 중 "경호실"을 "경호처"로 하고, 같은 항 제6호 중 "경호실장"을 "처장"으로 한다.
제5조(종전의 제4조) 제1항을 다음과 같이 하고, 같은 조 제2항을 제3항으로 하며, 같은 조에 제2항을 다음과 같이 신설한다.
① 처장은 경호업무의 수행에 필요하다고 판단되는 경우 실장의 승인을 받아 경호구역을 지정할 수 있다. 다만, 처장은 경호목적상 필요하다고 인정되는 상당한 이유가 있을 때에는 먼저 경호구역을 지정한 후 이를 실장에게 보고할 수 있다.
② 제1항에 따른 경호구역의 지정은 경호목적 달성을 위한 최소한의 범위로 한정되어야 한다.
제6조제1항 본문 중 "경호실"을 "경호처"로 한다.
제7조제1항 중 "실장의 제청에 의하여"를 "처장의 추천을 받아 실장의 제청으로"로, "실장이"를 "실장이"로 하고, 같은 조 제3항을 제4항으로 하며, 같은 조에 제3항을 다음과 같이 신설한다.
③실장은 대통령령으로 정하는 바에 따라 제1항 및 제2항의 임용권을 처장에게 위임할 수 있다.
제8조제1항중 "경호실"을 "경호처"로 하고, 같은 **조제3항** 중 "**제2항** 각 호"를 "**제2항** 각호(「국가공무원법」 제33조제1항제5호를 제외한다)"로 한다.
제9조제2항 중 "경호실"을 "경호처"로, "실장"을 "처장"으로 한다.
제12조제1항 중 "경호실"을 "대통령실"로 한다.
제13조 중 "**제3조제1항**"을 "**제4조제1항**"으로 한다.
제15조 중 "실장은 직무상 필요하다고 인정할 때에는"을 "처장은 직무상 필요하다고 인정할 때에는 실장의 명을 받아"로 하고, 같은 조에 단서를 다음과 같이 신설한다.
다만, 처장은 경호목적상 필요하다고 인정되는 상당한 이유가 있을 때에는 먼저 국가기관 등에 대해 필요한 협조요청을 한 후 이를 실장에게 보고할 수 있다.
제16조제1항 중 "**제3조제1항**"을 "**제4조제1항**"으로, "경호실"을 "경호처"로 하고, 같은 조 **제3항**중 "실장"을 "처장"으로 하며, 같은 조 **제4항제3호** 중 "**제3조제1항**"을 "**제4조제1항**"으로 한다.

제17조제1항 중 "실장"을 "처장"으로, "서울지방검찰청검사장"을 "서울중앙지방검찰청검사장"으로, "제3조"를 "**제4조**"로 한다.
제18조제2항 중 "경호실"을 "경호처"로 한다.
제19조제1항 중 "실장"을 "처장"으로 하고, 같은 조 **제2항제1호** 중 "**제3조**"를 "**제4조**"로 한다.
제20조 중 "경호실직제와 기타 이 법"을 "이 법"으로 한다.
제21조제1항 중 "제5조의4제1항, 제8조 또는 제9조제2항"을 "제9조제1항, 제18조 또는 제19조제2항"으로 하고, 같은 조 제2항 중 "**제5조의4제2항**"을 "**제9조제2항**"으로 한다.

부칙

제1조 (시행일) 이 법은 공포한 날부터 시행한다.
제2조 (기관 변경에 따른 공무원에 대한 경과조치) 이 법 시행 당시 대통령경호실소속공무원은 이 법에 의한 경호처소속공무원으로 본다.
제3조 (다른 법률의 개정) ① 경비업법 일부를 다음과 같이 개정한다.
제5조제4호 중 "대통령경호실법"을 "「대통령 등의 경호에 관한 법률」"로 한다.
② 공직자 등의 병역사항 신고 및 공개에 관한 법률 일부를 다음과 같이 개정한다.
제2조제4호 및 제8조의2제1항제3호 중 "대통령경호실"을 각각 "대통령실"로 한다.
③ 공직자윤리법 일부를 다음과 같이 개정한다.
제3조제1항제4호 중 "대통령경호실"을 "대통령실"로 한다.
④ 위험직무 관련 순직공무원의 보상에 관한 법률 일부를 다음과 같이 개정한다.
제2조제1호바목 중 "대통령경호실"을 "경호처"로, "「대통령경호실법」"을 "「대통령 등의 경호에 관한 법률」"로 한다.
제4조 (다른 법령과의 관계) 이 법 시행 당시 다른 법령에서 종전의 법률 또는 그 규정을 인용하고 있는 경우 이 법 중 그에 해당하는 규정이 있는 때에는 종전의 규정에 갈음하여 이 법 또는 이 법의 해당 조항을 각각 인용한 것으로 본다.

7) 대통령경호실법 시행 2010.3.12. 법률 제10060호, 2010.3.12.,.일부개정

대통령 등의 경호에 관한 법률 일부를 다음과 같이 개정한다.
제4조제1항제3호 본문 중 "퇴임 후 7년"을 "퇴임 후 10년"으로 하고, 같은 호 단서를 다음과 같이 한다.
다만, 대통령이 임기만료 전에 퇴임한 경우와 재직 중 사망한 경우의 경호기간은 그로부터 5년으로 하고, 퇴임 후 사망한 경우의 경호기간은 퇴임일부터 기산하여 10년을 넘지 아니하는 범위에서 사망 후 5년으로 한다.

8) 대통령경호실법 시행 2011.4.28. 법률 제10603호, 2011.4.28.,.일부개정

대통령 등의 경호에 관한 법률 일부를 다음과 같이 개정한다.
제2조부터 **제19조**까지를 각각 다음과 같이 한다.
제2조(정의) 이 법에서 사용하는 용어의 뜻은 다음과 같다.
 1. "경호"란 경호 대상자의 생명과 재산을 보호하기 위하여 신체에 가하여지는 위해(危害)를 방지하거나 제거하고, 특정 지역을 경계·순찰 및 방비하는 등의 모든 안전 활동을 말한다.
 2. "경호구역"이란 제3조에 따른 경호처 소속공무원이 경호 활동을 하는 구역을 말한다.
 3. "소속공무원"이란 경호처 직원과 경호처에 파견된 사람을 말한다.
제3조(경호처의 설치) ① 「정부조직법」 제14조제3항에 따라 대통령 등의 경호를 담당하기 위하여 대통령실에 경호처를 둔다.
② 경호처에 경호처장(이하 "처장"이라 한다)을 두며, 정무직으로 보(補)한다.

③ 처장은 경호에 관한 사무를 총괄하고 소속공무원을 지휘·감독한다.
④ 경호처에 차장 1명을 두며, 차장은 1급 경호공무원 또는 고위공무원단에 속하는 별정직 국가공무원으로 보한다.
⑤ 차장은 처장을 보좌하며, 처장이 부득이한 사유로 직무를 수행할 수 없을 때에는 그 직무를 대행한다.
⑥ 경호처의 조직과 공무원의 정원, 그 밖에 필요한 사항은 대통령령으로 정한다.

제4조(경호대상) ① 경호처의 경호대상은 다음과 같다.
　1. 대통령과 그 가족
　2. 대통령 당선인과 그 가족
　3. 본인의 의사에 반하지 아니하는 경우에 한정하여 퇴임 후 10년 이내의 전직 대통령과 그의 배우자 및 자녀. 다만, 대통령이 임기 만료 전에 퇴임한 경우와 재직 중 사망한 경우의 경호 기간은 그로부터 5년으로 하고, 퇴임 후 사망한 경우의 경호 기간은 퇴임일부터 기산(起算)하여 10년을 넘지 아니하는 범위에서 사망 후 5년으로 한다.
　4. 대통령권한대행과 그 배우자
　5. 대한민국을 방문하는 외국의 국가 원수 또는 행정수반(行政首班)과 그 배우자
　6. 그 밖에 처장이 경호가 필요하다고 인정하는 국내외 요인(要人)
② 제1항제1호 또는 제2호에 따른 가족의 범위는 대통령령으로 정한다.

제5조(경호구역의 지정 등) ① 처장은 경호업무의 수행에 필요하다고 판단되는 경우 대통령실장(이하 "실장"이라 한다)의 승인을 받아 경호구역을 지정할 수 있다. 다만, 처장은 경호 목적상 필요하다고 인정되는 상당한 이유가 있을 때에는 먼저 경호구역을 지정한 후 그 사실을 실장에게 보고할 수 있다.
② 제1항에 따른 경호구역의 지정은 경호 목적 달성을 위한 최소한의 범위로 한정되어야 한다.
③ 소속공무원은 경호 목적상 불가피하다고 인정되는 상당한 이유가 있는 경우에만 경호구역에서 질서유지, 교통관리, 검문·검색, 출입통제, 위험물 탐지 및 안전조치 등 위해 방지에 필요한 안전 활동을 할 수 있다.

제6조(직원) ① 경호처에 특정직 국가공무원인 1급부터 9급까지의 경호공무원과 기능직 국가공무원을 둔다. 다만, 필요하다고 인정할 때에는 경호공무원의 정원 중 일부를 일반직 국가공무원 또는 별정직 국가공무원으로 보할 수 있다.
② 경호공무원 각 계급의 직무의 종류별 명칭은 대통령령으로 정한다.

제7조(임용권자) ① 5급 이상 경호공무원과 5급 상당 이상 별정직 국가공무원은 처장의 추천을 받아 실장의 제청으로 대통령이 임용한다. 다만, 전보·휴직·겸임·파견·직위해제·정직(停職) 및 복직에 관한 사항은 실장이 행한다.
② 실장은 경호공무원 및 별정직 국가공무원에 대하여 제1항 외의 모든 임용권을 가진다.
③ 실장은 대통령령으로 정하는 바에 따라 제1항 및 제2항의 임용권을 처장에게 위임할 수 있다.
④ 고위공무원단에 속하는 별정직공무원의 신규채용에 관하여는 「국가공무원법」 제28조의6제3항을 준용한다.

제8조(직원의 임용 자격 및 결격사유) ① 경호처 직원은 신체 건강하고 사상이 건전하며 품행이 바른 사람 중에서 임용한다.
② 다음 각 호의 어느 하나에 해당하는 사람은 직원으로 임용될 수 없다.
　1. 대한민국의 국적을 가지지 아니한 사람
　2. 「국가공무원법」 제33조 각 호의 어느 하나에 해당하는 사람
③ 제2항 각 호(「국가공무원법」 제33조제5호는 제외한다)의 어느 하나에 해당하는 직원은 당연히 퇴직한다.

제9조(비밀의 엄수) ① 소속공무원[퇴직한 사람과 원(原) 소속 기관에 복귀한 사람을 포함한다. 이하 이 조에서 같다]은 직무상 알게 된 비밀을 누설하여서는 아니 된다.
② 소속공무원은 경호처의 직무와 관련된 사항을 발간하거나 그 밖의 방법으로 공표하려면 미리 처장의 허가를 받아야 한다.

제10조(직권면직) ① 임용권자는 직원(별정직 국가공무원은 제외한다. 이하 이 조에서 같다)이 다음 각 호의 어느 하나에 해당하면 직권으로 면직할 수 있다.
1. 신체적·정신적 이상으로 6개월 이상 직무를 수행하지 못할 만한 지장이 있을 때
2. 직무 수행 능력이 현저하게 부족하거나 근무태도가 극히 불량하여 직원으로서 부적합하다고 인정될 때
3. 직제와 정원의 개폐(改廢) 또는 예산의 감소 등에 의하여 폐직(廢職) 또는 과원(過員)이 된 때
4. 휴직 기간이 끝나거나 휴직 사유가 소멸된 후에도 정당한 이유 없이 직무에 복귀하지 아니하거나 직무를 수행할 수 없을 때
5. 직무 수행 능력이 부족하거나 근무성적이 극히 불량하여 대통령령으로 정하는 바에 따라 대기명령을 받은 사람이 그 기간 중 능력 또는 근무성적의 향상을 기대하기 어렵다고 인정될 때
6. 해당 직급에서 직무를 수행하는 데에 필요한 자격증의 효력이 상실되거나 면허가 취소되어 담당 직무를 수행할 수 없게 되었을 때

② 제1항제2호·제5호에 해당하여 면직하는 경우에는 대통령령으로 정하는 바에 따라 고등징계위원회의 동의를 받아야 한다.
③ 제1항제3호에 해당하여 면직하는 경우에는 임용 형태, 업무실적, 직무 수행 능력, 징계처분 사실 등을 고려하여 면직 기준을 정하여야 한다. 이 경우 면직된 직원은 결원이 생기면 우선하여 재임용할 수 있다.
④ 제3항의 면직 기준을 정하거나 제1항제3호에 따라 면직 대상자를 결정할 때에는 대통령령으로 정하는 바에 따라 인사위원회의 심의·의결을 거쳐야 한다.

제11조(정년) ① 경호공무원의 정년은 다음의 구분에 따른다.
1. 연령정년
  가. 5급 이상: 55세
  나. 6급 이하: 50세
2. 계급정년
  가. 1급: 5년. 다만, 2급 경호공무원으로 근무한 경력과 합하여 6년을 초과할 수 없다.
  나. 2급: 6년
  다. 3급: 8년
  라. 4급: 10년
  마. 5급: 14년

② 경호공무원이 강임(降任)된 경우에는 제1항제2호에 따른 계급정년의 경력을 산정할 때에 강임되기 전의 상위계급으로 근무한 경력은 강임된 계급으로 근무한 경력에 포함한다.
③ 경호공무원은 그 정년이 된 날이 1월부터 6월 사이에 있는 경우에는 6월 30일에, 7월부터 12월 사이에 있는 경우에는 12월 31일에 각각 당연히 퇴직한다.

제12조(징계) ① 직원의 징계에 관한 사항을 심사·의결하기 위하여 대통령실에 고등징계위원회와 보통징계위원회를 둔다.
② 각 징계위원회는 위원장 1명과 4명 이상 6명 이하의 위원으로 구성한다.
③ 직원의 징계는 징계위원회의 의결을 거쳐 실장이 한다. 다만, 5급 이상 직원의 파면 및 해임은 고등징계위원회의 의결을 거쳐 실장의 제청으로 대통령이 한다.
④ 징계위원회의 구성 및 운영 등에 필요한 사항은 대통령령으로 정한다.

제13조(보상) 직원으로서 제4조제1항 각 호의 경호대상에 대한 경호업무 수행 또는 그와 관련하여 상이(傷痍)를 입고 퇴직한 사람과 그 가족 및 사망(상이로 인하여 사망한 경우를 포함한다)한 사람의 유족에 대하여는 대통령령으로 정하는 바에 따라 「국가유공자 등 예우 및 지원에 관한 법률」에 따른 보상을 한다.

제14조(「국가공무원법」과의 관계 등) ① 직원의 신규채용, 시험의 실시, 승진, 근무성적평정, 보수 및 교육훈련에 관한 사항은 대통령령으로 정한다.
② 직원에 대하여는 이 법에 특별한 규정이 있는 경우를 제외하고는 「국가공무원법」을 준용한다.

③ 직원에 대하여는 「국가공무원법」 제17조 및 제18조를 적용하지 아니한다.

제15조(국가기관 등에 대한 협조 요청) 처장은 직무상 필요하다고 인정할 때에는 실장의 명을 받아 국가기관, 지방자치단체, 그 밖의 공공단체의 장에게 그 공무원 또는 직원의 파견이나 그 밖에 필요한 협조를 요청할 수 있다. 다만, 처장은 경호 목적상 필요하다고 인정되는 상당한 이유가 있을 때에는 먼저 국가기관 등에 필요한 협조를 요청한 후 그 사실을 실장에게 보고할 수 있다.

제16조(대통령경호안전대책위원회) ① 제4조제1항 각 호의 경호대상에 대한 경호업무를 수행할 때에는 관계 부처의 책임을 명확하게 하고, 협조를 원활하게 하기 위하여 경호처에 대통령경호안전대책위원회(이하 "위원회"라 한다)를 둔다.
② 위원회는 위원장과 부위원장 각 1명을 포함한 20명 이내의 위원으로 구성한다.
③ 위원장은 처장이 되고, 부위원장은 차장이 되며, 위원은 대통령령으로 정하는 관계 부처의 공무원이 된다.
④ 위원회는 다음 각 호의 사항을 관장한다.
  1. 대통령 경호에 필요한 안전대책과 관련된 업무의 협의
  2. 대통령 경호와 관련된 첩보·정보의 교환 및 분석
  3. 그 밖에 제4조제1항 각 호의 경호대상에 대한 경호에 필요하다고 인정되는 업무
⑤ 위원회의 구성 및 운영에 필요한 사항은 대통령령으로 정한다.

제17조(경호공무원의 사법경찰권) ① 경호공무원(처장의 제청으로 서울중앙지방검찰청 검사장이 지명한 경호공무원을 말한다. 이하 이 조에서 같다)은 제4조제1항 각 호의 경호대상에 대한 경호업무 수행 중 인지한 그 소관에 속하는 범죄에 대하여 직무상 또는 수사상 긴급을 요하는 한도 내에서 사법경찰관리(司法警察官吏)의 직무를 수행할 수 있다.
② 제1항의 경우 7급 이상 경호공무원은 사법경찰관의 직무를 수행하고, 8급 이하 경호공무원은 사법경찰리(司法警察吏)의 직무를 수행한다.

제18조(직권 남용 금지 등) ① 소속공무원은 직권을 남용하여서는 아니 된다.
② 경호처에 파견된 경찰공무원은 이 법에 규정된 임무 외의 경찰공무원의 직무를 수행할 수 없다.

제19조(무기의 휴대 및 사용) ① 처장은 직무를 수행하기 위하여 필요하다고 인정할 때에는 소속공무원에게 무기를 휴대하게 할 수 있다.
② 제1항에 따라 무기를 휴대하는 사람은 그 직무를 수행할 때 필요하다고 인정하는 상당한 이유가 있을 경우 그 사태에 대응하여 부득이하다고 판단되는 한도 내에서 무기를 사용할 수 있다. 다만, 다음 각 호의 어느 하나에 해당할 때를 제외하고는 사람에게 위해를 끼쳐서는 아니 된다.
  1. 「형법」 제21조 및 제22조에 따른 정당방위와 긴급피난에 해당할 때
  2. 제4조제1항 각 호의 경호대상에 대한 경호업무 수행 중 인지한 그 소관에 속하는 범죄로 사형, 무기 또는 장기 3년 이상의 징역 또는 금고에 해당하는 죄를 범하거나 범하였다고 의심할 만한 충분한 이유가 있는 사람이 소속공무원의 직무집행에 대하여 항거하거나 도피하려고 할 때 또는 제3자가 그를 도피시키려고 소속공무원에게 항거할 때에 이를 방지하거나 체포하기 위하여 무기를 사용하지 아니하고는 다른 수단이 없다고 인정되는 상당한 이유가 있을 때
  3. 야간이나 집단을 이루거나 흉기나 그 밖의 위험한 물건을 휴대하여 경호업무를 방해하기 위하여 소속공무원에게 항거할 경우에 이를 방지하거나 체포하기 위하여 무기를 사용하지 아니하고는 다른 수단이 없다고 인정되는 상당한 이유가 있을 때

제20조를 삭제한다.
제21조를 다음과 같이 한다.
제21조(벌칙) ① 제9조제1항, 제18조 또는 제19조제2항을 위반한 사람은 5년 이하의 징역이나 금고 또는 1천만원 이하의 벌금에 처한다.
② 제9조제2항을 위반한 사람은 2년 이하의 징역·금고 또는 500만원 이하의 벌금에 처한다.

9) **대통령경호실법 시행 2012.2.2. 법률제 11296호, 2012.2.2.,.일부개정**

대통령 등의 경호에 관한 법률 일부를 다음과 같이 개정한다.
제2조제2호 중 "제3조에 따른 경호처 소속공무원이 경호 활동을 하는"을 "소속공무원과 관계기관의 공무

원으로서 경호업무를 지원하는 사람이 경호활동을 할 수 있는"으로 하고, 같은 조에 제4호를 다음과 같이 신설한다.

  4. "관계기관"이란 경호처가 경호업무를 수행함에 있어 필요한 지원과 협조를 요청하는 국가기관, 지방자치단체 등을 말한다.

제5조제1항 본문 중 "대통령실장(이하 "실장"이라 한다)의 승인을 받아 경호구역을"을 "경호구역을"로 하고, 같은 항 단서를 다음과 같이 하며, 같은 조 제3항 중 "소속공무원은"을 "소속공무원과 관계기관의 공무원으로서 경호업무를 지원하는 사람은"으로 하고, 같은 조에 제4항을 다음과 같이 신설한다.

 다만, 대통령실장(이하 "실장"이라 한다)이 미리 승인을 받도록 한 경우에는 그 승인을 받아 경호구역을 지정하여야 한다.

 ④ 실장은 필요한 경우 처장에게 제1항 본문에 따라 경호구역을 지정한 사실을 보고하도록 할 수 있다.

제5조의2를 다음과 같이 신설한다.

제5조의2(다자간 정상회의의 경호 및 안전관리) ① 대한민국에서 개최되는 다자간 정상회의에 참석하는 외국의 국가원수 또는 행정수반과 국제기구 대표의 신변(身邊)보호 및 행사장의 안전관리 등을 효율적으로 수행하기 위하여 대통령 소속으로 경호·안전 대책기구를 둘 수 있다.

 ② 경호·안전 대책기구의 장은 처장이 된다.

 ③ 경호·안전 대책기구는 소속공무원 및 관계기관의 공무원으로 구성한다.

 ④ 제1항에 따른 경호·안전 대책기구의 구성시기, 구성 및 운영 절차, 그 밖에 필요한 사항은 대통령령으로 정한다.

 ⑤ 경호·안전 대책기구의 장은 다자간 정상회의의 경호 및 안전관리를 위하여 필요하면 관계기관의 장과 협의하여 「통합방위법」 제2조제13호에 따른 국가중요시설과 불특정 다수인이 이용하는 시설에 대한 안전관리를 위하여 필요한 인력을 배치하고 장비를 운용할 수 있다.

제11조에 **제4항** 및 **제5항**을 각각 다음과 같이 신설한다.

 ④ 제1항에도 불구하고 실장은 처장이 추천한 다음 각 호의 어느 하나에 해당하는 2급 이하 경호공무원의 정년을 3년의 범위에서 연장할 수 있다. 이 경우 처장은 대통령령으로 정하는 심의위원회의 심의를 거쳐 추천하여야 한다.

  1. 전직 대통령의 경호를 담당하는 경호공무원
  2. 전문·특수 분야에 근무하는 경호공무원

 ⑤ 제4항에 따른 정년 연장의 자격요건, 연장 절차 및 기준, 그 밖에 필요한 사항은 대통령령으로 정한다.

제15조 본문 중 "실장의 명을 받아 국가기관,"을 "국가기관,"으로 하고, 같은 조 단서를 다음과 같이 한다.

 다만, 국가기관 등의 소속 공무원 또는 직원의 파견을 요청하는 경우에는 미리 그 사실을 실장에게 보고하여야 한다.

제16조제1항 및 **제3항** 중 "관계 부처"를 각각 "관계기관"으로 한다.

10) 대통령경호실법 시행 2012.7.1. 법률제 11042호, 2011.9.15.,.타법개정

보훈보상대상자 지원에 관한 법률

부칙

제1조(시행일) 이 법은 2012년 7월 1일부터 시행한다.
제2조(다른 법률의 개정) ①부터 ⑨까지 생략
 ⑩ 대통령 등의 경호에 관한 법률 일부를 다음과 같이 개정한다.
제13조 중 「국가유공자 등 예우 및 지원에 관한 법률」에 따른"을 "「국가유공자 등 예우 및 지원에 관한 법률」 또는 「보훈보상대상자 지원에 관한 법률」에 따른"으로 한다.
 ⑪부터 ㉗까지 생략

11) **대통령경호실법 시행 2013.3.23. 법률제 11689호, 2013.3.23.,.일부개정**
대통령 등의 경호에 관한 법률 일부를 다음과 같이 개정한다.
제2조제3호 중 "경호처 직원과 경호처"를 "대통령경호실(이하 "경호실"이라 한다) 직원과 경호실"로 하고, 같은 조 제4호 중 "경호처가"를 "경호실이"로 한다.
제3조를 다음과 같이 한다.
제3조(대통령경호실장 등) ① 대통령경호실장(이하 "실장"이라 한다)은 대통령이 임명하고, 경호실의 업무를 총괄하며 소속공무원을 지휘·감독한다.
② 경호실에 차장 1명을 둔다.
③ 차장은 정무직·1급 경호공무원 또는 고위공무원단에 속하는 별정직 국가공무원으로 보하며, 실장을 보좌한다.
제4조제1항 각 호 외의 부분 중 "경호처"를 "경호실"로 하고, 같은 항 제6호 중 "처장"을 "실장"으로 한다.
제5조제1항 본문 중 "처장"을 "실장"으로 하고, 같은 항 단서 및 같은 조 제4항을 각각 삭제한다.
제5조의2제2항 중 "처장"을 "실장"으로 한다.
제6조제1항 본문 중 "경호처"를 "경호실"로 한다.
제7조제1항 본문 중 "국가공무원은 처장의 추천을 받아"를 "국가공무원은"으로 하고, 같은 조 제3항을 삭제한다.
제8조제1항 중 "경호처"를 "경호실"로 한다.
제9조제2항 중 "경호처"를 "경호실"로, "처장"을 "실장"으로 한다.
제11조제4항 각 호 외의 부분 전단 중 "실장은 처장이 추천한"을 "실장은"으로 하고, 같은 항 각 호 외의 부분 후단 중 "처장"을 "실장"으로, "거쳐 추천하여야"를 "거쳐야"로 한다.
제12조제1항 중 "대통령실"을 "경호실"로 한다.
제15조 본문 중 "처장"을 "실장"으로 하고, 같은 조 단서를 삭제한다.
제16조제1항 중 "경호처"를 "경호실"로 하고, 같은 조 제3항 중 "처장"을 "실장"으로 한다.
제17조제1항 중 "처장"을 "실장"으로 한다.
제18조제2항 중 "경호처"를 "경호실"로 한다.
제19조제1항 중 "처장"을 "실장"으로 한다.

12) **대통령경호실법 시행 2013.8.13. 법률 제12044호, 2013.8.13.,.일부개정**
대통령 등의 경호에 관한 법률 일부를 다음과 같이 개정한다.
제4조제1항제3호 본문 중 "그의 배우자 및 자녀"를 "그 배우자"로 하고, 같은 조에 제3항을 다음과 같이 신설한다.
③ 제1항제3호에도 불구하고 전직 대통령 또는 그 배우자의 요청에 따라 실장이 고령 등의 사유로 필요하다고 인정하는 경우에는 5년의 범위에서 같은 호에 규정된 기간을 넘어 경호할 수 있다.
제11조제1항제1호 및 **제2호**를 각각 다음과 같이 한다.
　　1. 연령정년
　　　가. 5급 이상: 58세
　　　나. 6급 이하: 55세
　　2. 계급정년
　　　가. 2급: 4년
　　　나. 3급: 7년
　　　다. 4급: 12년
　　　라. 5급: 16년
제11조제4항 및 **제5항**을 각각 삭제한다.

부칙

제1조(시행일) 이 법은 공포한 날부터 시행한다.
제2조(경호공무원의 연령정년에 관한 경과조치) 5급 이상 경호공무원의 연령정년은 제11조제1항제1호의 개정규정에도 불구하고 종전규정에 따라 2013년부터 2014년까지 연령정년에 도달한 경호공무원은 56세로, 2015년부터 2016년까지 연령정년에 도달한 경호공무원은 57세로, 2017년부터 연령정년에 도달한 경호공무원은 58세로 한다.
제3조(경호공무원의 계급정년에 관한 경과조치) 이 법 시행 당시 2급 또는 3급인 경호공무원과 이 법 시행연도에 퇴직이 예정되어 있는 5급 이상 경호공무원에 대하여는 제11조제1항제2호의 개정규정에도 불구하고 종전의 계급정년을 적용한다.

13) 대통령경호실법 시행 2013.12.12. 법률 제11530호, 2012.12.11.,.타법개정

국가공무원법 일부개정법률

부칙

제1조(시행일) 이 법은 공포 후 1년이 경과한 날부터 시행한다. 〈단서 생략〉
제2조부터 제5조까지 생략
제6조(다른 법률의 개정) ①부터 ⑮까지 생략
⑯ 대통령 등의 경호에 관한 법률 일부를 다음과 같이 개정한다.
제6조제1항 본문 중 "기능직 국가공무원"을 "일반직 국가공무원"으로 한다.
⑰부터 ㉗까지 생략
제7조 생략

14) 대통령경호실법 시행 2017.7.26. 법률 제14839호, 2017.7.26.,.타법개정

정부조직법 일부개정법률

부칙

제1조(시행일) ① 이 법은 공포한 날부터 시행한다. 다만, 부칙 제5조에 따라 개정되는 법률 중 이 법 시행 전에 공포되었으나 시행일이 도래하지 아니한 법률을 개정한 부분은 각각 해당 법률의 시행일부터 시행한다.
제2조부터 제4조까지 생략
제5조(다른 법률의 개정) ①부터 〈302〉까지 생략
〈303〉 대통령 등의 경호에 관한 법률 일부를 다음과 같이 개정한다.
제2조제3호 중 "대통령경호실(이하 "경호실"이라 한다)"을 "대통령경호처(이하 "경호처"라 한다)"로 한다.
제2조제3호, 제3조제1항·제2항, 제4조제1항 각 호 외의 부분, 제6조제1항 본문, 제8조제1항, 제9조제2항, 제12조제1항, 제16조제1항 및 제18조제2항 중 "경호실"을 각각 "경호처"로 한다.
제2조제4호 중 "경호실이"를 "경호처가"로 한다.
제3조의 제목 "(대통령경호실장 등)"을 "(대통령경호처장 등)"으로 한다.
제3조제1항 중 "대통령경호실장(이하 "실장"이라 한다)"을 "대통령경호처장(이하 "처장"이라 한다)"으로 한다.
제3조제3항 중 "정무직·1급 경호공무원"을 "1급 경호공무원"으로 한다.
제3조제3항, 제4조제1항제6호, 같은 조 제3항, 제5조제1항, 제5조의2제2항, 제7조제1항 본문·단서, 같은 조 제2항, 제9조제2항, 제12조제3항 본문·단서, 제15조, 제16조제3항, 제17조제1항 및 제19조제1항 중 "실장"을 각각 "처장"으로 한다.
〈304〉부터 〈382〉까지 생략 **제6조 생략**

4장 전직대통령 예우에 관한 법률 제·개정

전직대통령예우에 관한법률은 1969년 1월 22일 법률 제2086호로 제정되었다. 제정이유는 전직대통령 또는 그 유족에 대한 예우로서 연금 등을 지급하려는 것이며, 현재까지 총8차에 걸쳐 제·개정 되었다. 주요 제·개정 연혁을 살펴보면 아래와 같다.

1) 전직대통령예우에관한법률[시행 1969. 1. 22.] [법률 제2086호, 1969. 1. 22., 제정]

【제정·개정이유】

[신규제정]
전직대통령 또는 그 유족에 대한 예우로서 연금등을 지급하려는 것임.
①전직대통령에 대하여는 생존하는 동안 대통령봉급액의 70%에 상당하는 연금을 지급하도록 함.
②전직대통령은 생존하는 동안 비서 3인을 채용할 수 있도록 함.
③전직대통령의 유족중 배우자에 대하여는 대통령 봉급액의 50%를 연금으로 지급하고, 유족중 배우자가 없거나 연금을 받던 배우자가 사망한 때에는 18세미만의 유자녀에게 지급하도록 함.

2) 전직대통령예우에관한법률[시행 1981. 3. 2.] [법률 제3378호, 1981. 3. 2., 일부개정]

【제정·개정이유】

[일부개정]
헌법 제61조의 규정에 의하여 전직대통령을 국가의 원로로 우대하고 그에 상응하는 예우를 하려는 것임.
①전직대통령의 신분에 관한 규정을 신설함.
● 직전대통령은 국정자문회의의 의장이 되고, 그 외의 전직대통령은 대통령이 위촉하는 경우 국정자문회의의 위원이 되도록 함.
● 전직대통령은 국가의 원로로서 그에 상응한 예우를 받도록 함.
②전직대통령의 연금을 상향조정하여 연금지급 당시 대통령 봉급의 70%에서 95%로 함.
③전직대통령의 유족에 대한 연금을 50%에서 70%로 상향조정하고 지급대상 유자녀의 범위를 30세미만의 자와 30세이상의 자로서 생계능력이 없는 자로 확대함.
④전직대통령에 대하여는 연금·비서관외에 경호·경비, 교통·통신의 편의 제공 및 의료 등에 관한 예우를 할 수 있도록 하는 근거규정을 마련함.

3) 전직대통령예우에관한법률[시행 1988. 2. 25.] [법률 제4001호, 1988. 2. 24., 일부개정]

【제정·개정이유】

[일부개정]
①"국정자문회의"의 명칭을 "국가원로자문회의"로 변경함.
②전직대통령이나 그 유족에게 지급하는 연금의 지급액을 대통령 "봉급년액"의 100분의 95상당액에서 대통령 "보수년액"의 100분의 95상당액으로 하도록 함.
③전직대통령을 위한 기념사업을 민간단체 등이 추진하는 경우에는 필요한 지원을 할 수 있도록 함.
④전직대통령 또는 그 유족의 경호·경비기간을 "필요한 기간"으로 정하고, 전직대통령 또는 그 유족은 사무실제공등의 지원을 받을 수 있도록 함.

4) 전직대통령예우에관한법률[시행 1995. 12. 29.] [법률 제5118호, 1995. 12. 29., 일부개정]

【제정·개정이유】

[일부개정]
　전직대통령이 전직대통령예우에관한법률의 기본취지에 위배되는 행위를 한 경우 예우를 하지 아니하도록 하는 근거규정을 마련하고, 기타 전직대통령예우에 관한 일부 사문화된 규정을 정비·보완하려는 것임.
　①전직대통령은 국가원로자문회의의 의장 또는 위원이 되도록 한 규정을 삭제함.
　②전직대통령이 탄핵결정을 받아 퇴임한 경우나 금고이상의 형을 받은 경우 등에는 예우를 하지 아니하도록 함.

5) 전직대통령예우에관한법률[시행 2006. 7. 1.] [법률 제7796호, 2005. 12. 29., 타법개정]

【제정·개정이유】

◉법률 제7796호(2005.12.29)
　국가공무원법 일부개정법률
[일부개정]
◇개정이유
　정부 정책에 핵심적 역할을 수행하는 실·국장급 국가공무원을 범정부적 차원에서 적재적소에 활용할 수 있도록 인사관리하고, 고위공무원의 개방과 경쟁을 확대하며, 성과책임을 강화함으로써 역량있는 정부를 구현하기 위하여 고위공무원단제도를 도입·시행하려는 것임.

◇주요내용
가. 고위공무원단의 구성(법 제2조의2 신설)
　　직무의 곤란성과 책임도가 높은 중앙행정기관의 실·국장 및 이에 상당하는 직위에 임용되어 재직중이거나 파견·휴직 등으로 인사관리되고 있는 일반직공무원·별정직공무원 및 계약직공무원과 다른 법률에서 정하는 특정직공무원을 고위공무원단으로 통합하여 범정부적 차원에서 효율적으로 인사관리하도록 함.
나. 고위공무원단에 속하는 공무원의 계급 폐지(법 제4조제1항 단서 신설)
　　현재 일반직공무원에 대하여는 1급 내지 9급의 계급구분을 적용하고 있는 바, 고위공무원단에 속하는 공무원에 대하여는 이러한 계급 구분을 적용하지 아니함.
다. 중앙인사위원회의 인사심사대상 축소(법 제7조제3항)
　　현재 1급 내지 3급 공무원과 이에 상당하는 별정직공무원 및 계약직공무원의 채용과 승진임용에 대하여는 인사심사를 거치도록 되어 있으나, 앞으로는 고위공무원단에 속하는 공무원의 경우에는 고위공무원단 직위에 신규채용되거나 승진될 때에만 인사심사를 거치도록 함.
라. 공모직위의 근거 신설(법 제28조의5 신설)
　　효율적인 정책수립 또는 관리를 위하여 당해 기관 내부 또는 외부의 공무원중에서 적격자를 임용할 필요가 있는 직위를 공모직위로 지정·운영할 수 있도록 하고, 중앙인사관장기관의 장으로 하여금 각 기관간 인력의 이동과 배치가 적절한 균형을 유지하도록 조정할 수 있게 하여 특정부처 출신이 편중되는 등의 부작용을 방지할 수 있도록 함.
마. 고위공무원에 대한 범정부적 인사관리(법 제32조제1항)
　　고위공무원단에 속하는 공무원의 경우 소속장관은 당해 기관에 소속되지 아니한 자에 대하여도 임용제청을 할 수 있도록 함.
바. 고위공무원의 책임성 강화(법 제70조제1항제9호 및 제70조의2 신설)
　　고위공무원단에 속하는 공무원에 대하여 5년마다 적격심사를 하되, 계속하여 2년 이상 또는 총 3년 이상 근무성적평정이 최하위등급이거나, 정당한 사유없이 총 2년 이상 보직을 받지 못하는 경우에는 그 때마다 적격심사를 하여 직무수행이 곤란하다고 판단되는 경우에는 해당자를 직권면직할 수 있도록 함.

6) 전직대통령 예우에 관한 법률[시행 2010. 2. 4.] [법률 제10011호, 2010. 2. 4., 일부개정]
【제정·개정이유】

[일부개정]
◇전직대통령예우에관한법률 개정이유
현행법상 전직대통령에게 지원되고 있는 운전기사 1명의 법적 근거를 마련하고, 전직대통령 서거 시 유족 중 배우자에 대한 품위 유지 및 의전필요성 등을 고려하여 배우자에게 대통령령으로 정하는 기간동안 비서관 1명과 운전기사 1명을 지원하도록 하려는 것임.

◇주요내용
가. 전직대통령에 대한 운전기사 1명의 지원 근거를 마련하고, 전직대통령 서거 시 유족 중 배우자는 대통령령으로 정하는 기간동안 비서관 1명인과 운전기사 1명을 둘 수 있도록 함(법 제6조제1항).
나. 전직대통령 유족 중 배우자가 둘 수 있는 비서관과 운전기사는 전직대통령의 배우자가 추천하는 사람 중에서 임명하되, 그 신분은 대통령령으로 정하도록 함(법 제6조제3항 신설).

7) 전직대통령 예우에 관한 법률[시행 2011. 5. 30.] [법률 제10742호, 2011. 5. 30., 일부개정]
【제정·개정이유】

[일부개정]
◇ 개정이유 및 주요내용
현행 전직대통령 서거 시 유족 중 배우자에게 대통령령이 정하는 기간 동안 지원하고 있는 비서관 1명 및 운전기사 1명을 배우자의 품위 유지 등을 고려하여 배우자 사망 시까지 지원할 수 있도록 하는 한편,
법 문장을 원칙적으로 한글로 적고, 어려운 용어를 쉬운 용어로 바꾸며, 길고 복잡한 문장은 체계 등을 정비하여 간결하게 하는 등 국민이 법 문장을 이해하기 쉽게 정비하려는 것임.

8) 전직대통령 예우에 관한 법률[시행 2017. 9. 22.] [법률 제14618호, 2017. 3. 21., 일부개정]
【제정·개정이유】

[일부개정]
◇ 개정이유 및 주요내용
전직대통령이 사망하여 국립묘지 이외의 지역에 안장될 경우「국립묘지의 설치 및 운영에 관한 법률」에 따른 지원을 받을 수 없는 바, 고인의 업적과 정신을 기리고 선양하는 국민적 추모 공간이라는 전직대통령 묘역의 성격 및 전직대통령 간 예우의 형평성을 고려하여 국립묘지 이외의 지역에 안장되는 전직대통령의 묘지에도 그 관리에 필요한 인력 및 비용을 지원할 수 있도록 하려는 것임.

5장 경찰관 직무집행법 제·개정

경찰관직무집행법은 1953년 12월 14일 법률 제299호로 제정되었다. 제정이유는 경찰관이 국민에 대한 생명·신체·재산의 보호, 범죄의 예방, 공안의 유지, 기타 법령집행등의 직무를 충실히 수행하도록 하기 위하여 필요한 사항을 정하려는 것이며, 현재까지 총19차에 걸쳐 제·개정 되었다. 주요 제·개정 연혁을 살펴보면 아래와 같다.

1) 경찰관직무집행법[시행 1953. 12. 14.] [법률 제299호, 1953. 12. 14., 제정]

【제정·개정이유】

[신규제정]

경찰관이 국민에 대한 생명·신체·재산의 보호, 범죄의 예방, 공안의 유지, 기타 법령집행등의 직무를 충실히 수행하도록 하기 위하여 필요한 사항을 정하려는 것임.

①경찰관은 수상한 거동 기타 주위의 사정을 합리적으로 판단하여 죄를 범하였거나 범하려고 하고 있다고 의심할 만한 상당한 이유가 있는 자 또는 이미 행하여진 범죄 또는 행하여지려고 하는 범죄에 관하여 그 사실을 안다고 인정되는 자를 정지시켜 질문할 수 있도록 함.

②경찰관은 인명 또는 신체에 위해를 미치거나 재산에 중대한 손해를 끼칠 우려가 있는 천재·사변·공작물의 손괴등의 사태가 발생할 때에는 경고·피난 등의 필요한 조치를 할 수 있도록 함.

③경찰관은 범죄행위가 목전에 행하여지려고 하는 것을 인정한 때에는 그 예방을 위하여 관계자에 필요한 경고를 발하거나 그 행위를 제지할 수 있도록 함.

④경찰관은 범인의 체포, 도주의 방지, 자기 또는 타인의 생명, 신체에 대한 방호, 공무집행에 대한 항거를 억제하기 위하여 필요하다고 인정되는 상당한 이유가 있을 때에는 그 사태를 합리적으로 판단하여 필요한 한도 내에서 무기를 사용할 수 있도록 함.

2) 경찰관직무집행법[시행 1981. 4. 13.] [법률 제3427호, 1981. 4. 13., 전부개정]

【제정·개정이유】

[전문개정]

현행 경찰관직무집행법은 전후 일본의 경찰관직무집행법을 직역한 것으로서 현재 우리나라의 실정에 맞지 아니할 뿐 아니라, 치안수요의 급증에 따라 법적근거없이 사실상 수행하고 있는 제경찰작용이 다양한 바, 현 실정에 맞도록 명문화하여 경찰관의 직무집행에 합리성과 합법성을 보장하려는 것임.

①경찰관의 직무의 범위를 현 실정에 맞도록 구체적으로 정함.

②경찰관이 정신착란자등 긴급구호를 요하는 자에 대하여 보건의료기관이나 공공구호기관에 구호를 요청한 때에는 정당한 이유없이 이를 거절하지 못하도록 함.

③대간첩작전 또는 소요사태의 진압을 위하여 필요한 때에는 일정한 지역에 대한 접근이나 통행을 제한하거나 금지할 수 있도록 함.

④경찰관은 범죄발생의 위험이 현저한 가택에 대한 방범계도를 위하여 필요한 때에는 관계인의 동의를 얻어 가택을 방문·계도할 수 있도록 함.

⑤경찰관서의 장은 직무수행에 필요한 경우 국가기관이나 공사단체등에 대하여 직무수행에 관련된 사실을 조회할 수 있으며, 긴급을 요할 때에는 소속경찰관으로 하여금 현장에 출장하여 그 사실을 확인할 수 있도록 함.

⑥구속수사중인 자, 구류형의 선고를 받은 자, 다른 수사기관에 의하여 구속되어 일시 수용이 의뢰된 자를 수용하기 위하여 유치장의 설치근거를 정함.

⑦무기등을 소지한 범인이 경찰관으로부터 3회이상 투기명령을 받고도 이에 불응하면서 계속 항거할 때, 무장간첩이나 소요행위자가 투강명령이나 3회이상의 해산명령을 받고도 이에 불응하면서 무기·폭발물 등을 소지하고 계속 항거할 때에는 경찰관이 무기를 사용할 수 있도록 함.

3) 경찰관직무집행법[시행 1989. 1. 31.] [법률 제4048호, 1988. 12. 31., 일부개정]

【제정·개정이유】

[일부개정]

경찰권의 남용으로 인한 기본권침해의 소지가 있는 사항에 관하여 경찰권행사의 요건과 한계를 엄격하게 함으로써 경찰권행사의 적정을 도모하려는 것임.

①경찰관으로부터 경찰관서에의 동행요구를 받은 자는 그 동행요구를 거절할 수 있도록 함.
②경찰관이 불심검문을 하거나 동행을 요구할 경우 당해인에게 자신의 신분을 표시하는 증표를 제시하면서 소속과 성명을 밝히고 그 목적과 이유를 설명하여야 하며, 동행의 경우에는 동행장소를 밝힌 후 동행을 거부할 자유와 동행후 언제든지 경찰관서로부터 퇴거할 자유가 있음을 고지하도록 함.
③경찰관이 동행을 한 경우에는 당해인의 가족·친지등에게 동행한 경찰관의 신분, 동행장소, 동행목적과 이유를 고지하거나 본인으로 하여금 즉시 연락할 수 있는 기회를 부여하도록 하여야 하고, 변호인의 조력을 받을 권리가 있음을 고지하도록 함.

4) 경찰관직무집행법[시행 1989. 6. 16.] [법률 제4130호, 1989. 6. 16., 일부개정]

【제정·개정이유】

[일부개정]

각종 불법집회 및 시위진압을 위하여 최루탄이 사용되고 있는 바, 이를 남용할 경우 국민의 생명·신체와 재산 및 공공시설에 현저한 위해발생의 소지가 있으므로 최루탄의 사용요건등을 규정하여 그 피해를 예방하려는 것임.
①최루탄의 사용요건과 방법을 규정함.
②최루탄을 사용할 경우 그 일시등 사용내용을 기록하여 보관하도록 함.

5) 경찰관직무집행법[시행 1991. 3. 8.] [법률 제4336호, 1991. 3. 8., 일부개정]

【제정·개정이유】

[일부개정]

경찰관의 임의동행 및 경찰장구사용의 요건을 일부 완화하여 경찰의 민생치안활동의 효율적 수행을 뒷받침하려는 것임.
①임의동행시 동행을 거부할 자유와 언제든지 경찰관서로부터 퇴거할 자유가 있음을 고지하도록 한 규정을 삭제함.
②임의동행을 한 경우 3시간을 초과하여 경찰관서에 머물게 할 수 없도록 하던 것을 6시간으로 연장함.
③장기 3년이상의 징역이나 금고에 해당하는 죄를 범한 범인에게 경찰장구를 사용할 수 있게 하던 것을 현행범이나 장기 3년이상의 징역이나 금고에 해당하는 죄를 범한 범인에게 사용할 수 있도록 요건을 완화함.

6) 경찰관직무집행법[시행 1996. 8. 8.] [법률 제5153호, 1996. 8. 8., 타법개정]

【제정·개정이유】

●정부조직법중개정법률 [1996.8.8 법률제5153호]
[일부개정]

국제해양질서의 급격한 변화와 21세기 해양경쟁시대에 적극적으로 대비함으로써 우리의 무한한 해양잠재력을 개발하여 해양선진대국으로 도약하기 위한 기반을 조성하기 위하여, 여러 행정기관에 분산되어 있는 수산·해운·항만·해양환경보전·해양조사·해양자원개발·해양과학기술등 해양관련 행정기능을 통합하여 종합적인 해양개발과 이용·보전기능등을 전담할 해양수산부를 신설하고, 해양수산부장관소속하에 해양에서의 경찰 및 오염방제업무를 담당할 해양경찰청을 신설하려는 것임.

7) 경찰관직무집행법[시행 1999. 11. 25.] [법률 제5988호, 1999. 5. 24., 일부개정]

【제정·개정이유】

◇개정이유

경찰관 직무집행을 위하여 사용중인 경찰장구·무기등을 포괄한 장비정의규정을 신설하여 이들 개념을 보다 명확히 하고, 경찰장비의 사용과 관련하여 안전성을 확보하기 위하여 인명 또는 신체에 위해를 가할 수 있는 경찰장비에 대하여는 장비의 종류, 사용기준, 안전교육, 안전검사의 기준을 대통령령으로 정하도록 하며, 분사기 또는 최루탄 및 무기의 사용기록 보관, 경찰장비의 임의개조금지규정을 마련하려는 것임.

◇주요골자
  가. 인명 또는 신체에 위해를 가할 수 있는 경찰장비에 대하여는 필요한 안전교육과 안전검사를 실시하고 그 대상이 되는 경찰장비의 종류, 사용기준, 안전교육, 안전검사의 기준등은 대통령령으로 정하도록 함(法 第10條第1項 및 第4項).
  나. 경찰장비는 무기, 경찰장구, 최루제 및 그 발사장치, 감식기구, 해안감시기구, 통신기기, 차량, 선박, 항공기등 경찰의 직무수행을 위하여 필요한 장치와 기구로 포괄적으로 그 개념을 정의하고, 경찰장구 및 무기의 개념을 보다 세부적으로 규정함(法 第10條第2項, 第10條의2第2項 및 第10條의4第2項).
  다. 경찰장비를 임의로 개조하거나 임의의 장비를 부착하여 통상의 용법과 달리 사용할 수 없도록 함(法 第10條第3項).
  라. 대간첩·대테러작전등 국가안전에 관련되는 작전을 수행할 때에는 개인화기외에 공용화기를 사용할 수 있도록 함(法 第10條의4第3項).

8) 경찰관직무집행법[시행 2004. 12. 23.] [법률 제7247호, 2004. 12. 23., 타법개정]
【제정·개정이유】

  ◉법률 제7247호(2004.12.23)
    경찰법중개정법률
  [일부개정]
  ◇개정이유 및 주요내용
  광역화·기동화되는 현대범죄에 효과적으로 대응하기 위하여 경찰서장 소속하에 두는 지서(支署)를 없애고 기존 여러 개의 파출소관할구역을 통합하여 하나의 관할구역으로 하는 지구대를 설치할 수 있도록 하는 한편, 정부조직법이 개정(법률 제7186호, 2004. 3. 11. 공포·시행) 되어 각 행정기관에 배치하는 정무직공무원은 법률에 근거를 두도록 함에 따라 경찰위원회규정에 의하여 정무직공무원으로 되어 있던 경찰위원회 상임위원에 대한 법적 근거를 마련하려는 것임

9) 경찰관직무집행법[시행 2006. 7. 1.] [법률 제7849호, 2006. 2. 21., 타법개정]
【제정·개정이유】

  ◉법률 제7849호(2006.2.21)
    제주특별자치도 설치 및 국제자유도시 조성을 위한 특별법
  [제정]
  ◇제정이유
  종전의 제주도를 폐지하고, 제주특별자치도를 설치하여 자치조직·인사권 및 자치재정권 등 자치권을 강화하며, 교육자치제도의 개선과 자치경찰제의 도입을 통하여 실질적인 지방자치를 보장함으로써 선진적인 지방분권모델을 구축하는 한편, 제주특별자치도에 적용되고 있는 각종 법령상 행정규제를 폭넓게 완화하고, 중앙행정기관의 권한을 대폭 이양하며, 청정산업 및 서비스산업을 육성하여 제주특별자치도를 국제자유도시로 조성·발전시키려는 것임.

  ◇주요내용
    □자치분권 분야

가. 제주특별자치도지원위원회의 설치(법 제7조 및 제8조)
제주특별자치도와의 협약체결과 그 평가결과 활용, 중앙행정기관의 권한 이양, 특별지방행정기관의 이관 및 국제자유도시 개발사업의 추진성과 등에 대하여 심의하기 위하여 국무총리 소속하에 제주특별자치도지원위원회를 두며, 그 사무처리를 지원하기 위한 사무기구를 둠.

나. 법률안 제출 및 입법반영(법 제9조)
제주특별자치도지사는 제주특별자치도와 관련하여 법률에 반영할 필요가 있는 사항에 관하여 제주특별자치도지원위원회에 제출할 수 있도록 하고, 동 위원회는 이에 관한 사항을 관계중앙행정기관의 장에게 통보하도록 하되, 통보를 받은 관계중앙행정기관의 장은 2개월 이내에 그 내용에 관하여 타당성 여부를 검토하여 관계법률에 반영하거나 타당성이 없는 경우에도 검토결과를 동 지원위원회에 통보하도록 함.

다. 제주특별자치도의 설치 및 법적 지위(법 제10조)
기존 도(道)와는 법적 지위가 차별화된 ´제주특별자치도´를 새로이 설치함으로써 선진적인 지방자치제도의 확립과 국제자유도시의 조성에 기여하도록 함.

라. 중앙행정기관 권한의 단계적 이양(법 제12조)
제주특별자치도지원위원회는 외교·국방 등 국가존립사무를 제외한 사무에 대하여 제주특별자치도의 지역 여건, 역량 및 재정능력 등을 고려하여 제주특별자치도에 단계별로 이양하기 위한 계획을 수립하여 국무총리에게 보고하고, 관계 중앙행정기관의 장 및 제주특별자치도지사에게 통보하도록 함.

마. 자치조직의 자율성 강화(법 제13조 내지 제16조)
(1) 제주특별자치도의 지방의회 및 집행기관의 구성을 따로 법률이 정하는 바에 따라 달리 정할 수 있도록 하되, 그 경우에는 주민투표를 실시하여 주민의 의견을 듣도록 함.
(2) 부지사의 정수·자격기준 및 행정기구의 설치·운영기준에 관한 사항, 직속기관·사업소·출장소의 설치요건에 관한 사항, 하부행정기구의 설치에 관한 사항 등을 조례로 정할 수 있도록 함.
(3) 제주특별자치도의 관할구역안에 지방자치단체가 아닌 시(행정시)를 두고, 행정시에는 동과 읍·면을 둘 수 있도록 하며, 행정시의 폐치·분합, 명칭 및 구역은 조례로 정할 수 있도록 함.

바. 주민권리의 확대(법 제23조 및 제24조)
(1) 제주특별자치도지사는 조례가 정하는 예산 이상이 소요되는 대규모 투자사업에 대하여 주민투표에 부칠 수 있고, 주민투표청구권자 총수의 50분의 1이상 5분의 1이하의 범위 안에서 조례가 정하는 수 이상의 서명으로 주민투표의 실시를 청구할 수 있도록 함.
(2) 제주특별자치도의 19세 이상의 주민 총수의 50분의 1의 범위 안에서 조례가 정하는 주민수 이상의 연서로 제주특별자치도지사에게 조례의 제정이나 개폐를 청구할 수 있도록 하되, 국제자유도시임을 고려하여 일정한 외국인에게도 조례의 제정이나 개폐청구권을 부여함.

사. 주민소환제의 도입(법 제25조 내지 제40조)
(1) 제주특별자치도지사, 제주특별자치도교육감, 제주특별자치도의회의원에 대하여 제주특별자치도의 19세 이상의 주민 총수의 100분의 20이상 100분의 30이하의 범위 안에서 조례로 정하는 수 이상의 서명으로 제주특별자치도 선거관리위원회에 주민소환투표의 실시를 청구할 수 있도록 함.
(2) 주민소환투표안이 공고된 날부터 주민소환투표결과가 공표될 때까지 주민소환투표대상자의 권한을 정지하고, 그 대상자가 제주특별자치도지사 및 제주특별자치도교육감인 경우에는 그 권한을 부지사 및 부교육감이 각각 대행하도록 함.
(3) 주민소환투표는 19세 이상의 주민 총수의 3분의 1이상이 투표하고, 유효투표수의 과반수 이상이 찬성하는 경우 주민소환투표대상자의 주민소환이 확정되도록 함.

아. 제주특별자치도의회의원의 정수와 선거구에 관한 특례(법 제41조 내지 제43조)
제주특별자치도의회의원의 정수는 교육의원 5인을 포함하여 41인 이내에서 조례로 정하며, 제주특별자치도의회의원 지역선거구의 명칭과 관할구역은 조례로 정하도록 하되, 도의회의원선거구획정위원회가 정하는 바에 따르도록 함.

자. 인사청문회(법 제44조)

별정직 지방공무원으로 보하는 부지사에 대한 인사청문요청안과 감사위원회 위원장에 대한 임명동의안을 심사하기 위하여 도의회에 인사청문특별위원회를 두고, 그 인사청문을 위하여 인사청문회를 열도록 함.
차. 제주특별자치도의회 지원 및 운영의 자율성 강화(법 제45조 내지 제47조)
제주특별자치도의회의 조례의 제정·개정, 예산 및 결산 심사, 행정사무감사 및 조사 등 의정활동 지원을 위하여 상임위원회별로 3인 이내의 정책자문위원을 둘 수 있도록 하고, 도의원에게 지급하는 비용의 종류 및 그 지급기준과 도의회의 연간회의 총일수를 조례로 정하도록 함.
카. 인사제도 및 운영의 자율성 부여(법 제49조·제50조 및 제52조)
일반직지방공무원 2급 내지 5급은 조례가 정하는 직군·직렬로 통합하고, 제주특별자치도 인사위원회의 구성, 외국인의 임용에 관한 사항 및 개방형 직위의 운영에 관한 사항 등에 대하여 조례로 정할 수 있도록 하며, 제주특별자치도의 행정기구의 설치와 소속공무원의 정원관리에 대하여는 총액인건비제도를 적용하지 아니하도록 함.
타. 성과중심의 인사관리와 인사충원제도의 개방(법 제53조 내지 제56조 및 제60조 내지 제62조)
제주특별자치도의 4급 이상 일반직지방공무원의 근무성적평정은 성과계약을 체결하여 그 성과계약에 의한 목표달성도를 평가하고, 제주특별자치도의 1급 내지 3급 일반직지방공무원이 해당 직급 또는 직위에 적합한 자질과 능력을 갖추었는지를 심사하여 그 결과에 따라 직위해제 또는 직권면직이 가능하도록 하며, 당해 기관 외부 또는 내부의 공무원 중에서 직위를 공모하는 직위공모제의 지정·운영, 조례가 정하는 공개경쟁신규임용에 있어서 전국단위의 인재채용과 우수한 지역인재의 견습근무를 통한 지역인재의 선발채용 등을 실시하여 인사충원제도를 개방함.
파. 감사위원회의 설치·운영과 감사 특례(법 제66조 내지 제71조)
제주특별자치도지사 소속하에 감사위원회를 두되, 그 직무에 있어서는 독립의 지위를 가지도록 하고, 감사위원회의 구성·운영과 감사위원회의 업무를 지원하기 위한 사무국의 직무·운영 등에 관한 사항은 조례로 정하도록 하며, 중앙행정기관의 장은 국가사무 및 국가의 보조를 받은 사업에 대한 감사가 필요한 경우에는 그에 대한 감사를 감사위원회에 의뢰하도록 하고, 중앙행정기관의 장은 제주특별자치도에 대하여 감사를 실시할 수 없도록 함.
하. 자치재정권의 강화(법 제72조 내지 제77조)
(1) 지방세를 제주특별자치도세로 하고, 취득세·재산세 등 표준세율이 적용되는 세목에 대하여 표준세율의 100분의 100의 범위 안에서 가감조정할 수 있도록 함.
(2) 보통교부세 총액의 100분의 3에 해당하는 금액을 제주특별자치도에 교부하도록 하고, 중앙행정기관의 권한 이양과 국고보조사업의 수행 등에 소요되는 비용에 대하여 「국가균형발전특별법」의 국가균형발전특별회계에 별도 계정을 설치하여 지원할 수 있도록 하며, 제주특별자치도의 발전과 관계있는 사업 등에 필요한 경우 제주특별자치도의회 재적의원 과반수의 출석과 출석의원 3분의 2이상의 찬성으로 지방채 발행 한도액의 범위를 초과한 지방채 발행을 할 수 있도록 함.
거. 교육위원회의 구성 및 기능 강화(법 제79조)
제주특별자치도의 교육·학예에 관한 중요사항을 심의·의결하기 위하여 제주특별자치도의회 내에 교육·학예에 관한 상임위원회를 설치함.
너. 교육감 및 교육의원의 주민 직접선거(법 제80조·제81조 및 제91조)
교육감 및 교육의원을 「공직선거법」에 따라 주민의 직접선거에 의하여 선출하도록 함.
더. 행정시 단위의 교육청 설치(법 제98조)
제주특별자치도의 교육·학예에 관한 사무를 분장하게 하기 위하여 각 행정시를 관할구역으로 하는 교육청을 두도록 함.
러. 보통교부금 및 교육비특별회계 전출 비율 조정(법 제101조 및 제102조)
제주특별자치도에 보통교부금 총액의 10,000분의 157을 교부하고, 제주특별자치도세 총액에서 조례로 정하는 비율의 금액을 매 회계연도 일반회계 예산에 계상하여 교육비특별회계로 전출하도록 함.
머. 제주특별자치도지사 소속의 자치경찰기구 설치(법 제106조·제107조 및 제109조)

제주특별자치도에 자치경찰단을 두고, 자치경찰단장은 자치총경으로 보하되, 제주특별자치도지사가 임명하도록 하며, 행정시에 자치경찰단의 자치경찰사무의 집행을 담당할 자치경찰대를 설치하도록 함.
버. 자치경찰의 사무 및 그 수행방법(법 제108조 및 제110조)
자치경찰은 주민생활과 밀접한 생활안전·지역교통·지역경비 사무 및 제주특별자치도 소관 특별사법경찰관리의 직무를 수행하도록 하고, 국가경찰과의 역할분담에 대한 협약은 제주특별자치도지사와 제주특별자치도지방경찰청장이 체결하도록 하되, 행정시장과 국가경찰서장에게 각각 위임하여 처리할 수 있도록 함.
서. 치안행정위원회(법 제113조 및 제114조)
국가경찰과 자치경찰간 사무분담 및 사무수행방법, 자치경찰의 운영 지원 등에 관하여 심의·의결하기 위하여 제주특별자치도지사 소속하에 치안행정위원회를 두되, 위원장 1인과 당연직 위원 2인을 포함하여 법관·교수·지역주민 등 11인의 위원으로 구성하도록 함.
어. 교통안전시설 관리업무의 이관(법 제138조 및 제139조)
현재 국가경찰이 담당하고 있는 교통안전시설 관리업무를 제주특별자치도에 이관하고, 교통안전시설에 관련된 사항을 심의하기 위하여 제주특별자치도지사 소속하에 민간전문가와 국가경찰 등이 참여하는 교통시설심의위원회를 두도록 함.
저. 특별지방행정기관의 이관(법 제140조 내지 제151조)
종전의 제주도에 설치되어 있는 특별지방행정기관 중 국토관리, 중소기업, 해양수산, 보훈, 환경 및 노동에 관한 사무를 담당하는 특별지방행정기관의 사무를 우선 이관하고, 그 외의 특별지방행정기관의 사무에 대하여는 제주특별자치도지원위원회에서 관계중앙행정기관의 장의 의견을 들은 후 동 지원위원회의 심의를 거쳐 공고하도록 하며, 중앙행정기관의 장은 제주특별자치도가 이관된 사무를 원활히 수행될 수 있도록 행정·재정상 지원을 하도록 하고, 이 법 시행 후에는 제주특별자치도에 특별지방행정기관을 새로 설치할 수 없도록 함.

□국제자유도시의 여건 조성 부문
가. 관광진흥 관련 지방공사의 설립·운영(법 제170조)
제주특별자치도는 관광정책의 추진과 관광사업의 활성화를 위하여 「지방공기업법」에 의한 지방공사를 설립할 수 있도록 함.
나. 관광사업의 권한 이양(법 제171조)
외국인 전용 카지노업에 대한 문화관광부장관의 권한을 제주특별자치도지사의 권한으로 하고, 그와 관련된 허가요건·시설기준을 포함하여 여행업의 등록기준, 관광호텔의 등급결정 등에 관한 사항을 조례로 정할 수 있도록 함.
다. 관광진흥개발기금에 관한 특례(법 제173조)
관광사업의 발전을 위하여 제주특별자치도가 제주관광진흥기금을 설치할 수 있도록 하고, 제주특별자치도에서 발생하여 납부되는 관광진흥개발기금 중 카지노 납부금 및 출국납부금을 제주관광진흥기금으로 전출할 수 있도록 하되, 그 기금의 용도는 「관광진흥개발기금법」에 의한 용도를 따르도록 함.
라. 외국교육기관의 설립대상 확대 및 설립요건 완화(법 제182조 및 제183조)
외국교육기관의 설립대상을 대학과정에서 초·중등과정으로 확대하고, 국내대학 안에 외국대학의 교육과정을 설치·운용할 수 있도록 함.
마. 초·중등학교 운영의 독자성 부여(법 제186조 및 제187조)
제주특별자치도에 소재하는 국·공·사립의 초·중등학교에 대하여는 교육과정, 교과용도서의 사용 및 교원자격 등에 대하여 대통령령이 정하는 바에 따라 독자적으로 운영할 수 있도록 함.
바. 의료기관 개설에 관한 특례(법 제192조)
「외국인투자촉진법」에 의한 외국인이 설립하여 제주특별자치도에 소재지를 둔 법인은 「의료법」에 불구하고 제주특별자치도지사의 허가를 받아 의료기관을 개설할 수 있도록 하되, 그 개설요건 등

사. 의료산업에 대한 행정규제의 완화(법 제198조 내지 제200조)
　　의료인은 「의료법」에 불구하고 의료기관을 개설하지 아니한 경우에도 제주특별자치도 내의 의료기관에서 의료행위를 할 수 있도록 하고, 이 법에 의하여 개설된 의료기관은 「의료법」에 불구하고 조례가 정하는 범위 안에서 외국인 환자의 소개·알선이 가능하도록 함.
아. 청정 1차산업의 육성을 위한 여건 마련(법 제202조 내지 제215조)
　　농어촌지역의 지정·고시, 친환경농업육성계획의 수립, 농업진흥지역의 지정·해제, 연안관리 및 정비, 어장관리기본계획의 수립, 신고어업과 기르는 어업 및 지방어항의 지정 등에 관한 중앙행정기관의 장의 권한을 제주특별자치도지사의 권한으로 함.

□국제자유도시 개발계획 부문
가. 제한적 토지수용권 부여 및 토지비축제도 확대(법 제234조 및 제235조)
　　개발사업에 따른 사업규모가 조례로 정하는 면적 이상이고 사업대상 토지면적 중 국·공유지를 제외한 3분의 2이상을 소유하고 토지소유자 총수의 2분의 1이상의 동의를 받은 제주국제자유도시개발센터·관광단지 또는 유원지시설에 대한 사업시행자는 개발사업에 필요한 토지 및 건물 등에 대하여 수용 또는 사용할 수 있도록 하고, 제주특별자치도지사는 공공용지의 조기확보로 공공사업의 원활한 추진을 도모하기 위하여 토지특별회계를 설치·운영할 수 있도록 함.
나. 국토의 계획 및 이용에 관한 특례(법 제244조·제253조 및 제254조)
　　제주특별자치도지사는 지역여건상 필요한 때에는 조례가 정하는 바에 따라 「국토의 계획 및 이용에 관한 법률」에 의한 용도지구 외의 용도지구의 지정 또는 변경이 가능하도록 하고, 도시계획시설의 건폐율·용적률을 조례로 정할 수 있도록 하며, 광역계획권의 지정, 도시관리계획의 결정, 시가화조정구역의 지정, 도시개발구역의 지정, 택지개발예정지구의 지정 및 실시계획의 승인 등에 관한 건설교통부장관의 권한을 제주특별자치도지사의 권한으로 함.
다. 제주국제자유도시개발센터의 기능 강화(법 제266조)
　　제주국제자유도시개발센터의 업무영역을 관광·산업단지 내의 의료·건강산업의 육성·지원 및 주택사업 등으로 확대하는 한편, 제주국제자유도시개발센터에 제주특별자치도지사가 추천하는 공무원 1인을 비상임이사로 두도록 함.

□환경·교통·보건복지 그 밖의 부문
가. 건설·교통 분야 권한 이양(법 제248조·제249조·제252조·제255조 내지 제260조 및 제325조)
　　「측량법」, 「건설기술관리법」, 「도로법」, 「건설산업기본법」, 「건설기계관리법」, 「여객자동차 운수사업법」 등에 의한 측량업의 등록, 건설기술관리, 국가지원지방도의 조사·설계, 건설업의 등록, 건설기계관리 및 여객자동차의 운수사업 등에 관한 건설교통부장관의 권한을 제주특별자치도지사의 권한으로 하고, 그에 관련된 사항을 조례로 정할 수 있도록 함.
나. 환경관리 분야의 권한 이양(법 제299조 및 제300조)
　　민간개발사업자가 시행하는 개발사업에 대한 사전환경성검토 협의 및 환경영향평가 협의에 관한 환경부장관의 권한을 제주특별자치도지사의 권한으로 함.
다. 수자원의 종합적 관리체계 구축(법 제311조 내지 제324조)
　　제주특별자치도지사는 지하수를 공공자원으로서 관리하도록 하고, 지하수·온천 등 수자원의 체계적인 개발·이용 등을 위하여 10년 단위의 수자원관리종합계획을 수립·시행하도록 하며, 지하수개발·이용허가 등에 관한 중앙행정기관의 장의 권한을 제주특별자치도지사의 권한으로 하고, 지하수의 적정한 이용 개발 및 보전에 소요되는 사업비 등을 조달하기 위하여 지하수관리특별회계를 설치·운영할 수 있도록 함.
라. 보건복지제도에 관한 특례(법 제326조 내지 제342조)
　　「사회복지사업법」, 「국민기초생활보장법」, 「노인복지법」, 「장애인복지법」 및 「영유아보육법」 등 사회복지관련 법률에서 대통령령, 보건복지부령 또는 여성가족부령으로 정하도록 한 사항을 조례로 정할 수 있도록 함.
마. 단계적인 규제자유지역화의 추진(법 제346조)
제주특별자치도지사와 중앙행정기관의 장은 「행정규제기본법」에 의하여 등록한 행정규제 중 제주특별자치도에 계속 존치가 필요한 필수규제의 목록을 제주특별자치도지원위원회에 제출하도록 하고, 그 제출된 목록에 대한 제주특별자치도지원위원회의 심의결과를 바탕으로 필수규제에 관한 사항 및 필수규제 외의 행정규제의 적용에 관한 사항을 따로 법률로 정하도록 함.

10) 경찰관직무집행법[시행 2011. 8. 4.] [법률 제11031호, 2011. 8. 4., 일부개정]

【제정·개정이유】

[일부개정]
◇ 개정이유 및 주요내용
「경찰관직무집행법」 제2조에 따른 경찰의 직무에는 「경찰법」 제3조에서 규정하고 있는 국가경찰의 임무 중 "국민의 생명?신체 및 재산의 보호"가 빠져 있고, 반대로 「경찰법」 제3조에 따른 국가경찰의 임무에는 「경찰관직무집행법」 제2조에서 규정하고 있는 경찰의 직무 중 "경비?요인경호 및 대간첩작전 수행"이 빠져 있어, 경찰의 임무에 관한 두 법의 규정을 상호 일치시키려는 것임.

11) 경찰관직무집행법[시행 2014. 4. 6.] [법률 제11736호, 2013. 4. 5., 일부개정]

【제정·개정이유】

[일부개정]
◇ 개정이유 및 주요내용
경찰관의 적법한 직무집행으로 인하여 재산상 손실이 발생한 경우 국가가 그 손실을 보상하도록 손실보상 규정을 신설함으로써 국민의 권익을 보호하고 경찰관의 안정적인 직무집행을 도모하려는 것임.

12) 경찰관 직무집행법[시행 2014. 5. 20.] [법률 제12600호, 2014. 5. 20., 일부개정]

【제정·개정이유】

[일부개정]
◇ 개정이유
수사 및 재판과 관련한 국제협력에 대해서는 「국제형사사법공조법」에 구체적인 규정이 마련되어 있으나, 그 이외의 위험방지 또는 예방경찰 작용에 있어서의 국제협력에 대해서는 근거 규정이 마련되어 있지 않아 경찰의 업무수행에 어려움이 있고, "대테러 작전" 역시 국가경찰작용으로 수행하고 있으나 법문상 이에 대한 명확한 근거 조항이 없으므로 대테러 작전 수행 및 국제협력 관련 규정을 경찰관의 직무범위에 추가하고, 국제협력을 위한 개별적 수권조항을 마련하는 등 현행 경찰작용의 법적 근거를 명확히 하는 한편,
주요 경찰장비로서 시위진압에 사용되고 있는 살수차를 법률에 명시하며, 인명·신체에 위해를 가할 수 있는 경찰장비는 필요한 최소한도에서 사용하도록 하고, 이를 새로 도입하려는 경우에는 안전성 검사를 실시하여 그 결과보고서를 국회 소관 상임위원회에 제출하도록 함으로써 경찰장비의 안전성을 확보하고 나아가 국민의 신체·생명에 대한 보호가 보다 충실하게 이루어질 수 있도록 하려는 것임.
또한, 법 문장의 표기를 한글화하고, 어려운 용어를 쉬운 우리말로 풀어쓰며 복잡한 문장은 체계를 정리하여 간결하게 다듬음으로써 쉽게 읽고 잘 이해할 수 있으며 국민의 언어생활에도 맞는 법률이 되도록 하려는 것임.

◇ 주요내용
가. 대테러 작전 수행 및 국제협력 관련 규정을 경찰관의 직무 범위에 추가함(제2조).
나. 경찰청장 또는 해양경찰청장은 경찰관의 직무수행을 위하여 외국 정부기관, 국제기구 등과의 자료

교환, 국제협력 활동을 할 수 있도록 함(제8조의2 신설).
다. 경찰장비의 종류에 살수차를 명시하고, 살수차 사용 시 사용일시 등을 기록하여 보관하도록 함(제10조제2항 및 제11조).
라. 인명 또는 신체에 위해를 끼칠 수 있는 위해성 경찰장비는 필요한 최소한도에서 사용하도록 명시함(제10조제4항 신설).
마. 위해성 경찰장비를 새로 도입하는 경우 안전성 검사를 실시하도록 하고 그 안전성 검사의 결과 보고서를 국회 소관 상임위원회에 제출하도록 함(제10조제5항 신설).
바. 또한, 법 문장의 표기를 한글화하고, 어려운 용어를 쉬운 우리말로 풀어쓰며 복잡한 문장은 체계를 정비하려는 것임

13) 경찰관 직무집행법[시행 2014. 11. 19.] [법률 제12844호, 2014. 11. 19., 타법개정]

【제정·개정이유】

◉법률 제12844호(2014.11.19)
　정부조직법 일부개정법률
[일부개정]
◇ 개정이유
국가적 재난관리를 위한 재난안전 총괄부처로서 국무총리 소속으로 '국민안전처'를 신설하고, 현행 해양경찰청과 소방방재청의 업무를 조정·개편하여 국민안전처의 차관급 본부로 설치하며, 공직개혁 추진 및 공무원 전문역량 강화를 위하여 공무원 인사 전담조직인 인사혁신처를 국무총리 소속으로 설치하고, 교육·사회·문화 분야 정책결정의 효율성과 책임성을 제고하기 위하여 교육·사회·문화 부총리를 신설하려는 것임.

◇ 주요내용
가. 교육·사회·문화 부총리 신설(제19조제1항·제3항, 제19조제5항 신설)
　　교육부장관이 겸임하는 교육·사회·문화 부총리를 신설하여 국무총리의 명을 받아 교육·사회·문화 정책에 관하여 관계 중앙행정기관을 총괄·조정하도록 함.
나. 국무총리 소속 국민안전처 설치 등(제22조의2 신설 등)
　　1) 안전행정부의 재난안전 총괄·조정, 소방방재청의 소방·방재, 해양경찰청의 해양경비·안전·오염방제 및 해상에서 발생한 사건의 수사 기능 등을 통합하여 국무총리 소속으로 국민안전처를 설치함.
　　2) 국민안전처장관은 국무위원으로 보하고, 안전 및 재난에 관하여 국무총리의 명을 받아 관계 중앙행정기관을 총괄·조정하도록 함.
　　3) 국민안전처에 소방사무를 담당하는 본부장과 해양경비·안전·오염방제 및 해상에서 발생한 사건의 수사에 관한 사무를 담당하는 본부장을 각각 둠.
　　4) 국민안전처와 각 부처의 유기적 연계를 위하여 특정직공무원을 국민안전처의 보조기관 및 보좌기관에 보할 수 있도록 함.
다. 국무총리 소속 인사혁신처 설치(제22조의3 신설)
　　안전행정부의 공무원 인사·윤리·복무 및 연금 기능을 이관하여 국무총리 소속으로 인사혁신처를 설치함.
라. 안전행정부의 행정자치부로의 개편(제34조)
　　안전행정부는 정부 의전·서무, 정부조직관리, 정부혁신, 전자정부, 지방자치제도 및 재정·세제 등의 기능 중심으로 개편하고, 행정자치부로 명칭을 변경함.
마. 소방방재청 및 해양경찰청 근거규정 삭제(현행 제34조제6항·제7항 및 제43조제2항·제3항 삭제)
　　1) 소방방재청의 소방·방재 기능을 국민안전처로 이관함.
　　2) 해양경찰청의 수사·정보 기능(해상에서 발생한 사건의 수사 및 정보에 관한 사무는 제외)을 경찰청으로, 해양에서의 경비·안전·오염방제 및 해상에서 발생한 사건의 수사 기능을 국민안전처로 이관함.

14) 경찰관 직무집행법[시행 2014. 11. 21.] [법률 제12600호, 2014. 5. 20., 일부개정]

15) 경찰관 직무집행법[시행 2016. 1. 7.] [법률 제12960호, 2015. 1. 6., 타법개정]
【제정·개정이유】
- ◉법률 제12960호(2015.1.6)
  총포 · 도검 · 화약류 등 단속법 일부개정법률
  [일부개정]
  ◇ 개정이유
  「UN 국제조직범죄방지협약」을 보충하는 「총기류, 그 구성부분 및 부품 그리고 탄약의 불법제조 및 불법거래 방지를 위한 의정서」에 대한민국이 2001년 10월 4일 서명하였고, 위 의정서는 2005년 7월 3일자로 발효되었으나, 국내법에 반영되지 아니하고 있어 이를 이행하기 위하여 총포 식별표지의 의무화, 총포·화약류 수출허가 시 수입국의 허가 여부 및 경유국의 동의 여부 확인 의무화, 식별표지 관련 정보 보관 의무화 등 의정서의 내용을 반영하려는 것임.
  또한, 총포·도검·화약류·분사기·전자충격기·석궁은 사람의 생명과 공공의 안전을 위협할 수 있기 때문에 판매를 엄격히 규제하고 있으나, 인터넷 등을 이용한 통신판매에 대해서는 명시적인 제한 규정이 없음은 물론 인터넷 등을 통하여 사제(私製)폭발물 등의 제조방법을 게시·유포하는 행위에 대한 금지 규정도 없는 상황인바, 이를 명시적으로 금지하는 규정을 둘 필요가 있고, 총포를 허가 없이 불법적으로 거래하거나 수입함에 있어서 조직적이고 지속적으로 이루어지는 경우가 있어 상습적인 총포의 불법 거래나 수입에 대하여 가중 처벌할 수 있도록 하는 등 그 동안 총포 등의 안전관리상에 나타난 미비점을 개선·보완하려는 것임.
  한편, 법 문장의 표기를 한글화하고, 어려운 용어를 쉬운 우리말로 풀어쓰며 복잡한 문장은 체계를 정리하여 간결하게 다듬음으로써 쉽게 읽고 잘 이해할 수 있게 하고, 국민의 언어생활에도 맞는 법률이 되도록 하려는 것임.

  ◇ 주요내용
  가. 제명을 「총포·도검·화약류 등의 안전관리에 관한 법률」로 개정하고, 법의 목적을 총포·도검·화약류·분사기·전자충격기·석궁의 제조·판매 등의 안전관리에 관한 사항을 정하여 공공의 안전을 확보하는 것으로 함(제1조).
  나. 비전기뇌관, 전자뇌관, 시그널튜브 등을 화공품에 추가하고, 총포 중 '공기총(압축가스를 이용하는 것을 포함)'을 '공기총(가스를 이용하는 것을 포함)'으로 개정함(제2조).
  다. 총포의 제조업자에게 식별표지 표식의 의무를 부여하고, 식별표지에 관한 정보를 경찰청장에게 알리게 함과 동시에 경찰청장에게 식별표지 정보를 30년간 보관할 의무를 부여함(제2조제7항 및 제69조 신설).
  라. 국내에서 판매 및 소지가 금지된 예술소품용 총포 등의 임대업을 허용함(제6조의2 신설).
  마. 전자상거래·통신판매·방문판매의 방법으로 총포·도검·화약류·분사기·전자충격기·석궁을 판매·임대 또는 광고할 수 없도록 하고, 총포 및 화약물의 제조방법 또는 설계도면 등을 인터넷에 게시, 유포하는 행위를 금지함(제8조, 제8조의2 신설).
  바. 총포·화약류의 수출 허가 시 상대국의 수입 허가와 경유국의 명시적 승인을 전제 조건으로 함(제9조).
  사. 동물원에서 맹수 진정용으로 사용되는 마취총을 법인소지 허가용 총기에 포함함(제12조제2항).
  아. 국빈·외교관 등의 수행 경호원이 소지하는 권총 등 총포의 일시 반입 근거를 신설함(제14조제3항 신설).
  자. 안정도시험에 불합격한 화약류의 폐기기한을 안정도 시험 결과의 통보를 받은 날부터 30일로 하되, 폐기량이 많거나 그 밖에 부득이한 사유가 있는 경우 30일의 범위에서 연장이 가능하도록 함(제32조제4항).

차. 허가관청이 총포 등의 소지허가를 취소하는 경우 해당 총포 등의 소유자에게 15일 이내에 총포 등을 제출하도록 명하여 임시 영치함(제46조제2항).
카. 면허관청 또는 허가관청이 면허 또는 허가를 효력정지하거나, 영업정지 처분하는 경우에도 청문절차를 거치도록 의무화함(제46조의2).
타. 주소지 변경 등 허가증이나 면허증의 기재사항 변경 중 주소지 변경 신고의무 및 해당 의무 위반 시 과태료 부과처분을 삭제함(제65조제3항 및 제74조제1항제2호).
파. 총포에 관하여 상습적으로 제조·판매·수출입 관련 규정을 위반한 경우 2분의 1까지 가중 처벌함(제70조제2항 신설).
하. 법률의 한글화, 어려운 법령 용어의 순화(醇化), 한글맞춤법 등 어문 규범의 준수, 정확하고 자연스러운 법 문장의 구성, 체계 정비를 통한 간결화·명확화 등 정부의 '알기 쉬운 법령 만들기 사업' 일환으로 정비함.

16) 경찰관 직무집행법[시행 2016. 7. 28.] [법률 제13825호, 2016. 1. 27., 일부개정]

【제정·개정이유】

[일부개정]
◇ 개정이유 및 주요내용

경찰청의 범인검거공로자 등에 대한 보상금은 현재 경찰청 훈령(범죄신고자등 보호 및 보상에 관한 규칙)에 근거하여 예산을 편성하고 집행하고 있는 실정임. 이에 범인검거공로자 등에 대한 보상금 지급에 관한 규정을 법률로 상향함으로써 이에 대한 법적 근거를 마련하려는 것임

17) 경찰관 직무집행법[시행 2017. 7. 26.] [법률 제14839호, 2017. 7. 26., 타법개정]

【제정·개정이유】

⦿법률 제14839호(2017.7.26)
　　정부조직법 일부개정법률
[일부개정]
◇ 개정이유

중소기업 육성과 과학기술 융합을 기반으로 미래 성장동력 확충과 일자리 창출 등 경제 활성화를 뒷받침할 수 있도록 정부 조직체계를 재설계하고, 안전·재난 분야의 유기적 연계와 현장 기관의 전문 역량을 강화하기 위하여 국가 안전관리 체계를 재조정하는 한편, 통상행정 분야를 효율화하고, 국가보훈 및 대통령경호 시스템을 환경변화에 맞게 조정하는 등 국민들의 요구에 신속하게 반응하는 열린 민주 정부를 구현할 수 있도록 정부기능을 재배치하려는 것임.

◇ 주요내용
가. 대통령 경호수행 체계를 합리화하기 위하여 대통령경호실(장관급)을 대통령경호처(차관급)로 개편함(제16조).
나. 국가유공자 예우와 지원 등 보훈기능을 강화하기 위하여 국가보훈처를 장관급 기구로 격상함(제22조의2).
다. 기술창업활성화 관련 창조경제 진흥 업무의 중소벤처기업부 이관 및 과학기술·정보통신 정책의 중요성을 고려하여 미래창조과학부의 명칭을 과학기술정보통신부로 변경하는 한편, 과학기술의 융합과 혁신을 가속화하고 연구개발의 전문성과 독립성을 보장하기 위하여 과학기술정보통신부에 과학기술혁신본부를 설치함(제29조제1항, 제29조제2항 신설).
라. 국가 재난에 대한 대응 역량을 강화하고 안전에 대한 국가와 지방자치단체 간 유기적 연계가 가능하도록 국민안전처와 행정자치부를 통합하여 행정안전부를 신설하고, 신설되는 행정안전부에 재난 및 안전 관리를 전담할 재난안전관리본부를 설치함(제34조제1항, 제34조제3항 신설).
마. 소방 정책과 구조구급 등 소방에 대한 현장 대응 역량을 강화하기 위하여 행정안전부장관 소속으로

바. 보호무역주의 확산에 대응하기 위한 통상교섭 역량을 강화하기 위하여 산업통상자원부에 통상교섭본부를 설치함(제37조제2항).
사. 해양경찰의 역할을 재정립하여 해양안전을 확보하고, 해양주권 수호 역량을 강화하기 위하여 해양수산부장관 소속으로 해양경찰청을 신설함(제43조제2항 신설).
아. 중소기업 중심의 경제구조와 창업 생태계 조성을 위하여 중소기업청을 중소벤처기업부로 격상하여 창업·벤처기업의 지원 및 대·중소기업 간 협력 등에 관한 사무를 관장하도록 함(제44조 신설).

18) 경찰관 직무집행법[시행 2018. 4. 17.] [법률 제15565호, 2018. 4. 17., 일부개정]

【제정·개정이유】

[일부개정]
◇ 개정이유 및 주요내용
「범죄피해자 보호법」에서는 국가가 수사 및 재판 과정에서 범죄피해자 보호 등을 위한 정보를 범죄피해자에게 제공하도록 의무화하고 있으며, 현재 경찰·검찰·법원 등에서 정보를 제공하고 있음.
그러나 위와 같은 정보 제공이 안내문을 교부하는 방식 등으로 이루어져 범죄피해자가 보호를 받을 수 있다는 사실을 제대로 인지하지 못하여 적극적인 보호를 받지 못하는 경우가 발생하고 있음.
이에 범죄피해자를 1차적으로 접하는 경찰의 직무에 '범죄피해자 보호'를 명시함으로써 범죄피해자를 경찰이 적극적으로 보호하도록 하고, 범죄피해자가 적시에 필요한 지원을 받을 수 있게 하려는 것임.

19) 경찰관 직무집행법[시행 2019. 6. 25.] [법률 제16036호, 2018. 12. 24., 일부개정]

【제정·개정이유】

[일부개정]
◇ 개정이유 및 주요내용
현행법은 경찰관의 적법한 직무집행으로 인하여 국민이 재산상 손실을 입은 경우 국가가 그 손실을 보상하도록 규정하고 있음.
그런데 생명 또는 신체상 손실을 입은 경우에는 보상의 근거가 없어 국민들이 피해보상을 받는 데 한계가 있다는 지적이 있어 왔고, 손실을 입은 국민은 위법·적법을 가리지 않고 손해배상을 청구할 수밖에 없어 경찰관은 적법한 직무집행을 하고도 사비를 들여 손실을 보상하거나 이에 따른 직무집행에 대한 심리적 위축으로까지 이어지는 사례가 발생하여 이에 대한 보완이 필요하다는 주장이 있어 왔음. 또 보상금 지급절차의 투명성을 보장하기 위한 방안도 필요한 상황임.
이에 국가가 경찰관의 적법한 직무집행 과정에서 발생한 재산상 손실 외에 생명 또는 신체상의 손실에 대하여도 보상을 하도록 하되, 거짓 또는 부정한 방법으로 보상금을 받은 사람에 대하여는 해당 보상금을 환수하도록 하고, 손실보상심의위원회는 보상금 지급 후 경찰위원회에 정기적으로 보고하게 하며, 경찰청장 또는 지방경찰청장은 보상금을 반환하여야 할 사람이 대통령령으로 정한 기한까지 그 금액을 납부하지 아니한 때에는 국세 체납처분의 예에 따라 징수할 수 있도록 함으로써 해당 손실에 대한 국민의 권리구제를 강화함과 동시에 경찰관의 충실한 직무수행 및 투명한 보상금 지급절차가 되도록 하려는 것임.

6장 경찰법 제·개정

경찰법은 1991년 5월 31일 법률 제4369호로 제정되었다. 지금까지 총 23차에 걸쳐 제·개정되었다. 주요 연혁을 보면 다음과 같다.

1) 경찰법[시행 1991. 7. 31.] [법률 제4369호, 1991. 5. 31., 제정]

【제정·개정이유】

[신규제정]

경찰의 민주적인 관리·운영과 효율적인 임무수행을 위하여 필요한 경찰의 기본조직과 직무범위를 정하려는 것으로, 분단국가로서 우리나라의 특수한 안보상황과 치안여건에 효율적으로 대처하기 위하여 국가경찰체제를 유지하면서 경찰의 기본조직을 중앙은 현재 보조기관으로 되어 있는 치안본부를 내무부장관소속하의 경찰청으로, 지방은 시·도지사 보조기관인 경찰국을 시·도지사 소속기관인 지방경찰청으로 개편함으로써 경찰행정의 책임성과 독자성을 보장함과 동시에 내무부에 각계의 덕망있는 인사로 구성되는 경찰위원회를 두어 경찰행정에 관한 주요제도 및 인권보호에 관한 사항을 심의·의결하게 함으로써 경찰운영의 민주성과 공정성의 확보를 기하며 경찰의 임무인 국민의 생명과 재산의 보호 및 공공의 안녕과 질서유지에 충실할 수 있도록 그 임무를 명확히 하고 직권을 남용하지 못하도록 하여 국민의 자유와 권리를 최대한 보장함으로써 경찰에 대한 국민의 신뢰를 회복하고 진정한 민주경찰로서의 발전을 도모하려는 것임.

①중앙경찰기관으로 내무부장관소속하에 경찰청을 설치하고 지방경찰기관으로는 지방경찰청과 경찰서를 두며, 해양경찰청과 해양경찰서를 두도록 함.
②경찰의 임무를 명확히 하고 그 직무수행에 있어서는 헌법과 법률에 따라 국민의 자유와 권리를 존중하고 국민전체에 대한 봉사자로서 공정중립을 지키도록 함과 동시에 권한의 남용을 금지함.
③경찰의 인사·예산·장비등에 관한 주요정책과 경찰행정에 관한 업무발전 및 인권보호에 관한 사항등을 심의·의결하기 위하여 내무부에 위원 5인(任期 3년)으로 구성되는 경찰위원회를 두도록 함.
④경찰위원회 위원은 내무부장관의 제청으로 국무총리를 거쳐 대통령이 임명하도록 함.
⑤경찰위원회 위원은 국가공무원법상의 공무원의 신분상 의원규정을 준용하여 정치운동을 할 수 없게 하고 직무상 비밀을 엄수하도록 함.
⑥경찰청에 경찰청장 및 차장을 두고, 각각 치안총감 및 치안정감으로 보하도록 함.
⑦지방경찰청장 및 해양경찰청장은 경찰청장의 지휘·감독을 받아 소관사무를 관장하도록 함.
⑧경찰공무원의 임용등 인사에 관한 사항과 직무수행에 필요한 사항등은 따로 법률로 정하도록 함.

2) 경찰법[시행 1996. 8. 8.] [법률 제5153호, 1996. 8. 8., 타법개정]

【제정·개정이유】

●정부조직법중개정법률 [1996.8.8, 법률제5153호]
[일부개정]

국제해양질서의 급격한 변화와 21세기 해양경쟁시대에 적극적으로 대비함으로써 우리의 무한한 해양잠재력을 개발하여 해양선진대국으로 도약하기 위한 기반을 조성하기 위하여, 여러 행정기관에 분산되어 있는 수산·해운·항만·해양환경보전·해양조사·해양자원개발·해양과학기술등 해양관련 행정기능을 통합하여 종합적인 해양개발과 이용·보전기능등을 전담할 해양수산부를 신설하고, 해양수산부장관소속하에 해양에서의 경찰 및 오염방제업무를 담당할 해양경찰청을 신설하려는 것임.

3) 경찰법[시행 1997. 1. 13.] [법률 제5260호, 1997. 1. 13., 일부개정]

【제정·개정이유】

[일부개정]

경찰청장이 재직중 정치적 영향으로부터 독립하여 그 직무를 공정하게 수행할 수 있도록 하기 위하여 경찰청장은 퇴직일부터 2년이내에는 정당의 발기인이나 당원이 될 수 없도록 함

4) 경찰법[시행 1998. 1. 1.] [법률 제5454호, 1997. 12. 13., 타법개정]

【제정·개정이유】

● 경찰법중개정법률[1997.12.13, 법률제5454호]
[일부개정]
현행 법률중에는 정부조직법의 개정에 의하여 부처의 명칭이 변경되었음에도 변경되기 전의 부처명칭을 그대로 사용하고 있거나 어느 한 법률의 개정으로 조문위치 등이 변경되었음에도 변경되기전의 조문을 그대로 인용하는 경우 등이 있어 법령을 집행하는 공무원이나 국민이 법규정에 대하여 혼란을 일으키고 법령의 내용을 쉽게 파악하기 곤란한 사례가 발견되고 있는 바 법규정에 대한 국민의 오해와 법령내용 파악의 곤란을 해소하고 법령에 대한 국민의 신뢰를 높이기 위하여 관련 법규정을 일괄하여 정비하려는 것임.
  가. 정부조직법의 개정으로 부처명칭이 변경된 후에도 종전의 부처명칭을 계속 사용하고 있는 규정을 정비함.
  나. 법률의 개정 등으로 법률의 제명이나 조문위치가 변경되었음에도 종전의 제명 또는 조문을 계속 인용하고 있는 규정을 정비함.
  다. 종전의 직할시를 계속 사용하고 있는 규정을 광역시로 정비함.
  라. 법률의 개정 등으로 기관이나 단체의 명칭이 변경되었음에도 종전의 기관 또는 단체의 명칭을 계속 사용하고 있는 규정을 변경된 기관 또는 단체의 명칭으로 정비함.
  마. 기타 현행제도와 맞지 아니한 사항을 현행제도에 맞게 정비함.

5) 경찰법[시행 1998. 2. 28.] [법률 제5529호, 1998. 2. 28., 타법개정]

【제정·개정이유】

● 정부조직법중개정법률[1998.2.28, 법률제5529호]
[전문개정]
당면한 경제위기를 극복하고 21세기 국가도약의 기반을 구축하기 위하여 정부조직의 구조조정을 통한 정부의 역할과 기능을 재정립함으로써 민주적이고 경쟁력있는 서비스정부를 구현하고, 새로운 행정환경의 변화에 적합한 국정운영시스템을 마련하기 위하여 중앙행정기관의 조직을 전면적으로 개편하는 한편, 과단위 기구의 설치권한을 각 부처에 위임하는 등 조직운영에 대한 자율성과 탄력성을 강화하려는 것임.
- 각 부처의 조직관리에 대한 자율성을 강화하기 위하여 과단위 보조기관의 설치와 사무분장을 총리령 또는 부령으로 정할 수 있도록 하고(法 第2條第4項), 국가행정기관의 설치근거를 일원화하기 위하여 대통령경호실의 설치근거를 신설함(法 第15條).
- 대통령의 국정관리역량을 강화하고 예산편성의 효율성을 제고하기 위하여 대통령소속으로 기획예산위원회를 신설하고, 재정경제부장관소속하에 예산청을 두며(法 第17條 및 第27條第3項), 여성의 지위향상을 위한 여성특별위원회와 중소기업 육성을 위한 중소기업특별위원회를 신설함(法 第18條).
- 국무총리의 정책조정 및 심사평가 기능을 강화하기 위하여 행정조정실을 국무조정실로 개편하고(法 第20條), 공보처를 폐지하며, 국무총리밑에 국정홍보 및 홍보업무조정에 관하여 국무총리를 보좌하는 공보실을 설치하고, 방송행정·출판·간행물·해외홍보 기능은 문화관광부로 이관함(法 第22條 및 第35條).
- 장관급인 법제처 및 국가보훈처를 차관급으로 축소개편하며(法 第23條 내지 第25條), 부총리제의 폐지에 따라 재정경제원을 재정경제부로, 통일원을 통일부로 개편하고, 민주평화통일자문회의 사무처를 폐지하고 그 기능을 통일부가 관장함(法 第27條·第28條 및 附則 第5條).
- 통상행정체제를 일원화하기 위하여 외무부를 외교통상부로 개편하고, 외교통상부장관밑에 통상교섭담당본부를 두며, 본부장은 정무직으로 함(法 第29條).
- 총무처와 내무부를 행정자치부로 통합하고(法 第32條), 과학기술 정책의 효율적 추진을 위하여 과학기술처를 과학기술부로 개편하며(法 第34條), 문화체육부와 통상산업부의 명칭을 각각 문화관광부와 산업자원부로 변경함(法 第35條 및 第37條).
- 식품 및 의약품에 대한 안전관리 기능을 강화하기 위하여 보건복지부장관소속하에 식품의약품안전청을 신설함(法 第39條).
- 현행 2원 16부 5처 14청의 정부조직에서 17부 2처 16청의 정부조직으로 개편함.

6) 경찰법[시행 1999. 1. 21.] [법률 제5681호, 1999. 1. 21., 타법개정]

【제정·개정이유】

● 국가정보원법중개정법률[1999.1.21, 법률 제5681호]
[일부개정]
◇개정이유 및 주요골자
　과거 국가안전기획부의 부정적 이미지를 쇄신하고 국가 및 국민을 위한 참다운 국가정보기관으로 거듭나기 위하여 국가안전기획부의 명칭을 국가정보원으로 변경하려는 것임.

7) 경찰법[시행 2000. 12. 20.] [법률 제6279호, 2000. 12. 20., 일부개정]

【제정·개정이유】

[일부개정]
◇개정이유 및 주요골자
　총경으로 보하던 경찰서장을 총경 또는 경정으로 보하도록 함으로써 경찰인력의 탄력적 운영을 도모하려는 것임.

8) 경찰법[시행 2003. 2. 4.] [법률 제6855호, 2003. 2. 4., 타법개정]

【제정·개정이유】

◉법률 제6855호(2003.2.4)
　국회법중개정법률
[일부개정]
◇개정이유
　국회에서 국가정보원장·검찰총장 후보자 등에 대한 검증을 할 수 있도록 국회 인사청문회의 대상을 확대하고, 형식화되어 있는 결산심사기능을 강화하며, 또한 법률안이 연중 균형있게 심사될 수 있도록 하고, 국회의 국정감사기능을 보완하며, 그 밖에 효율적인 국회운영을 위하여 관련 규정을 정비하려는 것임.

◇ 주요골자
가. 대통령당선인이 국무총리후보자에 대한 인사청문의 실시를 요청하는 경우 국회의장은 각 교섭단체대표의원과 협의하여 인사청문특별위원회를 두도록 함(법 제46조의3제1항 단서 신설).
나. 위원회의 심도있는 법률안 심사를 위하여 법률안이 위원회에 회부된 후 15일(법제사법위원회의 체계·자구심사의 경우에는 5일)이 경과한 후에만 상정할 수 있도록 함(법 제59조).
다. 대통령이 요청한 국가정보원장·국세청장·검찰총장·경찰청장 후보자에 대한 인사청문을 소관상임위원회에서 실시하도록 함(법 제65조의2제2항 신설).
라. 의원발의 입법의 활성화를 기하기 위하여 국회의원 10인 이상의 찬성으로 의안을 발의할 수 있도록 의안발의 요건을 완화함(법 제79조제1항).
마. 국회에서 결산심사 결과 정부 또는 해당기관의 위법 또는 부당한 사항이 있는 경우에는 이에 대하여 변상 및 징계조치 등 그 시정을 요구하고 그 처리결과를 국회에 보고하도록 함(법 제84조제2항 후단 신설).
바. 상임위원회 예산안 예비심사의 실효성을 제고하기 위하여 예산결산특별위원회가 소관상임위원회에서 삭감한 세출예산 각항의 금액을 증가하거나 새 비목을 설치할 경우에는 소관 상임위원회의 동의를 얻도록 하되, 새 비목의 설치에 대하여는 소관상임위원회가 72시간 이내에 동의여부를 예산결산특별위원회에 통지하지 아니하는 경우에는 동의를 한 것으로 보도록 함(법 제84조제5항).
사. 법률안의 효율적인 심사를 위하여 정기국회기간중에는 원칙적으로 예산부수법안만 처리하되, 긴급하고 불가피한 사유로 위원회 또는 본회의 의결이 있는 경우에는 예산부수법안이 아닌 경우에도 처리할 수

있도록 함(법 제93조의2제2항 신설).
아. 교섭단체대표연설은 매년 첫번째 임시회와 정기회에서 각 1회 실시하되, 전·후반기 원구성을 위한 임시회의 경우와 국회의장이 각 교섭단체대표의원과 합의를 하는 경우에는 추가로 각 1회 실시할 수 있도록 함(법 제104조제2항).
자. 대정부질문의 효율적인 운영을 위하여 모두(冒頭)질문은 폐지하고, 대정부질문은 일문일답에 의한 방식으로 20분간 하도록 하되, 답변시간은 이에 포함하지 아니하도록 함(법 제122조의2).
차. 국회가 감사원에 대하여 사안을 특정하여 감사청구를 할 수 있도록 하고, 감사원은 3월 이내에 그 감사의 결과를 국회에 보고하도록 하며, 감사원이 특별한 사유로 그 기간 이내에 감사를 마치지 못할 경우에는 2월의 범위 이내에서 연장할 수 있도록 함(법 제127조의2 신설).
카. 국회는 감사원의 검사를 거친 결산(기금결산 포함)을 다음 회계연도 5월 31일까지 제출하도록 정부에 대하여 요구하고, 결산에 대한 심의·의결은 정기회 개회전까지 완료하도록 함(법 제128조의2 신설).

9) 경찰법[시행 2003. 12. 31.] [법률 제7035호, 2003. 12. 31., 일부개정]

【제정·개정이유】

[일부개정]
◇개정이유 및 주요골자
경찰청장은 퇴직일부터 2년이내에는 정당의 발기인이 되거나 당원이 될 수 없도록 한 규정이 위헌결정됨에 따라 동 조항을 삭제하고, 경찰청장이 책임있는 치안행정업무를 수행하고 정치적 중립성을 보장할 수 있도록 그 임기를 2년간 보장하는 한편, 경찰청장이 헌법 또는 법률에 위배된 때에는 탄핵소추할 수 있도록 하려는 것임.

10) 경찰법[시행 2004. 12. 23.] [법률 제7247호, 2004. 12. 23., 일부개정]

【제정·개정이유】

[일부개정]
◇개정이유 및 주요내용
광역화·기동화되는 현대범죄에 효과적으로 대응하기 위하여 경찰서장 소속하에 두는 지서(支署)를 없애고 기존 여러 개의 파출소관할구역을 통합하여 하나의 관할구역으로 하는 지구대를 설치할 수 있도록 하는 한편, 정부조직법이 개정(법률 제7186호, 2004. 3. 11. 공포·시행) 되어 각 행정기관에 배치하는 정무직공무원은 법률에 근거를 두도록 함에 따라 경찰위원회규정에 의하여 정무직공무원으로 되어 있던 경찰위원회 상임위원에 대한 법적 근거를 마련하려는 것임

11) 경찰법[시행 2006. 7. 19.] [법률 제7968호, 2006. 7. 19., 일부개정]

【제정·개정이유】

[일부개정]
◇개정이유
「제주특별자치도 설치 및 국제자유도시 조성을 위한 특별법」이 제정(법률 제7849호, 2006. 2. 21. 공포, 2006. 7. 1. 시행)되어 제주특별자치도에 자치경찰단이 설치됨에 따라 경찰위원회의 심의사항으로 자치경찰에 대한 국가경찰의 지원·협조 등에 관한 주요 정책사항을 추가하고, 국가비상사태시 경찰청장 또는 제주특별자치도지방경찰청장이 제주특별자치도의 자치경찰공무원을 직접 지휘·명령할 수 있도록 하는 등 자치경찰제의 시행과 관련된 현행 규정의 일부 미비점을 정비·보완하려는 것임.

12) 경찰법[시행 2008. 2. 29.] [법률 제8852호, 2008. 2. 29., 타법개정]

【제정·개정이유】

◉법률 제8852호(2008.2.29)
　정부조직법
[전부개정]
◇개정이유
　국경 없는 무한경쟁 시대에 국민에게 희망을 주는 일류 정부를 건설하기 위하여, 우리의 미래에 관한 전략기획기능을 강화하고, 정부의 간섭과 개입을 최소화하는 작은 정부 구축을 통하여 민간과 지방의 창의와 활력을 북돋우는 한편, 꼭 해야 할 일은 확실히 하되 나라살림을 알뜰하게 운영하여 국민부담을 줄이며 칸막이 없이 유연하고 창의적으로 일하는 정부를 구축할 수 있도록 기획예산처와 재정경제부를 통합하여 기획재정부를 신설하는 등 정부기능을 효율적으로 재배치하려는 것임.

◇주요내용
　가. 대통령비서실과 대통령경호실의 통합(법 제14조)
　　대통령 보좌기구의 정예화 및 권한과 책임의 명확화를 위하여 대통령비서실과 대통령경호실을 대통령실로 통합함.
　나. 부총리제 폐지(현행 제19조의2 삭제)
　　헌법의 권한배분 등 정부편제의 기본원칙에 비추어 헌법적 근거가 취약한 부총리제를 폐지함.
　다. 특임장관 신설(법 제17조)
　　투자유치, 해외자원개발 등 핵심 국책과제를 수행하기 위하여 특임장관을 신설함.
　라. 국무총리비서실과 국무조정실의 통합(법 제18조)
　　국무총리의 보좌기능을 강화하고 사회갈등관리 기능 등을 강화하기 위하여 국무총리비서실과 국무조정실을 국무총리실로 통합함.
　마. 법제처장과 국가보훈처장의 직급 조정(법 제20조 및 제21조)
　　지나치게 격상된 조직 위상의 정상화를 위하여 장관급인 법제처장, 국가보훈처장의 직급을 장관급에서 차관급으로 조정함.
　바. 기획재정부 신설(법 제23조)
　　경제정책 조정역량을 강화하고 재정기능을 일원화하기 위하여 기획예산처와 재정경제부를 통합하여 기획재정부를 신설함
　사. 교육과학기술부 신설(법 제24조)
　　초·중등 교육 및 대학의 자율성을 제고하고 인적자원 개발기능을 강화하며, 기초과학을 진흥시키기 위하여 교육과학기술부를 신설함.
　아. 행정안전부 신설(법 제29조)
　　정부조직관리와 인사정책의 연계를 도모하고 분산된 안전관리정책의 총괄·조정기능을 통합하기 위하여 행정안전부를 신설함.
　자. 국정홍보처의 폐지(법 제30조, 현행 제24조의2 삭제)
　　정책홍보기능의 부처 자율화를 통해 국민의 알권리를 신장하기 위하여 국정홍보처를 폐지하고, 종전의 문화부 사무와 국정홍보처의 해외홍보 사무를 통합하여 문화체육관광부를 신설함.
　차. 농림수산식품부 신설(법 제31조)
　　농업과 수산업의 긴밀한 연계 및 식품산업 육성을 위하여 종전의 농림부의 사무와 해양수산부의 수산에 관한 사무를 통합하여 농림수산식품부를 신설함.
　카. 지식경제부 신설(법 제32조)
　　우리 경제를 빠른 시일 내에 미래 지향의 지식기반형·기술혁신형 경제로 전환하기 위하여 산업자원부의 산업·에너지정책 사무와 과학기술부의 산업기술 연구개발정책 사무 등을 통합하여 지식경제부를 신설함.
　타. 기상청의 소속 변경(법 제34조)
　　환경보전 기능을 강화하고 기상이변 등에 대한 대응역량을 강화하기 위하여 기상청을 환경부 소속으

파. 국토해양부 신설(법 제37조)
국토자원의 통합관리를 위하여 건설교통부와 해양수산부의 해양정책, 항만, 해운물류를 통합하여 국토해양부를 신설함.

13) 경찰법[시행 2008. 6. 13.] [법률 제9114호, 2008. 6. 13., 일부개정]

【제정·개정이유】

[일부개정]
◇개정이유 및 주요내용
구체적 사건수사와 관련된 소속 상관의 지휘?감독에 대한 경찰공무원의 이의제기권을 명문화하여 경찰공무원의 직무상 독립성 및 공정성을 높이려는 것임.

14) 경찰법[시행 2011. 5. 30.] [법률 제10745호, 2011. 5. 30., 일부개정]

【제정·개정이유】

[일부개정]
◇ 개정이유 및 주요내용
법 문장을 원칙적으로 한글로 적고, 어려운 용어를 쉬운 용어로 바꾸며, 길고 복잡한 문장은 체계 등을 정비하여 간결하게 하는 등 국민이 법 문장을 이해하기 쉽게 정비하려는 것임.

15) 경찰법[시행 2011. 8. 4.] [법률 제11032호, 2011. 8. 4., 일부개정]

【제정·개정이유】

[일부개정]
◇ 개정이유 및 주요내용
「경찰법」제3조에 따른 국가경찰의 임무에는 「경찰관직무집행법」제2조에서 규정하고 있는 경찰의 직무 중 "경비요인경호 및 대간첩작전 수행"이 빠져 있고, 반대로 「경찰관직무집행법」제2조에 따른 경찰의 직무에는 「경찰법」제3조에서 규정하고 있는 국가경찰의 임무 중 "국민의 생명?신체 및 재산의 보호"가 빠져 있어, 경찰의 임무에 관한 두 법의 규정을 상호 일치시키려는 것임.

16) 경찰법[시행 2012. 2. 22.] [법률 제11335호, 2012. 2. 22., 일부개정]

【제정·개정이유】

[일부개정]
◇ 개정이유 및 주요내용
하나의 시·도 관할구역 내에 인구, 행정구역, 면적, 지리적 특성, 교통 등을 고려하여 둘 이상의 지방경찰청을 둘 수 있도록 하여 늘어나는 치안 수요에 탄력적으로 대응할 수 있도록 하는 한편, 치안수요가 과중한 경찰서와 1개 자치구역 내에 다수의 경찰서가 있는 지역의 '중심경찰서'는 경찰서장 직급을 경무관으로 보임할 수 있는 근거를 마련하려는 것임.

17) 경찰법[시행 2013. 3. 23.] [법률 제11690호, 2013. 3. 23., 타법개정]

【제정·개정이유】

◉법률 제11690호(2013.3.23)
정부조직법 전부개정법률

[전부개정]
    ◇ 개정이유
  국가 성장동력의 양대 핵심 축인 과학기술과 정보통신기술을 창조경제의 원천으로 활용하여 경제부흥을 뒷받침할 수 있도록 정부 조직체계를 재설계하고, 국민생활 전반에 영향을 미치는 안전 관련 업무 기능을 강화하여 국민의 안전을 최우선으로 하는 정부를 구현하는 한편, 각 행정기관 고유의 전문성을 강화하여 행정환경의 변화에 능동적으로 대처할 수 있도록 하는 등 창조적이고 유능한 정부를 구현할 수 있도록 정부 기능을 재배치하려는 것임.

    ◇ 주요내용
  가. 대통령의 국가 위기상황 관리기능을 효과적으로 보좌하기 위하여 대통령 밑에 국가안보실을 신설함(안 제15조).
  나. 대통령실·국무총리실 및 특임장관으로 분산되었던 정무기능 수행체계를 효율적으로 개편하기 위하여 특임장관을 폐지함.
  다. 금융위기 등 급변하는 대내외 경제 환경에 체계적으로 대응하기 위하여 경제분야 정책을 총괄·조정하는 경제부총리제를 도입함(안 제19조).
  라. 국무총리의 정책조정 기능을 강화하여 책임총리제를 뒷받침할 수 있도록 국무총리실을 국무조정실과 국무총리비서실로 확대·개편함(안 제20조 및 제21조).
  마. 국민생활의 안전을 위하여 식품 및 의약품 안전관리체계를 국무총리 소속의 식품의약품안전처로 일원화함(안 제25조).
  바. 과학기술과 정보통신기술 발전을 통하여 일자리를 창출하고, 경제부흥의 기반을 마련할 수 있도록 미래창조과학부를 신설하고, 그 소관업무를 과학기술정책의 수립·총괄·조정·평가, 과학기술의 연구개발·협력·진흥, 과학기술인력 양성, 원자력 연구·개발·생산·이용, 국가정보화 기획·정보보호·정보문화, 방송·통신의 융합·진흥 및 전파관리, 정보통신산업, 우편·우편환 및 우편대체에 관한 사무로 하며, 교육과학기술부는 교육부로 개편함(안 제28조 및 제29조).
  사. 통상교섭의 전문성을 강화하고 국내산업의 대외경쟁력을 제고하기 위하여 외교통상부의 통상교섭 기능을 지식경제부로 이관하고, 그 명칭을 산업통상자원부로 개편함(안 제30조 및 제37조).
  아. 국민행복의 필수조건인 국민생활 안전을 책임지는 안전관리 총괄부처로서의 위상과 기능을 강화하기 위하여 행정안전부를 안전행정부로 개편함(안 제34조).
  자. 동북아 해양환경 변화에 능동적으로 대응하고 해양·항만정책과 수산정책의 상호 연계를 통해 해양 기능의 융합효과를 제고하기 위하여 해양수산부를 신설하고, 농림수산식품부 및 국토해양부를 각각 농림축산식품부 및 국토교통부로 개편함(안 제36조·제42조 및 제43조).
  차. 창의와 혁신을 기반으로 하는 다양한 창조기업의 육성·지원 강화를 위하여 중소기업청의 업무영역을 확대함(안 제37조제3항).

18) 경찰법[시행 2014. 11. 19.] [법률 제12844호, 2014. 11. 19., 타법개정]
【제정·개정이유】
  ◉법률 제12844호(2014.11.19)
    정부조직법 일부개정법률
  [일부개정]
    ◇ 개정이유
  국가적 재난관리를 위한 재난안전 총괄부처로서 국무총리 소속으로 '국민안전처'를 신설하고, 현행 해양경찰청과 소방방재청의 업무를 조정·개편하여 국민안전처의 차관급 본부로 설치하며, 공직개혁 추진 및 공무원 전문역량 강화를 위하여 공무원 인사 전담조직인 인사혁신처를 국무총리 소속으로 설치하고, 교육·사회·문화 분야 정책결정의 효율성과 책임성을 제고하기 위하여 교육·사회·문화 부총리를 신설하려는 것임.

◇ 주요내용
가. 교육·사회·문화 부총리 신설(제19조제1항·제3항, 제19조제5항 신설)
교육부장관이 겸임하는 교육·사회·문화 부총리를 신설하여 국무총리의 명을 받아 교육·사회·문화 정책에 관하여 관계 중앙행정기관을 총괄·조정하도록 함.
나. 국무총리 소속 국민안전처 설치 등(제22조의2 신설 등)
1) 안전행정부의 재난안전 총괄·조정, 소방방재청의 소방·방재, 해양경찰청의 해양경비·안전·오염방제 및 해상에서 발생한 사건의 수사 기능 등을 통합하여 국무총리 소속으로 국민안전처를 설치함.
2) 국민안전처장관은 국무위원으로 보하고, 안전 및 재난에 관하여 국무총리의 명을 받아 관계 중앙행정기관을 총괄·조정하도록 함.
3) 국민안전처에 소방사무를 담당하는 본부장과 해양경비·안전·오염방제 및 해상에서 발생한 사건의 수사에 관한 사무를 담당하는 본부장을 각각 둠.
4) 국민안전처와 각 부처의 유기적 연계를 위하여 특정직공무원을 국민안전처의 보조기관 및 보좌기관에 보할 수 있도록 함.
다. 국무총리 소속 인사혁신처 설치(제22조의3 신설)
안전행정부의 공무원 인사·윤리·복무 및 연금 기능을 이관하여 국무총리 소속으로 인사혁신처를 설치함.
라. 안전행정부의 행정자치부로의 개편(제34조)
안전행정부는 정부 의전·서무, 정부조직관리, 정부혁신, 전자정부, 지방자치제도 및 재정·세제 등의 기능 중심으로 개편하고, 행정자치부로 명칭을 변경함.
마. 소방방재청 및 해양경찰청 근거규정 삭제(현행 제34조제6항·제7항 및 제43조제2항·제3항 삭제)
1) 소방방재청의 소방·방재 기능을 국민안전처로 이관함.
2) 해양경찰청의 수사·정보 기능(해상에서 발생한 사건의 수사 및 정보에 관한 사무는 제외)을 경찰청으로, 해양에서의 경비·안전·오염방제 및 해상에서 발생한 사건의 수사 기능을 국민안전처로 이관함.

19) 경찰법 [시행 2014. 11. 21.] [법률 제12601호, 2014. 5. 20., 일부개정]

【제정·개정이유】
[일부개정]
◇ 개정이유
수사 및 재판과 관련한 국제협력에 대해서는「국제형사사법공조법」에 구체적인 규정이 마련되어 있으나, 그 이외의 위험방지 또는 예방경찰 작용에 있어서의 국제협력에 대해서는 근거 규정이 마련되어 있지 않아 경찰의 업무수행에 어려움이 있고, "대테러 작전" 역시 국가경찰작용으로 수행하고 있으나 법문상 이에 대한 명확한 근거 조항이 없으므로 대테러 작전 수행 및 국제협력 관련 규정을 "국가경찰의 임무"에 추가하여 법적 근거를 명확히 하고, 경찰이 추진하는 부패·비리 근절 정책의 객관성과 공정성을 높이기 위하여 경찰행정에 관한 합의제 심의·의결 기관인 경찰위원회의 심의·의결 사항에 '부패 방지 및 청렴도 향상에 관한 주요 정책사항'을 추가하는 한편,
또한, 첨단과학기술을 활용한 경찰역량을 확보하기 위해서는 정부로 하여금 치안분야 과학기술진흥을 위한 시책을 마련·추진하도록 하고 이를 위한 연구개발사업의 수행에 필요한 경비를 지원할 수 있는 근거규정을 마련하여 치안분야 과학기술의 발전을 위한 연구 및 지원이 활발히 이루어질 수 있도록 하려는 것임.

◇ 주요내용
가. 대테러 작전 수행 및 국제협력을 국가 경찰의 임무에 추가함(제3조).
나. 경찰위원회의 심의·의결 사항에 '부패 방지 및 청렴도 향상에 관한 주요 정책사항'을 추가함(제9조제1항제3호 신설).
다. 경찰청장으로 하여금 치안에 필요한 연구개발사업 및 전문인력 양성 등 치안분야 과학기술진흥을 위

한 시책을 마련·추진하도록 함(제26조제1항).
라. 치안에 필요한 연구개발사업을 수행하게 할 기관 또는 단체 등을 명시하고 이러한 기관 또는 단체 등의 연구개발사업의 수행에 대하여 출연금이나 보조금을 지급할 수 있도록 함(제26조제2항 및 제3항).

20) 경찰법[시행 2016. 1. 25.] [법률 제13426호, 2015. 7. 24., 타법개정]
【제정·개정이유】

◉법률 제13426호(2015.7.24)
  제주특별자치도 설치 및 국제자유도시 조성을 위한 특별법 전부개정법률
[전부개정]
◇ 개정이유
  제주특별자치도의 자치권 확대를 위하여 국가사무를 추가 이양하고, 제주특별자치도의 관광·교육·물산업 등 핵심산업의 활성화에 필요한 특례를 확대하며, 외국인의 관광편의를 높여 제주특별자치도가 국제자유도시로 발전할 수 있는 여건을 조성하는 한편, 2006년 7월 1일 제정 이후 복잡해진 조문체계를 간결하게 개편하고 어려운 용어를 쉬운 용어로 바꾸어 국민이 법을 이해하기 쉽게 정비하려는 것임.

◇ 주요내용
가. 알기 쉬운 법령 정비를 위한 법률 체계의 정비 및 용어 순화
  현재 17개 장(章)으로 구성된 복잡한 법률 체계를 제주특별자치도 설치·운영, 국제자유도시의 개발 및 기반 조성, 산업발전 및 자치분권 등 6개 편(編)으로 개편하고, 어려운 용어를 쉬운 용어로 바꾸고 길고 복잡한 문장을 간결하게 하는 등 조문을 정비함.
나. 제주특별자치도의 자치역량 강화(제39조, 제46조 및 제47조)
  1) 지방의회 상임위원회에 배치하도록 한 정책자문위원을 정원의 범위에서 특별위원회에서도 배치·운용할 수 있도록 함.
  2) 제주특별자치도의 특성에 맞도록 공무원의 전문성을 강화하기 위하여 직군·직렬의 통합·신설에 관한 범위를 6급 이하에서 5급 이하로 확대하고, 직군·직렬 통합 대상은 2급부터 5급까지에서 2급부터 4급까지로 조정함.
  3) 행정시의 인사 자율성을 보장하기 위하여 제주특별자치도에만 설치되어 있는 인사위원회를 행정시에서도 설치할 수 있도록 함.
다. 자치경찰사무 범위 확대 및 자치경찰 위상 제고(제89조, 제90조, 제106조, 제113조 및 제119조)
  1) 행정시 자치경찰대 폐지에 따른 자치경찰단의 업무 증가와 지휘체계 정립 및 자치경찰의 발전을 위하여 자치경찰단장의 직급을 자치총경에서 자치경무관으로 상향 조정함.
  2) 「경범죄처벌법」과 「도로교통법」의 질서위반 시 통고처분 불이행자에 대한 즉결심판 청구권한을 자치경찰 사무에 추가함.
  3) 자치경찰 근속승진 범위를 국가경찰과 동일하게 자치경감까지 확대함.
라. 감사위원회 독립성·정치적 중립성 강화(제131조, 제133조 및 제137조)
  1) 도지사가 감사위원회 사무국 직원 임명 시 감사위원장의 추천을 받도록 하고, 조직·인사 및 감사활동에 관한 예산편성의 독립성이 존중될 수 있도록 함.
  2) 감사에 참여한 외부전문가 등에게 직무상 알게 된 감사정보 등의 비밀유지 의무를 부여하고, 감사위원에 대한 신분보장을 위하여 해촉 등의 절차를 정함.
마. 국제자유도시의 개발·지원 및 육성(제147조, 제162조, 제171조, 제234조 및 제236조)
  1) 제주국제자유도시개발사업에 제주도민의 우선 고용을 권장하기 위하여 고용계획을 제출하도록 함.
  2) 제주국제자유도시개발센터(JDC)의 제주투자진흥지구 관리권한을 제주특별자치도지사로 이관함.
  3) 제주국제자유도시 개발센터가 추진하는 사업에 대한 외부연결 진입도로, 상·하수도시설에 국비를 지원할 수 있도록 함.
  4) 국가와 제주특별자치도는 제주영어교육도시에서 공공기관의 영어서비스, 공공시설물 영어표기 등

영어사용 환경조성에 필요한 시책을 추진하도록 함.
5) 국가는 민군복합형 관광미항 설치지역에 대한 지역발전계획의 원활한 추진을 위하여 보조금을 지급할 수 있도록 함.
바. 관광 산업 등 핵심 산업의 지원·육성과 환경보호(제267조, 제269조, 제293조, 제354조, 제379조, 제381조 및 제480조)
1) 농어민 지원을 위하여 제주국제자유도시개발센터의 직전 회계연도 손익계산서 상의 순수익금의 일부를 지역농어촌진흥기금에 출연할 수 있도록 함.
2) 제주자치도산 농수산물의 해상운송에 따른 물류비 부담을 경감하고 농어업인의 삶의 질을 향상하기 위하여 해상운송비 등을 지원할 수 있도록 함.
3) 해양레저를 하는 스킨스쿠버 다이버를 낚시어선으로 운송할 수 있도록 특례를 마련하되, 안전을 고려하여 도조례로 정하는 안전시설을 갖춘 낚시어선에 한정하도록 함.
4) 제주특별자치도의 중요한 환경자산인 곶자왈의 훼손을 방지하기 위하여 국가 및 지방자치단체가 지원할 수 있도록 함.
5) 지하수위의 하강 등의 경우에는 지하수 취수량을 제한하거나 그 이용을 중지할 수 있도록 함.
6) 제주흑우에 대하여 제주특별자치도 관할구역 밖으로 반출할 수 없도록 제한하고 위반시 과태료를 부과할 수 있도록 함.
사. 보훈, 노동, 도로관리 사무 등의 합리적 조정(제350조, 제398조, 제400조, 제412조 및 제458조)
1) 보훈사무 중 전국적 통일성 유지가 필요한 국가유공자 등의 결정 등에 대한 행정심판은 중앙행정심판위원회에서 심리·재결하도록 함.
2) 사업주 및 사업주 단체 훈련업무를 한국산업인력관리공단으로 이관하고, 고용노동부에서 수행하는 국가기간·전략산업 직업능력 개발훈련을 제주특별자치도로 이관함
3) 외국인근로자에 대한 재취업 승인, 취업기간 연장, 재입국 취업허가, 구직신청 및 근로신고 등에 관한 사무를 제주특별자치도지사로 이양함.
4) 제주특별자치도에서 관리하는 종전의 국도관리업무가 국가 도로정책에서 배제됨에 따라 제주특별자치도 안의 구국도에 대한 유지와 건설 등을 위하여 도지사가 국가와 협의하여 도로건설·관리계획을 수립하고, 그 계획을 국가가 수립한 도로건설·관리계획으로 보도록 함.
5) 사회협약위원회 위원장은 사회협약이 체결 되거나 사회협약위원회가 중재한 사항에 대하여 도지사에게 그 이행을 권고할 수 있도록 함.

21) 경찰법[시행 2016. 9. 23.] [법률 제14079호, 2016. 3. 22., 타법개정]
【제정·개정이유】

◉법률 제14079호(2016.3.22)
　기초연구진흥 및 기술개발지원에 관한 법률 일부개정법률
[일부개정]
◇ 개정이유
　융합기술 등을 개발하기 위한 연구개발사업에 1인 창조기업도 참여할 수 있도록 특정연구개발사업의 참여 대상 기관을 명확하게 하고, 일정 인력 요건 등을 갖춘 기업부설 연구기관 등을 이 법에 따른 기업부설 연구소 등으로 인정할 수 있도록 인정제도를 정비하는 등 현행 제도의 운영상 나타난 일부 미비점을 개선·보완하려는 것임.

◇ 주요내용
가. 1인 창조기업의 특정연구개발사업 참여(제14조제1항제6호의2 신설)
　1인 창조기업 중 대통령령으로 정하는 연구 인력 및 시설 등을 갖춘 기업은 국가 미래 유망기술과 융합기술을 중점적으로 개발하는 특정연구개발사업에 참여할 수 있도록 함.

나. 기업부설연구소 또는 연구개발전담부서의 인정 및 인정취소(제14조의2 및 제14조의3 신설)
   1) 미래창조과학부장관은 기업부설 연구기관이나 기업의 연구개발부서가 대통령령으로 정하는 연구인력과 물적 시설을 갖춘 경우에는 특정연구개발사업 등에 참여할 수 있는 기업부설연구소 또는 연구개발전담부서로 인정할 수 있도록 함.
   2) 미래창조과학부장관은 기업이 소속 기업부설 연구기관 등에 대하여 거짓 또는 그 밖의 부정한 방법으로 기업부설연구소 또는 연구개발전담부서의 인정을 받거나 기업부설연구소 등이 소속된 기업이 폐업하는 등의 경우에는 그 인정을 취소할 수 있도록 함.

22) 경찰법[시행 2017. 7. 26.] [법률 제14839호, 2017. 7. 26., 타법개정]

【제정·개정이유】

◉법률 제14839호(2017.7.26)
　정부조직법 일부개정법률
[일부개정]
◇ 개정이유
중소기업 육성과 과학기술 융합을 기반으로 미래 성장동력 확충과 일자리 창출 등 경제 활성화를 뒷받침할 수 있도록 정부 조직체계를 재설계하고, 안전·재난 분야의 유기적 연계와 현장 기관의 전문 역량을 강화하기 위하여 국가 안전관리 체계를 재조정하는 한편, 통상행정 분야를 효율화하고, 국가보훈 및 대통령 경호 시스템을 환경변화에 맞게 조정하는 등 국민들의 요구에 신속하게 반응하는 열린 민주 정부를 구현할 수 있도록 정부기능을 재배치하려는 것임.

◇ 주요내용
가. 대통령 경호수행 체계를 합리화하기 위하여 대통령경호실(장관급)을 대통령경호처(차관급)로 개편함(제16조).
나. 국가유공자 예우와 지원 등 보훈기능을 강화하기 위하여 국가보훈처를 장관급 기구로 격상함(제22조의2).
다. 기술창업활성화 관련 창조경제 진흥 업무의 중소벤처기업부 이관 및 과학기술·정보통신 정책의 중요성을 고려하여 미래창조과학부의 명칭을 과학기술정보통신부로 변경하는 한편, 과학기술의 융합과 혁신을 가속화하고 연구개발의 전문성과 독립성을 보장하기 위하여 과학기술정보통신부에 과학기술혁신본부를 설치함(제29조제1항, 제29조제2항 신설).
라. 국가 재난에 대한 대응 역량을 강화하고 안전에 대한 국가와 지방자치단체 간 유기적 연계가 가능하도록 국민안전처와 행정자치부를 통합하여 행정안전부를 신설하고, 신설되는 행정안전부에 재난 및 안전 관리를 전담할 재난안전관리본부를 설치함(제34조제1항, 제34조제3항 신설).
마. 소방 정책과 구조구급 등 소방에 대한 현장 대응 역량을 강화하기 위하여 행정안전부장관 소속으로 소방청을 신설함(제34조제7항 신설).
바. 보호무역주의 확산에 대응하기 위한 통상교섭 역량을 강화하기 위하여 산업통상자원부에 통상교섭본부를 설치함(제37조제2항).
사. 해양경찰의 역할을 재정립하여 해양안전을 확보하고, 해양주권 수호 역량을 강화하기 위하여 해양수산부장관 소속으로 해양경찰청을 신설함(제43조제2항 신설).
아. 중소기업 중심의 경제구조와 창업 생태계 조성을 위하여 중소기업청을 중소벤처기업부로 격상하여 창업·벤처기업의 지원 및 대·중소기업 간 협력 등에 관한 사무를 관장하도록 함(제44조 신설).

23) 경찰법[시행 2018. 4. 17.] [법률 제15566호, 2018. 4. 17., 일부개정]

【제정·개정이유】

[일부개정]
◇ 개정이유 및 주요내용

범죄피해자 보호는 타인의 범죄행위로 인하여 생명·신체 등에 피해를 당한 사람이 범죄피해 상황에서 빨리 벗어나 인간의 존엄성을 보장받을 수 있도록 하기 위한 것으로 경찰이 수행해야 할 중요한 임무 중 하나라 할 수 있음.

이와 관련하여 현행법상 국가경찰의 임무 중 하나로 범죄피해자 보호를 명시하여 그 중요성을 다시 한번 확인시키고, 경찰이 적극적으로 범죄피해자를 보호해야 함을 분명히 해야 한다는 의견이 있음.

이에 현행법에 따른 국가경찰의 임무에 범죄피해자 보호를 명시함으로써 범죄피해자 보호의 중요성 및 해당 임무 수행에 대한 경찰의 인식을 제고하려는 것임.

참고문헌

1. 문헌

경찰청(2001). 경찰관직무집행법 해설.
김두현(2006). 경호학개론, 경호출판사(서울).
김두현(2001). 경호경비법, 백산출판사.
김재규(2005). 경찰학개론, 경찰승진연구회.
김충남(2005). 경찰학개론, 박영사.
박병식, 이용박(1996). 경비법학개론, 법률출판사.
박상기외 12인(2004). 법학개론, 박영사.
박선영(2002). 법학개론, 동현출판사.
서진석(2010). 경비지도사 민간경비론, 진영사.
안황권(2017). 경비지도사 경비업법, 도서출판 진영사.
안황권, 안성조(2006). 신경호경비법론, 백산출판사.
안황권, 안성조(2005). 경호경비법원론, 도서출판 동문.
이민형, 권창기, 송상욱(2009). 핵심경비법, 도서출판 진영사.
이민형외 3인(2008). 한국 경호사 강의, 도서출판 진영사.
이병태(2020). 법률용어사전, 법문북스.
이상철(2005). 경호현장 운용론, 도서출판 원.
이상철, 김진환, 이민형(2006). 경호경비관계법, 한올출판사.
이세환(2014). 경호경비업법, 도서출판 진영사.
이윤근(2001). 민간경비론-경비지도사 양성과정교본, 한국경비협회.
이인영외 3인(2005). 법학입문, 학현사.
정진환(2004). 경비업법개론, 백산출판사.
정태황(1996). 기계경비원론, 도서출판 쟁기.
지원림(2003). 민법강의, 홍문사.
한국경비협회(1998). 한국경비협회 20년사.

2. 논문

김성언(2004). 민간경비의 성장과 함의(치안활동의 신자유주의적 재편과 계약적 통치의 등장), 서울대학교 박사학위논문.
남반석(2003). 민간경비의 방범역량강화방안에 관한 연구, 원광대학교 석사학위논문.

박대우(2003). 민간경호·경비관련 자격제도에 관한 연구, 용인대학교 석사학위논문.
박승용(1992). 민간경비와 경찰과의 협조방안에 관한 연구, 연세대학교 행정대학원 석사학위 논문.
백봉현(2002). 한국 민간경호산업의 발전방안에 관한 연구, 박사학위논문, 동국대학교.
서 민(2003). 우리나라 민간경비산업의 문제점과 개선방안에 관한 연구, 성균관대학교 석사학위논문.
손상철(2002). 민간경비인력의 전문화에 관한 연구, 동국대학교 석사학위논문.
송상욱(2005). 치안환경 변화에 따른 민간경비와 지방자치단체의 상호협력방안, 용인대학교 박사학위논문.
오경록, 민간경비에 대한 의식구조 및 활성화 방안에 관한 연구, 경기대학교 박사학위 논문, 2005.
유상우(2002). 한국행정개혁에 관한 연구(행정규제완화 정책을 중심으로), 건국대학교 행정대학원 석사학위논문.
이동화(2001). 한국 민간경호산업의 실태분석과 발전방안, 동국대학교 석사학위논문.
이민형(2005). 한국 민간경비 실태분석을 통한 제도적 개선방안, 용인대학교 석사학위 논문.
이상원(2003). 공경비와 민간경비의 협력방범체제 구축에 관한 연구, 경호경비학연구 제6호, 한국경호경비학회.
이용희(2003). 경호산업의 실태와 발전방향에 관한 연구-국내경호산업의 경쟁력 향상을 중심으로-, 한남대학교 박사학위논문.
이윤근(2001). 다수시민참여 대규모행사시 안전관리대책에 관한 연구, 서울특별시 시민안전대책 워크샵.
이윤근(2004). 범죄예방을 위한 공경비 섹터의 민영화 방안에 관한 연구, 한국민간 경비학회보, (3), 한국민간경비학회.
임명순(2003). 한국민간경비원의 교육훈련 개선방안에 관한 연구, 경호경비연구 제6호, 한국경호경비학회.
임종순(2003). 한국민간경비산업의 현황과 발전방안에 관한 연구, 국민대학교 행정대학원 석사학위논문.

3. 인터넷 및 국외문헌

경비업법(2020). 제1조.
경비업법(2020). 제2조(정의)
법제처(moleg.go.kr/main.html). 2020, 재구성
위키백과(2020). 위법성 조각사유, 정당방위, 긴급피난, 자구행위

Philip P. Purpura, "Modern Security & Loss Prevention Management"(1989). (Mot Vale Avenue Stoneham, MA : Butterworth Publishers Inc). p.275.

색 인

ㄱ

강제규범	4
갱신허가	125
경비업	31
경비업법	19
경비업법	31
경비업의 허가	35
경비원	53
경비지도사 선임	128
경비지도원	53
경찰관 직무집행법	251
경찰법	285
경찰위원회	294
경찰장비 무기사용	268
경찰청	298
경찰청과 그 소속기관 직제	292
경호	9
계급장	198
계급정년	224
교육 징계	166
권한의 이임	183
규제	182
근무복	199
기계경비	124
기계경비업무	50
기부채납	138
긴급피난	15

ㄴ

넥타이 핀	199

ㄷ

단추	199
당연퇴직	186
당위규범	4
대통령 등의 경호에 관한 법률	211
대통령경호실	212

ㅁ

면직	183
명예퇴직	186
무기 휴대	174
무기구매	138
무기대여	139
무능력자	11
미성년자	11
민간경비	6

ㅂ

방한복	199
배치승인	193
범죄의 예방	262
보호조치	260
복장신고	136
비옷	199

ㅅ

사회규범	3
신규허가	124

ㅇ

연령정년	224
외투	199
용역경비업법	21
위법성 조각사유	14
위험의 방지	262
일반경비원 교육	134
임용	166
임용승인	194

ㅈ

자구행위	15
재판규범	5
전직대통령 예우에 관한 법률	239
점퍼	199
정당방위	15
정당행위	15
제복 착용	174
제식	197
조직규범	5
지방경찰	300
직무 배치	166

ㅊ

청원경찰법	156
청원경찰법	164
청원경찰제도	155
출동시간	124
치안분야의 과학기술진흥	306

ㅍ

폐지	183
표장	197

표창	166
피성년후견인	12
피특정후견인	13
피한정후견인	13

ㅎ

행위규범	5
행정처분	140
휘장	198
휴대 장비	137
휴직	186

저자 소개   김 진 환

[학력]
- 용인대학교 유도학과 졸업
- 건국대학교 대학원 교육학 석사
- 한국체육대학교 대학원 이학박사

[경력]
- 서라벌대학교 경호스포츠학부 교수 역임
- 현) 용인대학교 경호학과 교수 및 학과장
- 현) 용인대학교 국제교류교육원원장 및 어학원원장
- 정부 인사혁신처 기술평가위원
- 국토교통부 항공보안과 ICAO전략연구 책임연구원
- 국가평생교육 진흥원 학점은행제 평가위원
- 전국 5개 광역시 청원경찰 문제출제 및 평가위원
- 우성그룹, 대상그룹, 제일기업, 진로그룹 기획실 및 신규사업 팀장 역임
- 경비지도사 국가자격시험 출제위원
- 한국경호경비 학회 부회장

[저서]
- 스포츠심리학 요약
- 사회체육 시설론과 스포츠센터 만들기
- 스포츠비지니스 경영관리론
- 시큐리티 운용론
- 경호인성교육
- 경호경비 관계법
- 경호비서실무론
- 경호학 연구방법론

[연구논문]
- 민간경호 경비원들의 의식구조와 가치관에 관한연구
- 경호원들의 불안수준에 관한 연구
- 민간경호원의 자기효능감 검사 척도 개발
- 경호 경비업 종사자들의 의식구조에 관한 연구
- 민간 경호경비원의 직무스트레스에 관한 연구
- 민간 경호경비원들의 특성불안 수준에 관한 연구
- T H I에 의한 민간 경호경비원과 경호학 대학생 건강상태 조사연구
- 민간 경호경비원 자기효능감 검사 척도개발 外 다수의 논문